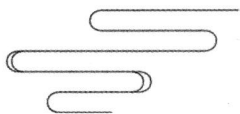

JIXUWEN XIEZUO

记叙文写作

技巧宝典

JIQIAO BAODIAN

解玉平　付美丽
张成堂　主　编

四川大学出版社

特约编辑:李真黎
责任编辑:欧风偃
责任校对:黄蕴婷
封面设计:天一文化
责任印制:王　炜

图书在版编目(CIP)数据

记叙文写作技巧宝典 / 解玉平,付美丽,张成堂主
编. —成都:四川大学出版社,2018.3
　ISBN 978-7-5690-1660-4

Ⅰ.①记…　Ⅱ.①解…　②付…　③张…　Ⅲ.①记叙文
－写作－中学－教学参考资料　Ⅳ.①G634.343

中国版本图书馆 CIP 数据核字(2018)第 061260 号

书　名	记叙文写作技巧宝典
主　编	解玉平　付美丽　张成堂
出　版	四川大学出版社
地　址	成都市一环路南一段 24 号(610065)
发　行	四川大学出版社
书　号	ISBN 978-7-5690-1660-4
印　刷	郑州环发印务有限公司
成品尺寸	185 mm×260 mm
印　张	25
字　数	382 千字
版　次	2018 年 4 月第 1 版
印　次	2018 年 4 月第 1 次印刷
定　价	75.00 元

◆读者邮购本书,请与本社发行科联系。
　电话:(028)85408408/(028)85401670/
　(028)85408023　邮政编码:610065
◆本社图书如有印装质量问题,请
　寄回出版社调换。
◆网址:http://www.scupress.net

编委会

一技之长助推梦想（代序）

　　写作文有没有技巧呢？答案是肯定的。古今文学艺术大家都这样说。

　　南朝梁代文学理论家刘勰在《文心雕龙·总术》中说："文场笔苑，有术有门。"清代文学理论家沈德潜在《说诗晬语》中认为："诗贵性情，亦须论法，乱杂而无章，非诗也。然所谓法者，行所不得不行，止所不得不止，而起伏照应，承接转换，自神明变化于其中。"刘勰所说的"术"就是为文之法，沈德潜的话则明白地告诉我们，要讲究写作方法。金人王若虚在《滹南遗老集·文辨四》中说"定体则无，大体须有"，就是说写文章虽然没有固定的格式，大体的法则却还是必要的。

　　现代教育家叶圣陶先生说："写作的根源是发表的欲望，正同说话一样，胸中有所积蓄，不吐不快。"他告诉我们，写作的第一要素是积极的情感活动。写作时，首先要产生一种强烈的内心需求，否则是写不出也写不好文章的。情感始终是写作的动力。叶圣陶先生还说："心有所思，情有所感，而后有撰作。"写作中的"情"虽然重要，但只有情还不够，还要有"思"。"情"与"思"推动着写作过程向纵深发展，因此"思"是写作的第二要素。"同时，写作是一种技术，有所积蓄，是一回事；怎样用文字表达所积蓄的，使它恰到好处，让自己有如量倾吐的快感，人家有情感心通的妙趣，又是一回事。"（叶圣陶语）

这就是说，如何用文字恰到好处地表达，就是方法和技巧的问题，这应是写作的第三要素。写作离开了这三点中的任何一点，都不会写出成功之作。

"观前人之法而自为之，而自立其法。彼为绮，我为锦；彼为榭，我为观；彼为舟，我为车：则其法不死，文自新而法无穷矣。"（元·郝经《郝文忠公陵川文集·答友人论文法书》）

清代学者李渔说得更直白："场中作文，有倒骗主司入彀之法。开卷之处，当以奇句夺目，使之一见而惊，不敢弃去，此一法也；终篇之际，当以媚语摄魂，使之执卷流连，若难遽别，此一法也……"

你看这两位对"技巧"是不是讲得更具体实在呢？的确如此，一篇文章有一个好的开头，出语不凡；或一个隽永的结尾，余韵难尽；或有一个高远的立意，奇想出众；或有一个精巧的构思，曲折有致……总之，只要文章有一两个突出的地方，就不会被判定为平庸之作，就一定会为得高分打下一个良好的基础。

作文虽说是一种复杂而艰苦的脑力劳动，但人人都会说"我口说我心""我手写我心"，就这么简单。那些目不识丁的山乡老农，说起一件奇闻趣事来往往绘声绘色、滔滔不绝，若记录下来稍加修改，可能就是一篇很好的记叙

文；山野村妇争吵告状或议论家长里短，常常是"比山说水"，寻找依据，"讲文驳理"，好多也是精妙的议论文素材。处处留心皆学问，人情练达即文章，只有把自己融入社会生活，深入到丰富多彩的生活中，个人的情感才会被激发，才能抒自然之情，写自在之趣。

生活中不是缺少写作的材料，而是缺少发现材料的眼睛。如果我们平时在阅读中能做到"风声、雨声、读书声，声声入耳"的话，写作时便可"家事、国事、天下事，事事'入文'"了。有了生活积累和知识沉淀，思路才能开阔，联想才能丰富，做起文章来才能得心应手，八面玲珑；再运用一定的技巧方法谋篇布局，那就不单是写得出，还能写得好，写出新意。俗话说：宁吃鲜桃一口，不吃烂杏一篓。"喜新厌旧"是作文评卷人的共性。只要写出新奇，阅卷人有好感，作文就会得高分。所以，把自己切身的感受和体验诉诸语言文字，实话实说，实事实写，往往最能显露真情本色，达到朴实而动人的效果；抓住聚焦社会热点的材料，把握时代脉络，彰显时代精神，就能给人耳目一新之感，容易引起阅卷教师的共鸣，这些都是得高分的技巧。

中学生今后不论是继续深造还是从事社会工作，写作能力无疑是一项不可或缺的最具实用价值的能力，这个能力既是"寒窗苦读"中诸多能力的集

中体现，也是语文教与学的最终目标之一，同时还是衡量一个人文化素质高低的基本标准之一。最重要的是在中、高考招生考试中，临场作文更是快速思维能力的爆发式体现。只要能在审题立意、谋篇布局或遣词造句某一方面技高一筹，考场作文多得几分乃至十几分是比较容易的事。而这几分、十几分很可能就影响了一个人的走向，同时也会为我们心中的梦想插上腾飞的翅膀，让我们踏上出彩的人生之路。

一技之长可以助推人生梦想！

国槐于 2017 年 11 月

目 录

中编　开头·过渡·结尾

下编 谋篇·布局

文有定则概述篇

作文能力的培养和训练，是一项复杂的系统工程。这一工程的建构和完成，关涉诸多能力素质。其中的思维能力，又是最活跃、最重要的核心部分。

从现代信息论的观点看，作文过程实质上是信息处理的流程。从开始对于客体自然信息的反映与选择，到大脑转换加工成为主体的人为信息，然后编码组合成为新的人工再生信息，整个过程，无不体现作者多方面的思维能力。比如，在选材定题时，需要观察力和直觉力；在炼意构思时，需要推断力和想象力；在谋篇布局时，需要结构力和表达力；在修改润色时，需要反馈力和比较力，等等。说到底，作文是一种充满创造力的心智活动，是一个精神生产过程。精神生产不同于物质生产。物质生产可以重复别人的产品，可以按照一定的程序、模式生产；作文则不然，它必须依循个人的主体思维意识去活动，去创造。而这一创造活动的基本条件是知识的识记、巩固和熟练。因此，记叙文写作训练的重点是基础知识的掌握和基本技法的培训。

记叙性文体的读、说、写能力培养贯穿于学生学习的整个过程，中学时期则是记叙性文体写作训练的重点阶段。在这一阶段，记叙文与说明文、议

论文教学单元交叉编排。以人教版为例，我们可以理清这一训练思路。

记叙文阅读与写作训练知识点

序号	知识点	分布
1	自然声息、暑期活动——说说写写	六年级上册一单元
2	生活中某人的第一印象，后来相处中发生的事，印象的变化……	六年级上册五单元
3	对某动物的印象，写物，记事，写人	六年级上册七单元
4	学习某种艺术过程中发生的故事和感受	六年级上册八单元
5	难忘的第一次——记述真实感受和得到的启发	六年级下册一单元
6	调查民风民俗整理一篇习作	六年级下册二单元
7	难忘的小学生活：成长的足迹、依依惜别	六年级下册六单元
8	从生活中学习写作：写熟悉的生活——观察、感受	七年级上册一单元
9	说真话、写真事、抒真情——记事为主、交代清楚记叙的六要素，开头、结尾要与标题相照应	七年级上册二单元
10	文从字顺，语句表达要准确、语句要连贯，选一景或物，写片段	七年级上册三单元
11	突出中心：贯穿全文的线索、内容的主次与详略	七年级上册四单元
12	条理清楚，整体构思，写作顺序，列提纲	七年级上册五单元
13	发挥想象和联想：自然贴切、合情合理、有新意——故事接龙	七年级上册六单元
14	写出人物的精神：外貌、语言、动作、神态等典型细节，运用写作手法	七年级下册一单元
15	天下国家：讲述人物事迹，合理想象	七年级下册二单元
16	抓住细节：人物、景物、事件的细节描写，要真实、典型、生动表现人物心理和态度	七年级下册三单元
17	怎样选材：突出中心，详略得当，真实，新颖	七年级下册四单元
18	文从字顺：准确、连贯	七年级下册五单元
19	我的语文生活：学习的外延与生活的外延相等——观察、搜集、整理能力	七年级下册六单元

序号	知识点	分布
20	学习写消息：记叙开展某一项活动的经过，或分析评论某一大事、问题	八年级上册一单元
21	叙事要详略得当、中心明确、条理清楚，尽量写出自己的体察与感悟	八年级上册二单元
22	献给母亲的歌——搜集与母亲有关的格言、俗语，写自传或小传，记述、评价、议论相结合	八年级下册一单元
23	寻觅春天的踪迹——搜集、整理资料，然后作文：《我心目中的春》《在这个不同寻常的春天里》	八年级下册二单元
24	背起行囊走四方——游记、建议、风景区对联	八年级下册六单元
25	话说千古风流人物：自选题目、自选角度作文	九年级上册六单元
26	走进小说天地：讲说小说，编写小说	九年级下册二单元
27	关注我们的社区：调查、走访、搜集社区人口、环境等状况，写《在社区活动站的日子里》	九年级下册三单元
28	我的初中生活——以"岁月如歌"为题写一篇文章，题材、体裁不限	九年级下册六单元

从中我们可以看出：人教版教材中记叙性文体的阅读与写作体现出了一个由浅入深、由易到难、循序渐进、读写结合的比较科学合理的序列。这一序列既有其连续性，又具有层次性，梯度比较明显。而基础知识的掌握和基本技能的培养又相对集中在七年级这一学年中。整个记叙性文体的训练过程遵循由浅入深的原则，可分为三个阶段进行。

第一阶段是渗透与感受，相当于六年级时期。从自然声息、暑期活动等真实生活体验中提取作文素材，状物、记事、写人，讲述真实的故事和感受以及得到的启发。这是解决学生"写什么"的问题。

第二阶段是方法与技巧，相当于七年级时期。从观察和自我感受中提炼写作素材，说真话、写真事、抒真情。以记事为主学习交代清楚记叙的要素，开头、结尾要与标题相照应等基本方法；做到文从字顺，准确连贯，突出中心详略得当；学会编写提纲，做到整体构思条理清楚，发挥想象和联想要自

然贴切、合情合理有新意；抓住细节，运用一些写作手法写出人物的外貌、语言、动作、神态、精神等典型细节，生动表现人物的心理和态度……记事与写人并举，单项技能与综合训练结合，从而为熟练掌握记叙性文体的写作技巧奠定坚实的基础。

第三阶段是综合提升与应用阶段，相当于八、九年级时期。这一阶段以抒情、说明、议论等几种表达方式的综合训练为主。记叙作为最基本的作文能力在"记叙与抒情、议论相结合"训练中发挥重要作用，调查、走访、搜集资料，记述、评价、议论综合应用，建议、调查报告、编写小说等均有涉及。这是中学阶段记叙文写作训练的高级层次，也是最终目的之一。

这三个阶段侧重于表达方式、基本技能的培养训练，对记叙性文体写作过程中整体性强的开头、过渡、结尾以及构思方法没有进行系列训练。因此，本书将在概述文体特点等基础知识之后，重点对记叙性文体写作过程中的审题、构思、开头、过渡、结尾这一系列的方法与技巧进行指导和训练，以作为现行教材的补充。其他如选材定题、遣词造句、修改润色等则不作细述，读者可参阅其他书刊及写作教学资料。

体大腹满记叙文

记叙性文体与其他文体比较而言，具有体大腹满的特点，其包容范围大，种类多，适用面广。这些特点是其他任何一种文体都无法与之相比的。要了解和掌握这一文体，我们首先必须明确什么是记叙性文体。

一般地说，以记叙、描写为主要表达方式，或状物，或写景，或叙事，或记人，用来反映一定社会发展阶段的现实生活，表达一定的思想感情的这一类文章统属于记叙性文体，通常叫作记叙文。这也是记叙性文体的性质。

但在习惯上，人们对记叙性文体的理解又有广义和狭义之分。就广义而言，凡是以叙述描写为主要表达方式的记事写人的文章都属于记叙文。从这个意义上讲，小说、剧本等文学作品也属此范畴。就狭义而言，记叙性文体主要是指纪实性的记事写人的文章，如传记、回忆录、专访、特写、消息、通讯、游记、日记，乃至日常生活、工作、学习以及社会交往中各种记叙性的书面文字等。从这个意义上讲，散文和报告文学也统统属于此范畴。再狭义一点的理解是：记叙性文体就是语文教学中那些练习性文体。这样，我们在平时的作文训练中，重点应放在狭义记叙文的练习上。而小说、神话故事、寓言、笑话等虚构加工的文学性强的文章，以及记叙真实材料的广义叙事散文之所以编入教材，是因为这些文学作品尽管反映生活的方式与狭义记叙文相比有虚构和纪实之分，可表达方式都以叙述、描写为主，这一点是一致的，两者原本没有不可逾越的界限。对于文学性强的戏剧、小说、散文等，我们主要是欣赏、借鉴其典型的表现手法和精妙的写作技巧，并非让我们在中学时期就花大力气搞文学创作。当然，作为一种兴趣爱好，尝试写一点练笔性的习作也还是可以的。一个人在不同年龄段，是有不同的任务要完成的。教师和学生都要分清主次，正确对待，既不可好高骛远，也不能不敢越雷池半步。

时空人事四要素

记叙文的要素，就是构成记叙文最基本的因素。记叙文是以写人叙事为主的，而人和事无论如何是离不开一定的时间和特定的空间的。所以，时、空、人、事这四个因素就构成了记叙文写作中必须具备的内容了。

记叙文第一要素是时间，年、月、日、时要写清楚；第二要素是空间，要写事件发生时的环境和地点；第三要素是人物，写事情里的人物；第四要素是事情的起因、经过、结果，也就是为何发生这件事、这件事的来龙去脉和结局。

时间 任何事总是发生于一定的时间段内。因而时间范畴是记叙文写作中必须把握的第一要素。这里所说的时间，它不仅仅指具体的年月日时分秒，它还可以是时代的前朝后世，季节的春夏秋冬，一天的昼夜晨昏，事物的先后顺序等。究竟是用确指的时间，还是用泛指的时间，这就要根据记叙内容的不同而确定了。新闻性强的往往要精确到分秒；传统的口头故事以及其他虚构的记叙性作品则常用"从前""古时候""有一天"这样一类泛指性时间概念。所以，时间这一要素在作文中如何交代，要根据具体内容灵活掌握运用，不能生搬硬套。

空间　空间是物质赖以生存的一种客观形式，它由长度、高度、宽度表现出来。任何人做任何事总是处于一定的空间之中，没有空间，人就不能存在，事就不能发生发展。小到立锥之地，大到宇宙星际，空间无不成为人和事的依托之处。因而，空间不能简单理解为通常所说的地点，也不仅仅指处所，而应是人物活动和事物存在的范围、方位、距离等因素的合成。空间，可以是实指，如：天空海洋、高山平川、湖心河畔、大街小巷等；也可以是泛指，如：一个小山村、遥远的大海边、天宫地府、桃花源、君子国、女儿村之类虚构的处所等。

人物　人物是指记叙文中描述的人物形象，是文章结构的重点。记叙性作品大都通过对人物肖像、行动、语言、心理活动和各种人物之间的矛盾斗争的描述，反映他们的社会地位、性格特点、相互关系以及各自命运等，并以此来表现现实社会生活。人，是万物之灵，没有人的活动，没有物的出现，就无所谓文章了。所以，人物在记叙文中一般是以主体的地位被着力描述的，其主要人物便被称作主人公。优秀的叙事文学作品大多能成功地塑造典型的人物形象，反映社会生活的本质或本质的某些方面。当然，人物在记叙性文体中不单指人，可以分开理解为人和物，包括所有动物、植物或微生物，甚至声光电等自然现象。同时，人和物可以是现实生活中的，也可以是虚构幻想的；可以是个别的，也可以是群体的；可以有名有姓，也可以有名无姓，或有俗称、绰号的无名之辈。总之，无论什么形式的记叙文，都离不开写人的活动、人的创造。没有了人物，文章就没有了灵魂。

事件　事件是指历史上、社会上发生过的或正在发生的不寻常的大事情。而事情是指人类生活中的一切活动和所遇到的一切社会现象。所以准确地说，写作记叙文的时候要把握的第四个要素应该是"事情"。因为选入文章中的不一定是"不寻常的大事情"，更多的是日常琐事、凡人小事。事件（我们姑且仍称作"事件"）是人物活动的场所，也是他们彼此之间的关系。记叙性文体中的"事"，可以只有一件，也可以几件连缀；可以是一人一物所为，也可以是多人或多物共同的行为。这些事在文章中或并列，或主从，或明暗相间。情节完整的记叙文一般分为开端、发展、高潮和结局四个部分。另外，有的文章开头有序幕，结尾有尾声。学生阶段训练的记叙文主要是要求交代清楚事件的起因、经过和结果。在这里，起因、经过和结果是事件的三个组成部分，是事件所包含的因素。经过，包含着事件因何而起、如何发展变化、高潮处情形又是如何、最后结果怎样这几个环节。因此，起因和结果是一件事情的首尾部分，是事情本身的有机组成部分，我们不能把"起因""结果"与"经过"相提并论。"经过"是整体，而"起因"和"结果"则是部分。整体与部分赫然相并列，这样处理显然是不够妥当的。

综上所述，记叙性文体是时、空、人、事四大要素的有机组合。怎样组合，这是个技巧性问题，有待我们进一步学习探索。这正像音乐只有七个基本音符，却可以根据不同的需要进行不同的组合，谱写出无数美妙动听的乐曲：高昂的，低沉的，清越悠扬的，雄浑壮阔的……作文也一样，不应该是四个要素的杂乱堆砌拼凑、机械排列，更不能记成流水账。四要素中，人和事最为紧要：人以事显，事因人传，二者密不可分。我们不仅应该在阅读中注意分析记叙文的四要素，也应该在写作中有意识地留心推敲。只有掌握了记叙文的四要素，才能更好地把准记叙性文章的脉搏，写出立意新颖、中心突出、情节跌宕起伏、人物栩栩如生的文章来。

万绪一脉线索牵

"线索"一词，在现代汉语中是用来比喻事物发展的脉络或探求问题的途径。文章的线索，就是作者认识写作对象并组织成篇的思路在文章中的反映，是把文章全部内容贯穿成一个有机整体的脉络。

任何记叙性文章都要有线索来贯穿。作文时，假若找不到一条可以贯穿全文的合适的线索，就会难以下笔。这好比一个人拥有一堆晶莹的珍珠，但手里没有彩线或只有尽是疙瘩的线，那他就无法把一颗颗珍珠连缀成闪亮的项链。同样，写文章，只有抓住了线索，才能考虑如何安排层次、划分段落以及怎样开头、结尾，何处交代照应等文章架构性问题。线索，是文章结构的关键。"惟能线索在手，则错综变化，惟吾所施。"这是清代刘熙载在《艺概·文概》中提出的经验之谈。因此，我们在写记叙文时首先应该研究、分

析材料，从而根据写作内容和写作目的这两者的交合点来安排能够贯穿全篇的线索。

如何安排文章的线索，线索在文章中表现的方式又有哪些呢？

这要根据文章的内容、形式来具体确定。不同的内容，它们之间内在联系的性质不同；不同的文章形式，作者认识材料内容的角度以及写作意图也不同，因而线索的安排方法、表现方式也就不尽相同。同时，对不同的人、事、景、物或者同一事物的观察角度不同，行文线索也就不同：有的以时间推移为线索，有的以人物命运为线索，有的又以空间变换（即观察视点变换）为线索，还有以作品中所刻意描绘的与文章情节关系重大的某个物件为线索……时间、空间、人物的行踪或命运、事件发展、物品、人物思想感情的发展变化等都可以作为文章的线索。人线，即以人物的见闻感受为线索；事线，即按照事物发展的进程为线索；物线，即根据物品状态的转化为线索；情线，即以人物的感情变化为线索。

线索在记叙文中的表现形态，一般有以下几种类型。

单线式　一些情节比较简单的文章，其线索大多呈单线发展。

法国作家莫泊桑于 1884 年创作的短篇小说《项链》，讲述了小公务员的妻子玛蒂尔德为参加一次晚会，向朋友借了一串钻石项链，来炫耀自己的美丽。不料，项链在回家途中不慎丢失。她只得借钱买了新项链还给朋友。为了偿还债务，她节衣缩食，为别人打短工，整整劳苦了十年。最后，得知所借的项链原是一串假钻石项链。

这篇小说采用了以物写人的手法，"借项链——丢项链——找项链——赔项链"这条主线推动故事情节的发展。从项链与人物的多重关系出发，牢牢系住人物的行为、语言和心理活动，使读者透过项链对女主人公的形象一目了然。

我国现代作家茅盾于 1941 年写的散文《白杨礼赞》（原载《文艺阵地》月刊第 6 卷第 3 期，1941 年 3 月 10 日出版）以西北黄土高原上"参天耸立，不折不挠，对抗着西北风"的白杨树来象征坚韧、勤劳的北方农民，歌颂他们在民族解放斗争中的朴实、坚强和力求上进的精神，同时对于那些"贱视民众，顽固的倒退的人们"作了辛辣的嘲讽。《白杨礼赞》一文开篇用"白杨树实在是不平凡的"一句来点题，继之在行文中断断续续出现："白杨树实在是不平凡的一种树……决不是平凡的树……白杨树是不平凡的一种树……"，"不平凡"三个字在文中反复出现，构成了该文感情推进的"单线式"线索。

还有我们看孔尚任"借离合之情，写兴亡之感"的《桃花扇》一剧，最难忘怀的是那一柄小小诗扇：侯方域与李香君的定情、分离，李香君的孤楼"守扇"、面血"溅扇"、向侯"寄扇"以及戏的高潮部分"撕扇"，故事都是围绕着"诗扇"推进演绎。这些线索在作品中比较突出明显。

双线式　在一些情节比较复杂的文章中，其行文线索有时候就不单是一条，而是呈双线发展模式：两条线索可平行可交叉，具有很强的艺术表现力和感染力。

著名作家孙犁的代表作之一《荷花淀》（见《白洋淀纪事》，2010 年凤凰出版传媒集团、江苏文艺出版社）中就是采用两条线索"网格状交叉发展"的方式推进情节、塑造人物形象的："水生等人参军抗日"一线与"水生嫂等年轻媳妇在淀里逐步觉悟成长"一线，一来一往互相交织在一起，共同为"军民保家卫国"这一主题服务。

赵树理的《小二黑结婚》（见《赵树理选集》，2003 年人民文学出版社出版）则采取了两条线索平行发展的方式来组织故事情节：小二黑、小芹为争取婚姻自由而与双方家长产生的矛盾这一线索自始至终与小二黑、小芹和村里的无赖金旺兄弟的冲突这一条线索平行推进。两条线索在平行发展中互相映衬，相得益彰。

双线式线索的体现方式多种多样。除上述平行式和交叉式以外，还有"明暗式""真假式"等，我们这里姑且与上述两类并列待之。

明暗式　所谓"明暗式"就是指在两条线索中有一条是没有明显体现于行文中，而是潜藏于文意的深处。这条暗线的领悟需要读者熟读深思文章后从整体的情节中细细剖析才能捕捉得到。

鲁迅的作品《药》（见 1981 年人民文学出版社 16 卷本《鲁迅全集》）行文线索就属于这种类型。《药》写的是开小茶馆的华老栓买人血馒头给儿子小栓治痨病，但小栓"服药"无效而死这样一个故事。作者安排了华老栓"买药"、华小栓"吃药"、刽子手和茶客们"说药"、小栓"服药"无效而死这样一些故事情节——这是小说中的一条明线，也是作者正面叙述的。在这条线索展开的同时，作者对人血馒头这种"药"是哪里来的、首级被砍鲜血被卖的人物的命运又是怎样等一系列问题，通过刽子手和茶客们的谈论透露了出来：夏瑜被杀、夏瑜的鲜血也要被他所要拯救的人们当作治病良药、夏瑜进行了坚贞不渝的斗争后英勇献身。这些是小说的暗线。明线和暗线在小说的结尾处合为一股。明线是主线，突出群众的愚昧麻木；暗线是次线，揭示革命者的悲哀。两条线从并行到融合，突出因群众的冷漠而带来的革命者的悲哀。

这篇小说双线进行、明暗叠映、以明衬暗的方法，既使情节集中、结构严谨，又高度艺术化地突出了主题。这种大家手笔是值得我们学习借鉴的。

真假式　真假式也叫虚实式，是指两条线索中一条是真线索(即实线索)，另一条却是假线索（即虚线索）。其中的虚假线索是为了突出真实线索而设计安排的。法国现实主义作家都德在《柏林之围》中就采取了与众不同的真假（虚实）线索：作者在小说中以巴黎被围作为真线索，以柏林被围作为假线索，真真假假，虚虚实实，扑朔迷离，使小说情节的发展跌宕有致，起伏生姿，有力地突出了老军人儒弗上校的爱国之心。

在分析作品线索或者安排设计作品线索时，有两个问题必须引起我们的高度重视：一是不能把线索与中心混淆，二是不能把记叙的线索同记叙的顺序混为一谈。这里，我们简单地介绍一些区别的方法。

线索与中心　一般来说，可以从以下几个方面来辨析线索和中心。

首先，从含义上来说，中心是文章所要表达的思想和观点，确立中心属于作文立意的范畴；线索是用来串联材料的东西，属于作文结构的范畴。

其次，从功能上来说，中心对文章起思想统率作用，它直接影响文章写什么，不写什么，哪些详写，哪些略写。而线索对文章内容起连缀作用，它能使文章结构严谨、条理清楚。线索的确定影响到文章的层次安排、过渡和照应等方法的选择。

再次，从存在的方式上来说，中心是隐藏在材料深处的文意，是无形的，它不一定在文章中直接说出来。有许多文章的中心是要读者通过对内容的抽象分析概括才能提炼出来的。而线索在行文中总要有交代，语言上总有标志。有些文章的线索本身就是记叙的主要内容。

鲁迅的《藤野先生》（见 1981 年人民文学出版社 16 卷本《鲁迅全集》）这篇文章的线索就是作者感情的变化。文章第一部分写了从东京到仙台的原因：对清国留学生的厌恶。第二部分又写了回国的原因：决定弃医从文。这些交代使文章的几个部分浑然一体，这是线索在文章结构中的作用。而该文的中心则是：赞扬藤野先生的崇高品德，表现作者对先生的崇敬和怀念。这个中心是通过对藤野先生正面、侧面的描写体现出来的。

可见，一篇文章的中心和线索的作用及形态是有区别的。在分析文章或写文章的过程中，只要抓住上述几个方面，是可以准确地将它们区别开来的。

线索和顺序　　线索和顺序都是构成文章的手段。但顺序的功能、作用在文章中要比线索小。顺序的作用仅在于文章层次的衔接；而线索除了具有顺序的这种作用外，还具有"连为一体"的功能和整体性这一特征。有的文章则以时间的推移、空间的转换来显示各层次的衔接，每段时间或每个空间内的具体内容则构成了文章的一个局部，它不具有整体性。这一类文章大多以行踪为线索，我们自然不能将顺序与线索看作一码事。

画龙点睛须议论

英国诗人布莱克诗云："一沙一世界，一花一天堂。"白居易云："感人心者，莫先乎情。"龙欲腾飞须妙笔点睛，文欲感人要情真意切。记叙文中插入适当的抒情与议论，就如同锦上添花，会使我们的表达更具深度，文章更有魅力。

一般来讲，记叙中的议论主要有如下作用：第一，表达作者的观点；第

二，抒发作者的情感；第三，表现人物的形象；第四，深化文章的主题；第五，严密文章的结构；第六，增强文章的艺术感染力。有的时候议论用得好，可以对上述这几种作用进行综合的表现。

记叙性文体中的议论与议论文中的议论是有区别的，其主要表现在以下三个方面。

目的不同　记叙性文体中的议论是为了揭示文章中人物、事件所蕴含的意义，引导读者进一步加深对人物、事件所具有的意义的认识，并体现作者对人、事的看法及态度，犹如一个讲解员，随时随地就所讲述的人和事发表一些评论。议论性文体中的议论，是运用一定的论据，依照一定的论证方法对某一论点进行论说的最基本也是最主要的一种表达方式。二者在文章中出现的目的是截然不同的。

方法不同　记叙性文体中的议论往往是在记叙的基础上直接做出判断、讲明道理，不用论点和论据；而议论性文体中的议论必须建立在一定的论点和论据基础之上。在记叙性文体中，"叙"是血肉，它使人物形象丰满而感人，使事件清楚而动人；"议"是骨架经脉，是画龙后的"点睛"，它使人物、事件等一个个局部印象构成一个整体。

方式不同　议论用在记叙文的开头，能起到开宗明义、提挈全篇的作用。议论用在记叙文中间，在记叙进入高潮之后来一段精辟的议论，或突出性格，叫人起敬；或点明事理，引人回味；或触景生情，让人慨叹。议论用在记叙文的结尾，能深化文章的主题思想，点明和加深所叙之事的意义，起到画龙点睛的作用。有的议论用在记叙文的结尾是为了呼应开头，使文章结构严谨；有的议论用在记叙文的结尾，是对全文的总结，发出号召，点明或深化中心思想。如鲁迅在《故乡》（人教版语文教材九年级上册）的结尾写道："希望是本无所谓有，无所谓无的。这正如地上的路；其实地上本没有路，走的人多了，也便成了路。"可谓妙笔生花。记叙文中的议论务必少而精，尤其要做到语言精练，否则就会喧宾夺主。

而议论文中的议论不拘方式与位置，在中心论点的统率之下，整篇均可作议论。作者对生活的思考和启迪，使文章具有立意深刻、格调高远的力量。

感动人心抒真情

抒情，是抒发、倾吐作者感情的一种文章表现手法。好的抒情能引起读者强烈的共鸣，具有动人的艺术感染力，在许多记叙性文章中被广泛运用。

一般说来，感情是比较抽象的东西。独立的、不依附于其他表现手法的抒情手段是不存在的。它总是通过议论、描写、叙述等手法来表现。带有浓重抒情色彩的议论、描写、叙述，仍然有说理、绘景、写人或记事的因素，但它同时表达出作者强烈的爱憎、好恶、喜怒、哀乐等主观感情。因此，区别和运用抒情手法就更加需要细心了。

抒情的方式很多，主要有直接抒情和间接抒情两类。下面我们分类谈谈记叙性文体中的抒情手法。

直接抒情　直接抒情是指作者在行文中，抑制不住自己的情绪时用生动的语言，直抒胸臆，表达自己对所记述的人物、事件的爱与憎，从感情上打动读者。这就是直接抒情表达方式。记叙性文章中，不同位置的抒情，它的功能作用也不相同。通常有以下三种。

①叙述前抒情，抒情有提示性的作用。著名作家魏巍在《谁是最可爱的人》（刊登于 1951 年 4 月 11 日《人民日报》）一文的篇首写道：

"在朝鲜的每一天，我都被一些东西感动着；我的思想感情的潮水，在放纵奔流着，我想把一切东西都告诉给我祖国的朋友们。但我最急于告诉你们的，是我思想感情的一段重要经历，这就是：我越来越深刻地感觉到谁是我们最可爱的人！"

这段抒情文字处在文章的开头位置，它属于叙述前的直接抒情：抒发了自己的感受，也奠定了全文的感情基调，提出抒发感情的对象，且对第二部分的具体事例起了提示的作用。

②叙述中抒情，抒情有阐发意义的作用。在《谁是最可爱的人》第二部分中，作者叙述第一件事例后，用了设问和反问：

"朋友们，当你听到这段英雄事迹的时候，你的感想如何呢？你不觉得我们的战士是可爱的吗？你不觉得我们的祖国有着这样的英雄而自豪吗？"

叙述第二个事例后，作者又用设问、反问抒情：

"朋友，当你听到这段事迹的时候，你的感觉又是如何呢？你不觉得我们的战士是最可爱的人吗？"

叙述第三个事例后，作者热情地歌颂：

"他们是历史上、世界上第一流的战士，第一流的人！他们是世界上一切善良爱好和平人民的优秀之花！是我们值得骄傲的祖国之花！"

这三段抒情和议论情感浓烈，有的激发读者思考，有的感染读者情绪，有的点明事件意义，对所记述的事实具有阐发和补充的作用。同时，这三段文字放在文章的中间，在结构上又有承上启下的作用。

③叙述后抒情，抒情有深化文章中心的作用。在《谁是最可爱的人》的结尾这样写道：

"朋友！你已经知道了爱我们的祖国，爱我们的伟大领袖毛主席，请再深深地爱我们的战士——他们确实是我们最可爱的人！"

这一段文字放在三个事例叙述之后的文章结尾，收束全文，将读者感情调动到了最高潮，使读者对志愿军战士的事迹从感性认识上升到理性认识，起到了突出中心思想的作用。

总之，直接抒情是记叙性文章中经常使用的一种表达方式，它能较好地抒发各种感情。但它又是一种看起来容易，运用起来难于掌握的表达方式。因为感情本身就是最复杂的心理反应，有着各种各样的表现方式：强烈的、紧张的、轻淡的、弛缓的……比如同是欢乐，有的人会欢呼狂叫纵情歌唱，有的人则是面壁会心默然品尝；同是悲哀，有的人痛哭流涕捶胸顿足，有的人却郁郁寡言滴血于心……

因此，在运用直接抒情时，应当注意以下几点。

第一，感情要真。不论是深沉浓烈的，还是热情奔放的，流露的都必须是真实自然的感情。如果作者并没有自己真切的感受，硬要装腔作势发一通感慨，那就会弄巧成拙，自然不可能激起读者感情的波澜。"强哭者虽悲不哀，强怒者虽严不威"（庄子语），道理就在于此。

第二，抒情要有节制，要注意分寸。在一篇记叙性文章中，既要直接抒发情怀，又不可漫无边际地滥用，更不能简单地和盘托出一泄无余。否则，娓娓道来则流于琐碎平淡，滔滔喷射则易于大喊大叫，文章容易空泛浅露，给人以单调平淡之感。

第三，抒情要直扣主题。记叙性文章中的抒情通常是用议论感叹的方式来直接表达的，往往是将抒情议论融为一体，在文中起画龙点睛的作用。所以，游离于主题之外、脱离于具体叙述的抒情，将无处依附，不能发挥它的作用。因此，抒情必须紧扣文章的主题、内容，使之互相渗透融为一体，达到水乳交融的境界。

间接抒情　间接抒情是把作者强烈的思想感情渗透在叙述、描写和议论之间，使感情自然而然地流露出来的一种抒情方式。间接抒情根据寄情事物的不同，一般分为下列四种方式。

①借景抒情。就是指作者的思想感情不直接表达出来，而是寄托在一定的景物描写之上。如：

"捧着大学录取通知书，我踩着轻松的脚步踏上回家的路。一路上，听树叶弹琴，鸟儿歌唱，看山涧的小溪清澈透亮，还有那从来没注意过的路边乱石缝里，钻出丝丝浅绿，哦，是小草！"

"又落榜了。我拖着疲惫的身子在回家的路上挪动着脚步。山间的路高低不平，那恼人的鸟雀烦人地鸣噪着，小河里的水喘着粗气艰难地向南流去，那一根根落满尘土灰不溜秋的杂草有气无神地孑孑而立……"

这两段文字描述的景物显然寄托了截然相反的两种心境：前者洋溢着喜悦快乐，后者充满了颓丧懊恼，这便是借助景物描写抒发作者内心思想感情的方法。

②借物抒情。就是指作者的喜怒哀乐不直接说出来，而是假借对物体的描述进行流露表现。如：

"小南风真像个娃娃躺在黄毯子上了，嘻嘻地笑着，从这一边，滚到那一边；跌下去了，在小河的水面上翻翻身，在草坡上蹽个蹦儿，又躺在黄毯子上，又从那一边，滚到这一边……"

（浩然《艳阳天》）

③借事抒情。是指作者不把自己的思想感情直接表达出来，而是隐含在对事情描述的字里行间抒发感情的一种表达方式。如：

"爸爸很忙。胡乱扒拉几口饭，筷子随便一扔，顺手用衣襟把嘴一揩，

趿拉着拖鞋，便到隔壁'搬砖头''垒长城'去了。唉……"

这段叙述写了父亲的所作所为，透过字里行间可以看出作者对爸爸贪恋玩麻将行为的憎恨厌恶之情。文字中虽未直接流露作者的情感，但"此时无情胜有情"。

④借人抒情。是指作者对文章中人物的好恶之情不直接写出来，而是借对人物有关描写的文字表达出来的一种抒情方式。例如鲁迅在《藤野先生》一文中有这样一段有关人物描写的文字：

"……但花下也缺不了成群结队的'清国留学生'的速成班，头顶上盘着大辫子，顶得学生制帽的顶上高高耸起，形成一座富士山。也有解散辫子，盘得平的，除下帽来，油光可鉴，宛如小姑娘的发髻一般，还要将脖子扭几扭。实在标致极了。"

这段对人物描写的文字，隐含着作者鲜明的感情，反映了作者对"清国留学生"的厌恶之感。作者是借助夸张的手法、揶揄的口吻、形褒实贬的描写来表达憎恶之情的。

从上面间接抒情的四种方式中可以看出：间接抒情的运用难度比直接抒情更要大一些，要求更高一些。因此，在运用中要注意以下四个问题。

第一，所寄之情要健康。抒情是有鲜明的倾向性的。我们应当抒社会主义精神文明之情，抒人民大众之情，让读者受到社会主义核心价值观思想教育和美的享受。必须用充满正能量的积极的思想、感情和情操去感染读者。

第二，寄托感情的人、事、物、景必须与所抒之情有机结合。不论记人写事，还是状物绘景，都是为了抒情。情为主，其他为次，游离于情之外的一切都可视作闲笔，要做到"句句是情，字字关情"。

第三，准确把握人、事、物、景的特征，才能缘物生情，有感而发。只有抓住事物的特征，才能写出它的内在气质，给人以具体的印象，使人产生感情上的共鸣，才不至于使抒情架空，不至于导致文章苍白无力。

第四，抒情的语言要精练流畅，生动形象。热情洋溢、激情喷涌的语言能使文章具有浓厚的感情色彩，干涩枯燥的话语读来使人味同嚼蜡。所以，语言不同，直接影响抒情的表达效果。

总之，不论是议论还是抒情，在记叙性文章中都不可能脱离记述描写而独立存在，它们都必须以叙述描写为基础，才能收到较好的表达效果。这就要求我们在读、写记叙性文章时，要把文章真正作为一个整体来考虑，分析文章思想内容，确定文章主体应采取什么样的表达方式。同样，选取表达方式又要注意文章的主题及内容。无论什么样的表达方式，都是为表现主题思想而服务的，切不可为议论而议论，为抒情而抒情，矫揉造作，无病呻吟。

发生在身边的故事

那杯香茶像退了潮的大海，虽然已不再汹涌澎湃，但它把贝壳留给了沙滩；那个故事像落了山的太阳，虽然不能光芒四射，但它把星辰送给了苍穹。

——题记

一扇不大的窗把一个世界分成两半：窗内，悠悠的灯光洒满了整个书桌，也洒了一地，那么清澈，分不清是月光还是灯光；窗外，已是一片漆黑，不知是哪个画家把黑色的染料倾倒一地，偶尔也有几点光亮，分不出是星光还是灯光。面对眼前几本厚厚的书本，心里不乏有些厌倦，但想起九年的苦读就为这一次中考，便又打起精神，埋头苦干……

忽然，只觉得耳膜一阵振动，一串细细的脚步声，那么碎，那么轻，生怕打搅了我。这声音再熟悉不过了，它承载了无数的爱，日夜奔走在两扇门之间，也连接在两颗心之间。"吱。"门轻轻地开了，母亲走到我旁边，轻轻地说："不早了，睡吧，别累坏了。""要睡你去睡，没看我忙着的吗？"我没好气地喊道，似乎这一声能把所有闷在心里的气都发泄完。随后又是一阵脚步声，还是那么轻，那么碎，不同的是，声音越来越远……

又是一个人独处。唉，我怎么能这样呢？这样和妈妈说话，妈妈会很伤心的。我眼前一片模糊，两滴悔恨的泪水落在面前的书上。

这时，又响起了一阵脚步声，只是比刚才更轻，更碎……这回，妈妈端着一杯热气腾腾的茶放到书桌上说："孩子喝杯茶吧，提提神。""妈妈，"我情不自禁地叫出声来，"刚才是我不好……""傻孩子，妈妈怎么会怪你呢？马上就要中考了，妈妈当然希望你取得好成绩，只是怕你累坏了身体，所以特地给你冲了杯茶……"

母亲的话像一缕清风吹走了我心中的郁闷。茶要冲三次才能散发香气，人要承受无数次挫折，才能有所成就。一股股茶香沁人心脾，它融入了我的嗅觉，融入了我的内心，融入了我的血液，我整个人都被这香气包围着……细想，这不正是母爱的味道吗？像茶一样幽香。

我沉浸在一片香气中，分不清是茶香，还是母亲的爱。

【训练设计】

知识提要：

记叙的要素	时间	地点	人物	事件		
				发生	经过	结果
记叙的顺序	时间顺序			空间顺序	逻辑顺序	
	顺叙	倒叙	插叙	按空间转移为序	按人物性格或事件性质为序	
记叙的人称	第一人称			第三人称		
记叙的内容	记人	写事	状物	写景		
记叙的表达方式	以记叙为主，兼用描写（肖像、行动、语言、心理、景物、场面、细节）、抒情（直接抒情、间接抒情）和议论					

1. 判断正误。

①从记述的对象内容着眼，可把记叙文分为这四类：以记人为主的记叙性文章；以叙事为主的记叙性文章；以写景为主的记叙性文章；以状物为主的记叙性文章。（　　）

②记叙性文体是与议论性文体、说明性文体、应用性文体相提并论的一种文章体裁。（　　）

③划分文体的最主要的标准是看究竟以哪一种表达方式为主。（　　）

④记叙性文体有两大特征：其一是以叙述或描写事实材料为主；其二是它的形象生动性。（　　）

⑤记叙性文体有四项不可或缺的要素，即事件、起因、经过和结果。（　　）

⑥从写作的目的看，简言之，记叙性文体重在让人有所"感"，语言要求具体形象；议论文重在让人有所"信"，语言要求严密；而说明文则重在让人有所"知"，语言要求准确。　　　　　　　　（　　）

2. 由于人们认识分析的广度、深度不同，对记叙性文体的基本结构类型也有不同的归纳。

①按时间为序；按空间为序；按逻辑发展为序。

②线式纵向结构，即以事物本身发展的进程为线索，按时间推移或空间转换安排结构；环式横向结构，即以内在的思想为线索，以感情的发展变化为顺序，并列地组织材料。

请你查阅下列文章，仔细分析各属于哪种结构类型。

① 《社戏》（人教版语文教材七年级下册）

② 《背影》（人教版语文教材八年级上册）

③ 《林黛玉进贾府》（人教版高中语文教材必修三《阅读鉴赏》）

④ 《装在套子里的人》（人教版高中语文教材必修五《阅读鉴赏》）

⑤ 《我的叔叔于勒》（人教版语文教材九年级上册）

⑥ 《孔乙己》（人教版语文教材九年级下册）

3. 一般地说，记叙性文章应该按下面的结构图来组织文章。

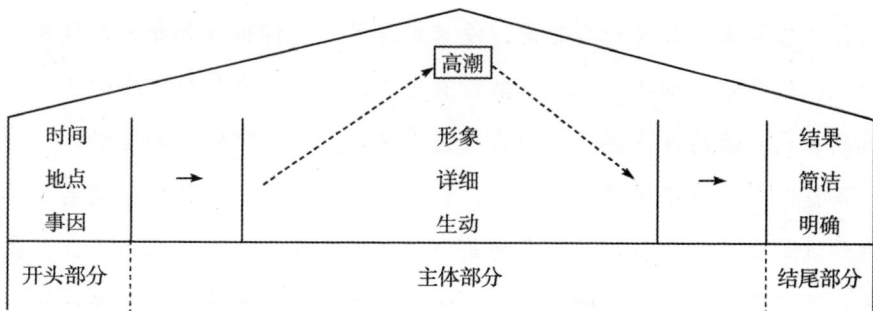

请你按照上图所示结构组织下面几篇记叙性文章：

①怪事一件接一件；

② ____ 教育了我；

③幸福的泪花；

④我逐渐了解了他（她）；

⑤迟到的祝福。

4.记叙性文章中直接抒情、议论的方式是多种多样的，常见的有以下几种。

①对记叙的事物做出情感上的反应和一般判断。

②对记叙的事物进行分析，由此触发感情和议论。

③就记叙的材料回顾历史，展望未来，由此生发出抒情和议论。

④由点到面，从记叙的个别事物中发现普遍意义，进而抒情、议论。

⑤由此及彼联想他物，利用比喻、象征等手法抒情，议论。

请你阅读人教版九年级语文教材上册鲁迅的《故乡》一文中的几段文字，并结合全文想一想这几段文字各属于哪种抒情议论方式。

①我冒了严寒，回到相隔二千余里，别了二十余年的故乡去。

时候既然是深冬；渐近故乡时，天气又阴晦了，冷风吹进船舱中，呜呜的响，从篷隙向外一望，苍黄的天底下，远近横着几个萧索的荒村，没有一些活气。我的心禁不住悲凉起来了。

阿！这不是我二十年来时时记得的故乡？

②我所记得的故乡全不如此。我的故乡好得多了。但要我记起他的美丽，说出他的佳处来，却又没有影像，没有言辞了。仿佛也就如此。于是我自己解释说：故乡本也如此，——虽然没有进步，也未必有如我所感的悲凉，这只是我自己心情的改变罢了，因为我这次回乡，本没有什么好心绪。

③我躺着，听船底潺潺的水声，知道我在走我的路。我想：我竟与闰土隔绝到这地步了，但我们的后辈还是一气，宏儿不是正在想念水生么。我希望他们不再像我，又大家隔膜起来……然而我又不愿意他们因为要一气，都如我的辛苦展转而生活，也不愿意他们都如闰土的辛苦麻木而生活，也不愿意都如别人的辛苦恣睢而生活。他们应该有新的生活，为我们所未经生活过的。

我想到希望，忽然害怕起来了。闰土要香炉和烛台的时候，我还暗地里笑他，以为他总是崇拜偶像，什么时候都不忘却。现在我所谓希望，不也是我自己手制的偶像么？只是他的愿望切近，我的愿望茫远罢了。

我在蒙眬中，眼前展开一片海边碧绿的沙地来，上面深蓝的天空中挂着一轮金黄的圆月。我想：希望本是无所谓有，无所谓无的。这正如地上的路；其实地上本没有路，走的人多了，也便成了路。

5.下面这段文字是用顺序方法记叙的，请你改用倒叙的方法记述。

一天，延安军民在枣园举行纺线比赛。窑洞前面，一架架纺车摆得整整齐齐。参加比赛的人，一个个坐在纺车旁边。这时候，周副主席来了。他笑着对大家说："我也来参加比赛，大家互相学习吧！"

比赛开始了，场地上响起一片嗡嗡的纺车声。又细又长的纱从棉条里抽出来，绕在锭子上。随着轮子的飞转，纱团一层一层地加大，一会儿变得沉甸甸的，像一个个新鲜的白萝卜。

比赛结束了。周副主席纺得又快又好，大家都称赞他是纺线英雄。

6.阅读下面这篇评点作文，体会作者是如何采取单线式连缀成文的，然后以"他变了"为题写一篇线索分明且一线到底的记叙性文章。

一张照片（节选）

每个人都会有一张自己珍爱的照片，（起笔点题，提出了全文的线索。）我也珍藏着一张照片，它不仅保存在我的影集里，还深深地嵌在我的脑海里。（一张照片"嵌在脑海里"，突出了全文的线索。）每当我看到它，就增添了力量和信心；每当我捧起它，就回想起一段难忘的往事。（由线索引起下文一段故事，过渡自然。）

去年，我参加了市教育局举行的一次小学数学竞赛，得了第三名。颁奖大会那天，我们全体优胜者和老师们照了一张合影像。（交代了这张照片的来历，使全文的线索有了着落。）

过了几天，照片洗出来了，我双手捧着边走边"欣赏"，心里甭提多高兴了。（这个围绕线索来写的细节，既写了作者的心理活动，又为下文骄傲埋下了伏笔。）

这样一来，我就骄傲起来……结果，期末考试成绩从原来的第一名下降

到第三名。……我从书包里掏出那张照片，一气之下撕成了四片，扔在地上。（到此，线索断了，留下一个悬念：这条线索在下文能否贯穿下去？令人思索。）

放学后，老师把我留下来谈话。那时，我只觉得脑袋昏沉沉的。只听老师对我说："……还要更上一层楼啊！""荣誉，如果你把它当作催征的战鼓，它将使你奋进不息；如果你把它当作悦耳的颂歌，它将使你斗志衰退。学习一定要踏踏实实，不可有半点虚假……"老师说完，把一件东西递给我……啊，是我撕碎了的那张照片！（断了的线索又出现了。富于变化，曲折有致。）原来，下自习课后，老师把扔在地上的照片，一片片地拾起来，细心地粘好。（这里补叙几句十分重要，把线索"复活"的原因交代清楚了。）我翻过一看，照片背面写着："戒骄戒躁，永远向前。"（老师粘照片、送照片并在照片背面题了字，这些情节出人意料，却又在情理之中，线索为主题服务。）我捧着照片，泪珠在眼眶里直打转转，情不自禁地低声说："老师，我错了……"（围绕线索，行文至此，情节达到高潮。）

精准审题立意篇

不论是高考、中考，还是各级各类学校平时的检测考试，作文题目大多有一个共同的趋向，即命意不命题、文体不限。

从历年来全国高考作文题目中可以看出，材料作文已经在高考中占据了举足轻重的地位。命意不命题、单一型转向综合型的趋向十分明显。受此影响，各地中考（包括高中招生）同样是以材料作文为主。不同的是，相对于高考，中考要求写记叙性文章所占的比例要大得多，是重点考查文体。但不管作文试题以怎样的形式出现，材料作文的材料是行文的出发点和归宿，即一切从材料出发，全面理解材料的思想，以材料为原始依据。能否准确地把握、理解命题意图，选择最恰当的表达方式来反映一定的见解和主张，是作文成败的关键。也就是说，写好作文的第一步骤是审题、立意。

参加过考试或评卷的人都有这样的体会：文题审察不准的话，文章结构、文采再好也不能算作高质量的作文。近年来有不少零分作文都属此类。审题，是把握作文方向与大局的关键环节。可在高考或中考以及平时课堂作文中，有不少同学对审题这一环节不够重视：拿到题目大概一看，不作细致的推敲就以为明白了，草率成篇，结果难免偏题或离题。

这几年作文题型中，就考试难度来说是：看图作文＞材料作文＞命题作文＞话题作文。为什么这么说？因为高考作文的得分核心就是审题，作文只有不跑题、偏题才可能得高分。话题作文不容易跑题，而看图作文和材料作文稍有不慎就理解错误，出现跑题现象。再说一下高考作文的评判标准。作文改卷时间比较短，一般老师首先看的是你的作文是否偏题（以此分档），审题完全正确就在45分以上，稍有偏题的40分以下，完全偏题的就别想及格了。其次就是看你的作文体裁是否明确。体裁分为记叙文、议论文、说明文、诗歌等。也就是说你写的作文要像模像样。很多人的作文为什么得不到高分，审题是一个原因，另一个很大的原因就是体裁不明，写的作文"四不像"。最后再看作文内容是否积极向上（这个很重要），是否翔实，语句是否优美。很多人都认为自己语言匮乏，语句不够优美才得不到高分。其实语句优美只能提高有限的分数，也就是说语句虽不优美，但只要审题正确，体裁明确，内容翔实，作文分就会在45分甚至48分以上。反之，如果偏题跑题，体裁不明，语句再优美也不会及格的。

所以，要写出质量较高的作文，首先必须保证所写的文章要符合命题要求。记叙性文体有范围大、题型广、灵活多样的特点。这些特点对命题者来说可以千变万化。但万变不离其宗，只要我们掌握了记叙性文体的命题类型及审题方法这个"宗"，懂得一些具有规律性的方法、技巧，何愁审不准、审不清命题之意呢？

传统作文单题型

作文试题，一般可分为单题型命题和复合型材料命题两大类型。我们先谈谈单题型命题作文的特点及审题方法。

单题型命题作文是一种传统的作文能力测试方式。这类题型从题目上讲，选择的余地小，限制性强，但在作文立意、内容、结构、文体等方面具有较广阔的自我选择余地。如：1988年全国高考作文试题"习惯"、2004年上海卷"忙"、2006年上海卷"我想握着你的手"、2010年湖南卷"早"等均属此类，突出的特点就是限制性强。

单题型可分为以下四种。

单字题　就是指作文题目是一个字。单字题的写作范围明确，降低了作文的审题难度，但也增加了考生审题时犯错误的机会，所以要慎重审题。

单字题审题思路：写单字题作文，要注意这个词的本义、比喻义和引申义，只要抓住一点就行。比如"读"，可写它的本来意义"读书"，也可写它的比喻意义"读人生""读社会""读人"等。

双字题　指文题是一个双字词。比如"蜡烛""习惯""幸福""攀登"等。双字题虽然审题对象集中而明确，但由于提供的审题信息相对较少，因此也容易让考生产生偏读甚至误读。

双字题审题思路：可采用"补足因素法"。双字题往往是限制条件少，题意隐蔽空泛。审题时，在不改变原题意的前提下，可以在自己的头脑中给原题补足一些新因素，使题旨显露出来。如写"变化"，有位同学就选取"奶奶的变化"这个角度，写奶奶从看不惯年轻人跳迪斯科到上街加入老年人秧歌队，反映了现代时尚给人们精神生活带来的变化，收到以小见大的效果。

短语题　就是题目以短语形式出现。例如"一件小事""激动人心的时刻""用心看世界""风雪路上"等。它的题旨相对比较明朗。

短语题审题思路：遇到短语题，先要辨别其意思是否完整，审题时是否需要增补其他成分。短语充当题目，外延一般较大，取材范围较广，要写具体的人、具体的事、具体的景，没有一定的限制则很难把文章写具体。如果是动宾式短语，要补上主语，如"看电影"，可补"我""他们""李叔叔"等。如果是修饰性的偏正式短语，多数情况下既要增补主语，又要增补谓语，如"幸福的家"可补成"她有一个幸福的家"。

句子题　即作文题目是一个句子。句子充当题目的现象多出现在记叙性文体中，说明性和议论性的文体中相对少一些。

句子题审题思路：由于句子题本身包含着相对完整的意思，只要细心梳理其结构，便可领会题目规定的大体要求。结构较复杂的长句，由于其修饰补充成分较多，审题的难度就大些。

在单题型作文题的审题过程中，"识体"与"明意"是首要的、必不可少的两个程序。

审慎辨别识文体

就是通过对作文题目的审察，辨明命题是要求写什么体裁的文章。有些作文题，尤其是单题型的命题，是可以写多种体裁的文章的，如果不仔细推敲，提笔就写的话，会阻碍自己作文优势的发挥。本来擅长写议论文，却选了记叙文；擅长写记叙文可又选了说明文，大都会造成不应的损失。

1988年全国卷高考满分作文《习惯》就是成功审题的范例。

习　惯（记叙文）

我小的时候，爸爸在外地工作，妈妈总是在不停地干这干那，直到现在，她也总是整天不停手。我问她："妈，您怎么不觉得累呢？"她总是微微一笑，说："习惯了。"

妈妈是个中学教师，原先工资很低，带着我和姐姐，又要给姥姥寄钱，生活很艰苦，但就是在这种艰难中，她也总保持着勤恳工作、勤俭持家的习惯。

那时妈妈担负着高三毕业班的重任，每天早晨匆忙给我和姐姐做好饭后，就赶紧去上班。中午又是匆忙往家赶，给我们做好饭再走，而她自己总是匆忙咽下几口饭，就又去学校给同学们解疑去了。晚上，我和姐姐几乎总是饿着肚子等到天黑，才听见门外妈妈的自行车的铃响。晚上，我有时从梦中醒来，总是看到屋角上那盏昏暗的灯亮着，亮着……妈妈就是这样勤勤恳恳地工作着。结果有一天妈妈终于累倒了，腰病突然发作，使她不得不躺在病床上。我一定要她休息，可她却又捧着书本在床上看起来。我问她为什么要这样玩命干，她又笑着对我说："习惯了。"哦！妈，您就是在这种习惯的支持下苦干了那么多年，我突然明白了我以前不太懂的东西。

我尊敬我的老师，因为他们有着与妈妈同样的责任感，事业心！高三时，课程重，复习任务紧。老师们总是加班加点，即使有病，也都是忍着，不肯耽误课，不肯让同学们等着老师。那天英语老师突然虚脱，我和几个同学急忙把她送回家，劝她在家好好休息，可第二天她又来了。我问她："老师，您为什么这么不顾自己的身体呢？"结果她说："习惯了，离不开这讲台，离不开你们这些学生。"噢，老师，您为什么也这样说？在现在很多人为钱、为名誉、为地位玩命干的今天，您既没有名，也没有利，却为什么还要这么认真工作呢？

我深深地陷入了沉思。中国广大勤勤恳恳工作的知识分子，不为别的，只为中国之崛起、中华之振兴而默默苦干。他们这种"习惯"使我真正认识到中国知识分子的伟大，也使我真正认识到应该做一个什么样的人。

习　惯（说明文）

人的某些稳定的行为特征称为"习惯"。人类行为学家对人的种种习惯有着浓厚的兴趣。

从心理分析的角度看，习惯的"再现"是"潜意识"（人类的一种不能为意识所觉察的潜在思维过程，又称"下意识"）支配行为的结果。举个例子来说：某人曾谋杀过一个人而未被发现，但他总是整天提心吊胆，感到自己手上沾着死者的鲜血，于是在别人面前总是不自觉地搓手。他自己意识里并不明确他的目的，但他的潜意识在催促着他：擦掉手上的血！不要被别人发现！久而久之，他形成了在别人面前不断搓手的习惯。

习惯的形式有多种。我们不妨把"非条件反射"看作最基本的习惯。人在看物体时要不时地不自觉地眨眼，这种"眨眼"就是非条件反射活动，也可以说是几乎人都有的最基本的习惯。

较高一级的习惯是语言、动作习惯。通常意义下的"习惯"指的就是这种。行为学家发现男女之间的某些习惯有所不同，例如：男子大多在尚未到家门口之前就已从口袋里掏出钥匙（除非手里拿着东西或其他原因），而女子则在走到家门口之后，停下来，再从口袋里找钥匙。

思维的习惯是最高级形式的习惯。这种习惯受理性和哲学的影响最大。例如：马克思基于其哲学成果，习惯于从矛盾的两个方面看问题；大物理学家爱因斯坦习惯于从最简单的事实经过严密的推理得出最深奥的结论；而量子论的奠基人之一玻尔则习惯从实证的角度理解宇宙的不确定性……

无论在哪一方面，只要是人类活动所及，习惯就潜在地起着巨大的作用。而无论哪种形式的习惯，都往往有利又有弊。有意识地发现自己的习惯，有意识地消灭坏习惯和培养好习惯，是取得工作成功的重要条件。

所以，在审题时，根据自己的写作优势和生活素材积累的多寡优劣来决

定作文的体裁，扬长避短，写出最满意的临场作文来。2001 年全国卷是以"诚信"为话题。这个话题，我们会联想到中国是个五千年的文明古国，诚信一向是中国人引以为傲的美德，"人无信而不立"、童叟无欺的故事熏陶了我们几千年。然而近年来，信用违规等事件却不绝于耳。所以这个话题的现实针对性很强。审慎分析命题后，我们就可以确定以下六个文体选择和写作方向。

第一，讲述生活中诚信或不诚信的事情。

第二，编一个故事说明坚持诚信或背弃诚信会给人带来什么样的结果。

第三，写成议论文，指出"诚信"是我国古代做人的基本准则，如今却被很多人抛弃了。

第四，专谈特定领域诚信或不诚信的现象。比如商业上，不少商家用各种手段蒙骗消费者，消费者的权益得不到保障。

第五，将人格化的诚信设为主人公，想象其落水后的经历。

第六，反向思考，生活中有时需要一点善意的谎言；而战场上讲究兵不厌诈，对敌人讲诚信就是愚蠢和犯罪。

江苏考生蒋昕捷剑走偏锋，以出神入化的古白话体写出了这篇至今都令无数学生为之膜拜的《赤兔之死》，一举拿下当年的高考满分作文。

赤兔之死

蒋昕捷

建安二十六年，公元 221 年，关羽走麦城，兵败遭擒，拒降，为孙权所害。其坐骑赤兔马为孙权赐予马忠。

一日，马忠上表：赤兔马绝食数日，不久将亡。孙权大惊，急访江东名士伯喜。此人乃伯乐之后，人言其精通马语。

马忠引伯喜回府，至槽间，但见赤兔马伏于地，哀嘶不止。众人不解，惟伯喜知之。伯喜遣散诸人，抚其背叹道："昔日曹操作《龟虽寿》，'老骥伏枥，志在千里。烈士暮年，壮心不已'，吾深知君念关将军之恩，欲从之于地下。然当日吕奉先白门楼殒命，亦未见君如此相依，为何今日这等轻生，岂不负君千里之志哉？"

赤兔马哀嘶一声，叹道："予尝闻，'鸟之将死，其鸣也哀；人之将死，其言也善。'今幸遇先生，吾可将肺腑之言相告。吾生于西凉，后为董卓所获，此人飞扬跋扈，杀少帝，卧龙床，实为汉贼，吾深恨之。"

伯喜点头，曰："后闻李儒献计，将君赠予吕布，吕布乃天下第一勇将，众皆言，'人中吕布，马中赤兔'，想来当不负君之志也。"

赤兔马叹曰："公言差矣。吕布此人最是无信，为荣华而杀丁原，为美色而刺董卓，投刘备而夺其徐州，结袁术而斩其婚使。'人无信不立'，与此等无诚信之人齐名，实为吾平生之大耻！后吾归于曹操，其手下虽猛将如云，却无人可称英雄。吾恐今生只辱于奴隶人之手，骈死于槽枥之间。后曹操将吾赠予关将军；吾曾于虎牢关前见其武勇，白门楼上见其恩义，仰慕已久。关将军见吾亦大喜，拜谢曹操。操问何故如此，关将军答曰：'吾知此马日行千里，今幸得之，他日若知兄长下落，可一日而得见矣。'其人诚信如此。常言道：'鸟随鸾凤飞腾远，人伴贤良品质高。'吾敢不以死相报乎？"

伯喜闻之，叹曰："人皆言关将军乃诚信之士，今日所闻，果真如此。"

赤兔马泣曰："吾尝慕不食周粟之伯夷、叔齐之高义。玉可碎而不可损其白，竹可破而不可毁其节。士为知己而死，人因诚信而存，吾安肯食吴粟而苟活于世间？"言罢，伏地而亡。

伯喜放声痛哭，曰："物犹如此，人何以堪？"后奏于孙权。权闻之亦泣："吾不知云长诚信如此，今此忠义之士为吾所害，吾有何面目见天下苍生？"

后孙权传旨，将关羽父子并赤兔马厚葬。

该文特点有三：一是故事新奇。作者以熟谙三国故事为基础，编撰了赤兔马为诚信而殉身的感人故事，其想象力实在丰富。二是立意高远。文章将赤兔马拟人化，让它在同伯喜的对话中，显示对关羽与董卓、吕布两类人物的褒贬，实现了"真英雄必讲诚信"的主题；且以"鸟随鸾凤飞腾远，人伴贤良品质高"一联，"物犹如此，人何以堪"一句，抒写了人生当择善而从、唯诚信是瞻的志向，使文章的立意更上层楼。三是语言老到。通篇遣用纯熟的古白话，散整错综，明白畅晓，文采飞扬。

揣摩命题树灵魂

作文得高分的首要条件就是要审好题。面对命题，要严格审题，深入发掘，对试题及其要求认真推敲，准确领会命题意图，深入理解提示或要求的含义，写出符合题意要求、立意较高的作文来。现在存在一种误区，以为命题不设置障碍，就是不用审题，其实是大错特错。特别是近年来，为了防止猜题、押题，命题人员在不断变换作文题的设计形式，限制性的话语明显增多。所以，一定要吃透命题意图，善于突破题目的"迷惑点"，对题目深层理解，虚实相生，拓展出新的境界。审题要做到"瞻前顾后，一字不漏"。

具体地说需要注意两点。

第一，认真寻找题眼。比如"我终于战胜了自卑"，题眼在"终于"（表明可能经历了一个漫长曲折的过程）两个字，它对考生提出了潜在的要求，即文章应铺垫出如何战胜曾经的自卑，并引发了哪些令你难忘的事件。这道题与"我战胜了自卑"，显然是有区别的。

第二，认真研读提示。如果命题人在出示命题或话题前，加了几句提示语，那么对这些提示语一定要逐句加以研读。如上海2007年作文提示语："生活中总有值得我们铭记的日子，正是'这一天'让我们的生命更加丰富。'这一天'，可能是从清晨到日暮都那么不同寻常；也可能是某一个时刻让'这一天'变得不同凡响。"研读这一提示语，我们将会发现，是"我们"，不是"我"。因而"这一天"不仅仅是"我"需要"铭记"的，而且是"我们"都应"铭记"的，自己是在"这一天"中与大家共同度过的。

自古文章意为高，人云亦云最不妙。"意"是文章的中心、灵魂。文要取胜，贵在意有创新。而意要创新，关键在于挖掘出新颖别致、意味隽永的新思想、新观点、新感受、新体验，这样写出的文章才会真正做到"明意"。从前面收录的几篇高考满分作文中，我们可以体会到：文不对题的作文，即便是生花妙笔也不能算作上乘之作。只有作文的内容与题目的要求相吻合，才能算是"明意"了。比如1987年北京市中考作文题是：

请你把进入考场拿到试卷前的心理活动写在下面。

这个题目对作文内容就有明确的要求和限制——时间只能是"进入考场"

到"拿到试卷前"这个时段内；内容要求只能写"心理活动"，其他的诸如环境描写、语言描写都是排斥的。至于进入考场前、拿到试卷后的心理活动和行为动作都不能写，否则就是审题不准，不切题意了。

下面，我们就介绍几种含有一定技巧性的"识体明意"的审题方法。

规定限制要明确

记叙性作文命题，不论采取哪一种语言表述形式，总会在某些方面对作文的内容或形式做出一定的规定和限制。有应试经验的人都有这样的体会：寻找到题目中的规定、限制条件越多越细，作文时就越不会偏题或离题，文章就越好写。一般的作文命题在如下几个方面是有规定和限制的。

限制中心和题材　任何一个命题，都有它的中心、题材和写作范围。只要经过仔细地琢磨，就能找到这些特定的规定和限制，先看下面这两个命题题目：

"校园中最美的一角""我沉浸在喜悦里"

不难发现，这两个题目有一个共同特征：题目中或对文章的中心，或对文章的题材，或对文章的写作范围进行了规定和限制。"校园中最美的一角"其命题的中心是要求赞美校园生活的环境美，或班集体的温暖美，或同学之间的友爱美，或课余生活的丰富多彩美，或劳动锻炼的愉悦美，或师生感情的融洽和谐美……其题材的选取范围只能是写校园生活，只要能写出美的一部分即可，也就是挑选"最美的一角"来写，不必面面俱到。经过这样分析思考，落笔点就应该放在能帮助我们获取丰富知识的图书馆、阅览室、报栏、舞蹈队、体育场、生物实验室、计算机房、天文观察室等某一求知场所上来。如能围绕上述几点安排结构进行写作，就一定能紧扣题目中心，写出符合命题要求的文章来。

"我沉浸在喜悦里"这个题目，关键是"沉浸在喜悦里"。它规定文章不能写"我"被感动之类的内容，而应紧扣"喜悦"，写出"沉浸"的状态、心理活动等，兼以适当抒情。也就是所记述的这件事应该是足以引起"我"极度的"喜悦"才合题意。

限制时间　有些作文题目对作文内容涉及的时间这一要素有明确的规定

和限制，在行文中就不能超越命题所规定的时间区间。

时间限制又可分为自然时间限制和社会时间限制。"校园的早晨""故乡的秋天""难忘的一天"这几个题目中的"早晨""秋天""一天"以及其他如"一年""雨后""春"等都属于自然时间限制；"精准扶贫日记三则""教师节纪事""记当代活雷锋"这几个题目中的"精准扶贫""教师节""当代"等类则属于社会时间限制。

不论是自然时间限制还是社会时间限制，在题目中都比较明显，通常是不会离题的。

限制空间　前面我们在"时空人事四要素"里讲到人、事与空间的关系，知道任何人、事都必须存在于一定的空间区域内。因此，有些命题对作文内容中涉及的空间范围也有所规定和限制，要求作文只能写在规定的空间内可能存在的人与物和可能发生的事情。人物活动、事情发生和发展的描述必须符合命题规定的地域空间，不能超越。如**"故乡**行""**学校**生活二三事""**邻里**风波""**家庭**给我带来的烦恼""**小巷**新风"这些题目中加粗的词语都是为了限制空间。空间限制实际上是对作文选材范围有所制约，使选材范围小而集中，一定程度上可以避免文不对题的现象出现。

限制选材数量　我们常说：条条道路通罗马。不同时代或不同的人使用不同的交通工具就会选择不同的行走路线，可最终都会到达"罗马"这个目的地。写记叙性文章也一样，同一主题思想的表现，从选材数量方面来说各人有各人的选取思路，有时一件不为少，有时三五件也不为多。关键在于选材的角度、着眼点不同，选材数量的多寡也不等。如："一件小事"就不能写两三件，而"初中生活二三事"就不能只写一件事了。即便是没有明确规定选材数量的作文命题，选材时也应注意适量。一般是从两三个角度选取两三件就可以了。要学习魏巍《谁是最可爱的人》这篇通讯选材的态度和负责的精神，他在最终定稿时把原来初稿中十几个事例删减压缩只保留了三个。删减后的文章成了著名的典范之作了。当然，选材本身就有个技巧与水平问题，需要我们在作文实践中探索提高。

限制记述人称　以谁的口吻来写记叙性文章，这是作者最初步的选择和最基本的作文素养，是一个人写作水平高低的反映。恰当的人称可以激发作者思维，使材料选择贴切有力，行文过程如行云流水般顺畅自然。一般来说，第一人称可以让读者欣赏起来亲切自然，能增强文章真实感，但不能运用肖像描写来描述"我"；第三人称除了不能运用心理活动描写外，可以调动多种手法来写人、叙事、记物、状景。当然，文章中的她（他）也不能运用抒情来表达内心感受和思想情怀，只能借助于其他表现手法或描写手段了。所以，对一些作文题目适宜什么样的人称来写才最恰当，要谨慎对待，万不可贸然而定。如"我的心里话""母亲的手"这类题目，就对记述的人称做了限制。

综上，我们从五个方面探讨了题目对文章的一些规定与限制，但并不是说每一个作文题都会同时具有上述五个规定与限制，而是各有侧重，作文时，应该依题而循。对题目中没有规定的方面，自己在作文时要心中有数，以免顾此失彼。

相对而言，限制中心和题材范围的题目，文章要容易写些；而对中心和题材范围不做限制的题目，乍看上去选材的范围很广、中心思想也可以自己确定，可这对大多数同学来说容易形成"老虎吃天，无从下手"的感觉，举棋不定，无所适从，难度就大多了。因为第一是要求自己确定中心的题目。学生作文是最易落入主题不鲜明、中心不突出的困局中，与我们平时常说的"哭了半天不知死了个谁""说了几箩筐还不知道到底要说什么"的"常见病例"大体相似，要突破这一点，难度就不小；第二是所选材料必须是在限定的时间、空间内，不能超出规定的圈子。学生生活面窄，生活素材积累少，到哪里去找"米"下"锅"、"对号入座"呢？这也是学生作文时的弱点。比如下面一组作文题目：

"记一件发人深省的事"

"一个后来居上的同学"

这一组题目只要抓住关键的中心题材限制语"发人深省"和"后来居上"，一般是不会离题的。"发人深省"是启发人们思考，有引起人们注意警觉，促使人们醒悟省察，从而加以克服纠正的意思。这就规定了所选材料应侧重

于"引以为训"这个方面。"后来居上"关键在"居上","居上"当然不能简单地理解为"赶上",而应该是"超越"。只要不写成"后来进步"之类的内容，就不易选错题材。

再看这组题目：

暴雨后

赛场上

这组题目就不容易切合题意，难就难在不好揣摩命题要求表现什么样的主题思想。而准确揣摩命题意图又必须与时代形势相结合。这对社会生活面狭窄尤其是"两耳不闻窗外事"的学生来说，其难度就可想而知了。"暴雨后"限定了时间，"赛场上"规定了空间。要选择在这特定的时间、空间里的人事物景，来反映一定的社会现实或表现某种精神风尚、道德情操，选材、立意都有些困难。

因此，准确寻找规定限制，扬长避短，尽量发挥自己的行文优势，广开思路，快速找准落笔点，是这类题目在审题时要把握的关键。

对后一组类型的作文题目，我们还可以用"扩充完善法"来准确审题。

扩充完善有招法

命题作文，从规定性这个角度来看，可以分为两大类：一类是宽题，另一类是窄题。

宽题　是指题目中含有的限制成分较少的命题。前面提到的"暴雨后"和"赛场上"这类题目就属于宽题。某地区曾以《变化》作为高考预选的作文题目，这个命题除了中心词语"变化"外，没有任何修饰限制或补充说明的成分，只要文章的中心内容是反映某种"变化"就行。可以写人，可以记事。中心可以选择十八大以来反腐倡廉态势之下社会风气的变化、"共产党员八项规定"实施以来机关干部工作作风和态度的变化、实施"精准扶贫"给农民带来的生产生活和精神面貌的变化……体裁可以是记述某人某事变化过程的记叙性文体；也可以按照议论文的一般结构先讲变化的必然性，然后从社会发展变化的趋势去认识——只有朝好的方向变化，才符合历史发展的潮流，最后谈怎样才能促使事物向好的方向发展变化；还可以写说明"变化"这一现象及其原理的说明文。写记叙性文章时，既能用第一人称，也可以用第三人称（如借某人之口讲述某变化）。这类题目可供我们选择的余地宽阔无比，能充分发挥每个人作文的特长，写出较高质量的文章来。

窄题 是指题目中含有的规定限制成分多，作文要求比较明确具体的命题。比如《我闯过了难关》这个题目本身就含有不少规定和限制。一是要写成以记事为主的记叙性文章。二是题目中"难关"一词的限制就要求我们在文章中首先必须交代清楚是一个什么样的"难关"，这个"关""难"在何处？因为难和易是相对而言的，若不把造成"难"的原因和背景叙述清楚，就显示不出其难了。三是题目中的"闯过了"要求把"闯""难关"的过程写清楚。既然是"闯"，当然就不是轻而易举的事，一定是需要经历一番艰苦的努力才能"过"的。而要叙述好这番艰苦的努力，就要突出各个关键所在，要准确取舍，详略得当，突出重点。四是题目中的"我"规定了记叙必须用第一人称的口吻。而且，原题附加要求作文时须"有叙有议"，因此行文不能只交代"闯"的过程，还要叙述当时的思想认识和情绪变化。也就是要综合运用记叙、议论、抒情等多种表达方式，才能使文章生动具体有思想深度，能产生较强的感染力。这样看来，这类命题留给我们选择的余地就很"窄"了。

"宽题"和"窄题"相比较，"窄题"的限制规定多，但要求具体明确，审题不易出偏差；而"宽题"的限制规定少，作文要求比较笼统，许多内容需要我们揣摩确定，不易拿捏准命题者的意图，常常是面对"宽题"感到茫然无绪，不知从何下笔。因此，我们重点学习如何用"扩充完善法"来准确审度"宽题"。

"宽题需走窄路"，这是经验之谈。意思是说：在不违背和超越原命题的前提下，适当地将"宽题"扩充完善，补足限制成分，使之变成"窄题"，然后按"窄题"来组织文章。扩充完善的步骤如下：

首先，寻找出命题中能够扩充的位置。

宽题也叫"半命题"。在半命题作文形式中有两种命题模式。

一是题目独立出现，如"＿＿＿＿的滋味"。

二是题目与提示语（导语）相结合，如"我不依恋 _____"，文题前有温馨的提示："因为不坚持，天空中的云才展现万般风貌；因为不依恋，树木才有春天的新生……"

半命题作文的结构形式往往有以下几种：①命前半题，如"给我一个 _____"；②命后半题，如"_____ 的瞬间"；③命中间部分，如"_____ 真 _____"；④命首尾部分，如"当我面对 _____ 的时候"。

写好半命题作文的关键是补全文题。补题涉及立意、选材、构思、布局等各个方面，千万不可轻率从事。补题时应注意以下三点。

①反复琢磨已命好的半个题目以及前后的提示和要求，然后选出自己最熟悉的、感悟最深的来补充题目。

②选词补题要力避千"空"一"词"的雷同现象，应打破思维定式，全方位、多角度地发散思维。

③选词切忌大而空，没有实实在在的"着落点"。比如，写"感悟"，如果选择"大自然""人生"这一类的词语，写起来很难写深写透，更不易写出自己的真情实感，只有从小处切入，才能写得具体，写得生动。

半命题省略某种成分或某些词语的位置是很明显的，只要联系题目中词语间的关系或根据命题提示，就可以找准位置，选择恰当的词语，予以补足，如"这堂课真 _____"以及 2009 年湖北省高考作文命题"站在 _____ 门口"就属此类。

有些题目，没有明显的省略或空缺标志，可以补足的位置具有隐蔽性。如 2005 年重庆卷的"筷子"、江西卷的"脸"；2006 年辽宁卷的"肩膀"、安徽卷的"读"；2009 年四川卷的"熟悉"；2010 年湖南卷的"早"、重庆市的"难题"；2011 年浙江卷的"我的时间"、湖北卷的"旧书"……对这些类型的命题，审题时可以在脑海中给它补足，然后按补足的题目选材、构思作文。添加的内容可以在原题目的前边，也可以在原题目的后边或题目中间的某一部位。如 2007 年广东省的高考作文题目是：

阅读下面的文字，按要求作文。

万物在传递中绵延不已，人类在传递中生生不息。技艺、经验可以传递，思想、感情可以传递……

请以"传递"为话题写一篇不少于800字的文章。标题自拟，文体自选（诗歌除外），所写内容必须在话题范围之内。

"传递"只是一个词，且没有什么逻辑关系。在提示语中关于"传递"的作用、内容都比较清晰，学生都能有话可说。在立意上，"传递"的意思是从一方到另一方，其引申义是广泛的，可以是传播、传承、传送、传达、传告等意义，只要有"传"和"递"的意思就可以。在构思上，从其含义来看，考生可以写"传"，也可以写"递"。从内容上看，可以写一个具体物体的传递，也可以写抽象化的传递（精神、情感、态度、思想、情绪等）；还可以介于具体和抽象之间（经验、技艺等）。总之有"传"的意思即可，次数不限。从传递的关系来看，可以写"传"与"接"，也可以只写"传"或"接"（继承）；从传递发生的原因看，可以是主观的，也可以是客观的；从传递的方向看，可以是单一的，如上一代传给下一代，从前传给后等，也可以是双向的，如你和我之间，或多向传递；从话题角度看，可以写为什么传递，包括传递的好处、目的、原因等，也可写怎样传递，还可以写由谁传递、传递什么等。总之，只要符合题意，在话题范围内，就没有角度的优劣之分，接下来，主要是从写作的深刻性、认识度、创新性等方面进行评价。

不管是技艺、经验，还是思想、感情，都是比较虚的，怎样去传递呢？这就需要找到载体，找到具体落脚点，化虚为实。首先我们可以采取在其前后加限定语的方法来扩充完善，使其具体化，如用"爱的传递"来写一场爱的接力，用"传递文明的火炬"来写奥运精神的发扬。其次可以抓住和"话题"相关联的一点进行扩展，如借"送人玫瑰，手留余香"来写人间温情传递的双赢，拓展话题的意义与内涵。只要话题落到"实处"，形象鲜明，传递的深刻内涵自然流露而出。

在具体构思时，我们可以根据自己写作的特长选择适合自己的文体，并且在构思中一定要突出选定的文体特征。如果选一个记叙类的文体，我们一定要追求情节的生动曲折，人物形象的丰满动人，综合使用多种描写手段；如果选一个议论类的文体，我们一定要论点鲜明准确，论证严谨富有逻辑，

论据材料典型丰富；如果选一个散文类文体，最好能抓住一"神"挈领全文，句式灵活多样，思考深刻睿智，让文化气息充盈自己的文章。当然也可以写一些书信、寓言等应用文体。讲究创新的同时，一定要注意应用文的特征，不要写出"四不像"。

这个命题虽然审题难度小，但还是有离题、偏题的现象。如部分考生作文全文写"爱心""沟通""追求""坚强""独立""腐败""感情""交流"等，与"传递"若即若离。有些题目表面上有"传递"，像"语言是传递的桥梁"（实际上谈语言）"传递美德——追求"（谈追求）"爱的传递"（谈爱心）；还有反向立意，像"成功不是靠传递""人格传递不了"（写李白、苏东坡、李清照等都有自己风格色彩，但人格传递不了，我们要靠自己）；更有作文从标题就跑题或半跑题，像"网""关爱""沟通从心开始""爱在于沟通""坚强独立""腐败与反腐败""交流"等，这些题目的文章主体基本与"传递"无关，或是考试前背好的一些范文，还包括前几年的高考文章，不知变通，导致离题。还有些作文在拟题上不准确，像"刺痛麻木""人无和而造就未来""文化""用心感受""传递的神秘介质""人类社会的传递""世界的传递""生于传递的社会""速递"等题目过大或令人费解，都影响了行文和中心的表达。

爱在家中传

我有一个幸福的小家，爸爸妈妈很爱我，我也爱他们。至于他们两个之间的爱，直到那一次，我才幸福地发现，原来爱在我家中默默地传递着。

到了高三，爸爸妈妈对我更是宠爱，无论多贵的东西，只要对我有好处，买！我开始喜欢上吃一种苹果，只有在大超市才买得到，且价格不菲，但苹果好啊，所以爸爸还是有空就买给我。爸爸爱我。

不知从什么时候起，爸爸每次买苹果回来总会被妈妈骂，原因是十个里面总有四五个是碰坏了的，这么贵的东西还不买好一点儿的，妈妈当然生气。好的由我吃坏的我妈吃，每次都这样，因为妈妈爱我。

慢慢地我开始疑惑，爸爸又不笨，为什么每一次都买几个不好的苹果回来呢？那一次一个不小心，被我知道了，那一天我先是发现原来爸爸真的聪明了，每一个苹果都很好，肯定不会被妈妈骂，但当妈妈回家后还是又骂了爸爸，我才看到原本苹果又有几个碰坏了。当爸爸正在"碰坏"另一个苹果时，我才知道原来是他故意的，偷偷站在门外的我看到了爸爸脸上甜蜜的笑容。过了一会儿，妈妈来拿"坏苹果"吃。

静静地看着这一切，我有些不知所措，心里又酸又甜，原来爸爸是这样爱妈妈，我是这样被爱的。我明白了，彻底明白了。贵苹果当然好吃，如果都是好的，全都由我吃，坏的苹果出现了，妈妈就会吃。原来这才是爸爸的真正用意，爸爸妈妈之间的爱，我看到了。

我有些感动，又有些自责，于是决定以后有好东西，一家人一起分享，苹果一分为二。我不能永远被爱，认为父母的付出是理所当然，我也要学会去爱，爱我的爸爸、妈妈，爱所有爱我的人。

就这样，这样一份静悄悄的、沉甸甸的爱在我家传递着，以前，现在，将来，绵延不已，生生不息。

那天我做了一个梦，梦到不只是我的小家中每个人手中有一个"苹果"，全中国、全世界每一个人手中都有一个"苹果"。原来爱在大家中传递，才能有一个和谐社会。

醒来发现梦中很美好，真的希望这样一份爱能在每一个小家中传递，更能在一个大家中传递。

文中的"苹果"既是线索，又承载了沉甸甸的爱意，是一个很好的意象。文中的"我"是爱的接受者、传递者，文章正是通过"我"的叙述和感受将爱传递给读者，丰富了主题，文体特征鲜明。

扩充完善作文命题，究竟在什么位置添加最恰当，这要视具体命题而定；添加什么样的限制性词语要根据自己生活、知识积累的情况来确定。一般来讲，应该选择自己最熟悉、感受最深也最有话可说的某个方面来添加。经过审慎扩充，作文的题意就具体明确了，行文过程顺畅自然，不至于"下笔千言，离题万里"。

其次，补足能够明确中心的内容。

有些作文题目本身就是作文的中心内容，2010年江西卷高考作文题目

"找回童年"、2011年浙江卷高考作文题目"我的时间"等，要求考生按照原命题所规定的中心来组织文章。但有些题目只是规定了一个大致的写作范围，中心不甚明确，审题过程中就可以采取添加副标题的方式来补足能明确中心的内容。

比如"学习的乐趣"这个题目可写的范围很广，但要真正写出学习中的乐趣并能使文章内容具有明确的中心和积极向上的意义，似乎就不那么简单了。我们可以用"苦尽甘来"或"苦越多，乐越大"等作为补充的副标题，使中心明确化，具体化，选材就会更集中一些。但副标题只是作为构思、行文过程中的参照，只能在思考谋划中或草稿纸上有所反映，不能添加在正式试卷上。

最后，作文题目如果是以词的形式出现，应该补全成分，使之变成句子。

作文命题如果以单个词的形式出现，那题目就跟词典中的词相当，处于静止状态。这一类型的题目，由于离开了具体的语言环境，题意很不容易把握。对此，就应该采取补全句子成分的办法进行扩充完善，使题目由词扩展为短语或句子，让题意隐隐露出，从而为自己捕捉题意创造良机。如果该词能在句子中充当主语，则可给其加上定语或谓语部分；若能充当谓语，可给它加上主语或宾语成分。这要视具体的词性而确定。

如"爱"这个题目中，"爱"能充当主语，给它添加定语或谓语等成分，就分别构成"母亲的爱""老师的爱""真诚的爱"或"爱是人间最美的花朵""爱是永恒的纪念"等；如果让"爱"充当谓语，加上主语和宾语就会组成"我爱家乡""我爱交际""我爱祖国"等题目；如果单给它加宾语，则又会变成"爱祖国的五星红旗"之类的题目。

不言而喻，只要是一个掌握初步审题技巧和具备基本写作能力的人，面对经过上述方法扩充完善后的作文命题，大脑里马上就会调出自己积累的生活经验和写作经验，然后选出最能发挥自己作文优势的题目，继而采用行之有效的审题方法，便不难做到最优化把握题意，顺利突破准确审题这一关，为写出上佳文章做好必要的准备。

2009年高考四川卷作文题是：

请以"熟悉"为题目，写一篇不少于800字的文章，立意自定，文体自选。

作文题目《熟悉》，语言平实，颇具思想张力，立意空间大，如"熟能生巧""熟悉使人有亲切感和安全感""自以为熟悉的人和事，其实很陌生""最熟悉的事物，往往是最不了解的"，"熟悉可以变为陌生""熟悉不等于了解""熟悉需要一个过程""熟悉的距离""有时需要我们放弃熟悉的东西""陌生可以变为熟悉""熟悉使人焦灼和困苦""熟悉往往被漠视""我们熟悉明星的一切，却忘记了身边的人""熟悉的东西正在离我们远去""最不熟悉的恰好是自己"，等等。对这个作文题目内涵的发掘和深化，学生甚至可运用逆向思维，反弹琵琶出新意，可以形成"熟悉有时是一种可怕的习惯""熟悉形成的思维定式束缚人""不要觉得一切都熟悉，要走出生活的惯性，以求新的发现"的深刻立意，进而阐述"人们所熟悉的东西，有时又在束缚着人们"的道理，有利于培养学生的求异思维和创新思维。

熟　悉

忙碌的生活常常让人忘了时间，忘了自己，今天在出租车上听到电台广播的时候，才知道是6月7号，高考的日子。不由得感慨一下，时间过得真快，四年犹如弹指一挥，当年为了进入大学而忙碌，现在却即将离开大学，本来渐渐陌生的东西，似乎也变得熟悉起来。

出租车缓缓地开着，透过车窗看向车外，时间仿佛也缓缓地倒回从前。往事就如路边的街景一般，冲进我的脑海，又渐渐消失在内心深处。刚刚开张的小饭馆，是那么的熟悉，在那里好像看见了自己当年考试前吃早饭的身影；延伸向城市的街道，街边高高矮矮的树木，是那么的熟悉，好像看见当年自己走在去往考场的道路上，却无暇欣赏街边的风景；出租车里一天到晚开放的空调，是那么的熟悉，好像看见了当年自己耐着酷暑，一遍一遍不厌其烦地复习的身影。如今的我虽然身在异乡，在这一天，却有种故国神游的感觉，一切一切，都是那么的熟悉。

出租车缓缓地开着，路过一所作为考点的中学，校门口外等候的家长们，是那么的熟悉。不一样的夏天，一样的炎热，一样的让人难熬。没有树荫可以乘凉，家长们就用伞支起一片小小的阴凉，有的甚至连伞也没有，就简单

地用报纸挡一下头顶，他们的目光都不约而同地汇聚到了一个地方，那里有他们的期盼，他们的希望。人们总说"心静自然凉"，但是这些家长心中有着太多的顾虑，太多的不安，又如何静得下来。陌生的面孔，熟悉的感觉，透过他们，我想到了我的父母，在当年那个炎热的夏天，他们一样地守候在校门外，一样地等候着我的佳音。尽管当年我已经十分感激父母为我付出，然而却没有此刻这般感同身受、刻骨铭心。四年的磨炼让我更加成熟，也让我更加理解为人父母的不易，此刻，我对此的理解又加深了一层。

而此刻正在考场里奋笔疾书的考生们，是否可以体会校门外的期望与深情呢？虽然我没有亲眼看见他们考试的情景，但是这些情景又仿佛实实在在地在我眼前，一切是那么熟悉，在茫茫的考生中，我好像看到了当年考场上忘我答卷的自己，那个稚嫩却又自信的自己，或凝神思考，或下笔成文。时光跳转到现在，我的后辈能否体会这些不得而知，我只知道这些家长们无怨无悔，而且他们不希望自己的孩子带着压力去考试，所以他们把最好的东西送给孩子，把所有压力与负担交给自己扛。高考只是一个缩影，事实上，我们的父母所付出的要多几千倍，几万倍，他们给我们的恩惠，我们永远也无法还清。所以，无论身在何方，我们都要永远记挂他们，感激他们，把我们最好的、最真的送给这些我们最为熟悉的人。

强忍住在眼眶里打转的泪水，我掏出手机，拨通了那个熟悉的号码，"喂，爸妈，你们还好吗？"

厚积薄发比较法

作文能力的训练与提高，是在不断反复循环的过程中呈螺旋式推进的。这一轮的训练检测与上一轮相比有"似曾相识"之感，但细细分析比较，就能发现貌似相同其实又上了一个层次。因此，把眼前的题目与原来写过或读过的相类似的题目从多方面进行比较，就能帮助我们准确审题和作文。

天津市1987年曾以"我尝到了学习的苦与乐"作为中考作文题目，要求写一篇600字左右的记叙文。这个题目可与1984年上海市中考作文题"_____给我带来了欢乐"、湖南省中考题"学习的乐趣"等命题进行比较。经过思考分析，我们可以看出，上海、湖南两题重在"乐"字，而天津的考题除了"乐"还有"苦"，"苦""乐"并重。因而，只要写过类似上海、湖南考题的作文，稍作变通即可运用于写天津考题的作文。同时，天津考题中包含着三个限制条件："我""学习""苦与乐"，还规定了文体和字数。与上海、湖南考题相比，内容方面有所扩展，要求更加具体。这就对题材范围有了限制：必须要写自己亲身经历过的学习生活（包括学校中的学习生活以及与此有关的社会活动），而上海、湖南考题则校内外均可，且上海题还可以不写学习方面的事；人称上，天津题和上海题必须使用第一人称，湖南题则可用第三人称；体裁都要求写记叙文，但天津和上海考题必须以记事为主，湖南考题除了记事还可以写人；选材数量都可以是一两件或三五件，视内容而定；表达方式主要是记叙，当然也要有适当的议论和抒情。

经过这样的比较，天津题只要写成"学习中既有苦也有乐，苦中有乐"这样的内容就行。我们可以写自己学习科学文化知识或某种技艺的艰难过程以及成功后的欢乐和喜悦，写如何运用所学的知识技能解决实际问题后的成功感和喜悦心情。攻读的艰难、探索的辛劳都含有"苦"，但疑惑顿解的欣喜、取得成功后的庆幸又都蕴"乐"于其中。不必过多突出"苦"与"乐"的字样，只要在叙述过程（一件或三五件事）中把苦与乐交融在一起，寓乐于苦，就能使文章含蓄深刻、具体形象。

由此看来，运用比较法审题作文，能最大限度地调动自己大脑中已有的经验信息，在审题过程中把握大局辨明异同，确定方向构思成文。

2006 年辽宁省高考作文题目是"肩膀"，要求：除诗歌外，文体自选。不少于 800 字。

这个命题可以与 2005 年江西卷"以'脸'为话题"的作文相比较。考生的第一感觉应该是首先想到自己的父母，想到父母为自己的付出，想到父母是自己人生之旅的拐杖，但这样作文很难出新。

如果从肩膀的功能角度、从肩膀的比喻义和引申义来思考，就会找到创新的最佳角度。如肩膀是信念，肩膀是理想，肩膀是希望，肩膀是一个民族腾飞的保障，正所谓"铁肩担道义"。还可以逆向思维来求新，肩膀的多寡与我们的成长是有关联的，或多或寡，各有利弊，这个角度也可以发挥。

肩膀

有这样一个故事：

一位母亲第一次参加家长会，幼儿园的老师说："你儿子有多动症，在板凳上3分钟都坐不住。"回家的路上，儿子问她老师都说了些什么。她鼻子一酸，差点流下泪来。然而，她还是告诉儿子："老师表扬了你，说宝宝原来在板凳上坐不了1分钟，现在能坐3分钟了。别的家长都非常羡慕妈妈，因为全班只有宝宝进步了。"那天晚上，儿子破天荒地吃了一大碗米饭，而且没让她喂。

在第二次家长会上，老师说："全班50名同学，这次数学考试，您的儿子排在第49名。我们怀疑他智力上有些障碍，你最好带他去医院检查一下。"回去的路上，她流下了泪。然而，当回到家里，看到诚惶诚恐的儿子，她又振作起精神说："老师对你充满信心。她说了，你并不是一个笨孩子，只要能细心些、努力些，会超过你的同桌。"说这话时，她发现，儿子暗淡的眼神一下子明亮起来。第二天上学，儿子比平时哪天都要早。

孩子上了初中，又一次家长会。老师告诉她："按你儿子现在的成绩，考重点中学有点危险。"她故作惊喜地走出校门，告诉儿子："班主任对你非常满意，他说了，只要你刻苦努力，用功学习，很有希望考上重点中学。"

高中毕业，儿子把一封印有"清华大学招生办公室"的特快专递交到她的手里，边哭边说："妈妈，我一直知道我不是一个聪明的孩子，是您……"这时，母亲悲喜交加，再也按捺不住十几年来凝聚在心中的泪水，任它打在手中的那只信封上。

显而易见，故事中的母亲是一位伟大的母亲，是一位称职的母亲，如果没有她一次次对儿子的表扬，没有一次次对儿子的理解与信任，没有一次次传递给儿子的信念，那么结果只能是儿子承受无言而苦痛的失败。

可见，信念是人生的肩膀。这肩膀能够擎起人生的大树，在枝繁叶茂间，我们发现了肩膀创造的奇迹。

作者把一个小故事，演绎成与肩膀有关的话题，使得陈旧的材料变得新鲜；由故事来谈"信念是人生的肩膀"，很不一般，立意不俗；故事是铺垫，升华是议论部分，这个结构让读者一目了然，结构完整。同时，我们可以看出，调动平时习作积累应对临场作文的痕迹是很明显的：前面都是练笔作文《信念》的照搬，最后由"信念"转折到"人生的肩膀"这一议论升华了"肩膀是信念"这一主题，扣紧了本次命题意图。这也是我们说的应试作文"一抄二凑三套"中"套"技的成功运用，使该文登上了当年辽宁省满分作文榜。

请欣赏 2005 年江西省高考满分作文《脸》：

脸

那是个雨丝密密的周末黄昏，我下了公交车，撑着一把淡黄色的伞，孑然地向我妈妈家走去。老公带幼子长途驱车回老家探望婆婆，我因要加班没有同往。细雨更浓了，我一脸的寂寥。"姑娘，能与你共伞走一阵吗？"一声清脆的京腔伴着一张中年妇女热情的脸挤进了我的伞下。"行，假如顺路就一起走吧。"我打消了我的顾虑。这位北京大姐一路夸我们杭州不但水美山美，而且姑娘有修养、貌美心也美。早已是少妇的我，虽然很明白这位能说会道的北京大姐很有点花言巧语，但听了她的美言我还是喜滋滋的，一脸顿时如花。我主动多走了几步路一直把她送到离妈妈家不远的旅店门口。从旅店折返的那一小段路上，我的心旷达明亮极了，自我感觉非常良好，在黄昏雨雾中摇曳着小伞一路袅袅婷婷，仿佛自己真是戴望舒《雨巷》中那朵"丁香"，高洁优雅，富有诗情画意。真正让我体会了"助人"确实可以为"乐"的。

也是黄昏细雨。这次是我没伞。已有经验的我并不担心。我想，路不远，找个同路的人共一下伞吧。这是一把细花靓伞，撑伞的是位纤细的女孩，我满脸笑意地请求她让我共一下伞。女孩惊讶地瞧我一眼后，并不开口拒绝我，但她的脸却像超市食品冰柜里的速冻饺子。女孩一声不吭脚步一会儿急一会儿慢，为借她的伞檐，我只得心虚着紧随她的步伐跌跌撞撞，女孩又故意引路把我挤到有水坑的地方。就这样，自尊心使我不得不强装笑脸向"速冻饺子"道谢后，一头冲进蒙蒙雨帘中。我在雨中思忖，看到别人淋雨，就能得到快意吗？这女孩太不会自寻其乐了。

几天后我正在办公室埋头工作，忽听到有人怯声怯气地在我桌案前向我求助："我有件事要请教一下……"我抬头一看，这不是"速冻饺子"吗！可能她也忆想起我曾使她不愉快的事，不然她的脸不会如此尴尬的。虽然我使劲地克制住自己的"报复心"，暗暗告诫自己心理不能这么阴暗，但在秉公受理她的事的同时，很惭愧我还是很没有风度的一脸严肃，并慢吞吞地吐出那句话："那天傍晚你撑着一把细花靓伞吧……"

这道作文题是话题作文，试题高度开放，可写的内容实在太多了。可以写成说明文，也可以写成议论文等；可以介绍各种人的脸的特征，当然可以从自然属性介绍，也可以从社会属性介绍；可以产生联想，写脸色、脸面，甚至尊严，不是有"打人不打脸"的俗语吗？话题的思辨性，考验着考生思维的缜密性；话题的宽泛性，考验着考生思维的独创性；话题的探究性，考验着考生思维的批判性；话题的开放性，考验着考生思维的深刻性。因此这道作文题好写，但难写好。

读写延伸复合型

1952—1977 年的全国高考都是单题型命题作文；从二十世纪八九十年代开始，复合型材料作文命题逐渐居多。复合型材料作文能看出考生的理解能力、表达能力和单位时间内的写作能力，属于较好的作文形式。这个时期的材料作文特别强调审题。材料作文一般是指命题者给出一则文字或图画材料，要求考生根据要求作文。考查的角度多种多样，或改写材料，或续写材料，或扩写材料，或根据材料写读后感，或针对材料中的"现象"写短评，或根据材料自己命题作文（"命意作文"）。一般来说材料作文由材料和要求两部分组成，材料按形式分，有记叙性材料（故事、寓言等）、引语式材料和图画式材料等。

复合型是指作文试题在单题型的基础上进一步对作文要求或中心词语的阐释、提示作出较明确的附加说明的命题形式。这类题型，把握题意的难度比较小，一般不易离题，有利于考生发挥出最好的作文水平，是近年来出现的最为频繁的一种作文试题类型。

2011 年湖北高考作文题目是:

以"旧书"为题,写一篇作文,题材不限,主题不限,体裁不限,800字以上。

这是按照"作文题目 + 作文要求"的格式命题的。

2017 年北京高考作文试题是大小作文,其中大作文二选一的第二题是:

2049 年我们的共和国将迎来百年华诞,届时假如请你拍摄一幅或几幅照片来展现中华民族伟大复兴的辉煌成就,你会选择怎样的画面?请你展开想象,以"共和国,我为你拍照"写一篇记叙文。要求:想象合理,有记叙,有描写,可以写宏大的画面,也可以写小的场景,以小见大。

这是按照"作文题目 + 作文提示"的格式命题的。

2017 年天津高考作文试题是:

请根据下面的材料,写一篇文章。

我们在长辈的环绕下成长,自以为了解他们,其实每一位长辈都是一部厚书,一旦重新打开,就会读到人生的事理,读到传统的积淀,读到时代的印记,还可以读出我们自己,读出我们成长时他们的成长与成熟,读出我们和他们之间认知上的共识或分歧……

十八岁的我们已经长大,今天的重读,是成年个体之间平等的心灵对话、灵魂触摸,是通往理性认知的幽径。请结合自己的生活阅历深入思考,围绕"重读长辈这部书"写一篇作文。

要求:①自选角度,自拟标题;②文体不限(诗歌除外),文体特征鲜明;③不少于 800 字; ④不得抄袭,不得套作。

这是按照"作文题目 + 作文提示 + 作文要求"的格式命题的。

单题型、复合型两类命题作文有一个共同点,就是命题只是一个大框架,是思维的触发点。如何写,写什么,则是需要根据自己生活、知识的积累情况而定,要根据自己揣摩、领悟命题者意图的深浅程度以及准确程度而定。

运用延伸课文内容的方式可以是续写,也可以是扩写、改写、缩写或仿写。

把握原作续新篇

就课文中的某一方面或文章结构的某部分加以引申和生发,另辟蹊径进

行作文训练的一种方式，就是我们通常所说的续写。这种形式的命题，要求作者充分发挥想象力续写合情合理的新篇。因此，尽管内容与课文有着一定的联系，但是不附丽于课文而独立成篇。

延伸课文内容进行续写训练，主要是以课文结尾的内容或意境作为引发点，要求学生"延接"此点生发新的故事或不同的结局。这是在20世纪中考作文中出现较多的一种命题形式。

某地曾出过这样的中考作文题目："卖炭翁的炭被抢走之后"。要求根据课文内容，发挥合理想象，写出卖炭翁的炭被抢走后可能产生的言行和思想活动。

同年另一地区的中考作文题目是：

《伊索寓言》（人教版语文教材七年级上册）中有这样一段对话，当赫尔墨斯洋洋自得地问雕像者自己的雕像能值多少钱时，雕像者的回答是："例如你买那个，这个算添头，白送。"故事就戛然而止，不再描写赫尔墨斯反应如何。请你根据自命不凡的赫尔墨斯最终受到冷落这一结局，设想一下他那时的心理活动和脸部表情，不能超过150字。

从中可以看出，续写作文既能解决学生作文材料贫乏的问题，又能调动学生的想象思维能力，极具创造性，是一种富有实效的作文训练和检测形式。

如何准确审察并写好续写性延伸作文呢？

首先，必须了解续写作文的命题特点。续写式作文命题都是由三个层次构成：第一层，提供作文续写的基点；第二层，说明作文的要求，即对作文的中心、范围、体裁或写作方法做出一些规定限制或提示；第三层，出示作文题目，有的要求自拟题目，这是续写作文的命题特点，也是我们作文应把握、注意的问题。在审察续写作文命题时，首要的就是对作为延伸点的课文内容、人物性格特征、文章结构的内蕴、语言运用特色等方面有精深的理解与准确的把握，这是续写作文正确立意的基础。试想：如果让孔乙己像范进一样中举、真的阔了起来、按中国式大团圆的方式组织结构的话，那写得再好也是白搭，反而会成为人无法接受的"笑话"。

其次，要紧扣原文作合理想象。通常，续写作文题目的要求或提示中有

"根据……发挥合理想象"或"根据……设想……"的字样，这就要求我们具有一种活跃而适度的发散性联想与想象思维能力，既如天马行空浮想联翩，又不悖情理恣意制造；既似风筝飞天系线扶摇，又不囿于一隅作茧自缚。只有这样才能出新而不出格，求异而不离谱，如果把孔乙己的结局简单地写成倒毙街头或者是范进中举式，那都是不能与原作相吻合的不合情理的想象。后面引录孙莉写的《孔乙己之死》一文，将梦中的短暂富贵荣华与现实的悲惨境遇巧妙地衔接起来，这强烈的反差对比既符合原作人物的心理状态和性格特征，也符合社会对人的影响所决定的最终结局，说明续写者是具有一定的想象力和构思能力的。

再次，要选准落笔的角度。找准续写作文与原文的结合点，不能抛开原文而杜撰离奇怪诞的故事情节和结局。只有把握住能反映原文要旨及总体构想的入笔处，进而加以延伸开拓，才能收到以简驭繁、以少胜多的效果。在作文教学中利用原著故事悬念，指导学生写续篇，对培养学生写作兴趣、活跃写作思维、提高写作水平是有一定效果的。

下面这篇《孔乙己之死》就是根据人教版语文教材九年级下册选录鲁迅的小说《孔乙己》结尾部分的内容续写的。续写文《孔乙己之死》描写了孔乙己惨死的场面，再现了封建礼教、封建科举制度毒害下牺牲者的悲惨命运与麻木灵魂，从而揭露了黑暗社会精神奴役人的吃人本质，其主旨思想和原文是一脉相承的。

孔乙己之死

孙 莉

孔乙己喝了半碗黄酒，离开了咸亨酒店，慢慢地用手在地上挪着，两眼不敢向旁边斜视。几个顽童跟着他，一边跑，一边吃，一边叫着，孔乙己只是低头不理，跟了一阵，顽童也觉得无聊，便各自散开了。寒风吹来，鲁镇的石板路上显得格外寂静，只听见孔乙己身下的蒲包和石板相擦的喇喇声，偶尔有一两个行人从孔乙己的身旁匆匆而过，瞧也没瞧他一眼。孔乙己漫无目的地挪着，不知不觉出了鲁镇。通往乡下的黄土路铺着一层厚厚的灰土。孔乙己的手有时刚落到地上，"扑"的一声，便扬起了尘土。他的眼睛被迷

住了，泪水止不住地往下淌，但他不回头，他要到乡下去，以乞讨为生。傍晚的时候，孔乙己蹭到了一座小山岗上，朦朦胧胧望见远处有一带村庄。但他早已精疲力竭，挪不动半步了。凛冽的北风越吹越紧，光秃秃的树枝在风中摇曳，不时传来一阵阵刺耳的乌鸦的"呱呱"叫声。孔乙己浑身一颤，抬头呆呆地望着灰冷的天空，一种莫名其妙的感觉涌上心头。他向四周看看，发现不远的山坡上有间小草房。草房的土墙歪歪斜斜，屋顶上的茅草经风一吹，横七竖八地飘落着。孔乙己挣扎过去，推开虚掩着的破门，挤了进去，他想暂在这里避避风。屋里阴暗潮湿，门一关，就什么也看不见了。借着门缝透进的一丝光，孔乙己把散落在地上的稻草拾掇了一下，堆放在墙角下，就躺在了草铺上。孔乙己肚子里饿得"咕咕"叫，连睁开眼的力气也没有了，全身像散了架，大概是太累了，不久，他便模模糊糊地睡过去了。孔乙己的眼前忽地金光一闪，慢慢地浮了起来，飘出了小草房，落在一座别致的小花园中。他身上已不是破烂不堪的夹袄，而是华贵的状元服。他手摸着已经梳得整齐的胡须，忍不住笑了。

恍惚中，孔乙己回到了鲁镇，又来到咸亨酒店。他背着手，踱着步，用眼角扫了一下掌柜的，掌柜的一眼就认出了孔乙己。掌柜的小跑着出来，惶恐地弯着腰："给大老爷请安。请大老爷赏光，请进去坐坐。"孔乙己没搭话，昂着头，双手倒背，慢慢地踱了进去，后面的随从紧跟着。掌柜的忙不迭地跑过去，掀开里间的门帘，请进了孔乙己。

孔乙己一坐定，掌柜的连忙亲自用抹布把桌子擦了又擦，然后双手捧着菜单送到孔乙己面前，孔乙己持着胡须，看了半晌，慢慢地点了几道菜，慢条斯理地说："再给我这几个随从弄些酒菜，随后记账。从前欠下的 19 个钱也一道结清。"掌柜的在一旁唯唯诺诺。一会儿烫酒，一会儿下厨房。不一会儿，酒菜上来了。掌柜的又连忙给斟上了酒，孔乙己伸出两指，端起酒杯，放在嘴唇边抿了抿，美滋滋地笑了……

一阵狂风吹过，那扇破门被吹开了，屋里的草飞了起来。孔乙己全身哆嗦了一下，醒了，原来是一场好梦。孔乙己连忙爬过去，想把门关上，突然"哗"的一声巨响，小屋连顶带墙塌了下来 。孔乙己连哼也没有哼一声，就被埋在倒塌的土墙底下。寒风哀号着，似乎在为孔乙己唱挽歌。

显然，不同的续写延伸目的就会有不同的续写文字；选择不同的开拓延伸着眼点，会有不同的结局。而这些不同，又是受续写者延伸开拓时的思维角度以及想象力、构思力所制约的。

忠于原作扩新篇

扩写，是指在一段意思完整的话（包括格言和警句）或一首诗词、一篇短文的基础上，按照某项具体要求加以铺展充实，构成一篇内容更加充实、情节更加生动的长文章。这也是作文训练和检测中常用的一种命题方式。扩写与缩写恰好相反：缩写是对文章的浓缩概括，而扩写是对文章的膨胀扩展。扩写式命题最基本的要求是：不能脱离题意，既要突出重点，又要体现原作的主题思想，反映人、事、物的本来面貌。在不改变原作中心思想和基本情节的前提下，对原作中不够具体的地方进行扩展补充，使扩展的文章比原作更生动形象。

扩写命题提供的材料，一般都是事件的中心故事情节的梗概。在扩写时，应该把抽象的抒情议论扩展为具体生动的描述，化抽象为具体，变简单为细致，使扩写后的作文充实、具体、生动、形象。

例如：把《韩非子·难一》中的《自相矛盾》用现代语体扩写成一个600到800字的故事。

【原文】楚人有鬻（出卖）盾与矛者，誉（夸赞）之曰："吾盾之坚，物莫能陷（攻破）也。"又誉其矛曰："吾矛之利，于物无不陷也。"或曰："以子之矛陷子之盾，何如？"其人弗（不）能应也。夫不可陷之盾与无不陷之矛，不可同世而立。

【扩写文】故事发生在战国时期楚国的某个村庄，那里人山人海，十分热闹繁华，尤其是这一天……

在集市里，只见一个不高不矮，不胖不瘦的商人在大声嚷嚷，叫卖着他的兵器。他把那些光亮锋利的矛，一束束竖插在地上，把乌黑发亮的盾牌，一个个排在墙根底。他首先拿出一支矛骄傲地说："这支矛是天底下最厉害、最锐利的矛，大家快来看看啊！"

商人的高声叫卖，引得赶集的人们挤了个水泄不通。商人得意地说："我家祖辈造矛，到了我们父子这两辈，制品真可谓是天下无比，金石无敌。这支矛能穿破任何事物，不管多厉害的盾，我也能一下将它刺穿——买吧，买吧！可不要错过机会啊！"人们都围在一起仔细看这锐利的矛。只见那支矛的矛尖上闪闪发光，好像天上神仙用的兵器，有些人看得眼睛都闪闪发光。可就是只听夸赞声，不见掏钱人，有几个人还带着怀疑的目光看着闪亮的矛。

看到此情景，商人环视众人，迟疑了一会儿又抓起一面盾牌，说："不是没有好东西啊，我还有很多神兵利器呢！就怕没人能识得好货，来，来，来——"商人手拿矛向围观的人群虚晃一下，点了三点，吓得聚在一起的人纷纷后退。商人又举起一面盾牌大声介绍道："我这还有天下第一好盾，这可是神器呀！刀枪不入，矛刺不穿，就是拿锐利的锥子戳它，也不会损伤它一丝一毫——买吧，买吧！不要错过这个机会，过了这村可就没有这店了啊——买吧！"又有一些人围着这面盾牌仔细欣赏起来，盾牌上刻有一条龙，有些人看得非常入神。

商人声嘶力竭地叫喊着，像要把那些货物一下子就推销完似的。

围观的人群中一时议论纷纷，惹得一位过路人忍不住停下脚步，拱手一揖，慢声说道："好矛，好盾！那么用你的矛戳你的盾，不知结果会怎样呢？"

围观的人们一时还没弄清楚是什么意思，那商人已经满脸通红，哑口无言，两腮的胡子气得抖了起来。又一个年轻人也高声叫道："快来看啊——利矛刺坚盾，两样都得输！真是天下奇事啊！"

本来要买兵器的人纷纷都走了。商人看到如此情景，只得转身去收拾他那"天下无双"的两样兵器了。

对原材料进行扩充写作，要忠实于原文，在不改变原文人称、主题的前提下进行合乎情理的发挥、增添。扩充时，要通篇考虑胸有全局，针对原文把握重点，该详则详，该略则略。扩写后的文字要生动活泼具体形象，富有感染力。同时，要找准原文中能够扩充的地方，展开合理想象，丰富原文的故事情节、环境描写和人物的外貌、言行描述。

合理想象改新作

改写，是以原著为依据，适当改变原作的体裁、结构、表现手法等的一种写作训练与测试方式。改写可以使我们更好地了解各种文体、语体、人称、结构、表现手法的特殊作用和相互关系，学会应用不同的表现形式来表现同一内容，加深对原作的理解。它对提高我们阅读和写作能力是很有效的。改写的实质是以原作品为材料的再创作，其功夫全在一个"改"字上。这种形式有可供学生发挥才华的天地，在运用语言、组织材料以及对各种文体的掌握方面有其练习价值。

改写是多方面的。从形式上看，可以改变体裁，如将诗歌改为散文、记叙文，小说改为故事或剧本，戏剧改为故事，游记改为说明文，说明文改为对话问答，等等。

从结构方面可将倒叙改为顺叙，或将顺叙改为倒叙、插叙，将两条记叙线索合并为一条线索。

从内容上看，可以对原作的主题从一个方面加以强调，也可以对人物、情节进行必要的增删。这就要求对原作进行认真品味、透彻理解，既要体现原作的精神，又要酌情变动。但有一点切记：不能另起炉灶，另外找"米"下"锅"。

从表达方式上看，可以把叙述改为描写，即把对人和事物的一般情况交代改为对人物外貌、行动、语言、心理等的描写。

从语言上看，可以把韵文改为散文，把文言文改为现代文，把诗歌改为叙事散文或小说。

尤其是把诗歌改为叙事散文要注意二者的区别：诗歌的语言比较精练，语句跳跃性较大，在人物刻画、情节发展和环境描写上所受的限制较大；而叙事散文可以运用多种描写方法对人物进行细致刻画，对环境进行具体描写。情节可以充分展开，人物的性格可以在情节发展中逐步凸现出来。所以，如果不根据原诗加以想象，适当补充一些情节，就会使改写后的叙事散文显得枯燥无味。只有在充分运用诗歌原有材料的基础上，发挥合理的想象，增补必要的描写，才能使文章内容丰富起来。

再者，诗歌和叙事散文各有不同的文体特点。用现代汉语来改写古代诗歌，不是翻译文言文，不必句句都紧扣原诗，只要能表达原意就行了。为了叙述的方便，有时候还可以改变人称进行写作。诗歌中的语言为了符合文体需要，常常会省略一些句子的内容，语言顺序比较自由，还会有互文见义等修辞手法的使用，在改写叙事散文时，都要一一改过来，使语言符合叙事散文的语言要求。

请阅读唐朝诗人杜甫《石壕吏》原文及改写作文。

【原文】

石壕吏

暮投石壕村，有吏夜捉人。老翁逾墙走，老妇出门看。

吏呼一何怒！妇啼一何苦！

听妇前致词：三男邺城戍。一男附书至，二男新战死。存者且偷生，死者长已矣！室中更无人，惟有乳下孙。有孙母未去，出入无完裙。老妪力虽衰，请从吏夜归，急应河阳役，犹得备晨炊。

夜久语声绝，如闻泣幽咽。天明登前途，独与老翁别。

【改写文】

石壕吏

天灰蒙蒙的，又阴又冷。寒冷的北风似乎要把整个人吞没掉。

这是战乱的岁月。暮色笼罩着一个边远僻静的村落——石壕村。诗人杜甫从洛阳向华州赶路。这一天，天色已经昏暗，诗人错过了旅店，只好投宿在石壕村。

房东是一对年迈的老人，还有他们的寡媳和尚未断奶的小孙子。他们衣着破旧，面黄肌瘦。

一天的劳累奔波，诗人和衣而卧，很快就进入了梦乡。约莫二更时分，一阵犬吠，村中突然纷乱起来，粗暴的叫喊声、急促的打门声……越来越近了。诗人被惊醒了，借着惨淡的月光向外窥看，原来差吏又来抓壮丁了。房东一家吓得心惊胆战。老翁慌忙披上一件破褂，匆匆爬过屋后的一堵断墙，向村外逃去。老妇人战战兢兢，颤抖着去开门。"砰——"的一声，门还没有开，就被差吏一脚踹开，只听到差吏粗野地吼道："你家男人呢？你家还要再征派一个男子去当兵。把人交出来！"老妇人苦苦哀求道："长官，我家有三个儿子都已去戍守邺城了。最近，一个儿子写了封信回来说，两个兄弟都战死了。哎，我担心他的性命也难保全啊！官爷，可怜可怜我这个老婆子吧……屋里实在没有人了！"

"哇——"孩子的啼哭声突然响起来了。

"你还说没人！这孩子哪儿来的！他的父母呢？你敢欺骗官府！"差吏吆喝着，挥动皮鞭往里闯。

老妇人眼看哀求无用，哽咽着说："我的媳妇失去了丈夫，带着还在吃奶的孩子艰难度日，连一件穿得出去的衣服也没有了。孤儿寡母，可怎么过啊？你们实在要人，就把我这个老婆子拉去顶差吧，我随你们去，也许还来得及赶到军队烧早饭。"

差吏们骂骂咧咧地把老妇人带出了院子。在惨淡的月光下，老妇人回头望望自己破旧的茅屋，掩面而去。孩子的啼哭声一阵阵传来，令人肝肠寸断。

夜深了，窗外万籁俱寂，说话的声音没有了，似乎听到有人低声在哭，这哭声在旷野上飘荡……

诗人一夜无眠，他的耳边仿佛仍然回响着老妇人凄惨的哭诉声。天蒙蒙亮，诗人收拾好衣服和悄然回家的老翁告别。面对这令人心碎的现实，诗人还能用什么样的话语安慰这痛苦万分的老人？只能长叹一声，放了几两碎银在老人的身边，然后离开。他的身影慢慢消失在萧索的村路上。

本篇改写在原作的基础上进行了充分合理的想象。如背景的交代、差吏抓人的情景、人物神态的刻画、开头和结尾的环境描写，这些情节的展示不但忠实于原作的主题，而且使诗歌中营造的意境得到充分的展示。人物的性格和语言比较统一，一些细节描写，如孩子的啼哭声、门被踢开的情景、老妇人被抓走时满腹心酸的回望等，都很好地体现了诗歌原作中的主题，把统治阶级的残酷暴虐、人民水深火热的痛苦，表现得非常突出。所以，从主题表现的深刻、内容的充实、语言的准确流畅来看，本文都不失为一篇成功的习作。

概括原作练缩写

缩写，就是在中心思想和主要内容不变的情况下，按照一定要求，把内容较复杂、篇幅较长的文章压缩提炼成较短文章的一种写作训练。缩写既是培养写作能力的一种训练方式，同时也是培养阅读能力、分析能力、概括能力的好方法。

一般说来，缩写文章有七个基本要求。

①忠实于原文的中心意思，不可偏离题旨；②字数要符合要求；③要忠实于原文的体裁、结构，保持原文的基本风貌；④不打乱原文内容顺序，不修改段落；⑤要抓住重点，去粗取精；⑥明确主题，删掉与主题没关系的内容；⑦明确时间、地点、人物 和事情的起因、经过、结果这四要素。

缩写不同于修改文章，也不同于摘录，而是要根据不同的目的和要求，缩成所需要的文章。在仔细阅读原文的基础上，理清文章结构，抓住内容要点，把握文章中心思想。对原文所记事件的起因、发展、结局要了如指掌；对人物的性格、言行，在事件中的地位、作用要心中有数；对原文的详略安排、段落层次顺序要十分清楚。然后确定哪些内容保留，哪些内容归并和删减。因为删减之后有些地方无法衔接，这就需要重新考虑前后句段的衔接问题。

缩写重于记叙和概括，要把具体描写的内容，如人物的对话、心理活动等尽量概括成叙述性的几句话，要保留原文的主要情节和关键词语，对次要内容或删减，或作概括性的叙述。

例如，修饰限制性的语句，过渡性的语句，可以紧缩或删去；非重点部分的描写，非主要人物的对话，可以删改或只作简略叙述；略写部分在不影响故事发展、情节交代的情况下，可合并或删除。

缩写时尽可能引用原文的语句，尤其是原文中关键的词句和准确、生动的词句尽量保留；删减工作完成后，再根据语气是否贯通、句间逻辑关系是否紧密等对其中一些句子进行改写。

缩写以后和原文对照一下，看看主要内容是否保留下来，意思是否准确、完整，语句是否通顺，语气和语义是否贯通等。

缩写有一定的方法和技巧。缩写要做到两点：一是缩短篇幅，二是要作适当的改写。对重点内容有的可以适当保留，有的可以改写，有的可以加以概括，有的可以删减，有的可以一笔带过。最基本的方法是压、删、连，即缩写时要按原文顺序压缩；要有详有略，重点的部分要详写，次要的部分要略写；要保持文章的完整性。

摘录法：抓住原文的中心和要点，以摘录原文重要语句为主，适当增加衔接语言，连缀成文。缩写记叙文可摘录有关时间、地点、人物、事情的起因、经过、结果等重要语句。

删除法：删除的基本原则是删除次要部分，保留主要部分。缩写前吃透原文，把握中心，分清主次，抓住重点，以此为基准，再考虑该删什么、该留什么。单句删除其添加成分，保留主要成分；复句删除从属的分句，保留强调的分句。段落缩写保留中心句和关键句。

记叙文，可删除次要人物、次要情节、非关键性的细节，以及一些描写和渲染性的语言等。

概括法：采用归纳总结的方法把原文中有关说明性、交代性的相关段落连缀成简明扼要的几句话甚至是一句话。

如将记叙文中的具体描写改为概括描写，详尽叙述的部分压缩为概括叙述；还可以把段落缩成句子，长句缩成短句，以及把抒情性的句子缩成一般的陈述句等。

以上方法可以结合使用，务必使缩写后的文章尽量保留原文中精彩的句子、反映观点的句子或中心句，做到结构完整，中心明确，语言流畅，特别要使保留的部分和变更的部分衔接自然吻合。不能改变原文的体裁，打乱原文的顺序，也不能另起炉灶重新组织材料，更不能随意发挥，添枝加叶。

缩写与梗概有区别。缩写的原则是：①事件发生的时间、地点、起因、经过、结局都不能变；②必须体现原文的中心思想，保留原文体裁、重点，即不重要的情节简写，重要的情节特写；③表达方式不变，不能评论。

写梗概，就是按一定的要求，把原文的内容压缩而写成一篇较短的文章的方法。一篇有血有肉的较长的文章，剔除"血"和"肉"，只保留"骨架"。

写梗概的原则是：①事件发生的时间、地点、起因、经过、结局都不能变；②必须体现原文的中心思想，保留原文体裁、重点；③表达方式可以改变，可将原文详细描写的内容改为概括叙述，即将描写改为叙述，还可以将引用的内容改为转述，也可以评论，等等。

缩写范例：

1.缩写《景阳冈》（原文见人教版小学语文五年级下册）：

一天，武松赶路来到了景阳冈脚下。他走进酒店，叫小二拿酒和牛肉来。之后，硬要过冈，也不听小二的劝告，一连喝了18碗酒后走向了景阳冈。武松提了哨棒，踏着步，走进景阳冈，看到榜文，方知山中有老虎。武松走了一会，酒力发作，踉踉跄跄。突然跳出一只吊睛白额大虫来。武松见了大吃一惊。武松见大虫扑来，一闪，闪在大虫背后。那大虫背后看人最难，便把前爪搭在地下，把腰胯一掀，掀将起来。武松一闪，又闪在一边。大虫见掀他不着，吼一声，似半天里起个霹雳，震得那山冈也动了，接着把铁棒似的虎尾倒竖起来一剪，武松却又闪在一边。武松把脚往大虫面上、眼睛里乱踢。过了一会儿，武松放了手，眼见气都没了，方才丢了棒。

武松因打大虫困乏了，要睡。大户便叫庄客打扫客房，且教武松歇息。到天明，大户先使人去县里报知……

2.缩写《小抄写员》（原文见人教版小学语文六年级上册）：

叙利奥是小学五年级的学生，12岁。他有一个幸福的家，一家人过着清贫的生活。父亲是铁路上的职员，白天在铁路工作，晚上又接文件来抄写。父亲的确太累了，叙利奥总是想方设法地替父亲抄写，但父亲怕耽误他的功课，总是不让他干。一天晚上，等父亲睡下后，叙利奥偷偷起床开始为父亲抄写。就这样，叙利奥抄了四个月。由于他睡眠不足，上课经常打瞌睡，成绩也就直线下降，父亲不知内情，因此非常恼火，屡次责骂他，最后竟不管他了。叙利奥想跟父亲说明白，但都没有。直到有一天，父亲终于知道了秘密，眼泪顺着脸上的皱纹滴在叙利奥的身上……

3.缩写《小英雄雨来》（原文见人教版小学语文四年级下册）：

雨来生长在晋察冀边区北部的芦花村里，他的游泳本领很高。12岁那年秋天，爸爸妈妈送雨来去上夜校念书，雨来在夜校里懂得了许多爱国的道理。有一天，鬼子又来"扫荡"了，交通员李大叔藏在了雨来家。雨来为了掩护李大叔，机智地把敌人从李大叔的藏身处引开。敌人抓住了雨来，用糖块和金戒指来引诱他，让他说出李大叔的藏身之处。可是雨来没有要敌人的东西，一声不吭地站着。鬼子见雨来不回答，就扭着雨来的耳朵，向两边拉，还打了雨来两巴掌，把他脸上的肉揪起一块，咬着牙拧……经过敌人一番毒打后，雨来虽然疼得厉害，但还是没有说出李大叔的藏身地。敌人顿时气得暴跳如雷，立刻命令手下枪毙了雨来。这时，大家听到河沿上的枪声，以为雨来死了，都失声痛哭起来。正在这时，雨来从芦苇丛中探出了脑袋。原来，在鬼子开枪之前，雨来趁敌人不防备，跳河逃走了。

借鉴取意学仿写

仿写，就是模仿某些范文的语言、立意、构思、表现手法等技巧，进行写作训练的一种方法。

模仿是引导学生写作起航的行之有效的方法。因为模仿是人类学习、掌握技能的重要方法之一。模仿针对性强，有法可循，既降低了学习的难度，又可收到明显的效果。对于初学写作的学生来讲，我们应积极提倡模仿。即使刚模仿时比较机械，也应加以肯定。宋代教育家朱熹认为，模仿是古人有效的学习方法。古人写诗，大多也是模仿前人的。因此，我们要说，模仿不是什么见不得人的事。模仿有时是对文章结构的模仿，有时是某种写作手法的模仿，有时是选材立意的模仿，有时是句式的模仿。中学生正处在形象思维能力强、抽象思维才刚刚萌动的时期，他们的模仿能力非常强，许多歌星的歌他们一学就会。我们正好抓住学生这一特点，来引导他们仿写。

茅盾曾说过：

模仿其实不一定要不得。"模仿"可以说是创造的第一步。婴孩学话，也是从"模仿"开始；古时候蒙童习字，先必描红。旧时匠人教徒弟并无什么方法，只教徒弟看作学样。这都是"模仿"的应用。这样看来，"模仿"又是"学习"的最初形式。

《语文课程标准》明确提出，初中生写作"力求有创意地表达"。要想"有创意地表达"，首先要学习有创意的文章，模仿人家是如何有创意地表达。

仿写就是仿照例文的样子写作文。一般来说，作文由不会写到会写，由

写不好到能够写好，都要经过由仿写到创新的过程。

仿写正是阅读与写作的交集，不仅能提高学生的阅读水平，而且不知不觉中也让学生学会了语言表达，让学生尝试到写作成功的乐趣，从而爱上写作。这是提高学生写作能力比较有效的途径之一。

仿写有其方法可循，这些方法是沟通范文与仿写文的多种桥梁，应因模仿的需要而做选择。

取意法　取意法即模仿范文内容写文章。它有三种情况。

其一是范文里写什么，仿写文就写什么。如以《宇宙里有些什么》为范文写《神奇的宇宙》，要求以"宇宙"为说明对象组合材料，仿照范文的主要思路进行说明。

其二是模仿范文的主要精神内容。如以朱自清的《春》为范文来写《春的脚步》，描绘大地春回、生机勃发的动人景象，赞美春的活力带给人的希望和力量。

其三是改换范文的角度，仍然选取范文中的材料来写。如以课文《祝福》为范文写《祥林嫂的故事》，全部用正面描写的方法刻画一位深受封建礼教迫害的妇女形象。

仿形法　仿形法即模仿范文结构、表现手法和句式特点等形式来写自己的内容。它有两种情况。

其一是全仿法，从整体上模仿原文的形式。如写《我们应该为什么而活着》就可全仿罗素的《我为什么而活着》的结构布局，先开门见山地回答命题，中心部分进行具体阐述，最后做总结，道出自己追求的人生准则。如果能够写得朴实自然，"旧瓶装新酒"，富有新意，就会是一篇较好的仿写文。

其二是点仿写，只模仿范文的一两点写法。点仿的范围很广，句式、段落、开头、结尾、联想、观察、记叙、描写、说明、抒情、议论等，各种手法都可取其一点而仿之。

仿写不是简单的依样画葫芦，而是在模仿的基础上掌握文章的各种写作方法，并逐渐有所创新，最后写出有自己独特见解的好文章。

要达到这个目的，需要在仿写时注意三点。

第一，要确定好仿写点。仿写点是指范文中将被模仿的点。这个点可能表现在一个地方，也可能表现在几个地方。这个点是范文与仿写文的联结点、相似点，确定仿写点是仿写的关键所在。仿写点的确定既要根据范文的特点，从范文中最明显最突出的写法特点上去找，又要依据学生的实际情况，只有适宜于学生模仿才行。

第二，仿写要自然、妥帖。要深入钻研选定的范文，弄懂弄通范文在写法上的独到之处，才能仿到实质，才能以别人的形式表现自己的内容。

第三，仿写应循序渐进。开始先练习点仿，逐步进行全仿；开始先练习句段的仿写，逐步进行结构、写法和表情达意的模仿；开始可以有所拘泥，然后逐步达到创造性的仿写。做到了由易到难，由浅到深，由模仿到创造，仿写才真正达到了目的。

例如，我们在学完《少年闰土》（人教版小学语文六年级上册）一课后，准备学习本文的写法作一篇有关写人的作文。通过阅读原文能够看出：作者不但抓住了少年闰土的外貌（紫色的圆脸，头戴一顶小毡帽，颈上套一个明晃晃的银项圈）、行为、语言等外在特点，还选取了典型事件（捕鸟、看瓜刺猹、捡贝壳、看跳鱼）揭示少年闰土的内在特点：知识丰富、聪明能干、活泼可爱。接着应该构思如何去写自己想要写的人。依据《少年闰土》一课的写法作"我的妈妈"话题作文时，一要抓住妈妈的外在特点进行一番描述，但不要眉毛胡子一把抓，注意体现重点，一定要为突出中心思想服务；二要借助典型事例揭示妈妈的内在特点。除此以外还可以根据生活经验搜集一系列的素材，但要根据需要恰当地选择，要选能突出人物特点的材料去写。

【学生例文1】

"抠"妈妈

哪个妈妈不疼爱自己的儿女，可我的妈妈却"抠"得要命。

（开门见山，运用对比手法，突出妈妈与众不同——"抠"。）

　　记得在一个周末，我和妈妈去商店买东西，我一眼就看见店门口卖羊肉串儿的，看着那烤得油焦焦、黄乎乎的羊肉串儿，我简直到了垂涎三尺的地步。于是，我小声地央求妈妈："妈妈，能不能……"我最终没能说出口。（语言特点符合儿童的年龄特征。）"能不能什么？"妈妈没好气儿地说。"能不能买串儿羊肉串儿尝尝？"我鼓起勇气说。"不行，不能养成吃零食的坏习惯，再说，吃那种东西会坏肚子的！"妈妈坚定地说。（妈妈为使"我"养成好习惯，找借口不给我买羊肉串吃。）我知道再争下去也不会有什么结果，便不再说什么了。心里却一直在说："妈妈真抠！"（照应开头，突出妈妈的"抠"。）

　　虽然在生活上妈妈对我抠得要命，可在其他方面却蛮大方的。（正确地使用过渡句，引起下文，使文章结构严谨。）

　　一天，中午放学时，老师让每个同学订购一本有关写作方面的书籍。我想到平时"抠"得要命的妈妈，回到家我不知道说什么好，站在妈妈身边沉默了好一会儿，才悄悄走过去低声说："老师让……"还没等我把话说完，妈妈连连点头高兴地说："可以，可以！"妈妈毫不犹豫地把买书的钱递给了我。我微笑着看着妈妈，心想：妈妈还是挺大方的嘛！（与第一件事形成鲜明的对比，从而使我改变了对妈妈的看法。）

　　另有一天晚上，妈妈下班回来谈起了单位为灾区献爱心捐款的事。心想：捐款？不会捐四五元钱吧？别再是一两块钱！我正疑惑着，妈妈慷慨地说："那些贫困地区的孩子们上不起学，多难过呀，我多捐了点儿。""多少？"我和爸爸异口同声地问。"一百元！"妈妈自豪地回答。什么？平时简直"抠"得出了名的妈妈，今天竟然捐了一百元钱，真是出乎我的意料。我心目中的"抠"妈妈那渺小的身影早已消失得无影无踪了。

　　（进一步说明妈妈在生活小事上显得"抠"，而在我的学习上、帮助失学儿童上却显得十分大方。）

　　望着眼前既吝啬又大方的妈妈，我真想发自内心地喊一声："'抠'妈妈，我永远爱您！"

　　（"吝啬"与"大方"分别是对妈妈所做一切的高度概括，结尾点明文章中心。）

母爱是伟大的，而在小作者眼里却显得平凡而不伟大，生活中因一点小事满足不了自己，竟对妈妈的做法抱怨、不满。作为一个适龄儿童或许都有这方面的经历。小作者后因妈妈为灾区献爱心——为灾区的孩子们捐款助学，改变了对妈妈的看法，心里由衷地敬佩和自豪。本文在写法上最突出的特点就是运用了对比的写法，再现了妈妈是非分明，立场坚定，对"我"和灾区孩子们的爱是截然不同的。不足之处在于对材料的安排上，详略处理得不够得当，因为本文要突出的是自己对妈妈的敬佩之情，所以第一件事应略写，第二、三段适当写得详细些，这样才能起到突出中心的作用。

【学生例文2】

送　伞

　　望着窗台滴落的雨滴，我又想起了母亲为我送伞的经历。

　　我依然记得，那年刚上小学。望着窗外砸落的雨滴，心中十分地担心。等到放学，同学们都三五成群地挤在一把雨伞下，跟跟跄跄地回家了。而我，在教室的走廊徘徊，等待着家人来接我。时间一分一秒地过去了，正当我打算冒雨前行时，母亲来了。她左手横握一把刚开封的雨伞，右手举着一把伞枝已断掉的雨伞，走过来对我说，真对不起，来晚了。我说没关系，她便笑了。又说，真聪明，幸亏没走，否则就成落汤鸡了。我笑了笑。

　　六年级，有一次下起了小雨。因为之前没有丝毫的预兆，所以我并没有带伞，不过这次我并不担心，因为我打算和几个没带伞的同学一起冒雨回家，而正当我来到楼梯口时，看见了一个抬头望着熙熙攘攘的人群，一看便知是在接孩子的妇女。没错是我妈，我看见了她，她也看见了我。她看起来很开心，而我呢？恰恰相反，心想：这么小的雨，还用雨伞，你还嫌我不够丢脸啊？来到她面前，我一声不吭地接过伞，走了，我并没有打开雨伞，她在后面叫唤着，我没有理会。

　　现在，回想起，真的很对不起母亲。

　　我常常在想，倘若有一天我长大了。母亲外出，正巧下起了雨，我是否也会无怨无悔地给她送伞呢？想到这里，在晶莹的泪光中，我又想起了母亲

为我送伞的经历。

（仿写朱自清《背影》）

开放限制话题型

自 1999 年"假如记忆可以移植"、2000 年"答案是丰富多彩的"这样以"话题"为内容的高考作文命题出现以来，全国卷作文题目一直都在沿用这种形式。"话题作文"作为一种全新的考查模式，越来越受到学生、老师、家长和社会的关注。

话题，就是指谈话的中心。以所给的话题为中心，并围绕这个中心内容而进行选材写出的文章就是话题作文。这类作文题表面上一般不含有观点，内容上不予以限制，形式上往往也是体裁不限。话题作文其实只是提供了一个话题，即规定了表达的中心内容，而不限制取材范围和表达方式。以话题为内容的开放式命题与以往的命题作文相比较，它的好处是留给考生更大的空间来发挥写作。

话题作文是一种用一段导引材料启发思考，激发想象，用话题限定写作范围的作文题型，兼具开放性和限制性的特点，一般不限文体。话题作文通常由四个部分组成，即"材料语＋提示语＋话题＋要求"。话题作文的主题不必从材料中提炼，而是从话题引发出来的，材料的作用在于阐发话题，就材料本身而言，既可以运用到写作中，也可以不用。"提示语"在"材料语"和"话题"之间，对材料内容进行诠释或引发，以降低考生审题上的难度。

把握文体 话题作文往往不限文体，允许考生自由发挥。但是，不限文体并不等于不要文体。话题作文的"文体不限"其实是指不限于一种文体，让学生有选择文体的自由。

当你选定了一种文体时，还得按照这种文体的特点来谋篇布局进行写作。有的同学观察能力强，生活积累丰富，不妨将生活中精彩的片段撷取出来写成一篇生动感人的记叙文；有的同学想象丰富，擅长编写故事，不妨写写童话、寓言或科幻小说；有的同学逻辑思维能力强，擅长推理，不妨写成一篇理据充分的议论文；有的同学感情细腻丰富，不妨写成一篇优美抒情的散文，肯定会非常出色。

缩小范围 话题作文只提供写作的话题，而没有中心、材料、结构、文体、语言等的限制，给了考生一个比较开放的构思空间，使考生能最大限度地发挥想象力和创造力。但是，如果不注意把握话题，缩小写作的口子，就会出现"下笔千言，离题万里"的毛病。因此，不管所给的话题多么宽泛，我们都要善于缩小"包围圈"，要选择一个小小的切入口，如一件事、一个人、一样物品、一种感受、一点看法等，集中笔力加以突破，把你所选择的话题角度写细写深写透，做到"以小见大"。

拟好题目 标题是文章的"眼睛"。俗话说："题好文一半。"话题作文允许自己拟题目，因此，我们要努力提高拟题水平，力争使自己拟的题目准确、凝练、含蓄、新奇，使阅卷老师"一见钟情"。怎样才能拟好考场作文题目呢？除了平时多读多练外，掌握一些自拟作文题目的技巧方法，也是很重要的。现介绍五种简便易行的拟题方法：借、仿、拼、抽、代。

"借"，就是从古今中外名文佳作或身边生活中借现成的题目，将其巧妙地运用到符合自己要求的文章上来。如高尔基的《母亲》、鲁迅的《故乡》，它们前后都有人用过。你"借"我也"借"，越"借"越好，真可谓同题不同文，神韵别具。在考场思绪紧张时用此法最好。

"仿"，就是按别人用过的文题的格式，仿造一个符合自己所需要的作文题目。例如《回忆我的母亲》可仿写成《回忆我的初中生活》，《想和做》可仿写成《学与思》等。

"拼"，就是把相关的几个题目中的有效成分，拼凑起来产生一个新的作文题目。有的"拼"意义，有的"拼"词语，有的"拼"用法。如1990年高考作文有人拟的题目为"花与刺"，而又有人在此基础上"拼"上"联想"二字，拟为"花与刺的联想"，可谓锦上添花。

"抽"，就是从所给材料中，抽取关键的词语或短句作为作文题。如1990年高考作文中，就有人从所给材料中抽取了"花""刺""姑娘"三个词语，拟成一个极有文采和吸引力的作文题"花·刺·姑娘"。

"代"，就是在时间紧，拟不出满意的题目的情况下，可先拟一个替代

题目，如"谈……""记……""介绍……"等。待全文写完后再确定，或者在写作过程中因灵感触发而突然想出一个好题目。

当然，以上五种方法在考场上往往不是单独使用，而是综合运用，那样会拟得更快，拟得更好。

善于联想　话题作文是一种开放性的作文形式，要求考生放开手脚，尽情地驰骋在想象的空间，善于多方位地展开联想，这样，才能生发出丰富多彩的思路来。比如话题"风"，你可以联想到自然界的风——微风、大风、狂风、飓风、龙卷风等；你还可以联想到社会风气——拍马风、送礼风等；你可以联想到一种像风一样的流行时尚——金庸热、韩寒热等；你甚至可以联想到假如你是风，假如你遇到风等。

写出新意　话题作文，既然是应试作文，总得给评卷老师一个好的感觉，才能得到一个好的分数。因此，写出特色、写出新意，是十分重要的。我们在写作时，要善于"独辟蹊径"，也就是要求我们在立意上要有独特的感悟，不人云亦云；选材上要有独到的眼光，不陈题旧话；构思上要独具匠心，不四平八稳，波澜不惊；语气上要有独到的魅力，不平铺直叙，泛泛而谈。

话题作文最大的特点是自由性，考生在题目、选材、文体、想象空间上有极大的自由性和自主性。

话题作文的自由性具体表现为以下几点：①题目自由。所给话题可以不作题目，考生可以自拟题目，但所拟之题最好能体现文体的特点。②选材自由。只要是选择与话题相关的内容去写，都有效。③文体自由。话题作文大都要求除了诗歌外，考生可自由选择记叙文、说明文、议论文或戏剧等文体。④想象自由。话题作文在题目、选材、文体等方面所赋予考生广泛的自由度也使考生有了更广阔的想象空间，但要注意想象的深度。

"话题"式作文就是要让学生驰骋于形象思维的空间，表现学生丰富的联想与想象能力。因为"话题"式作文更有利于形象思维的涌动，学生尽可以放开手脚去联想、想象，海阔天空，任意翱翔。他们可以充分展示自己想象的空间，也可以任意展开联想的翅膀，"海阔凭鱼跃，天高任鸟飞"。

话题作文与命题作文的区别在于：话题作文提供一个写作范围，所供题目仅仅起提示内容指向的作用,而命题作文一般提供的是写作内容的中心(当然命题本身是话题的除外);话题作文要求所写内容与之相关即可,而命题作文一般要求紧扣标题;话题作文作者可以自拟文题,而命题作文作者不能另命文题;话题作文范围广,相对来说好写,命题作文束缚性较强,相对来说发挥余地小。

话题作文比命题作文和命意作文带有更多的创造性,关键是对话题要有深刻的洞察力、敏锐的反应力、流畅的表达力。这就需要"深挖洞""广积粮"。"深挖洞"即提高自己的思想认识水平,砥砺自己的思维品质。思想的获得需要用生命去体验,需要用阅读去滋养。"广积粮"即广泛地储备写作素材,培养深厚的文化底蕴。审察近几年的高考满分作文,它们除了有独到的见解、独特的表达外,再就是有丰富的材料,阅卷的感觉真像品尝海味大餐、满汉全席。为了写出高分作文,学生要多参加校内外各种活动,关注现实,关注社会,把握时代的脉搏;搞"无理辩三分(钟)"的活动,以锻炼学生的辩证分析能力;开办读书(文)长廊,让学生饱读诗书;要设定各类思考话题,如交友、奉献、宽容、机遇、磨难、风度、青春、自由、财富、竞争等,捕捉触摸,扫描探究,以提高认识,积累感受。

领悟意图审话题

话题作文文题的表述一般由材料语、提示语、话题和要求四部分构成。

"材料语"是引出话题的由头,这就表明材料与话题之间有着密切的联系。特别是材料中的关键词句,往往就是命题者命题意图的体现,抓住了它,审题就有了依托。要审清材料的内容、含意以及不同的角度。如辽宁卷"明星代言",应围绕"明星代言"现象衍生出"小主题"或要点,如诚信、责任、道德与利益、法制等。抓住这些要点便于围绕中心从不同角度逐层论述。而天津卷"我说90后"材料中"嘉许""担忧""诠释"三个关键词则是三个并列的角度,最好选择其中一个进行叙事或评说,不要将几个纠合在一起,导至缠绕不清。

"提示语"是审题的重点,"提示语"是对材料的阐释和对话题的引导,是材料与话题之间的纽带,甚至能够给我们提示一定的作文思路。例如,"转折"这个话题作文有这样一个提示语:"对此,你一定会有所感、有所思、

有所悟。"这就告诉我们，要在文中表达"所感、所思、所悟"，而不能只是记述一件事或叙写一次经历了事。

审清话题概念的内涵、外延甚至一些隐含信息，推求话题背后的"命题意图"，以便有针对性地选择写作策略和方案。一般说来，"话题"中总会出现对理解题意有重要作用的字词，这些关键字词是准确理解题意的钥匙。例如，"我与空间"这个话题，要注意"我""与"这两个字眼，否则，就有可能把话题变成"我的空间""我们与空间"。

"要求"，其内容往往涉及角度、拟题、文体、字数、提示、警示等，大都是刚性要求，不可逾越，如 2009 年高考天津卷"要求"后的第 1—3 点和第 5 点，而第 4 点则是一个善意的提示："写出自己的真情实感。"材料表述有时会表明题型，如"以'我说 90 后'为话题"；有时则比较模糊，需要借助有关信息参照才能揣摩出题型，如 2009 年辽宁卷材料表述的第一节"513 网上论坛。主题：明星代言"，它意味着以"明星代言"为话题写文章。

高考其实是一种社会行为，既要教育考生，又要引导舆论，自然应有积极的命意。话题或文题只是一个"窗口"，它要引导考生张望人生、社会和世界。因此，我们应以正确的思维方式联系社会热点，推求命题意图。比如"我说 90 后"这个话题，是要让考生了解、认识自己所处的这个群体，正视自己的长处和短处，意识到自己这一代人的历史责任，以便更好地健康成长。而"明星代言"这个话题，将材料和社会热点如三鹿奶粉事件联系起来则能推出其"引导考生关注社会民生的热点问题，学会辩证思考和分析社会现象，培养独立思考的习惯和批判意识"的命题意图。

2017 年高考江苏卷作文题目是：

根据以下材料，选取角度，自拟题目，写一篇不少于 800 字的文章；文体不限，诗歌除外。

生活中离不开车。车，种类繁多，形态各异。车来车往，见证着时代的发展，承载了世间的真情；车来车往，折射出观念的变迁，蕴含着人生的哲理。

材料是三句话，以日常生活中离不开车引出"车"的话题，从车的种类、形态这些车本身具有的特点，拓展到车作为载体见证时代变迁、承载人间情怀，进而提升到车具有的象征意义：折射观念变迁、蕴含人生哲理。可以说材料本身就是一段言简意赅、内容丰富、发人思考的"纳米"文章。

这个作文材料切近考生，极具烟火气、生活味，也更有历史人生的纵深感。"车"作为人类应对时空的载体，伴随人类文明的脚步，走进寻常百姓的生活，和人类的活动息息相关，须臾难离，无时无地不见。从纵向看，从古代的马车、人力车到后来的火车、汽车到今天的高铁、无人驾驶车；从横向看，从生活用车到生产用车，从物流客流用车到军事用车……可以这么说，车是人类文明的缩影。古往今来的文学宝藏中，又有很多关于车的经典故事，从古希腊的木马车突袭到三国时诸葛亮的"木牛流马"，无不丰富着我们的生活。我们用的是车，看的是车，感受的是车，如此与我们密切接触的交通工具，必然承载着无比丰富的人情和世情，深藏无数的故事和回忆，能不让考生感到亲切、感到有话可说吗？作文材料将学生的目光聚焦生活寻常事物，可以唤醒记忆，激活思维，发挥才华。考生可以就车谈车，可以就车说人，可以说古今、话远近，可以迁移故事、缩结人情。

作文材料提示考生，车中有情，车中有理，车的背后有观念，有哲理。生活中可以以车代步，追求速度效率，也可以安步当车，诗意生活。豪车代表财富和进取，自行车象征绿色和健康；专车保护隐私，共享车"美美与共"；战车指向克敌制胜，残疾车指向温暖大爱。"车"可以抽象出"快"与"慢"，"车头"可以抽象出领头和动力，"车如流水"则抽象出繁华和流变。考生可以选取一个角度生发议论，也可以多角度综合评说。

正因为材料具有开放性，考生的文体选择可以是多样的：可以就材料提示作多维度思考，写议论文；也可以选择和"车"相关的故事或者自己的亲身经历写记叙文；还可以写说明文和抒情散文。

这个作文题的命题思路延续了江苏高考作文数年来的风格，学生易于上手。材料的开放性可以引领不同区域、不同背景、不同层次的考生各显神通，又有利于让考生选择自己擅长的文体写作。材料本身的生活味和思辨性，引导考生关注生活，感知时代，又鼓励考生透过现象学会思考，特别是从交通工具与人的关系中思考人的主体作用和人的价值，符合时代的价值导向，对考生的人生发展也有积极的导向作用。

成文出彩有技巧

一要立好题意，话题型记叙文在写作过程中一定要重视立意。

立意就是确立文章的主题，主题是作者在一篇文章中表现出来的思想认识，它体现了一个作者对写作对象（写进文章中的材料）认识的高度。一个考生的积极进取的思想意识，健康高尚的道德情操，科学辩证的思想方法，往往在他的文章中表现出来。相反，作文中表现出来的对社会生活、人物事件等方面的低俗、幼稚的认识，也反映出文章作者思想上的不成熟。同时，写作记叙文要注意多点题，可在首尾通过议论点题，可在文中通过议论或文中人物的对话、心理描写点题，而结尾的议论点题一般是必不可少的。

二要选好题材，准确且新颖。可以是题材本身新，也可以是手法新，旧题材要写出新意。题材可以、也应该进行合理虚构。选材时，要尽量写校园外的，写自己熟悉的，写有一定的典型性的（能够以小见大），写能展开的（展开后能"出彩"的）。

三要设计线索，能纲举目张。线索是记叙性作品中把全部材料贯串成一个有机整体的脉络。繁杂、零碎的材料（人、事、景、物）如果没有一条清晰的线索来连缀、贯穿，就会互不关联，杂乱无章。有了线索，文章就能纲举目张，浑然一体，更好地表现中心。清晰的线索应该是有利于读者识别、发现的，如标题、穿插的抒情议论、反复出现的某个物体或词句等。其设计方式则灵活多样：可以是某个人物、某个事件、某种物体，可以是时间的推移、空间的转换，也可以是感情的变化，等等。应试时，我们可以根据中心表达的需要，灵活选择。

四要感情真挚，能打动读者。考场作文要写真实的"我"，让"我"的激情在文中闪光。当然感人的事并非就一定要是痛彻心扉、悲惨至极。矫揉造作、夸张失实的作品读之无味反而令人见之生厌。真挚的感情首先来源于生活的真实，一个普通的但常常会被人忽视的瞬间却能让人感受到别样的滋味。

2003 年高考全国卷作文题目是：

阅读下面的文字，根据要求作文。

宋国有个富人，一天大雨把他家的墙淋坏了。他儿子说："不修好，一定会有人来偷窃。"邻居家的一位老人也这样说。晚上富人家里果然丢失了很多东西。富人觉得他儿子很聪明，而怀疑是邻居家老人偷的。

　　以上是《韩非子》中的一个寓言。直到今天，我们仍然可以在现实生活中听到类似的故事，但是，也常见到许多不同的甚至相反的情况。我们在认识事物和处理问题的时候，感情上的亲疏远近和对事物认知的正误深浅有没有关系呢？是什么样的关系呢？请就"感情亲疏和对事物的认知"这个话题写一篇文章。

　　下面请鉴赏获得满分的范例文章。

路是月的痕

湖北考生

　　依稀想来，已有几年未踏上这一条洒满月光的小路了。小路是父亲亲手用鹅卵石铺成的，在月下泛着朦胧柔和的光。路的那头，连着河边的小屋，连着我的父亲。父亲呵，你是否依然执着地坐在岸边，哀怨地吹着笛子，等着儿子归来？

　　父亲爱好吹笛。小的时候，父亲的笛声载满了我童年的乐趣，像那条丝带一样的小河，牵引着我的童心在父亲爱的港湾里晃悠。父亲很疼我这个唯一的儿子，老喜欢用粗糙的双手捏我的脸蛋，不顾我疼得哭起来，还兀自傻呵呵地笑。每天日暮，父亲带我到河边的草地上放牛，父亲常常放开牛绳让牛自己去吃草，他便从背后的草篓里摸出笛子，鼓起腮，吹出世间最美妙的音乐。我就靠在父亲腿上，看着天边的夕阳将父亲的头发染上点点金色。我爱父亲，父亲的笛声最美。

　　随着年龄的增长，我开始讨厌起父亲来，讨厌他满嘴烟味，讨厌他的黄牙；讨厌他背个草篓到学校找我，还从窗外傻傻地盯着我看；我还讨厌他没有本事，只知侍弄几亩薄地，连我的学费也没能赚回。我和父亲逐渐隔膜了，在被我吼了几次后，父亲不再打着赤脚去学校看我，不再唠叨着让我好好学习。他保持沉默，而打破沉默的唯一方式就是吹笛，如怨如诉，而在我看来，这又成了他不务正业的标志。

　　我要到外地上学去了。离去的前一天晚上，我走上那条熟悉的小路，感觉到一丝眷恋与不舍，路像是月光在地上划过的痕，也划过我的心。几年时

间里，我未回过一次家。母亲在电话里告诉我，我走后，父亲整日像掉了魂似的，茶饭不思，只知去河边吹笛子。最终，我答应母亲的请求回到了家。到家里已是夜晚，月亮刚升起，当我怀着无尽的思绪在小路上行走时，遇到了等我的父亲。我忽地一下子哭出来，紧紧抱住了他——我的父亲。我请求父亲给我吹笛，他答应了。呜咽的笛声又在耳畔响起，响在洒满月光的小路上，勾起我曾经的回忆。我感觉到父亲眷眷的爱子之情，感到愧对父亲的笛声，父亲爱我，爱着自己的儿子。他为我吹了十八年的笛子，而我此刻才发现他和我的心竟产生如此强烈的共鸣。

路很美，很美，是月划过的痕。月是路的魂，父亲的笛声是我的心魂！

写记叙文，重要的一点是要看人物、情节、环境的描写是否准确、生动、形象，是否能调动多种艺术手法表现生活。上文是一篇常规的记叙文，结构并不新颖，但作者将最朴实的生活融入文中，运用了朴实却最动情的语言来行文，从而能脱颖而出。

这篇记叙性散文对"感情亲疏与认知的关系"作了含蓄而形象的诠释：儿时爱父亲，其笛声最美；年龄稍长讨厌父亲，吹笛被看作"不务正业"；到外地求学时爱父的情感得以复苏，其笛声与"我"的心产生强烈的共鸣——"我"对笛声的认识就是这样受着感情的支配。

文章中的月、路与笛声既构成了朦胧的意象美，又构成了全文的线索。特别是笛声，既是父亲情感的宣泄，又是"我"认知的对象，还是刻画"父亲"性格的道具。父亲带"我"放牛时用笛声抒发"美妙"的感情，父亲与"我"有隔膜时用笛声传达"爱子之心"。

作者调动了叙述、描写、议论和抒情等多种表达方式表现生活，语言优美而形象，"路是月的痕""月是路的魂"，刻画了父亲的质朴、憨厚、隐忍、痴心的性格特征，蕴含着浸渍乡村风味的浓浓亲情，隽永感人。

传承创新材料型

材料作文，是根据所给材料和要求来写文章的一种作文形式。材料作文的特点是要求考生依据材料来立意、构思，材料所反映的中心就是文章中心的来源，不能脱离材料所揭示的中心来写作，因而材料作文又叫"命意作文"，即出题者已经把作文的"基本中心（意）"提供给考生了。一般来说材料作文由材料和要求两部分组成，材料按形式分，有记叙性材料（故事、寓言等）、引语式材料、图画式材料三大类。材料作文比命题作文、半命题作文更有利于考生发挥自己的作文水平，考生可以通过自己对材料的理解和解读，选择适合自己的文体进行写作。

"新材料"作文这种提法主要是针对 2006 年高考全国卷的甲卷和乙卷的作文题目提出来的。自 1999 年以来，全国卷作文题目一直都是话题作文，2006 年出现了材料作文。而 2006 年的作文题目又不同于 20 世纪 80 年代和 90 年代的材料作文。那时的作文限定文体，要求全面把握材料，写作时不能抛开材料，行文中必须引用材料。这些限制在 2006 年的作文命题中都没有了，所以有的人就把这样的材料作文称为新材料作文。

新材料作文命题形式从本质上讲，是材料作文，但是从表现形式上讲，又与话题作文类似；它给定材料，但不给定话题，要求既不像命题作文那样"过死"，也不像话题作文那样"过宽"。它既继承了话题作文的一些优点，又弥补了话题作文的缺陷：过去的材料作文，都是限定文体，而现在是文体不限。过去的材料作文，总有最佳立意，而现在的可有多个立意，已经不存在最佳立意。它提供的材料更为广阔，既便于考生多角度立意，留给考生更大的发挥空间，又能防止考生宿构。新材料作文，可以说是吸收了传统意义上的材料作文和话题作文的长处，是一种全新的作文形式。

我们以 2006 年全国卷 I 高考作文题为例：

一只老鹰从鹫峰顶上俯冲下来，将一只小羊抓走了。

一只乌鸦看见了，非常羡慕，心想：要是我也有这样的本领该多好啊！于是乌鸦模仿老鹰的俯冲姿势拼命练习。

一天，乌鸦觉得自己练得很棒了，便哇哇地从树上猛冲下来，扑到一只山羊的背上，想抓住山羊往上飞，可是它的身子太轻，爪子又被羊毛缠住，无论怎样拍打翅膀也飞不起来，结果被牧羊人抓住了。牧羊人的孩子见了，问这是一只什么鸟，牧羊人说："这是一只忘记自己叫什么的鸟。"孩子摸着乌鸦的羽毛说："它也很可爱啊！"

要求：全面理解材料，选择一个侧面、一个角度构思作文。自主确定立

意，确定文体，确定标题；不要脱离材料的含意作文，不要套作，不得抄袭。

材料中的老鹰未必值得深究，关键在于材料末尾牧羊人和孩子的两句话。牧羊人称乌鸦为"忘记自己叫什么的鸟"，显然是在批评它不自量力、好高骛远、东施效颦。而牧羊人的孩子"摸着乌鸦的羽毛"，表明了他对乌鸦的喜爱。这乌鸦"可爱"在哪里？这只乌鸦有着"鹰击长空"的追求，对于其"见贤思齐"的动机和"拼命练习"的行动，我们完全可以持肯定甚至欣赏的态度。

一方面，可以把牧羊人的说法视为世俗的、传统的观念，乌鸦效仿老鹰，本是违背客观规律的愚蠢之举，所以只落得个悲剧下场，可将乌鸦与"癞蛤蟆想吃天鹅肉"等联系起来构思作文；另一方面，可以把孩子的话视为现代的、创新的、更为宽容的观点，把乌鸦当作悲剧英雄来尊重，从而更深入地理解题目内涵，写出佳作。

这就可以有这样一些立意角度：

①乌鸦不从自身实际出发，才落得被捉的下场，由此可见，不能刻意模仿他人，一切要从自己的实际情况出发；②乌鸦做了别人不敢做也不敢想的事，尽管没有成功，依然值得鼓励；③呼吁善待弱者，关注弱势群体的心理与意愿；④对于同一个对象、同一种行动，不同的人可能会用迥然有别的眼光来审视，着眼于材料的整体含意。

乌鸦中的老鹰

河南考生

"你怎么能去学老鹰叼羊呢？平常我们飞到牧羊人的头顶，都还害怕被他们猎杀，更何况你去叼他们的羊呢？孩子，再也不要做傻事了啊。"母亲一边替小乌梳理着凌乱的羽毛，一边说。

小乌伏在母亲的怀里，嘴角犹带着一缕凝固的血迹。若不是母亲拼命救护，它恐怕早已死在牧羊人的皮鞭下了。"不，妈妈，我就要学老鹰，因为，那些牧羊人老欺负我们。而老鹰常常叼他们的羊，他们却不敢把老鹰怎样。"

"傻孩子，我们怎么能跟老鹰比呢，我们只是乌鸦啊。"妈妈担心地说。

"乌大婶，听说你家小乌学老鹰去叼羊了，哈哈，真是亘古奇闻呀。"

说话的是黄鼠狼，只见它细长的脸上布满了嘲讽的表情。它将脸凑到小乌面前问："小乌，羊肉好吃吗？"

"你，滚开……"小乌吼道。

"这孩子，真不懂事。"母亲尴尬地打着圆场。

"有本事，来叼我呀。哼！"被小乌呵斥的黄鼠狼丢下这样一句话，悻悻地走了。

这样的嘲讽已经不是第一次了，自从自己叼羊被牧羊人捉住的事在这片山林中传开后，自己成了继癞蛤蟆想吃天鹅肉之后的又一个笑话。

"妈妈，我要学老鹰，一定要把羊叼起来。"小乌坚决地说。

以往，随同老鹰训练的都是小鹰，可是，这次随同老鹰训练的，竟是一只小乌鸦！山林中所有的动物都来看热闹，它们指指点点，议论纷纷，无一例外地对小乌鸦的举动嗤之以鼻，认为"小乌疯了"。这种议论和指点让老鹰都动摇了，他说："小乌，我看还是算了吧，你回去，老老实实地做你的乌鸦。"

"不！鹰老师，我要做一只乌鸦中的老鹰，改变乌鸦在牧羊人那里被动挨打的局面。我应该勇于为实现自己的理想而努力！"

小乌跟随着老鹰，严格地训练，每天清晨，它站在山峰的最高处，呼叫着，如一只黑色的箭矢，一次又一次地扑下去练俯冲，任一片片羽毛挂落到山间的乱石上；每天中午，它站在阳光照射最强烈的地方，瞪起黑色的、圆溜溜的眼珠，与日光对视来练眼力，任由日光无数次将它照射得晕过去；每天傍晚，它用爪子将沉重的石块抓起，又放下，再抓起，任一滴滴鲜血滴落到坚硬的石块上。没有人喝彩，没有人安慰，但它坚持着……

"你可以下山了，小乌。"看着小乌叼上来的一只黄鼠狼，老鹰说。

"不要吃我，饶我一命吧。"黄鼠狼瑟瑟发抖地哀求，正是当年嘲笑过小乌的那只黄鼠狼。

不过，它已认不出小乌了，它把面前这只体形虽瘦小却剽悍有力的乌鸦当成了一只鹰。

"我根本不屑于吃你。"小乌说，"我只是想让你想起你原先对我的嘲

笑。"说完，它展开翅膀，如一朵乌云似的掠过山涧，向远方飞去。

从此，这一带的牧羊人，再也不敢随意小瞧这些乌鸦了，因为，他们都怕不小心会碰到那只乌鸦中的老鹰。

这是 2006 年全国卷 I 的一篇高考满分作文。此文根据材料中牧羊人孩子的话立意，用童话的形式，刻画了志向高远、坚强不屈的小乌鸦形象，从主题到形式都非常新颖。这里的"小乌"象征着那些面对困难，不妥协、不屈服、勇往直前的青年一代。

娓娓道来叙事类

这类材料包括新闻、故事等，材料可以是正面的，也可以是反面的。此类材料往往通过把握所记叙的人、事表现出的主旨来立意。常用提炼中心法、由果溯因法。

阅读下面的文字，根据要求立意。

船主请一位修船工给自己的小船刷油漆。修船工刷漆的时候，发现船底有个小洞，就顺手给补了。过了些日子，船主来到他家里道谢，送上一个大红包。

修船工感到奇怪，说："您已经给过工钱了。"

船主说："对，那是刷油漆的钱，这是补洞的报酬。"

修船工说："哦，那只是顺手做的一件小事……"

船主感激地说："当得知孩子们划船去海上之后，我才想起船底有洞这事儿，绝望极了，觉得他们肯定回不来了。等到他们平安归来，我才明白是您救了他们。"

要求：全面理解材料，但可以选择一个侧面、一个角度确定立意。

这则材料讲述了修船工漆船时顺手补好漏洞，救了船主的孩子，赢得了船主诚挚的感谢的故事。材料中出现了两个核心人物——船主和修船工，联系二者的事件是补洞和感谢。可从两个人物的角度分别立意，还可从联系整体的角度立意。

从修船工角度立意：

①乐为小善。相对于给整个船刷漆的工作，补船底的那个小洞的确是件

小事，而且是不在修船工工作范围之内的小事，但对于驾船者来说却是关乎生命的大事。可联系一下生活中很多人不愿意去做的小事，如捡垃圾、让座、指路等。

②小细节折射大素质。从修船工在刷油漆的过程中顺手修补漏洞的细节中，我们可以看出他具有良好的道德品质。重视细节，做好细节，才能真正彰显个人品质。可从此切入写"于细微处见精神""细节的力量"等。

③职业责任感与职业道德素养。修漏洞不是船主的要求，也不是修船工分内的工作，但他主动做了。这体现了修船工崇高的职业道德素养。可从这个角度谈"担当责任与敬业精神""分内与分外""责任与良知"等。

从船主的角度立意：

①知恩图报。船主在得知孩子们划船出海并平安归来之后，他明白是修船工的善举救了孩子们的生命。船主的举动告诉我们要有一颗感恩的心。知恩图报是中华民族的传统美德，可选此角度展开写作。

②对待隐患的态度。船主明知道船底有漏洞，却没有及时修补，当他得知孩子们划船出海时，才意识到问题的严重性。可由此写"做事情要细心细致""马虎大意酿大祸""隐患意识""小疏忽大灾祸"等。

从整体联系的角度立意：

①善行与善报。材料中修船工的小小善举赢得了船主的感激与回报，修船工和船主的行为都值得肯定和赞扬。在现实生活中，只有保护善行和感恩善行，行善的人才会越来越多，社会才会更加和谐美满。

②修补人生的小洞。小到一件物品，一个人，大到一个民族，一个国家，都会有这样那样的"小洞"，我们只有及时将"洞"补上，才能走得更远，飞得更高。

古今结合寓言类

寓言往往带有劝谕或讽刺意味，结构大多简朴，主人公可以是人、物，但都是借此喻彼，借古喻今，以小说大，寓深刻的道理于简明的故事中。

这类材料作文着重训练学生的辩证思维能力，学会用一分为二的观点去思考和分析问题，冷静思索，理性看待。这就需要准确深入挖掘寓言含意，

并根据材料中的提示语来确定审题重点，然后把寓言的内涵和生活层面、社会层面、时代层面、心灵层面联系起来，确定写作重点。回返生活，能拓宽思路和素材范围；回返心灵，则能增添思考深度，加大思考力度。如果寓言材料中有议论性的语句，要特别注意，它往往对寓意的理解起到关键性的作用，有时甚至可以根据议论句立意。

2012 年天津高考作文题目是：

阅读下面的材料，根据要求作文。

两条小鱼一起游泳，遇到一条老鱼从另一方向游来，老鱼向他们点点头，说："早上好，孩子们，水怎么样？"两条小鱼一怔，接着往前游。游了一会儿，其中一条小鱼看了另一条小鱼一眼，忍不住说："水到底是什么东西？"

看来，有些最常见而又不可或缺的东西，恰恰最容易被我们忽视；有些看似简单的事情，却能够引发我们深入思考……

要求：全面理解材料，但可以选择一个侧面、一个角度确定立意。

这则小寓言采用拟人手法，赋予了鱼以思想和情感，让鱼人格化，需要在把握寓言寓意的基础上立意。通过老鱼和小鱼关于水的不同感知，引导我们思考如何去感知周围的世界，如何从身边平凡的生活中体味到丰富的情感，如何从司空见惯的事情中挖掘出深刻的道理。它提醒我们多去关注身边的那些平凡中的伟大、那些琐事中的感动。

材料中老鱼和小鱼关于水的对话，令人想起西方的一句名言："鱼儿对于它始终生活在其中的水却感之不多。"其实我们人亦如此。我们往往对身边朝夕相处的人、昼夜相伴的环境熟视无睹，无动于衷，其实他们才是我们生命中最重要的。《庄子》"涸辙之鲋"的寓言中说："吾失我常与，我无所处。"意思是说一旦离开了赖以生存的环境，我们就难以生存下去了。这个世界上最宝贵的东西都是免费的，却是我们不可或缺的：空气、阳光、水、人间至真无上的亲情等。其实，生活中从来不缺少感动，缺少的只是发现而已。

审察这个命题，首先要弄清寓言形象所对应的人类形象。

老鱼——人生经验、社会阅历丰富的智慧长者；

（两条）小鱼——缺乏认知能力（活跃在水中，却不知水是何物，更不要说与水有关的其他内容）的年轻人。

根据提示内容，写作对象限定为：

①常见的、不可或缺的、容易被忽视的而实际上不该忽视的东西。材料中相对应的东西是存在其中的对于鱼的生存有不可或缺的作用，而起这种作用的东西就是被鱼所忽视的水。

②看似简单实际上不简单的事情。材料中相对应的事情是鱼在水中游来游去。

③对上面两项内容中的一项或两项引发思考的相关内容。材料中对应的是小鱼在老鱼的提示下开始思考"水是什么东西"。

对于人类来说，我们容易想到土地、水、阳光、空气四样东西。它们组合而衍生出多种植物如小麦、玉米，及由它们和植物组合而衍生的一些动物如牛、羊，都符合第一个条件。人生活在阳光、空气中，依赖土地、水、阳光、空气这四样东西生存，这个事情看似简单而实则不简单。这是符合第二个条件的。

我们不容易想到的如亲情、友情、道德、信仰，也构成作为个体的人所生存的精神环境。比如真诚守信，虽然抽象但也符合常见、不可或缺、容易被忽视的条件，是可以作为写作对象的。

从故事及提示中看，有一个隐含其中的重要的要求，就是要写人类对于常见的东西或简单的事情的那种不可或缺的依赖关系，即那些东西或事情对于人类生存有无可替代的重要作用。从而提醒人类应该懂得对平常简单事物的感恩、珍惜和爱护。这应该是作文的最佳立意。

发散思辨组合类

这类材料作文给我们提供了多则"材料"，在审题立意时要通过对比找出几则材料中人、事、物的共同点，以此作为中心，切不可只抓其一，不顾其二，否则就会"偏题""跑题"。

阅读下面的文字，根据要求立意。

材料一：古马其顿亚历山大大帝未即位时，每听到父王在国外打胜仗的消息，就忧心忡忡，生怕天下都被父亲征服了，自己将来再无用武之地。

材料二：唐诗是中国文学史上的一座丰碑。对宋代诗人来说，唐诗既是丰厚的遗产，也是巨大的挑战。所以，钱钟书先生说，有唐诗作榜样，是宋

人的大幸，也是宋人的大不幸。

读了上述文字，你有何感想？在全面理解材料的基础上，提炼立意。

这是一道组合式材料作文，审题时要找到两则材料的共同点。从"父王—亚历山大""唐诗—宋代诗人"这两组关系来看，材料的共同点是"如何对待优秀前辈取得的成就"，对这个共同点的回答即文章的立意：①学会站在巨人的肩膀上舞蹈；②别把前人的成就当包袱；③既要继承前人的优秀成果，又要敢于超越。

2007 年高考作文北京卷题目是：

阅读下面的文字，按要求作文。

"细雨湿衣看不见，闲花落地听无声"是唐诗中的名句。有人说，这是歌咏春天的美好品格；有人说，这是暗指一种恬淡的做人境界；有人说，这是叹息"细雨""闲花"不为人知的寂寞处境；有人说，"看不见""听无声"并不等于无所作为；还有人说，这里的情趣已不适合当今的世界……请你根据自己读这两句诗的体会，展开联想，写一篇文章。

要求：①自拟题目，自定角度；②除诗歌外，文体不限；③全文不少于800 字。

这是一篇材料作文。题目所给材料由两部分组成：一联唐诗和对它的五种理解；然后在此基础上提出了本次作文的写作要求：根据自己的体会，展开联想，写作文。在作文要求中，题目说明了不能写作的文体，除了没有给话题，其他跟话题作文要求差不多。

面对这个作文题目，首先要读懂材料。作文题目中提到的是唐代诗人刘长卿的两句诗，出自其七言律诗《别严士元》："春风倚棹阖闾城，水国春寒阴复晴。细雨湿衣看不见，闲花落地听无声。日斜江上孤帆影，草绿湖南万里情。东道若逢相识问，青袍今已误儒生。"诗中写的是在一个春寒料峭、天气多变的日子里，作者在苏州城外惜别友人的情景，透露出他仕途不得意的心情。诗的情调和意蕴都是十分低沉的。其中，题目给出的两句诗的意思是：看不见的细雨把衣服淋湿了，花瓣悄悄落地听不见声音。这是字面上的意思。但我们要读懂字面后面的意思，这才是审题立意的关键。当然，对这两句诗可以有不同的解读，正如题目中提到的那样。你可以根据给出的这两句诗的字面意思，结合自己的经历、感悟，来确立自己的解读，只要言之成理就可以。

"这是歌咏春天的美好品格"，重点应该是"品格"，而不应该是毫无顾忌地谈论"春天的美好"；"这是暗指一种恬淡的做人境界"，重点则不是"境界"，而是"恬淡地做人"，其实就是对"品格"的具体化，假如海阔天空地阐述做人的境界，则又离题万里了；"这是叹息'细雨''闲花'不为人知的寂寞处境"，你当然可以谈"寂寞"，但准确地讲，这里的寂寞应该是具备恬淡地做人品格的人所必须面对的处境；再看"'看不见''听无声'并不等于无所作为"，则是面对寂寞处境时所导致的结果，可简单理解为不在寂寞中平庸，就在寂寞中伟大；至于"这里的情趣已不适合当今的世界"是从另一个角度去谈论同一个问题而已。

接着再"展开联想"，谈"自己的体会"。你可以对提供的五个"有人说"进行体会，也可以另辟蹊径。细读诗的意境，那种独处寂寞的滋味便会一点点滋生，烟雨朦胧的江南细雨中，独自黯然感怀，衣衫已浸湿，却全然不觉，心已经完全沉浸在那伤感的惜别中。假如你是多愁善感的人，在自己的世界里坚守着一份恬淡的品格，浑然不知世界之外的人对你心生悲哀和怜惜，读这句诗，你会陷进去难以自拔；假如你是体贴细腻的人，能用心把亲情、友情滋润，因而也会得到更多爱的回报，读这句诗，你会读出一种人间至情；假如你是闲散无求的人，虽然平凡，但懂得生活，你的世界也许并不宽广，但足以让自己舒心开怀，读这句诗，你会顿然领悟那种无欲无求的境界……可谓"一千个读者心中有一千个哈姆雷特"。

综上所述，就用这个题目的内容进行立意，至少有以下几种思考：

①春天般的品格（和风渐染、润物无声，引申出人间的各种真情）。

②恬淡也是一种美德、一种气度、一种境界等。

③面对寂寞需要一种超然的心态，需要忍耐与执着等。

④大音无声，大爱无言，默默无语并非无所作为，多一些默默奉献，少一些哗众取宠等。

⑤追求功利导致社会的浮躁，缺少淡定，做人将会失衡等。

沉默的父爱

北京考生

6岁。

操场上，一个小男孩学着骑车，旁边站着他的父亲。没有一句指导，没有一丝安慰，小男孩自然是摔了又摔，双腿早已是鲜血淋漓。终于，孩子坐在地上，哭了，哇哇大哭。父亲依旧是那么笔挺地站着，眼中满是不屑与冷漠。孩子多么渴望爸爸的鼓励，没有；孩子多么渴望爸爸的拥抱，还是没有。只有那双空洞的眼睛，让孩子感到冷酷与无情。终于，孩子不哭了，倔强地站起来，跨上车，开始又一次的尝试。父亲早已是兴趣索然，转过身，迈着大步，走了。身后又是一阵金属与地面的摩擦声，父亲只是不经意地回了下头，手却在颤抖。孩子站起来，想着刚才父亲冷漠依旧的眼神，两行眼泪莫名其妙地滑过他的脸颊。一步、两步、三步……父亲的脚步声依旧坚定。

16岁。

礼堂里，当年的小男孩被人群簇拥着走上了奖台。又一次高举奖杯，又一次欢呼如潮。紧拥着荣誉，在闪光灯不停地闪烁下，孩子艰难地寻找他的父亲。热烈的人群中，唯独没有他，台下安静的座位上，只有一个他。瞬间，礼堂仿佛空荡荡的，只有孩子与他的父亲在对视着。还是那么冷漠，依旧是如此不屑。父亲那空洞的眼神让光芒万丈的奖杯褪色。站起身，走向自己的儿子，一把夺过紧拥着的奖杯，父亲毫不犹豫地把它交给后台的老师。两行热泪又一次不由自主地流淌下来，一步、两步、三步……父亲的脚步声依旧坚定。

昨天。

校门口，一位青年与他的父亲做着告别。没有寒暄，没有宽慰，没有拥抱，没有一句话。直视着父亲，他的皱纹又深了，他的黑发中又添了些灰白。眼睛里滚着泪水，压抑着。在模糊中，父亲那冷漠的眼神里也有些光亮。颤抖的手伸向自己的儿子，半空中停住了，又缩了回来。向门口指了指，父亲又转过身，没有动。远望着父亲远去的背影。及近拐角，父亲定住了，回过头，瞥了一眼，看到儿子。青年人也注视着他的父亲，压抑不住的泪水终于流淌下来。沉默中，心中是那么温暖，一步、两步、三步……

今天。

考场上，有一个孩子在写着沉默的父爱，心中充满感激与骄傲。

我的父亲，他的感情如绵细的秋雨，柔和的春风，没有大起大落，只是淡泊沉默罢了。

沉默的父爱——我很感激它。

父亲的爱是沉默的，也是浓重的。这篇考场作文的高明之处，在于以时间为线索选取了贯穿自我成长过程的四个镜头，并定格于父亲的眼神和脚步，以表现父亲鼓励、鞭策和期待的大爱。最后一段写出自己对父爱内涵的感悟，令人心动。叙事类记叙文不容易写好，但如果能在布局谋篇上出新意，自然能成功抓住读者的心。

体味情感诗歌类

这类材料一般以短诗为热点材料，诗歌材料作文一般要先着眼于读懂诗歌，分析意象的深层意义（如比喻、象征的本体），依据标题分析意象的主次，选准角度。其次再分析重点词句，把握作者的情感倾向。再次理清材料内在、外在关系（对比、互补），整体阅读。最后用因果法分析材料中的现象或结果，类比联系生活。

阅读下面的一首小诗，根据要求立意。

手握一滴水

一滴水里有阳光的谱系图／有雪的过去和未来式／有大陆架和沙漠／有人的生命……／我手握一滴水／就是握着一个世界／但一个小小的意外，比如一个趔趄／足以丢失这一切

请根据阅读全诗后的感悟和联想进行立意。

题目材料为一首新诗，诗歌由两节组成，第一节写一滴水蕴涵的丰富内涵，第二节揭示一滴水就是一个世界，最后"但"一转，揭示一个小小的意外，就足以失去一切。要写好这个作文，必须抓住材料中的关键词语"一滴水""一个世界""一个小小的意外""丢失这一切"来构思立意。还要展开联想，合理想象，挖掘其丰富内涵。比如，在身处逆境时，要握住"坚强"这一滴水，创造精彩的生命世界；在得意时，要抓住"淡定"这一滴水，创造精彩的生命世界；在人生的十字路口时，要抓住"理性"这一滴水，来创

造生命的精彩。当然"水"的内涵还有很多，但均可指那些看似细小、微不足道，但蕴涵无穷价值的一些东西。另外立意时谨防因为材料中出现了"一滴水"，就抛开诗歌主旨，只抓住一鳞半爪，转化成以"水"为话题的作文，或者写成节约用水，或者写成希望，或者写成环保类的作文。

诗歌的主旨在第二节，既然"手握一滴水就是握着一个世界"，"手握"二字就不可等闲视之，"一个小小的意外"看似丢失的是一滴水，其实是"丢失一切"，这样可衍生出珍惜（珍惜平凡、珍惜普通）、把握（把握细节）、细节成就人生、细节决定成败等立意，但手握一滴水也同样需要讲究方法，借此思考问题，也是可以的。

2017 年高考全国卷 II 作文题目是：

6 个古诗句选 2 个或者 3 个，自行立意，确定文体，自拟题目。

1. 天行健，君子以自强不息。（《周易》）

2. 露从今夜白，月是故乡明。（杜甫）

3. 何须浅碧深红色，自是花中第一流。（李清照）

4. 受光于庭户见一堂，受光于天下照四方。（魏源）

5. 必须敢于正视，这才可望，敢想，敢说，敢做，敢当。（鲁迅）

6. 数风流人物，还看今朝。（毛泽东）

这个命题，符合当下弘扬优秀传统文化的情况。六句话并不是同类型的，分别涉及生活中不同方面，让学生自由发挥的空间更宽广。同时，又简单易懂、指向明确，学生可以选择自己喜欢、擅长的加以发挥，不容易跑题。

在材料给出的六句话中，李清照的词不常见，更新鲜一点。这句词是咏桂花的，可以从两个方面入手写作，其一是顺应李清照文中的意思，表示虽然桂花颜色不亮丽，香味也清淡，但仍然可算作"花中第一流"；其二也可以点出桂花在中国的花系里边知名度比较低的情况。相对而言，其他几句多是学生们耳熟能详的。这样的题目很开放，既考测了学生的文学素养，又照顾到了大多数。古诗词积累丰厚的学生更容易发挥水平。

读懂画面看图类

看图作文是读写结合材料型作文训练与考测的形式之一。读的是单幅或连续几幅的画面，而不是文字性材料。看图作文的"图"，主要有图表、画图和漫画三种，出现在中、高考作文题中的主要是漫画。

漫画，就是用简单而夸张的手法来反映现实生活或时事的一种特殊艺术形式。它用夸张的手法达到表现幽默而深刻的主题思想的艺术效果。这类命题，要求学生根据图画或照片所提供的内容及意境来写作。所以对于看图作文的审题立意，其关键是读懂画面。

首先，要从整体上观察画面，弄清画面蕴含的意义——不论是单幅的还是多幅的。图画和文章都是为了反映现实生活，表达一定的主题思想而创作的。把画面转换成文章，实际上是用语言文字这种载体再现画面直露和内蕴的人物、事物、景物，也就是把造型艺术转换为语言艺术。为了尽可能使文章符合画面的思想意境以及画家的创作意图，比较完善地表现原作者的思想内涵，在看的过程中，主要看画面特征与构图要素之间的关系，从原图中看出"画外之画、象外之象"，从特征中找到"话题"，从关系中找到"情节"，从而找到画面显示的显性主题或故事。

其次，要理解画面。一般来讲，图画尤其是漫画多是对现实生活的喜剧化、夸张化、荒诞化表现，往往含有"借题发挥"的深刻寓意。作文有主次之分，图画也有明暗之别。一般说来，占据画面中心、面积较大的是图画要反映的重点人物或内容，反之为次要；近者为主、远者为次；正面表现的为明，留在画面外的为暗。画面中越是夸张厉害的地方越是问题的症结，也越是体现寓意的地方。因此，要注意透过夸张解读其寓意，理解图画针对的是什么问题，表达了怎样的观点。

最后，要拓展画面，依据画面意义及其寓意，展开联想和想象，进行再创造。古语云："诗传画外意，贵有画中态。"写诗是这样，看图作文也是这样。根据画面扩展铺陈文章，离不开联想和想象能力，要有画中态，就必须进行再造想象；要传画外意，就必须展开联想。没有想象和联想就没有看图作文。联想，就是由此及彼联系起来想，是以画面为思维触发点，从相关、相似、相对、相反、因果、条件等诸多方面，联系现实生活，找到与画面主旨相对应的现实素材，尽量从不同的角度、不同的领域、不同的侧面来思考。立足于画面内涵，着眼于现实生活。从画面与现实的"勾连"中，确定话题及立意的方向。要达到能将理论映照到具体现实题材的目的。

　　看图作文是从小学开始就经常使用的一种读（说）、写训练形式。这种形式在作文教学中既可培养学生观察、联想和鉴赏能力，又对如何确定主题、选择表达方式、选材构思有一定的启发和帮助。因为图画是无字的文章，它在创作过程中也经过选题、立意和构思过程，也需要选择比较后定稿。文与画本来是一致的，用文字来反映画面提供的内容需要具有一定的再创造能力，从画面中激发思维，读出感悟，引发思想，更需要敏捷的发散思维能力。所以，看图作文在中、高考作文能力测试中经常出现。

　　看图写作文，切入容易出彩难。全国高考作文在1996年提供两幅漫画写评论命题后，十年间再未出现材料漫画作文。2007年再以漫画为材料要求写不限文体的作文，又给我们教师、学生提了个醒：平常训练作文应该多样化，而不是一窝蜂地训练话题作文、材料作文及命题作文。2007年高考全国卷Ⅰ（陕西、河南等省）的作文题目是：

　　阅读下面的图画材料，根据要求写一篇不少于800字的文章。要求：选一个角度构思作文，自主确定立意，确定文体，确定标题；不要脱离材料内容及含意的范围作文，不要套作，不得抄袭。

　　这个看图作文命题达到了人人有话说、人人有观点的目的。这个题目在更深层次上、更广范围内促使人们认真思考：我们的社会、家庭和学校在下一代的教育中应该扮演什么样的角色？应该从哪些方面对他们进行引导、培育？当然，我们的下一代也会思考：当我们在成长过程中遇到挫折时，我们自己应该怎么进行调节？

　　对漫画的观察和理解：画面中的社会、家庭、学校对小孩跌倒这一小事所表现出的夸张行为，反映的是什么？未成年人的教育和保护是学校、家庭、社会三方共同承担的责任，过于维护就成了溺爱。当今的少年儿童在面临压力和挫折的时候表现的逃避和脆弱的心理特征反映了这一问题的突出性。考生可以结合时事与现实来理解这个题目。比如父母平时过分宠爱孩子的各种行为。甚至可以直接拿高考时父母接送、专车开道等现象来阐述这一观点，陈述利弊。同时还可以适当衍生为对社会上的各种新闻报道加以涉及，发表评论，例如行走学校、殴打学员等新闻。在选取正反面实例时要注意实例表达的确切意义，防止偏离题意。

所以，该作文的难点就在于如何理解漫画的意义指向。

从孩子的角度思考，就是从摔倒了应该自己爬起来和正确面对挫折这两方面立意。

从家长、学校和社会的角度来看，孩子摔倒是十分正常的，原本不该大惊小怪。可家长、学校和社会竟异口同声地对摔倒的孩子发出"出事了吧"的声音，仿佛是孩子不该摔跤。这其实是一种教育孩子的不良心态，总以为孩子的成长应该是"一帆风顺""一马平川"的，殊不知真正的"一马平川"和"一帆风顺"也许是更可怕的事情。

也可以这样来认识：画面的焦点其实在西瓜皮，这是孩子"出事"的原因。谁撂下了这个"瓜皮"而没有捡起呢？这恐怕应该由社会负责吧。可是三个大人没有一个看它一眼，他们的目光、话语都集中在孩子身上，尤其是话语，颇含责备，却没有想到自己的职责。所以，从教育孩子的角度可以确定以下立意：教育心态与教育态度；态度决定认知；为了孩子，请从自身做起；指责与职责等，都是很好的立意视角。

以上几种理解，都是从某个侧面理解，整体把握漫画的内涵，而这个看图作文最好应从家长、学校和社会整个教育环境和氛围、教育者的心态与教育的态度、如何认识教育的失败和挫折的角度来提炼观点，只从一个侧面理解未必不可，但扣题不是很紧。

在爱的牵动下飞翔

河南考生

风筝的哀求

蔚蓝的天际，鸟儿在自由自在地歌唱；微风吹拂下，花儿散发着缕缕幽香；仰望寥廓的蓝天，我要展翅飞翔。

积蓄了全身的力量，瞄准了向往的方向，我振动双翼准备飞翔。

怎么了，这到底是怎么了？我为何飞不起来呢？我焦虑地回望，才发现

一根线将我死死拉住，微微的挣扎都伴随着阵阵疼痛。不，我要飞，怎么可以把我捆绑？放开我，我要飞翔！

"那无尽的天边有着说不完的危险，狂风会让你失去平衡，暴雨会让你失去方向，雷电会折断你娇嫩的翅膀，在我的牵动下你才不会受伤。"线轻轻地说。

没有你，我会迷失方向；没有你，我会犹豫彷徨；没有你，我如何变得坚强！但是，请不要把我拉得太紧，就让我在你的牵动下自由飞翔！

蝴蝶的翅膀

轻轻地吐出丝，然后将自己紧紧捆缚，光明的天空霎时变得黑暗，我已化作一只蛹。黑暗的日子也许会漫长，束缚的感觉也许会痛苦，但是，那寂寞的等待后将是无限的灿烂。我要变成一只美丽的蝴蝶，我在期待。

突然，一把剪刀触动了我的世界，周身紧紧的束缚开始慢慢变松，黑暗中渐渐透出一丝光明！不，请不要动我，我要化作美丽的蝴蝶。"不要惊叫，我不忍心你这样痛苦，太紧的束缚会让你幼小的翅膀受伤。就让我帮你去除这些不必要的麻烦，带你来到光明的世界吧！"

谢谢你！谢谢你们！但这是我必须经历的痛苦，就让我独自承担吧！不经历风雨，如何见彩虹？请放下你的剪刀吧！这时候，我不需要你的帮助，我要靠自己！

孩子的泪光

一轮明月在云朵中慢慢穿行，一抹清辉轻轻洒在大地上。夜深了，一个小屋的灯光亮着，一个孩子独坐窗前，晶莹的泪珠在他的眼里滚动。

"我是多么渴望那一片无垠的绿茵场，那滚动的足球里裹着我的梦想。我想踢足球，想驰骋在美妙无比的球场，我想成为球王！"他的眼里闪动着光亮。

"可是，爸爸、妈妈不让我出去玩足球，他们怕我摔跤受伤；老师禁止我们踢足球，他说那样会影响学习。更让人伤心的是，他们都说，政府不给孩子们开球场。"光亮一下子在他的眼中消失，他的眼睛又变得黯淡无光。

"请让我玩足球吧！谢谢你们的关心，谢谢你们的呵护。没有你们，我不会健康成长，可是，我也需要自己决定自己的生活呀！爱我，请别把我搂得太紧。"

一阵风吹过，传送着孩子们的呼声：感谢你们的爱，请轻轻放松你们的双手，让我们在爱的牵动下自由飞翔！

作者在文中着力传达自己的心声，发自肺腑，令人感动。拟人手法的巧妙运用，强化了感染力，给读者以亲切感。文章结构精巧，一个总标题下又拟了三个小标题，分别以"风筝""蝴蝶"和"孩子"的口吻叙述故事，表现同一个主题，具有赏心悦目的美感。

人们写文章总是有所感才有所作的。在我们每个人生活的周围，有些事情令人激动欣喜，也有些行为使人无奈气愤。这些事情都在撞击着我们的心灵，不吐不快，于是一篇文章写出来了。绘画一样有相同的感动触发过程。所以，在看图的过程中，一定有要透过画面看到图画作者思想感情的触发点，弄清楚是什么感动了图画作者；或者，图画作者通过画面要告诉人们什么。罗丹曾说："美是到处都有的。对于我们的眼睛，不是缺少美，而是缺少发现。"画家需要有发现能力，看图作文的人更需要有发现和推测能力。绘画不可能像写文章那样把故事情节、人物的一举一动、环境的山水草木表现得细致活泼，尤其是心理活动方面的内容很难体现在画面中，只能由我们看图的人从面部表情等方面去发现和推测。

2010 年全国高考卷 I 作文题目：

阅读下面的图画材料，按要求立意。

要求：选准角度，明确立意，自选文体，自拟标题；不要脱离材料内容及含意的范围作文，不要套作，不得抄袭。

图画是直观的有形艺术。这幅图画的内容一目了然，关键是要参透其寓意。先围绕漫画文字"都什么年代了，有鱼吃还捉老鼠！"进行审题立意，把中心确定为不因外界条件的变化而忘记自己的职责（本分）。

可以批评吃鱼的三只猫。猫的职责是抓老鼠，但因为一盘鱼摆在面前，就对该抓的老鼠视而不见，只盯住了鱼。其中一只猫安逸地享受，吃得脑满肠肥，神态怡然，另外两只猫对捉鼠的猫面露不屑之态，它们在议论、讽刺依旧捉鼠的猫——"都什么年代了，有鱼吃还捉老鼠！"

可以赞扬不贪鱼而勇于捉鼠的猫。猫的主要职责就是竭尽所能，尽最大努力去捕捉各种各样的"耗子"。这是好猫必须具备的最根本的素质。鱼可以比喻安逸的环境、优厚的利益、迷人的诱惑等。

立意可以从以下几个方面把握。

①履行好自己的职责，不管诱惑多大，都不能迷失自我，坚持干好本职工作。

②贪图享受者、沉沦诱惑者必将被人唾弃，被社会抛弃。现实生活中，也有这样一些懒猫，主人把它们喂得饱饱的，而它们却尸位素餐，不去坚守自己的职责，在生活富裕的情况下忘记了自己的职责，啃老族、不思进取者、坐享其成者，不也是那三只猫的化身吗？人生在世，诱惑很多。丰厚的利，华丽的衣，可口的食，诱人的"鱼"……凡此种种，大有"乱花渐欲迷人眼"之势，如果沉迷其中必将丧失自我，丧失原则。

③时代在变革，生活水平在提高，可是优良的传统不能丢，不能忘了本真——猫天生要捉老鼠，猫的立身之本也在于捉鼠，而非吃鱼！

④不能盲目从众，要有自己正确的辨别力。大家都在吃鱼，而另外一只猫在捉老鼠。对于有鱼吃还捉老鼠这个方面可立意为"不能怕别人的风言风语，不要盲目从众，要仔细甄别，坚持自我"。

2016 年广东省高考作文题目：

阅读下面的漫画材料，根据要求写一篇不少于 800 字的文章。

结合材料的内容和寓意，选好角度，确定立意，明确文体，自拟标题；不要套作，不得抄袭。

(据夏明作品改动)

①观察漫画顺序。拿到题目，不少同学会在观察顺序上感到迷惑，是从上到下看，还是从左到右呢？仔细观察漫画，右下角有序号提示，所以应该是从上到下看。

②观察漫画内容。是关于取得不同分数的奖励和惩罚。第一个小孩从100分跌落到98分，从奖励变成了惩罚，孩子从开心变成了不开心；第二个小孩从55分提升至61分，从惩罚变成了奖励，孩子从不开心变成了开心。

题目要求我们结合材料内容和寓意，自选角度写作。也就是说内容只是引子，选择立意角度时，应该从漫画的寓意上入手。漫画内容与教育、奖惩相关，我们可以从奖惩的标准问题角度立意，比如奖励与惩罚的标准，不只是成绩高低，更应该关注孩子的进步；考试分数上升或下降是正常的，下降了就一定要受到惩罚吗？第一个孩子虽然下降了，但是仍然是优秀的，因此我们也可以从反面质疑教育的评判标准。

请鉴赏满分作文。

一点进步，一种人生

暮色暗淡，残阳如血。

北方的风凛冽地刮着，刮得人脸生疼。一个十八岁的少女坐在河边，手里拿着最后一次的模考卷，上面的分数令她心寒。她考差了，离自己梦想的学校还差了好多，然而更令她伤心的是，她的父母非但没有安慰她，反而将她痛骂了一顿。

女孩于残阳中站了起来，她撕碎了手里的试卷，回到了家。没有人知道那个夜晚女孩想了什么、想了多久。只是看见，从那以后，女孩仿佛在书桌旁生了根。

几个月后，女孩坐在高考考场上，答完了人生最重要的几份卷。也许是好事多磨，女孩虽然比最后一次模考分数多出了很多，但依然未能考上梦想的院校，只因几分。

女孩流着泪在田野上使劲奔跑，最后累到躺倒在地。盛夏，农村的夜空被点点繁星照亮，女孩睁着流着泪的眼睛，看着热闹的夜空，仿佛自己的梦想跟那星星一样离她如此遥远。这时，女孩的父亲躺在了她的身边。"对不起，

我还是没考上，你骂我吧。""不，孩子，最后一次模考骂你是因为你的心根本不在学习上，然而后来我看到了你的努力和你的进步。有进步就是好的，虽然你的进步并未帮你达成目标，但那又怎样？只要能进步，在哪都能成就精彩。"

父亲的话好似一豆灯火，点亮了女孩心里哪怕只有一平方厘米的地方。几个月后，孩子听了父亲的话，背上行囊，去了一个二本的院校，继续着自己的人生。

那后来女孩大富大贵了吗？没有。毕业后，女孩搭上南下的火车，找了份工作，平平淡淡地活着。只不过，不管有多平淡，她都会把生活过好，努力让自己进步。

再后来，她结了婚，生了小孩，成了我的母亲。

或许是因为自己的经历，我妈妈从小到大都不太在意我的成绩，所以在别人学奥数的时候，我基本上都在扔泥巴。但我妈妈也是有底线的，她不要求我每次都要考九十多分甚至满分，她只要求我每次都有进步，哪怕只有一点点。

上了高中后，由于我的爱好，我学了艺术，成了艺术生。功课落下了不少，成绩自然也不算优秀，妈妈也还是只有"进步"一个要求。她只是不想我也像她一样因为没有努力和进步而在迷雾中穿梭。

如今，我走在了妈妈曾经走过的路上，只求问心无愧和争取进步，或许我的进步十分微小。使我赶不上我想要搭乘的那辆列车。不过，后面其实还有很多辆车在等我，因为我一直在努力进步，就像小树一直在努力进步成就一片繁茂；就像水滴一直在努力进步汇成一曲江河，奔向所梦想的远方。

一点进步，一种不一样的人生。

这篇临场作文与一般考生作文写法不同，本文并不是千篇一律地从漫画材料的描述分析开始，而是用了一个别出心裁的描写性开头，营造出一种肃穆的气氛来吸引读者。文章"有进步就是好的"这个立意完全是从漫画材料中来，并对成绩优劣与评价之间的关系进行了思考，符合题意，中心突出。文似看山不喜平，本文的转折点是她"成了我的母亲"，叙事的时间跨度使文章产生了历史感，情感色彩从忧伤苦闷逐渐转为平和豁达，内容和情感均变得丰富充实立体。母亲并没有把未实现的理想强加于女儿，对"我"的期待与评价着眼于"是否有进步"。在追求完美、施行"虎妈狼爸"教育方式的中国父母群体中，这位母亲的宽容心态显得那么与众不同，她或许就是考生们笔下心心念念呼唤的那位"母亲"！

这是一篇构思新颖、有创意、以情动人的散文，它不以强势的说理取胜，而是取材于自己熟悉的生活，写出属于自己的思考和感受，这种真诚的书写恰恰能够引起读者的共鸣。

2017 年北京市中考作文题目二：

班级将要举办"讲述历史故事，传颂中华文明"主题班会。作为一个准备发言的同学，请你结合下面的连环画，拟写一段发言稿。

1.两千多年前，汉武帝招募使者出使西域，去联络大月氏国。张骞毅然应募。

2.张骞率领使团从长安出发。途中，他们被匈奴人抓住，扣留了十年。

3.张骞不忘使命，设法逃脱，来到大宛国，后又辗转到达大月氏国。

4.公元前126年，张骞返回长安。他向汉武帝汇报了沿途见闻，以及西域各国想和汉朝往来的愿望。

5.公元前119年，张骞带着上万头牛羊和大量丝绸，再次出访西域各国，加强了彼此间的相互联系。

6.张骞的出使，开辟了东西方商路。中国的丝织品通过西域运到西亚、欧洲。这条商路被誉为"丝绸之路"。

要求：（1）内容符合要求，语言使用得当；（2）字数为 150—200 字；（3）不要出现所在学校的校名或师生姓名。

仔细辨析巧审题

材料作文在命题形式上独领风骚。材料来源可以分为三大类：一是社会时事型材料，主要来源于社会生活方面的新闻报道；二是文学作品型材料，

主要是改编自寓言故事、诗歌散文等成型的文学作品；三是理论观点型材料，主要直接引用名言警句或是整理加工后形成的理论观点。

材料作文的命题内容：思想导向积极，思辨色彩强烈。

①以社会主义核心价值观为指导思想，突出时代精神，发挥高考试题"立德树人，和谐发展"的独特功能。

②贴近实际，从熟悉的题材切入，引导考生激活人生体验和知识积累，写出真我风采。

③加强思维力度，强化材料内容、含意的广度与深度，让不同学习风格和不同思维习惯的考生能尽量发挥其写作才能。

材料作文的审题立意，就是考查学生对材料的解读感悟能力。材料作文最能考察检测学生的思维品质、生活阅历、阅读积累。材料作文备受出题者青睐，其审题立意又是作文的关键。

古语说，审题如审贼，讲究一个"细"字。材料作文的审题忌一步到位，还没有读懂材料，就像盲人摸象一样抓住一处就写，结果往往是偏离题意。材料作文这种题型，有人比喻为给你道具，你来一场话剧；有人比喻为给你一种菜，你上一道佳肴。材料作文，需要一种怎样的审题视角，需要怎样审题的立意技巧？我们总结了几种，力求理论和实践相结合，以供大家参考。

提炼中心立意法

这是写材料作文最为常见且最为稳妥的审题立意方法。写材料作文时，如果能准确地提炼出材料的中心，并以其作为文章的主旨，一定会使所写文章既切题又有深度。所以，写材料作文时应尽量采用这种方法来立意。

具体步骤分两步。

①抓核：每个语段甚至每个语句都有一个中心，即核。提炼中心首先要确认语句的中心，这是关键。

②分层：划分语句层次，提炼各层要点，根据要点确定中心即可。

【材料1】大树上住着天鹅一家，有几根细藤正沿着大树向上生长。老天鹅发现后，要孩子们赶快砍掉藤蔓，被孩子们拒绝了。几年之后，藤蔓长粗了，也长高了，一个猎人便顺着藤蔓爬上了大树，并在天鹅的落脚处放了套子，结果天鹅一家都成了猎人的俘虏。

请全面理解材料，选择一个角度作文。自行立意，自选文体，自拟标题；不要脱离材料内容与含意的范围作文；不要套作，不得抄袭，不少于800字。

【分析】这则材料共三句话，第一句交代背景材料，第二句叙述老天鹅和小天鹅对藤蔓的不同态度，第三句交代结果：天鹅一家成了猎人的俘虏。三句话三层意思，层次清晰。天鹅一家之所以被猎人俘虏，原因就在于小天鹅没有听从老天鹅的建议，一意孤行，终酿惨祸。据此可以立意：不听老人言，吃亏在眼前；人无远虑，必有近忧；要善于听取别人的意见；防患于未然（居安思危）等。

【材料2】一次，盖达尔旅行时，有一个小学生认出了他，抢着替他提皮箱。小学生见皮箱十分破旧，便说："先生是大名鼎鼎的盖达尔，为什么用的皮箱却是随随便便的呢？太不协调了。""不协调吗？如果皮箱是大名鼎鼎的，而我却是随随便便的，那岂不是更糟？"盖达尔笑着说。

小学生看着盖达尔笑了。

【分析】分析这则材料，我们可以提炼出这样的中心意思：这则材料通过写大名鼎鼎的盖达尔和小学生关于皮箱破旧的对话，表达了身外之物可以随随便便，但做人却不能随随便便的道理。据此，学生可以提炼出如下两种观点：①做人不应该随随便便；②做人要做有真才实学的人，不能徒有虚名。

抓关键句立意法

材料中的关键句常有暗示中心的作用，对题目中关键词句的寓意的理解，有助于更好地审题立意。有些材料作文为突出中心会在材料中设置关键词句（重要的词语、开头句、对话句、结语句等）。材料中的关键性语句可以作为选择立意角度的突破口。有些关键句子常常是命题者或材料中的人物的评议性语句。抓住这些语句，就能把握材料主旨，准确理解材料，正确立意。

【材料1】一只蚌跟它附近的另一只蚌说："我身体里有个极大的痛苦。它是沉重的、圆圆的，我遭难了。"另一只蚌怀着骄傲自满的情绪答道："我赞美上天，也赞美大海，我身体里毫无痛苦，我里里外外都是健康的。"这时，有一只螃蟹经过，听到了两只蚌的谈话。它对那只里里外外都很健康的蚌说："是的，你是健康的。然而，你的邻居所承受的痛苦却是一颗异常

美丽的珍珠。"

【分析】通过分析这则材料，学生会发现这则材料中的关键句子就是螃蟹所说的话——"你的邻居所承受的痛苦却是一颗异常美丽的珍珠"。据此，学生可以立意为——成功必须经过艰辛和痛苦，成功的喜悦与过程的艰辛密不可分。

【材料2】台后一帘深色幕布，台上一架钢琴，柔和的灯光洒在黑白键上，人们屏息等待。女钢琴家悄然出现，衣着简朴。演奏家上台，谁不身着华美的演出服，光彩夺目？人们就此问她，她的回答是："人，要隐于音乐背后。"女钢琴家的话耐人寻味。有人感佩不已，有人不以为然，有人感到了缺憾，有人联想到人生的诸多方面……

【分析】女钢琴家的话，为材料的"文眼"，正是主旨所现、精华所在。"人，要隐于音乐背后"充满生活哲理和艺术真谛。引申义为人们应该追求内涵，而不是美丽的外表，这才是人生的最高境界。在现实生活中，应当放低姿态，不过于张扬显露。

由果溯因立意法

事物都是互相联系的。比如，有很多事物就是以因果关系的联系形式存在的。写材料作文，审题时如果能由材料中列举的现象或结果推究出造成所列现象或结果的本质原因，往往能找到最佳的立意。

【材料1】一个六岁的孩子，放学回家后，拿起刀子就要切苹果。只见他让苹果横躺下，一边是花蒂，一边是果把，刀子放在中间。刚要切，爸爸赶忙喊道："切错了！切错了！"话音刚落，苹果早已被切开，儿子拿起一半给爸爸看，喊道："爸爸快看，好漂亮的一颗五角星！"只见苹果的横断面上，由果核的轮廓组成了规则的五角星。

【分析】为什么会出现五角星图案？原因是小孩子不按常规而横切苹果的创造。可引申出结论：创造性思维能获得意料不到的成功。

【材料2】阅读下面材料，按要求作文。

这是一个发生在肉类加工厂的真实故事。

下班前，一名工人进入冷库检查，冷库门突然关上，他被困在了里面，并在死亡边缘挣扎了 5 个小时。

突然，门打开了，工厂保安走进来救了他。

事后有人问保安："你为什么会想起打开这扇门，这不是你日常工作的一部分啊！"

保安说："我在这家企业工作了 35 年，每天数以百计的工人从我面前进进出出，他是唯一一个每天早上向我问好并下午跟我道别的人。"

"今天，他进门时跟我说过'你好'，但一直没有听到他说'明天见'。"

"我每天都在等待他的'你好'和'明天见'，我知道他还没有跟我道别，我想他应该还在这栋建筑的某个地方，所以我开始寻找并找到了他。"

要求：结合材料的内容和含意，选准角度，明确立意；自拟标题，自选文体（诗歌除外），不少于 800 字；不得套作，不得抄袭。

【分析】俗话说"赠人玫瑰，手有余香"。材料中的工人每天与保安打招呼看来是一件极其细小的事，实质上却体现了人与人之间的一种尊重、平等与友爱。这种习以为常的小事情，却成了这名工人获得拯救的唯一线索。综合整则材料来看，应该追根溯源分析起因和结果的关系，如人性的温暖与善良，关爱与拯救，习惯与生命，勿以善小而不为等方面立意，从全局入手，更能把握命题者意图。

由物及人立意法

写材料作文时，有寓意的材料或叙述"物"的材料，需要学生采用"由物及人"的横向联想法进行立意，即由材料中的物联想到人，进而联想到与材料内容相类似的人生哲理、社会现象等，从而提炼出写作的观点。现实生活中的某些思想、观点、行为往往通过一些比喻、故事、寓言、漫画等形式表现出来，这就需要我们善于从中联系现实生活，挖掘其中的含意。思路往往由物及人（社会）。

【材料 1】据《深圳风采周刊》报道，不久前浙江嘉定徐行镇发生了一件怪事，一位朱姓村民家中的小猫竟被老鼠活活咬死了。

德国海德堡大学教授穆勒博士在分析研究城市老鼠猖獗的原因时指出：当代城市中的猫，处于一种恶性循环中，一方面是因为猫已普遍家养，有充

足的食物而不必以捕鼠为生；另一方面是因为猫无法从老鼠体内获取一种名为牛磺酸的物质——这种物质能提高猫的夜视能力，于是现在家养的猫几乎丧失了夜视能力，捕鼠的能力也就越来越差，因此老鼠咬死猫就不奇怪了。

【分析】分析类似的材料时，学生要把握这样一个原则——一切非人的东西都要联想到人。上述材料中的主要叙述对象是小猫，立意时学生可以把小猫想象成人，如青少年，把饲养小猫的主人想象成青少年的父母，并由"小猫被老鼠活活咬死"联想到如今的青少年由于父母溺爱、家庭生活条件优裕等，逐渐丧失了自食其力的能力，从而提炼出这样的立意——只有放手让孩子在生活的风雨中经受磨炼，才能培养他们的生存能力。

【材料2】一天，我发现，一只黑蜘蛛在后院的两檐之间结了一张很大的网。难道蜘蛛会飞？要不，从这个檐头到那个檐头，中间有一丈余宽，第一根线是怎么拉过去的？后来，我发现蜘蛛走了许多弯路——从一个檐头起，打结，顺墙而下，一步一步向前爬，小心翼翼，翘起尾部，不让丝沾到地面的沙石或别的物体上，走过空地，再爬上对面的檐头，高度差不多了，再把丝收紧，以后也是如此。

你对材料一定有自己的感受，选择一个角度进行联想和思考，写一篇不少于800字的文章。注意：题目自拟，立意自定，文体自选，不得抄袭。

【分析】上述材料的主旨是赞美执着而坚韧的蜘蛛。从蜘蛛的方面可这样立意：蜘蛛不会飞翔，但它能够把网织结在半空中。它是勤奋、敏感、沉默而坚韧的昆虫，它的网制得精巧而规矩，八卦形地张开，仿佛得到神助。由蜘蛛联想到人，联系现实生活，对人生做理性的思考，可这样立意：这样的成绩，使人不由想起那些沉默寡言的人和一些深藏不露的智者。奇迹是执着者创造的。

分析关系立意法

从不同的角度对材料进行分析，从而确定文章的立意。

【材料】一位大学生，在校花销吃紧，写信向在乡下种地的父亲要钱。信只有三个字——"爸：钱。儿"这封三字信传开以后，人们议论纷纷。请以这位大学生同学的身份就此给他写一封信。

【分析】这则材料的中心内容就是三字信。材料中的人物关系是父与子的关系，其正常关系是骨肉关系、亲情关系，可是在儿子的三字信中，除了"钱"连接的关系外，再也没有其他，甚或一两句问候语。说明儿子与父亲是一种不正常的关系，究其原因是儿子缺乏礼貌，缺乏孝心，缺乏对在乡下日夜操劳的父母的关心。因此，以大学同学的身份给他写信就要劝导、教育他要懂得孝敬父母。若不从此入手，就会在"花销紧"要节约上大做文章，而不能切中问题的要害。

明确褒贬立意法

有些材料作文，材料中的语句常常蕴含着命题者的褒贬情感，审题时学生必须充分捕捉这些语言信息，细致体会命题者的感情色彩，这样才能根据命题者的感情倾向确立最佳的立意角度。

【材料1】武汉市的珞珈山，是武汉大学的所在地。山上有闻名遐迩的樱花园。每年的樱花时节，游人如织。总见一些青年朋友穿着和服在樱花丛中摄影留念。一次，一位在武汉留学的韩国青年见此大为不解，她对她的导师说："他们为什么要穿着和服去照相呢？我们韩国也有樱花，但从没有人穿着和服去同樱花照相。"她的导师苦笑了一下，无言以对。

【分析】这则材料从导师的"苦笑""无言以对"来看，表现了导师对那些穿着和服照相的青年人的不满和鄙视。导师的心声体现了命题者的意图，也体现了材料的主旨，即批评那些穿和服照相的中国青年，批评他们崇洋媚外，民族尊严沦落，国家观念淡薄。这则材料所涉及的对象有四个：一是游人，二是中国青年，三是韩国青年，四是导师。这四个对象表现为材料的四个角度。而最能表现题旨和意图的是第二和第四角度。在第二和第四角度中，假如从反面立意，指出"苦笑"是思想封闭的表现，由此论证中国要走向世界，要增进各国人民的友谊，就必须解放思想。这个文意，虽然新，但不符合材料的题旨和命题者的意图。所以，在平时的作文训练中，我们应当引导学生正确把握角度与题旨的关系。如果一味求新，"反弹琵琶"，可能会曲解原材料的意思。

【材料2】一个面包师长期从他的邻居——一个农民那儿购买黄油。有

一天，他竟然发现黄油的分量不足。以后，他定期称量，每回都是这样。于是，面包师把农民告到了法官那里。农民在法官面前辩解说："面包师向我购买黄油的同时，我也一直从他那里购买同样重量的面包，并且以他的面包作为称量黄油的砝码。如果我的砝码不准，那不是我的过错，而是他的过错。"面包师听后哑口无言了。

【分析】这则材料中，有一句话暗示了命题者的褒贬情感——"面包师听后哑口无言了"。"哑口无言"是贬义词，暗示了命题者对面包师的行为持否定态度。据此，学生可以立意为——做人要诚信，如果心怀不轨，居心叵测，自己也必将被背叛和欺骗。

多向辐射立意法

有些材料作文的材料比较散，常常会出现许多人和事，好像根本就没有一个明确的中心。对于这样的材料，审题时学生可以采用多向辐射的思维方法围绕材料展开多角度立意。比如，既可以着眼于甲事物立意，又可以着眼于乙事物立意，还可以着眼于甲乙两事物的关系立意；既可以联系事物（对象）的正面立意，还可以联系其侧面和反面立意。

【材料1】2002年8月20日，3000多位世界一流的数学家在北京人民大会堂参加了第二十四届国际数学大会开幕式。

在诞生过张衡与祖冲之的华夏古国召开这样的大会是我们祖国的一大盛事。大会名誉主席——97岁的陈省身教授坐在轮椅上发言时，身边的国家主席欠身为他调好麦克风。陈省身在发言时含蓄地说："中国数学领域还有很长的路要走。"

大会颁发了数学领域与计算机理论运用方面的世界最高成就奖"菲尔茨奖"与"内万林奖"。三位获此奖项的都是"老外"，他们都只有36岁，全是1966年出生的。

【分析】这则材料，学生可以采用多向辐射法进行立意。

①从主席欠身为陈省身教授调整麦克风的细节出发立意——我们国家以及国家领导人非常尊重知识和科学，对科学家更是充满无限敬意。

②从获奖者全是"老外"的角度立意——我国的科学工作者任重道远，

我国还需要再次吹响"向科学进军的号角"。

③从三位获奖者全是36岁的角度立意——我国在科学领域也要"年轻化"。

这样提炼出多个立意后，学生应该择优进行写作。

【材料2】有个鲁国人，擅长织麻鞋，他的妻子擅长织白绢。他们想到越国去居住，于是有人对他们说："你们将会贫穷不堪了。"这个鲁国人问他是何道理，那人说："麻鞋是穿在脚上的，而越国人是赤脚走路的，白绢是做帽子的，而越国人是披发的，你们夫妻的特长，在越国是无用武之地的，怎么能不穷呢？"

【分析】多角度入手。

①横向立意：就是在思考问题的过程中，思维顺着原材料所告诉读者的指向去考虑。我们无论做什么事，都不能脱离实际。这种立意的好处是能紧扣材料的基本倾向、主要观点，因而不会出现偏题、走题的现象。

②反向立意：就是把原材料的问题倒过来想想，从相反的角度对原材料提出质疑。因为越人赤脚、披发，鞋帽就大有市场，就会得出鲁人未必会穷的结论。这就要求鲁人敢于尝试、敢于冒险、敢于改革。

③延伸立意：就是在原材料已知内容的基础上，对原材料作合理的联想，进行恰当的推理、引申。有"亏本生意做不得""无用武之地焉能致富"等观点。

④类比立意：就是通过联想，把材料的已知内容同材料外的其他内容由此及彼地联系起来考虑，找出其中的相似点。比如说办企业、做生意，要根据当地的生产、消费、风土人情等情况，也要根据需要与可能，那么就要求我们既要考虑动机与效益，又要扬长避短，才能生财有道。

舍次求主立意法

有些材料作文的材料往往会牵涉许多人和事。因此，审题时学生要明确哪些是材料的主要人物或事件，哪些是材料的次要人物或事件，并舍弃次要人物或事件，从主要人物或事件的角度审题立意。

【材料1】从前，有位年轻的猎手枪法极准，但总捕不到大雁。于是，

他去向一位长者求教。长者把他领到一片大雁栖息的芦苇地，指着站得最高的一只大雁说："那只大雁是放哨的，我们管它叫雁奴。它只要一发现异常情况就会向雁群报警，所以接近雁群很困难。但是，我们有办法，你现在故意惊动雁奴再潜伏不动。"年轻人照着做了，雁奴发现年轻人后立即向同伴发出警告。正在休息的雁群得讯后纷纷出逃，但没有发现什么危险。于是，它们又飞回了原地。长者让年轻人如法炮制了好几回。终于，有几只以为受骗的大雁向雁奴发动了攻击。如此再三，几乎所有的大雁都以为雁奴是谎报军情，纷纷把不满发泄在了它身上——可怜的雁奴被啄得伤痕累累。"现在，你可以逼近雁群了。"长者提醒道。于是，年轻人大摇大摆地走进芦苇地。雁奴虽然瞧在眼里，但它已经懒得再管了。年轻人举起了枪……

【分析】这则材料中共出现了四个"人物"——年轻人、长者、雁奴和雁群。审题时，学生可以舍弃年轻人和长者这两个次要人物，从雁奴和雁群的关系入手确定如下立意。

①从雁群角度立意：不要轻易误解忠诚的人，因为被误解的人会因此放弃忠诚。

②从雁奴的角度立意：忠诚被误解后该怎么办呢？是坚持到底，还是放弃忠诚，这是对忠诚的真正考验。

【材料2】一幅漫画，画的是两只乌鸦喝水。一只乌鸦站在玻璃缸边用吸管轻松地喝到了水，另一只乌鸦挥汗如雨把石子往缸里扔，还说："你这个家伙怎么不按照规矩出牌？"

【分析】用石子提高水位喝水，在当时是先进的，但是，此一时彼一时了。再先进的方法，也有落伍的时候，再智慧的脑袋一旦被一种旧的模式"固化"，便成了阻碍新生事物诞生的顽石。我们只有打破固有的套路，勤于思考，努力创新，不按照常理出牌，才能打造出前无古人的全新生活。

熊猫牌黑白电视机的被淘汰；柯达胶卷的衰落；手机、电脑的更新；知识的更新，不故步自封；新农村建设，与时俱进……这些都是立意的体现。

分丝析缕异同法

有时两则或多则材料表面上看起来风马牛不相及，但仔细一分析，就会发现，它们在本质上有许多相同之处。

【材料1】

①维纳斯失去的手臂就如同一个充满诱惑力的圈套。当断臂的维纳斯出现在人们面前时，吸引了无数趋之若鹜的好事之徒。他们提出了种种接上维纳斯断臂的奇思异想。但迄今为止，仍未有任何一种设计能取得普遍的赞赏。

②有一次，记者问棒球明星史蒂夫·加里威："你从来没有哭过吗？"史蒂夫回答说："是的，我从不掉泪。"记者又对他说："我认为你倒不如像大多数人一样，有时不妨也掉掉泪，这样才能证明你是一个真正的人，一个有喜怒哀乐的人，一个感情丰富的男子汉。"

【分析】这两则材料表面上看起来风马牛不相及，但仔细一分析，就会发现，它们在本质上有许多相同之处。显然，材料一中的好事之徒和材料二中的记者都是求同心理在作怪。这就是这两则材料的共同点，据此学生可以确立这样的立意：①做事要克服求同心理；②不可用狭隘的经验看待世界和生活。

【材料2】

（1）①马克思23岁被誉为当时德国最伟大的哲学家。②恩格斯21岁就著文批判当时的德国哲学家谢林。③列宁17岁就开始革命活动。④毛泽东26岁主编《湘江评论》。⑤徐特立48岁留法，克服困难，学会法语。

（2）①一根木头搁在山涧之上，下面深不见底，则敢于走过去者甚少；但若横木置于地，则常人皆能步其上而过。②小李第一次演讲，他事先也做好了充分准备，但一走上台，看到下面一礼堂黑压压的人，便浑身冒汗，脑子里一片空白，一句话也记不起来了。

【分析】

材料（1）中五个材料都是讲伟人们在事业上都有所成就，这是材料的共性，倘若就此立论，观点就缺乏深度了。进一步分析材料会发现①～④还有一个共同点，即青年时代就出成果。而材料⑤是讲徐特立48岁苦学法语有所成，年龄特点与前四位伟人不同。根据这个不同点可以立论：年青时代是出成果的黄金时代，但是，年龄并不是成就事业的唯一条件，关键在于有

无坚定的志向和坚韧不拔的毅力。

材料（2）中两则材料，一则是说很少有人能走过搁在山涧上的木头，一则是说小李演讲面对黑压压的人一句话也记不起来。两则材料从形式上看是不相同的，但他们的结果都是一样——未能如愿以偿，究其原因都是胆小，缺乏良好的心理素质。由这个共同点，我们可以提炼这样的观点：①良好的心理素质是成功的重要因素；②要培养良好心理素质。

全面合理互补法

两句或多句名言，都很有道理，但都只是就某一个方面而言，两者具有很强的互补性，若将两者结合起来，就既全面而又很合理了。

【材料1】

（1）佛罗伦萨诗人但丁的名言："走自己的路，让别人去说吧！"

（2）波兰谚语："常问路的人不会迷失方向。"

【分析】材料（1）"走自己的路"强调要有坚定的信念；材料（2）"常问路的人不会迷失方向"是讲走路时要有虚心求教的精神，要听从他人指导。两者谁是谁非呢？都很有道理，但都只是就某一方面而言，两者具有很强的互补性，若将两者结合起来，就既全面又合理。因此，可以提炼这样的观点：既要有"走自己的路"的坚定信念，又要有"常问路"的虚心精神，才能走好自己的人生之路。

【材料2】关于理想，高尔基说："一个人的理想越远大，他的动力就越强大。"莫言在诺贝尔奖颁奖会上，说自己的理想就是为了一天三顿吃到饺子，还有娶到村里石匠的女儿。

【分析】理想，是一个让人很敏感的话题，它犹如人的内裤，不能没有，但是又不能逢人就说自己有，更不能用来展示炫耀！

从两则材料看，高尔基的理想是激励人的，但是理想不能太离谱；莫言的理想看似卑微，但是是切合实际的。启迪我们：理想并不是越远大越好，理想应该切合自己的实际，能跳起来摘苹果就好，否则够不着就是空想，于人无益，反倒让人泄气沮丧。最重要的是要实现理想，关键还得靠行动、实力，脚踏实地并持之以恒，莫言就是好榜样。

当然，材料作文审题立意的方法还有很多。此外，这些方法也不是孤立的，学生在具体的审题立意过程中可以综合运用几种方法。

总而言之，审题立意方面的基本思路应该是：

观察社会，关注时代，积累素材　不少学生进入高三之后，"两耳不闻窗外事，一心只读教辅书"。其实，国事家事窗外事，事事可以入题：物质文明、精神文明、人口、环保、资源、网络……都应纳入我们的视野，真实、真切、真挚地关注、感受和体验生活。积累了丰富的素材，才能纵横捭阖，才能左右逢源，才能游刃有余，才能写出文质兼美的文章，才能在众多的考生中一花独秀，出类拔萃。近年的高考命题都在倡导创新，创新从何而来？创新从对生活的细心观察中来，从对生活的认真思考中来。

自拟题目要切题、简洁、新颖有文采　标题是文章的窗口，是眼睛，是文章内容和读者情感心理之间的第一个接触点，是让人一见钟情的因子，也能提供给读者窥视文章内容的独特视角。文不对题，眼睛无神，总是缺憾。所拟题目的广度深度要适宜，题不切文固然不行，但是题目太大或太小、太偏或太窄、太活或太死都会影响作文水平的正常发挥，影响内容与题目的照应与衔接。

多角度立意　立意即确立写作意向，是表述自己的思想认识，展示自己的情感意向。"意"是文章的灵魂，意胜则文胜。作文立意的四字诀为："准"切题不跑题；"深"深刻不肤浅；"稳"稳妥不走险；"新"新颖不俗套。

为此，要启动开放思维，即多向思维、多角度思维、辐射思维、发散思维等。要多想，沿着话题的顺向、逆向、侧向作发散思考；围绕话题作类（是什么）、因（为什么）、果（会怎样）、法（怎样才能）的揣摩；对于话题进行合乎情理的联想。尽可能把应想到的角度都想到，以期寻求更多更新的角度，多中选稳，稳中选优，优中选深，深中选新。

开掘联想与想象能力　"想象力比知识更重要"，科学家的这句名言，对于作文更为适用。具有丰富想象力的人写起文章来思路更开阔敏捷，内容更充实富于文采；想象力贫乏的人，则文思枯竭平淡无奇。

例如 2015 年福建省高考作文题目：

阅读下面的材料，根据要求作文。

地上本没有路，走的人多了，便成了路。

有时，走错路也是一件有意思的事情，如果没有走错了路，就不会发现新的路。

世上没有走不通的路，只有不敢走的人。

上面三则材料，引发你怎样的感悟和联想？请就此写一篇不少于 800 字的议论文或记叙文。

要求：（1）必须符合文体要求；（2）角度自选，立意自定，标题自拟；（3）不要脱离材料内容及含意的范围；（4）不得抄袭，不得套作。

围绕话题"路"展开联想与想象，就会想到"一条充满舐犊之情的夜归路""爱心滋润我的求学路""充满温馨的家乡小路""羞愧与希望交织的复读之路""榜上无名的脚下之路"……由"迷路"阐发"人生需要指引"的道理，由"人生岔路"想到"人生岔路关键的仅有几步"，由"路的变化"展示"时代的发展"，由"再就业之路"表达"放下架子调整心态，再就业并不难"的道理，由"掌声响起来的成功之路"发表"汗水铺就艰辛路程"的感慨，由"平路泥泞路"阐发"平路脚印浅，泥泞路脚印深"的人生感悟，由"一段上坡路"寄寓"走出人生的困境"，由"摔过跤的一段路"比喻"走出人生挫折"，想到高速公路作"高速"的畅想……围绕话题事物作相同、相近、相关、类比、对比、因果等联想；围绕话题作思前想后的追想，作虚拟性的设想，作前因后果的推想，是作文训练中的一个重点。

做到思想内容深刻透彻　凡事往高处站一站，往深里想一想，带些哲理性和思辨性色彩，行文力避第一思路。多思多想多疑，让思维"发岔"，将事物联系起来加以考察，由表及里（由外在深入其内在），由浅及深（从细微处发现深刻思想），由近及远（由眼前到久远），由点及面（从一点发散开），由实到虚（由现象到本质），由小到大（一时到一世，由微观到宏观），由此及彼（由此物认识彼物）。将话题向纵深开掘，探索说理的内核。素材的选择要有一定的深度、广度和力度。用延宕思维多中选优，优中择深。古人戴师初曾说："凡作文发意，第一番来者，陈言也，扫去不用；第二番来者，正语也，停止不用；第三番来者，精语也，方可用之。"这种避开第一思路的做法可供借鉴。

追求生动形象有文采　生动形象有文采来自文化底蕴，来自知识，来自视野，来自善于联想，来自巧于借鉴，来自精选的材料，来自深刻的思考，来自句式的选择，来自修辞的运用。为此要多品味精短诗文，把自己置于新奇活泼美妙创新的语言环境之中，在精彩文、精彩段、精彩句的熏染及对其模仿借鉴学习中提高语言能力。对精彩诗文含其英咀其华，久而久之，口有余香，可治"假大空"，亦可增加文情辞采。将仿例造句练着用、用着练，引入文章写作。

要有"新"的意识　构思往"独"里想一想，力图吃"独食"，想象奇特又合情理，夸张、渲染、虚拟、联想到位而不过头，反弹琵琶要自圆其说；材料要保持一定的"鲜"度，见解才能别具慧眼，才能给阅卷人以新知，才能让在文山题海中遨游的阅卷人兴奋起来；体式要注意嫁接、衍生、翻转、脱胎，显示"新"意。创新离不开借鉴，古人强调"善偷"，那是立意的学习，体式的借鉴，语句的移用和模仿，是化而用之，"偷"后要"移赃"——有犯有避，推陈出新，显现自己的个性与真情，而不是生吞活剥，更不是照抄照搬。

【训练设计】

1. 分析比较下面几组命题，说出每组题目在审题立意等方面的异同。

①站在 _____ 门口（2009年湖北省高考作文题目）

车站一瞥（2006年重庆市高考小作文题目）

②带着感动出发（2008年安徽省高考作文题目）

备好的行囊（2016年山东省高考作文题目）

③我想握着你的手（2006年上海市高考作文题目）

提篮春光看妈妈（2007年安徽省高考作文题目）

④幸福是 _____ （2010年辽宁省高考作文题目）

这也是一种 ＿＿＿（2009年福建省高考作文题目）

⑤难题（2010年重庆市高考作文题目）

捡到手机之后（2013年广西高考作文题目）

⑥习惯（1988年全国高考作文题目）

熟悉（2009年四川省高考作文题目）

2. 甲、乙、丙三位同学以"温暖"为题目写"中学生活二三事"。下面是他们经过审题选取了不同角度的题材进行作文。你认为哪些角度选取的较好，哪些角度选取的不够理想，为什么？

甲同学：①我病了不能回校上课，×× 同学每天放学都要来我家看望我，并讲解当天上课的内容；②我在操场上玩耍，眼里蹦进一粒沙子，眼睛痛得睁不开，×× 同学扶我到学校医务室医治；③上游泳课不小心把换下的衣服掉进游泳池里，住在学校附近的 ×× 同学跑回家取来衣服给我换上。

乙同学：①班主任老师如何给我温暖；②班集体如何给我温暖；③同学如何给我温暖。

丙同学：①我在学习上感受到了学校生活的温暖；②我在生活上感受到了学校生活的温暖；③我在思想上感受到了学校生活的温暖。

【提示】甲同学是从同一角度选了三件事。如果要表达这一思想，有一件事情的叙述就够了；乙同学是从给我温暖的不同对象这一角度选材切题的；丙同学是从给我温暖的不同性质方面的感受来反映主题的。

因此，乙和丙同学取材的角度要好些。而甲同学选材的角度就不够好。原因是：选材的角度正如给某一物体（包括人）拍摄照片一样，假如人家规定你只能拍三张，并要把物体的形态反映出来，而你站在同一角度连拍三张，岂不白白浪费了两张底片？如能拍一张换一个角度的话，就能把物体各个方面的形态反映出来，给人以全貌的印象，这就比站在一个点上连拍三张效果好多了。

3. 以"竞赛以后"为题作文，有位同学最初是写了这样一些内容：竞赛的时间、地点、参加对象；竞赛的过程；竞赛后的收获与感想。全文写完后，他才发现所写内容大部分离题，没有紧扣题目中的"以后"这一中心词。请你说说，该如何补救呢？

【提示】①在文章开头添加上这样几句话："××竞赛结束了。我怀着××心情离开了赛场，一路回味着赛前和赛中的一幕幕……"经过这样的"戴帽"弥补，就能使文章避免脱离命题范围要求的嫌疑。因为对赛前、赛中发生的事情的"回味"确实是在"赛后"进行的，评判作文的老师不会因此而扣较多的分。

②更改原文一、二两部分中的个别词语和句子，使其与后加进去的首段词语照应吻合。

③在原文三段中添加一两句话，与后加的篇首段落相呼应。

4.【材料】古希腊神话中有这样一则故事：安泰是众所公认的英雄，所向无敌，地神盖娅是他的母亲。安泰在格斗时，只要身不离地，便可源源不断地从大地母亲身上汲取力量，因而能够击败任何强大的对手。不幸的是，安泰克敌制胜的奥妙，被一个叫赫拉克勒斯的对手发现了，于是安泰被弄到空中扼死了。

【提示】材料写了三个人物，先要弄清他们的关系，安泰和盖娅是母子关系，安泰和赫拉克勒斯是敌对关系，一向无敌的英雄安泰被赫拉克勒斯弄到空中扼死。究其原因，是安泰离开了力量之源——大地母亲。

我们可以从三个角度来立意。

①从安泰的角度探究他失败的原因，一向无敌是因为不断从大地母亲身上汲取力量，而被扼死是因为离开了大地被弄到空中，没有了力量之源。可见个人的力量是渺小的，要依靠集体才能有所作为。

②从母亲的角度看，她给予安泰力量，却不给予安泰自立的能力，她对安泰的悲剧负有责任。所以适当的给予是必要的，但更重要的是培养孩子的自立能力。

③从赫拉克勒斯的角度来看，他能打败安泰的关键在于他掌握了对手的致命弱点，所以只有知己知彼，才能百战不殆。

5.【材料】从前，在美国标准石油公司里，有一位小职员叫阿基勒特。他在出差住旅馆时，总在自己签名的下方写上"每桶四美元的标准石油"字样；在书信及收据上也不例外，签了名，就一定写上那几个字。他因此被同事叫作"每桶四美元"，而他的真名倒没有人叫了。

公司董事长洛克菲勒知道这件事后说："竟有职员如此努力宣扬公司的声誉，我要见见他。"最后，洛克菲勒还指定他为自己的继任者，成为公司的第二任董事长。

请就此材料，写一篇文章。

【提示】写上"每桶四美元的标准石油"，只是一件举手之劳的事，谁都可以做到，可是只有阿基勃特一个人去做了，而且坚定不移，乐此不疲。嘲笑他的人中，肯定有不少人的才华与能力在他之上，可最后只有他接任了洛克菲勒的班。据此可立意为：

有些人常常不屑去做一些不起眼的小事，然而事实上，做好不起眼的小事，体现了敬业精神，这正是筑起大厦的基础。

6.【材料】一位裁缝在吸烟时不小心将一条高档裙子烧了一个窟窿，这致使其成了废品。这位裁缝为了挽回损失，凭借其高超的技艺，在裙子四周剪了许多窟窿，并精心饰以金边，然后，将其取名为"金边凤尾裙"。不但卖了好价钱，还一传十，十传百，使不少女士上门求购，生意十分红火。

要求：全面理解材料，但可以从一个侧面、一个角度构思作文。自主确定立意，确定文体，确定标题；不要脱离材料内容或其含意范围作文，不要套作，不得抄袭。

【提示】材料中的裁缝利用自己的智慧和技艺，使自己摆脱了失误不利的局面，变废为宝，走向成功。在理解题意的时候要抓住材料中的关键词句来准确把握立意的关键。"不小心""废品""为了挽回损失"等词可以帮助我们明确"金边凤尾裙"的发明并不是主观创新和时尚潮流的产物，而是一种"挽回损失"，灵活地变"废"为宝的作品。"凭借其高超的技艺""精心""取名为'金边凤尾裙'"等词句告诉我们裁缝能够变废为宝的主要原因是他主观上并不放弃，甚至非常用心，加上技艺高超，创意无限。

因此，从立意上看，我们认为以下几种立意属于准确地理解材料，应判切合题意，内容项在一档打分。

①人要从不利走向有利，就要依靠自己永不放弃的精神。

②人要从失误的阴影中走出来，就需要聪明过人的智慧、灵活变通的思维、高超绝妙的技艺。

③成功往往有其偶然性，但更有其必然性。

其中①②两点可同时采用，也可从任意一个或几个角度立意。

7.【材料】张老师在一次上语文课时，误将"晏"写成"宴"，李明同学当即指出了他的错误。张老师把"宴"改成"晏"之后说："唔！汉字就是这个毛病，相同的零部件，摆的位置不同，结果就不一样。外国文字可不会这样。"谁料话音刚落，李明同学又举手了。张老师问李明同学有什么问题，李明同学说："英文的 god（上帝）和 dog（狗）呢？"……

就李明同学的做法写一篇议论文，题目自拟，不少于600字。

【提示】认真阅读，这是答好材料作文题的前提和基础。此题的内容可以概括为一句话：学生李明连续两次当场指出老师的错误。

提炼观点，从逻辑上讲，对李明同学的做法，无非是三种态度：要么赞同，要么反对，要么部分肯定，部分否定。于是，提炼观点如下。

①李明同学勇于质疑，求真求实的精神值得提倡。

②李明同学不顾场合、对象，让老师下不了台的做法不可取。

③李明同学勇于质疑的精神可嘉，但具体做法还可商榷。

在实际答题中，有些同学提炼出的观点竟是"张老师的行为崇洋媚外"，写的不是李明的行为而是张老师的行为，这显然有些跑题了。

8.应用"扩充完善法"将下列命题补充完整，并说明所填词语与题目中原来词语是什么关系，据此所填题目该怎样确定写作题材和重点。

① _____ 悄然绽放（2017 四川广元中考作文题目）

②走进 _____ （2017年青海西宁中考作文题目）

③与 _____ 相处的日子（2017年广西南宁中考作文题目）

④ _____ 了不起（2017年河北中考作文题目）

⑤经历了 _____ 我长大了（2017年湖北荆门中考作文题目）

⑥你是我最 _____ 的人（2017年湖南湘西中考作文题目）

⑦偏偏是 _____ 你／我／他／她／它（2017年江苏镇江中考题目）

⑧ _____ 旅程（2017年天津中考作文题目）

⑨ _____ 的情调（2017年山东枣庄中考作文题目）

⑩ _____ 一直都在（2017年山西中考作文题目）

【提示】这类作文题目，一要补充完整，二要舍大取小，绝不能掉以轻心，想到什么就随便填写什么。要选择自己最熟悉、最有话可说的题材填写。

9. 阅读下面材料：

春天到了，家园前的草坪露出了红红绿绿的生机。一位新搬来的中年人回家不忍心践踏那片草坪，便绕了点儿路。没想到刚上楼时，邻居老太太微笑着迎上来，一番话让中年人颇感意外："我整天都在想，很有点儿担心，新来的邻居是个怎么样的人？"顿了一下，老太太又说，"当你刚才绕过那片草坪时，我算了解了你，知道我没有什么好担心的。"生活常常是这样，刻意为之往往不能缩短彼此的距离，而偶尔的一个细节、一个举动，却会在人与人之间架起美丽的桥梁。

请以"心灵的距离"为话题，写一篇不少于600字的文章。可以记叙经历、编写故事，发表议论，抒发感受。文体自选，题目自拟。

【提示】很多考题在给出题目时往往会附上一小段材料，同学们在审题时一定要注意分析这段材料。材料不仅可以引出题目，还有阐释主题、提示写作的功能。好好审读材料，充分利用材料中的信息，可以有效防止跑题。

仔细分析上述材料，我们可以得出：

①它迥异于地理上的"距离"，作文时必须紧扣题眼"心灵"一词，特指"心灵的距离"。

②材料中最后一段是关键。生活中那些不经意的细节才更加能够反映出事物的深刻含义。缩短人们心灵的距离体现在平常的点点滴滴中，要善于挖掘。可以从人与人之间的相互帮助、互相体谅等温情的角度来写。

10. 作文命题："责任"。要求：①除诗歌外，文体不限；②书写工整，字数600左右。

【提示】作文题目和其他类型考试题一样，都或明或暗地在里面藏着出题人的意图。作为考生，明白了出题人的出题意图、立意、选材、行文思路等，所有问题就会迎刃而解。那么，如何揣摩出题人意图呢？我们认为要从以下两个方面把握：一是从题目本身出发去发现隐藏信息；二是从所给材料或者提示语中找出玄机。据此，我们可以揣摩出以下三点。

①"责任"包含两个方面的含义：一是做好分内的事，二是为自己的过失负责。

②从立意方面讲，或是对生活的思考，或是心灵的漫游，或是对"责任"的议论，都可以。但主题应鲜明，要积极向上，甚至升华出哲理。

③从选材方面说，或写生活中的亲身经历，或写耳闻目睹的一件事。可以是名人大事，也可以是凡人琐事。

11.阅读下面这篇微型小说，完成后面的练习。

_____座

他冲了上去，两手扳住车门，用力一拉，胳膊肘朝后一捣，两腿一蹬，上了车。

唉，只差一步，满座了！猛然，他发现前面一个空位，一位老奶奶忙着在提包里找东西。他挤到空位前，一屁股坐了下去。

老奶奶连忙制止："哎，这位子……"

他故意装着没听见，转头看窗外。

老奶奶立起身，手里拿张旧报纸："小伙子，这位子……"

"这位子你包了？"

"这位子脏。"

"咱不怕脏！"

"不知谁吐在这上面了，这不，我找纸擦擦……"

这时，他才觉得屁股底下黏糊糊的。用手一摸，像被针扎了一下，跳了起来。

【作文】①作者写好这篇微型小说后，想用一个动宾短语做题目，已经想好了做宾语的词：座，但对前面动词炼之未定，你能帮助他找一个恰当的动词吗？

②本文描写小伙子"他"的行为有一条明显的线索，你能说出这条线索是什么吗？

③试用第一人称的口吻叙述这一故事内容。

12.阅读下面的材料，根据要求作文。

父子二人经过五星级饭店门口，看到一辆十分豪华的进口轿车。

儿子不屑地对他的父亲说："坐这种车的人，肚子里一定没有学问！"

父亲则轻描淡写地回答："说这种话的人，口袋里一定没有钱！"

根据材料，选取一个角度，自拟题目，写一篇不少于800字的文章，不要写成诗歌。

【提示】这是一道材料作文题，分析时可重点抓住儿子"坐这种车的人，肚子里一定没有学问"和父亲"说这种话的人，口袋里一定没有钱"这两句话来理解。对事情的看法，往往反映出内心真正的态度。从儿子的角度来看，应该说是不一定有学问。儿子的观点是有片面性的，肚子里有学问就不能坐豪华的进口车了吗？父亲的那句说得对，不要因为他有豪华的车就不尊重别人的劳动成果。如果你没有一定的能力是很难有现在的豪华轿车的。从父亲的角度来看，教育孩子一针见血，但教育方法似乎欠妥当。

立意方向：看事情要全面；要用平和的心态看事物；有欲望才能有财富；教育要注意方法。

13. 阅读下面的材料，根据要求作文。

鸡蛋向内打破是食物，向外打破是生命。人生亦然，向内打破是压力，向外打破是成长。（李嘉诚）

要求：选好角度，确定立意，明确文体（诗歌除外），自拟标题；不要脱离材料内容及含意的范围作文；不要套作，不得抄袭；不少于800字。

【提示】这则材料作文题可以从下面两个方面来审题立意：

①生命总是需要改变的，如果不能主动地自己改变自己，就必然会被动地由外界来改变自己。

②如果我们不想屈从外部的压力，消极地适应世界，那么就必须不断突破原有的自己，不断超越自己，做一个自强不息的人。

14.【材料】①开往北京的386次列车在飞驰。突然，列车上的音乐声中断了，传来了播音员急促的声音："旅客同志们，现在二号车厢有一位孕妇突然晕倒，昏迷不醒。哪位旅客是医生或带有药品，请赶快到列车长办公室……"

【作文1】请你设想会出现怎样的情景，根据材料提供的情节，续写成

700 字的记叙文。自拟题目。

②经过抢救，孕妇虽然脱险了，但她最多再有两个小时就要临产。如果列车正点运行，还得三小时才能到达终点站——北京。于是，列车长便向××车站发出紧急呼吁，请求开放路灯，提前进站，并希望通知当地医院安排救护车等候接孕妇入院。

【作文2】请你以386次列车长的身份，向××车站发出一份联络短信，说明上述情况。不超过30字。

③这位孕妇在386次列车乘务人员和××站、××医院的爱心接力帮助下，顺利产下一个女婴。当他们母女出院后，写了一封情真意挚的感谢信，投书报社。

【作文3】请你以这位孕妇的口吻写一篇文章投书报社，表达感谢之情。自拟题目。

【作文4】根据上面提供的三段文字材料，请你就此写一篇千字左右的通讯，报道这一事情。可适当想象，补充情节。题目自拟。

15.【材料】房内，陈设模糊。一个大窗口的两扇玻璃窗正向外打开。一个十五六岁的男孩侧身扑向窗台，身子前倾，双手圈成话筒状，目光负疚、神情焦虑地向窗外呼唤着……

从窗口望下去，一个中年妇女正提着手提包步履沉重地慢慢向前走去……

根据文字描述的情境，以"妈妈，让我告诉你……"为题作文。

【提示】①男孩为何如此急迫地呼唤妈妈？他要告诉妈妈一件什么事？

②他为何"目光负疚""神情焦虑"？

③他妈妈"步履沉重"说明了什么？和男孩有什么关系？

这三个问题是作文选材和结构安排中必须要理清的。

16.【材料】伯乐的儿子读了他父亲的《马经》后，去找骐骥良马，却得了一匹劣马，根本不堪用。他又将《马经》中有关良马的额头如何，眼睛如何，蹄子又如何如何，一条一条地记得滚瓜烂熟。有一天，他在路边看见了一只大蛤蟆，便高兴地对伯乐说："爸爸，这才是真正的一匹良马！你瞧，

它的额头、眼睛，都跟您说的相仿，就是蹄子不大一样。"伯乐又气又好笑，幽默地说："这'马'好跳，无法驾驭。"

要求：自拟题目，扩写这则故事，着重增加描写成分，力求做到"如临其境，如历其事，如见其人"。

17.【材料】①伊莉薇娜的弟弟佛莱特伴着她的丈夫巴布去非洲打猎，不久，他在家里接到弟弟的电报："巴布猎狮身死。佛莱特。"

②伊莉薇娜悲不自胜，回电给弟弟"运其尸回家。"三个星期以后，从非洲运来一个大包裹，里面是一个狮尸。她又赶发了一个电报："狮收到。弟误，请寄回巴布尸。"

③很快得到了非洲的回电："无误，巴布在狮腹内。佛莱特。"

请你把这个故事改写为倒叙结构的一篇不少于700字的故事。

【提示】原文由①②③三个顺叙情节组成。改写为倒叙可以有三种结构形式：③①②、②①③、③②①，改写时要注意前后照应，并增加一些心理活动等描写，使重新组合的情节有机联系起来。

中编

结 过 开
尾 渡 头

奇句夺目开头篇

文章开头状如与人初次见面，第一印象至关重要。高尔基说："开头一句是困难的。好像音乐里的定调一样，往往要费很长的时间才能找到它。"（高尔基《论文学》）找到一个美妙的开头，是文章引人入胜的关键。世界名著《安娜·卡列尼娜》开头句"幸福的家庭都是相似的，不幸的家庭各有各的不幸"就意味深长，富有哲理，给鸿篇巨制定下了一个悲剧的基调。中国古乐府民歌《孔雀东南飞》的开头句"孔雀东南飞，五里一徘徊"，缠绵悱恻，预示着一个爱情悲剧的到来。

好的开头是成功的一半。这句话可以从两方面看：从读者角度来讲，文章的开头新颖别致，就能引人入胜，使读者"一见而惊，不敢弃去"；从作者角度来讲，文章的开头要为文章定文风和格调，如果"定"的不当，会使篇章内在的气韵不相协调、外在的行文艰涩不顺畅。

常言道："万事开头难。"开头是行文展开的契机，是思路自然顺畅的序幕，是最精巧、最准确的起点。一个好的开头，是触发积极思维的火花，是大水缸里插着的引流管，它可以使作者激情四射，大脑里积累的写作材料犹如清泉汩汩流淌出来。因此，要写好文章的开头，想吸引读者的眼球，就

要讲究一定的方法与技巧。

怎样才能写好文章的开头呢？就记叙性文体而言，我国古代的大文豪们已经总结出了许多经验。

元代乔梦符说：文章开头须像"凤头"，要漂亮、俊美。

明朝谢榛则说："起句当如爆竹，骤响易彻。"意思是说文章的开头要像放爆竹一样，骤然而响，使人耳目为之一新。

也有人主张："歌行起步，宜高唱而入，有'黄河落天走东海'之势"（清·沈德潜）；"起句须庄重，峰势镇压含盖，得一篇体势"（清·方东朔）；"开手笔机飞舞，墨势淋漓，有自由自得之妙，则把握在手，破竹之势已成，不忧此后不成完璧"（清·李渔）。

诚然，作文之法，大体则有，定体则无。关于记叙体文章开头的写法，我们这里归结为"直起法"和"婉曲法"两大类。

直起法

所谓直起法，就是文章起笔就交代写作目的，接触到要写的人、事、物、景、情。其特点是开宗明义，单刀直入，干脆利索。直起，又有这样一些方式方法。

中心开花法

"中心开花法"本来是一种军事战术思想。即：在组织战役时，首先打击敌人的关键或要害部位，然后再向四周扩大战果；或是以己方为诱饵，坚守某一方法，诱使敌方部队向己方运动，配合友邻部队对敌方实施反包围，待时机成熟后，配合友邻部队打击敌人的战术。

运用这一方法组织文章的开头时，既不交代情况，也不点明结果，而是从故事的关键环节入笔。这种方法是从事情最急切、最具吸引力的情节入手，扑面而来的是犹江河截流之坝堤，要探源寻尾，必须溯流而上或顺流而下方可，不读完全文，就不能明白事情的来龙和去脉。

有一篇通讯是这样起笔的：

"急诊！急诊！"上海市第六人民医院急诊室护士长华景燕一脚跨出观

察室的门，三声急促的呼喊声直冲入她的耳朵。她冲出门外，只见一辆三轮车送来两个人，其中的年长者紧紧捂住年轻者的棉袄袖。"伤在哪儿？"华景燕一边搀扶病人走进急诊室，一边问道。此时，骑三轮车的那人走来，将一只带着油污的手套递到她眼前。她接过来就是一惊：为什么这么重？再一看：是一只手！

这一开头，运用中心开花法，引人入胜。描述了一幅扣人心弦的场面和一只手的特写镜头，突出了一个"急"字，写得十分精彩，极具吸引力，引导着读者以急切的心情阅读下文。这种"中心开花"的开头方法，使文章省去了许多烦琐的冗笔，给读者一个简洁明快的印象。

一些反映战争、抗洪、抗震、救灾等题材的记叙性文章中，较常运用这种方法开头。而运用这种方法，关键在于科学地、艺术地"截取"。但凡事情都有个"过程"，任何文章都不可能、也没必要细说详写，我们把事情最具有"意义"的部分予以体现即可。因此，能不能"截取"最激动人心、惊心动魄的那一瞬间或一个断面，"截取"的是否恰当、艺术化，既体现着作者构思布局水平的高低，也决定着文章的成败。

说明交代法

这种方法是在文章的开头说明交代一些必要的背景、写作动机、人物身份等基本情况，然后着手记述主要人物和事情。这样开头，能使读者更明确地了解文章主要人物、中心思想、重点内容以及作者的态度等方面的有关内容，有助于读者比较全面地、准确地把握文章，不至于使读者读后感到突然或莫名其妙。

文章开头说明交代的写法主要有以下四种类型。

①开头直接描写环境的。如：

山的那一边，其实还是山。山与山之间是条沟，沟里是几个小村子。

村民们自己也说不清，他们的祖先什么时候来到这里，说不清他们为什么看中了这块地方。这里明明是很穷的，没有地，没有树，一年里大半光景是冬季。山坡上收几颗粮食，草场上养些牛羊。缺地少羊的人家，穿裤子都难。既然祖祖辈辈都住在这里，也就这么心安理得地住下去。

（陆芸芸《山的那一边》，见于 1988 年 11 月 2 日《人民日报》）

②开头直接叙述事情的。如：

我冒了严寒，回到相隔二千余里，别了二十余年的故乡去。

时候既然是深冬；渐近故乡时，天气又阴晦了，冷风吹进船舱中，呜呜的响，从篷隙向外一望，苍黄的天底下，远近横着几个萧索的荒村，没有一些活气。我的心禁不住悲凉起来了。

阿！这不是我二十年来时时记得的故乡？

（鲁迅《故乡》，人教版语文教材九年级上册）

③开头直接介绍文章主体的。如：

石拱桥的桥洞呈弧形，就像虹。古代神话里说，雨后彩虹是"人间天上的桥"，通过彩虹就能上天。我国的诗人爱把拱桥比作虹，说拱桥是"卧虹""飞虹"，把水上拱桥形容为"长虹卧波"。

（茅以升《中国石拱桥》，人教版语文教材八年级上册）

④开头直接写文章主要人物的。如：

最使我难忘的，是我小学时候的女教师蔡芸芝先生。现在回想起来，她那时有十八九岁。右嘴角边有榆钱大小一块黑痣。在我的记忆里，她是一个温柔、美丽的人。

（魏巍《我的老师》，见《魏巍散文集》人民文学出版社 2009 年 11 月第 1 版）

再如：著名作家马烽写《一架弹花机》时，也是运用了这种方法开头。

张家庄有个耍手艺的，名字叫有有，弹得一手好棉花。村里人对耍手艺的有个习惯，不管你是泥水匠、木匠、铁匠哪行道，姓甚就称甚师父。有有姓宗，人们自然都称宗师父。

宗师父是五十来岁的老头。……

（马烽《一架弹花机》，人民文学出版社 1953 年 7 月版）

从上述几种说明交代开头法可以看出：说明交代的内容必须是与文章的主要人物、中心事件、主题思想有紧密联系，能为突出中心服务，具有向心性；这种方法开头，并不是给文章"戴帽子"、摆架子、拿腔捏调，而是要求我们在创作中要善于选材。文章的中心思想一经确定，就要选择能够表达这个中心的材料来写，开门见山，具有精简性。这是运用"说明交代法"写文章开头时要遵循的两个基本原则。

时空开头法

在记叙性文章中，人、事、景、物总有其活动、发生或存在的时间与空间，时空就成了文章中一切内容发生的范围。采用什么方式方法向读者交代时空，这也是关系文章成败的因素之一。一般地说，在同一时间内发生的事件，就一定处于不同的空间区域之内；在同一区域内发生的事件，就一定是在不同的时间里。它们不是随时间推移而变化，就是随空间转换而变化。因此，在文章的开篇交代中，就要讲究一定的技巧性方法。

最常见、最一般的方法是按照记叙性文体的写作要求，对时间、地点分别介绍，这种类型我们经常接触。

有开头直接说明时间的，如：

天亮的时候，雨停了。

草地的气候就是怪，明明是月朗星稀的好天气，忽然一阵冷风吹来，浓云像从平地上冒出来的，霎时把天遮得严严的，接着就有一场暴雨，夹杂着栗子般大的冰雹，不分点地倾泻下来。

（王愿坚《七根火柴》，见《王愿坚小说选》中国青年出版社2009年9月版）

有开头直接说明空间位置的。如鲁迅先生的《从百草园到三味书屋》就是用的这种方法：

我家的后面有一个很大的园，相传叫作百草园。现在是早已并屋子一起卖给朱文公的子孙了，连那最末次的相见也已经隔了七八年，其中似乎确凿只有一些野草；但那时却是我的乐园。"

（《朝花夕拾》，原文见《鲁迅全集》第二卷，光明日报出版社2012年10月版）

这段起篇文字清楚地说明了百草园的位置、得名的由来及现在的下落，突出那时"是我的乐园"，启发读者更深入地理解文章的思想内容。

还有一些文章的开头把时空巧妙地糅在一起，简约明了。如茅盾在"农村三部曲"（《春蚕》《秋收》《残冬》）的《春蚕》一文中就采取这种方

式组织开头文字：

老通宝坐在"塘路"边的一块石头上，长旱烟管斜摆在他身边。"清明"节后的太阳已经很有力量，老通宝背脊上热烘烘的，像背着一盆火。"塘路"上拉纤的快班船上的绍兴人只穿了一件蓝布单衫，敞开了大襟，弯着身子拉，额角上黄豆大的汗粒落到地下。看着人家那样辛苦的劳动，老通宝觉得身上更加热了；热的有点儿发痒。他还穿着那件过冬的破棉袄，他的夹袄还在当铺里，却不防才得"清明"边，天就那么热。

"真是天也变了！"

还有选自柳青《创业史》（中国青年出版社 2009 年 1 月版）的《梁生宝买稻种》一文的开头，也别具一格：

春雨刷刷地下着。透过外面淌着雨水的玻璃车窗，看见秦岭西部太白山的远峰、松坡，渭河上游的平原、竹林、乡村和市镇，百里烟波，都笼罩在白茫茫的春雨中。

当潼关到宝鸡的列车进站的时候，暮色正向郭县车站和车站旁边同铁路垂直相对的小街合拢来。在两分钟里头，列车把一些下车的旅客，倒在被雨淋着的小站上，就只管自己顶着雨毫不迟疑地向西冲去了。

初读这段文字，是一段景物描写，但作者在写景中巧妙地把事情发生的时间（一个春天的傍晚）、地点（秦岭西部郭县车站）做了交代说明。也正是春雨把梁生宝阻在了车站里这一特定情境，为后文情节的推进埋下了伏笔。这样以时间、空间作为开头，自然巧妙、天衣无缝，能把叙事、写景融为一体，读来没有一点斧凿之痕。

其他如夏衍的报告文学《包身工》（人教版高中语文教材必修一第四单元）、茹志鹃的小说《百合花》（人民文学出版社 1985 年版）以及通讯《为了六十一个阶级兄弟》（原载《中国青年报》1960 年 2 月 28 日，王石、房树民采写）等范文，都属于这种类型。同时，时空在文章中成了全文的写作线索。我们应该认真阅读，反复揣摩，细细品味其中高超的技法。

开门见山法

开门见山，不拐弯抹角，开头第一句就点明文章的题目。这种写作方法对于我们初学写作的人来说，是最简单、最容易掌握的一种技巧。它的特点是朴实自然、平直顺畅，能让读者一看就知道你要写什么人、叙什么事、状什么物、抒什么情，开首直奔主题，很容易抓住读者的注意力。如：

朱自清《春》（人教版语文教材七年级上册）开头直接点明文章主题及主要内容：

盼望着，盼望着，东风来了，春天的脚步近了。

而茅盾的《白杨礼赞》（《见闻杂记》，花城出版社 1984 年版）开头直接说明作者思想感情倾向：

白杨树实在是不平凡的，我赞美白杨树！

赵树理在《登记》（《1949—1979 短篇小说选（一）》，人民文学出版社 1979 年版）一文的开头，更是开宗明义，简洁明了：

诸位朋友：今天让我来说个新故事，这个故事题目叫个'登记'，要从一个罗汉钱说起。

这些文章尽管风格各异，叙写的对象不同，但都采用了开门见山的方法起笔行文，直抒胸臆。开篇就能醒目、集中，读者一眼便能看出作者要写什么，情感态度如何，更重要的是透过这些文字，能揣测到作者写作的线索和行文的思路。所以，在表达情感色彩浓烈的文章中较多使用这种方法开头。

而下面这两篇文章的开头则别具特色了：

十一月二十一日，我到北京工艺美术所去访问郎绍安同志，我的心情是兴奋的。

（冰心《"面人郎"访问记》，见《冰心文集》第四卷，北京燕山出版社 1998 年 2 月版）

这个开头直截了当地点名了采访的时间、地点、人物以及自己的心情，完全按照记叙文的一般写作规程进行写作，平实而干脆，使人一目了然。

"陈胜者，阳城人也，字涉。吴广者，阳夏人也，字叔。陈涉少时，尝与人佣耕，辍耕之垄上，怅恨久之，曰："苟富贵，无相忘。"佣者笑而应曰："若为佣耕，何富贵也？"陈涉太息曰："嗟乎，燕雀安知鸿鹄之志哉！"

（司马迁《史记·陈涉世家》，中华书局 2013 年 9 月精装版）

这个开头介绍主要人物的姓名、籍贯以及陈胜年轻时就仇恨剥削,有远大志向。这也是按照纪传体的规程开头,为下文"举大计"奠定了思想基础,埋下了记述的伏线。

开门见山的方法起笔,着意于追求一种"领脉不宜过远,远则入题时烦费周章;着手不能太突,突则转旋处殊无余地"(林纾《论起笔与收笔》)的风格。当然,要运用这种方法写文章的开头,作者必须对文章的内容大局在握,"胸中有数",整体已定,然后才能顺势而来,不蔓不枝,紧凑而自然。

概括联系法

概括联系法,就是在文章的开头很直接、很明显地对全文的主要内容或中心思想进行概括说明,也就是"首句表其目"的写作技法。开篇的概括文字,像一顶帽子,冠盖全篇,从而使开头与主体互相联系融为一体。犹如捆扎麻袋的绳索:麻袋里装土豆,摊在地上则散乱无序;把它们装进口袋,扎好口子,就会有结实、沉重的体积感。文章的材料如散落的土豆,概括联系的开头就是扎口袋的绳索。这种方法宜在写人记事的文章中运用。

李庄老师写的《任弼时同志二三事》(原载《人民日报》1950年10月)第一自然段是这样写的:

任弼时同志生前有三怕:一怕工作少;二怕麻烦人;三怕用钱多。这三怕,就是他的崇高品质的具体表现。凡是和弼时同志一起工作或一起生活的人,对于他的伟大人格,都有深刻的印象。

这个开头,就是抓住极富概括性的"三怕"来总领全文。在文章的第二部分中,作者所选取的平凡小事都是为了照应、印证开头提到的伟大人格。"一怕工作少",有抱病坚持工作、凡是自己经手的事一定要负责到底的事例印证;"二怕麻烦人",有关心群众、注意群众疾苦和生活中渗透着原则性等事例的描述;"三怕花钱多",也有朴素生活的例子。这样,全文先概述,后分述,开头与主体紧密联系,浑然一体,有一气呵成之妙,而无拼凑成文之嫌。

同样,臧克家的《闻一多先生的说和做》(原载《人民日报》1980年2月12日),文章开头运用的也是这种方法。作者在开篇引用了闻一多先生说的两句话：

人家说了再做，我是做了再说。

人家说了也不一定做，我是做了也不一定说。

这两句引语，实际上起到了概括闻一多作为学者的风格和严谨治学的特点的作用。接着，作者在主体部分紧扣这两句话组织材料，采取纵横交错的方式予以例证。结尾用"他，是口的巨人。他，是行的高标。"概括总结，与开头呼应。

运用概括联系法开头，要求作者对所记述的人和事要做认真的分析研究，抓住事物所蕴含的本质，才能概括。如果对材料心中无数，想到哪儿写到哪儿，就不可能准确地概括主题内容，自然写出来的文章也就不可能是一个整体。

唤起回忆法

唤起，在这里可理解为引起、勾起的意思。唤起回忆，就是在文章开头借一物、一景对往昔的人、事引起回忆。也就是睹物思人（触景生情）或"抚今追昔"。这种方法有一关键点就是眼前这一能够引起作者回忆的物、景必须是贯穿全文的中心线索，文章主体部分必须紧扣这一物或一景展开。

祖母亲昵地搂着我，淡淡地笑着，显得那样端庄、慈祥；我幸福地依偎在祖母的怀里，咬着食指，甜甜地笑着——这是一张三岁时与祖母一起在西湖边摄下的照片。这张照片，引起我对祖母的深深的怀念。

（学生习作《留在照片上的记忆》）

睹物思人，由眼前的某一物品引起作者对以往人和事的回忆，主题则须再现与这一物品有密切关系的人和事。下面两例属于触景生情：

我独自撑着伞在故乡的街道上漫步。看着似曾相识的人们，看着古老的住屋，还有熟悉的茶馆，我不禁想起了童年，想起了爷爷。

（学生习作《童年漫步》）

深秋的一个早晨，我独自漫步在野外，看见那枯萎的小草，我的心像一只小鸟，飞过平川，飞过山岗，落到故乡的龙须草上。我怀念故乡的后山，怀念那从山脚下流过的丹江水，更怀念那山坡上的龙须草。那一簇簇的龙须

草啊，记载着我多少童年的欢乐，留下我多少美好的记忆……

（学生习作《故乡的龙须草》）

这两例习作，作者都是从信步前行中的所见入笔，由眼前景物引起对往昔人、事、物的追忆。同时，作者的情感浓烈地寄托在这些引起回忆的景物上，顺畅自然，隽永有韵。

自然界中的景观千姿百态，每个人的生活环境各不相同，从而引起人们回首往事的记忆点也就纷呈如云了。作为反映客观社会生活的文章，其开篇方式当然应该风采各异。作文要有规矩，但不要求有固定格式，创新是不断发展的生命力。因文而异，因题而异，这就是学习、创新的原则。

悬念设置法

"文似看山不喜平"，我们看小说时，都喜欢高潮迭起，悬念迭出的情节，但在一篇 600 字或 800 字左右的中、高考作文当中，不可能到处是高潮，我们认为有两个高潮就不错了。在哪里出现高潮好呢？——开头好，结尾也好。

开头求奇。要想在开头给人眼前一亮，就要注意奇：奇乃出奇制胜，奇即与众不同，奇是独到独创。把故事情节的高潮部分截取出来放在文章的开头，其目的是设置悬念，激发读者的阅读兴趣，引起读者注意和思考。同时，开篇设悬布疑能使文章的主体部分波澜起伏，曲折有致，显现文章的布局之美。造成悬念引人入胜，也便于突出重点，文章结构也因此而紧凑集中。

鲁迅的《一件小事》（《鲁迅全集》第一卷，光明日报出版社 2012 年 10 月版）开篇这样写道：

我从乡下跑到京城里，一转眼已经六年了。其间耳闻目睹的所谓国家大事，算起来也很不少；但在我心里，都不留什么痕迹，倘要我寻出这些事的影响来说，便只是增长了我的坏脾气，——老实说，便是教我一天比一天的看不起人。

但有一件小事，却于我有意义，将我从坏脾气里拖开，使我至今忘记不得。"

读到这里，读者脑海里会产生这样一些疑问：这是一件什么样的小事？

于"我"又有什么意义？为什么会至今忘记不得？带着这一系列疑问，阅读分析小说，也就寻找到了打开全文思想内容的钥匙了。把事情的结果提前，安排在文章开头，引起读者充分注意，继续读下去，印象自然就会特别清晰。

运用悬念设置法写作文章的开头，作者首先必须对事情的起始、经过、结果了解得清清楚楚。在这一前提下，再巧妙准确地截取最能吸引读者的一个截面，予以叙述。但叙述不宜详细，也不能过长，点到为止，把读者的心悬起来，使其欲罢不能，然后按顺序交代事情的前因后果，来龙去脉。写人叙事，尤其是写复杂的记叙文适宜用这种方法开头。

篇首设置悬念，有助于布置环境、营造氛围、展开矛盾、引出下文，使读者产生并维持期待、关切的心情，直至高潮，再解开疑问，写出结局。它的好处是能引人入胜，扣人心弦，引起读者的兴趣和思考，取得出奇制胜的效果。

请鉴赏 2008 年江苏卷高考满分作文：

好奇心

为什么？

两个人都上年纪了，相距不过几米的屋子，有什么必要隔几分钟就喊一下？

每次去奶奶家，这件事总是会勾起我的好奇心。

（简评：设置悬念，引起读者的好奇心。）

奶奶八十了，但眼不花耳不聋，还能眯着眼在屋里做针线。大她三岁的爷爷便不行了，不愿走动，总是坐在藤椅上晒太阳。

相隔不过几米，奶奶过几分钟，便会放下活儿，"老头子！"奶奶这么叫。

爷爷不应，奶奶便急，迈着碎碎的步子到跟前。爷爷好好的呢，在藤椅上睡熟了。于是孩子般地笑嗔："这个死老头子，人家喊了也不睬。"

这样的事天天发生。

我很好奇。

（简评：目光投向日常生活，选材方向值得学习。）

是奶奶闷吗？没有人说话？那她为什么只喊一下而不是和爷爷唠嗑呢？

喊爷爷做什么呢？还这么不停地喊？我想起奶奶每次看见爷爷好好的，满意离去的背影，阳光总是以最完美的角度铺在奶奶身上，每每这样的画面闪烁着温暖的光辉。

是不是只要有人答应便好呢？我好奇地继续想。

（简评：再次点题，扣题意识较强。）

那好。再有这种事发生时，我便捂住嘴，学爷爷的声音迟缓地答："唉……"可每每奶奶都能辨别出来，无论我用布还是用棉花捂嘴以求声音的逼真。"细丫头在这儿捣乱……"奶奶皱纹满布的手会轻拍我，以示责备，微微笑。

奶奶依旧。

我的好奇心不减反增。

算了，我破釜沉舟。"奶奶，你老这么喊来喊去做什么呢？也不嫌烦。"

奶奶看我，宽容地笑："丫头，你不懂的。知道他好好的，才心安的。"

心，被濡湿了。是花蕊中的一滴露。连日以来如同小虫一样不断噬咬我的好奇心得到了满足。

你在，就心安的。这是人世间最最美丽的风景。粗茶淡饭有什么要紧？年华老去有什么要紧？你在，就心安。

我想，所谓爱，便是如此。就是我所爱的人，我惦念的人，必得在我看得见的地方，我手够得到的地方，我能够走到的地方，好好地存在着。

我庆幸我拥有好奇心，才得以知晓奶奶一辈的关心、温情与爱。我知道了，那声声呼唤是在说，有你在，整个世界，都在。

（简评：以深刻的感悟，升华文章主题。）

奶奶的言行，的确让孙女好奇。于是，调皮的"丫头"对奶奶进行了一番"侦察"，结果"侦察"到了"人世间最美丽的风景"，濡湿了人们的心，美得如"花蕊中的一滴露"！此文是叙写日常生活的规范的记叙文，能在"尺水"中"兴波"，能用鲜活的细节描写展示澎湃的内心波澜，读来意味无穷。这是 2008 年高考记叙文的拔尖之作，相当难得。

婉曲法

婉曲法，就是在文章的篇首不直接触及主要人物、中心事件、主题思想，而是采取宕开一笔的办法，或烘托，或抒情议论，或采用某些修辞格式来组织开头文字。这类方法不但能给读者留下鲜明形象的画面，同时宜于表达浓烈的感情，具有较强的表现力，带有一定的艺术感染力，富有文采，令读者流连忘返。根据开头采用的方法不同，婉曲法又可分为烘托渲染、明暗引用、抑扬开头、先声夺人以及修辞格起笔等不同方式。下面我们逐一介绍。

烘托渲染法

烘托渲染这种方法，是在文章篇首描写人物活动或事情发生的自然或社会环境，也就是为文章中的人、事设置背景，这是写人叙事的记叙文常用的开头方法之一。

我们知道，无论是人还是事，总离不开一定的环境，它们不能孤立地存在。人，因思想感情、意志状态不同，会表现出喜怒哀乐、忧思惊惧等各种状态，因此构成各式各样的悲欢离合；也因各人的心境不同，看到的一山一水、一草一木、一鸟一兽也就会引发不同的感受。正如宋朝无门和尚所说："春有百花秋有月，夏有凉风冬有雪，若无闲事挂心头，便是人间好时节。"自然，倘若"闲事挂心头"的话，那喜怒哀乐就自不必说了。凡此种种，对写人叙事、表现主题有作用的，放在篇首，渲染一定的感情气氛，给人物的活动、事情的发生营造特定的氛围，这就是渲染开头法。

鲁迅先生就是一位擅长运用此法创作的大师。他的《药》《故乡》《祝福》《孔乙己》等都巧妙地运用了这种开头方法。请看小说《药》的开头：

秋天的后半夜，月亮下去了，太阳还没有出，只剩下一片乌蓝的天；除了夜游的东西，什么都睡着。华老栓忽然坐起身，擦着火柴，点上遍身油腻的灯盏，茶馆的两间屋子里，便弥满了青白的光。

这段开头文字，从季节和时间入手描绘社会环境。作者之所以把时间安排在秋天，一则写出清朝通常处决犯人多在秋后（秋后问斩）；二则渲染出一种暗淡凄凉的气氛，这是大环境。小环境是写茶馆里的情况，用"乌蓝""青白"等颜色来渲染气氛，整段开头文字便把读者带入一个阴森森的氛围之中。

与后文的"街上黑沉沉的一无所有，……可是一只也没有叫"的环境描写相呼应，至少在三个方面作了暗示：①这种异常单调和阴暗的环境、景物，与华老栓爽快和充满希望的心情，形成十分鲜明的对照，暗示华老栓希望破灭的必然性；②为夏瑜的牺牲制造孤寂肃杀的气氛，暗示了革命者脱离群众的悲哀；③暗示当时的社会现实的阴暗、凄凉和恐怖。这就是高手行文的妙处。

同样是写秋天的月亮，在有的人眼里则呈现出另一种情调：

阳历八月已经过去，九月随着阵阵稻香谷香果香踏进了塞外的小镇。晚上的月亮还是那么好，她在中天，虽说只有半边，离团圆还远，但她一样把柔和的清澈的光辉洒遍了人间。远处的山峰、杨柳树、田塍、屋宇，统统蒙在一望无涯的洁白朦胧的轻纱薄绡里，显得飘渺、神秘而绮丽。我就在这静谧的充满希望的夜色中，漫步在郊外的田埂、地垄上，思绪又回到了十二年前的秋夜，那一次充满欢乐的晚会……

这里，由于作者心情好，因而一切都变得充满了无限的情意，与《药》中的秋夜截然不同。

鲁迅对绘画艺术极有研究，深厚精湛的美术修养使他在文学创作中非常善于传神地运用色彩词。《药》中使用色彩词30多处，用来描写场景，渲染气氛，显示了沉郁幽深的风格；用来刻画人物，写真传神，表现了极其深刻的思想；用来对小说的文眼——人血馒头着意点染，发人深省，深化了主题。这些成功的技法，值得我们认真地探讨借鉴。

明暗引用法

明暗引用法，是指在文章的开头部分引用与文章内容有关的名言警句、古今诗词、成语、谚语、俗语、谜语或者故事，以引出正文，点明中心，突出人物性格，唤起读者共鸣，说明事理等的一种技巧性方法。

这里的"明"，指的是"明引"，即直接引用，也就是在引语前或后要说明其来源出处；"暗"是"暗引"，也叫间接引用，即不说明所引内容的出处，把引述的内容直接组织到自己的文章中去，成为自己文章的有机组成部分，形成一个整体。

运用明暗引用法写文章的开头，能收到行文活泼而又言简意赅的效果，有助于读者理解文章的线索或中心意思。但引文绝对不能游离于文章的主题内容之外。

鲁迅先生在他的《父亲的病》（见《朝花夕拾》，人民文学出版社1972年4月版）一文开头这样写道：

大约十多年前罢，S城中曾经盛传过一个名医的故事：

他出诊原来是一元四角，特拔十元，深夜加倍，出城又加倍。有一夜，一家城外人家的闺女生急病，来请他了，因为他其时已经阔得不耐烦，便非一百元不去。他们只得都依他。待去时，却只是草草地一看，说道"不要紧的"，开一张方，拿了一百元就走。那病家似乎很有钱，第二天又来请了。他一到门，只见主人笑面承迎，道，"昨晚服了先生的药，好得多了，所以再请你来复诊一回。"仍旧引到房里，老妈子便将病人的手拉出帐外来。他一按，冷冰冰的，也没有脉，于是点点头道，"唔，这病我明白了。"从从容容走到桌前，取了药方纸，提笔写道：

"凭票付英洋壹百元正。"下面是署名，画押。

"先生，这病看来很不轻了，用药怕还得重一点罢。"主人在背后说。

"可以。"他说。于是另开了一张方：

"凭票付英洋贰百元正。"下面仍是署名，画押。

这样，主人就收了药方，很客气地送他出来了。

这个名医就是给鲁迅先生的父亲治过病的医生，是个害人不浅的庸医。父亲被江湖庸医治死，一直是埋在鲁迅心中的痛苦。文章重点回忆儿时为父亲延医治病的情景，描述了几位"名医"的行医态度、作风、开方等种种表现，揭示了这些人故弄玄虚、勒索钱财、草菅人命的实质。文章最后写道：

"父亲！！！"我还叫他，一直到他咽了气。

我现在还听到那时的自己的这声音，每听到时，就觉得这却是我对于父亲的最大的错处。

文章表达了作者对父亲的不舍与愧疚之情，让人在感叹中体会人生的伤悲。引述的故事是全文密不可分的一部分。

再如：

　　"明天你是否会想起／昨天你写的日记／明天你是否会惦记／曾经最爱哭的你……"一曲悠扬的《同桌的你》从路边音像书店传了出来，那带着绵绵情思的乐曲，把我的思绪带回了三年前的时光……

　　（习作《同桌》）

　　记不清是哪位哲人说过：假如做人也像作文一样，那么，有的人是诗，有的人是论文，有的人是传奇，也有的人是八股文或是应用文。可不是？瞧我们这一家子，五口人，五种脾气都有了，你看——

　　（习作《我们这一家子》）

　　这两个例文，尽管文题内容不同，引述的方式也有差别，但都是按"明暗引用法"来开头的。《我们这一家子》在正文部分按照三角构思法中的并列法作文，分别用"姐姐——一首有韵的诗""哥哥——色彩浓烈的传奇""爸爸——正儿八经的论文""妈妈——离不开的应用文"……作为小标题逐一描述刻画。开头的引文就起到了揭示人物性格特点的作用。

抑扬开头法

　　抑扬开头法是在作者已有较为周详的文章构思布局这一基础上运用的。目的是能酣畅而蕴藉地表现主题，使读者的思想感情随着文章的抑扬曲折而变化。作者有意识地博取读者强烈的情感、认识等方面的共鸣。文章开头的抑扬是为衬托主要人物或中心事件，用这种方法来组织文章开头，能使行文起伏跌宕，收到推波助澜的艺术效果。

　　古人做文章强调"蓄势"，讲的也是欲扬先抑的道理。《战国策》中有一段"冯谖客孟尝君"的故事，文章的开头写冯谖既无爱好，又无能耐，还爱闹待遇、发牢骚，简直是"成事不足，败事有余"，作者把他贬抑到最低处。然后笔锋一转，写他如何为孟尝君经营"三窟"，写出了他非凡的才能。开头的"抑"是为了衬托后面的"扬"。

　　下面这两篇习作的开头，就比较好地运用了这种方法：

　　没有像陈景润那样研究"哥德巴赫猜想"，没有像华罗庚那样光辉的成就。她，一位默默耕耘的数学老师，像千千万万教师一样，普通而又平凡。但是，她在三尺讲台上奋斗了几十年，本身就是一部不朽的著作。我要从教师这个汪洋大海里，撷取这朵不起眼的浪花，把她那闪光的品质、无私奉献的精神，展示给我的同学们。

（习作《我的老师》）

没有茅台酒的香辣甘醇，没有绍兴黄酒的甜蜜厚郁，没有青岛啤酒的清爽苦涩。可是，我还是醉了，整个身心都沉浸在温馨、柔美的乡情的意境之中。呵，乡情，不是美酒，胜似美酒！

（习作《乡情》）

这两例开头，起笔连用了表否定的"没有"，一唱三叠，叠叠加重，极言其无，这是一笔"抑"。但作者的真实意图并非在于"抑"，随着行文发展，语意一转折，推出了作文的根本目的。在这样的抑扬之间，谁能不为其鲜明的对照、巨大的反差、汹涌的激情而感染，想要一口气读下去呢？"抑"笔够幽，"扬"笔情浓，一抑一扬，蓄势兴波，平地起峰峦，耐看耐嚼。这就是抑扬开头法的魅力所在。

因此，在文章的开篇部分组织抑扬要做到：抑，须以曲笔通达深化主题之"幽深"之境；扬，须以直抒体现主体之"情浓"。衬托，必须使主题与结构达到完美和谐的统一。这正如拳击，只有先收回来再打出去才有震慑人的力度。"做人贵直，作文贵曲"，抑扬正是作文曲笔行文的一种技巧性强的方法之一。我们应该予以高度重视，反复练习，不断提高，就一定能写出具有创新意识的曲折有韵、跌宕有致的作品来。

先声夺人法

大家一定还记得鲁迅先生在《故乡》一文中安排"豆腐西施"杨二嫂出场的情景吧？

正当"我"招呼宏儿走到近前闲话时：

"哈！这模样了！胡子长这么长了！"一种尖利的怪声突然大叫起来。

人未到，声先至，造成一种先声夺人的印象。作者对爱占小便宜的"豆腐西施"是没有好感的。因而用这种先声夺人之法安排其出场，既可揭示其人的品行特点，又可吸引读者眼球，实在是一种高妙的方法。

把这种方法运用到文章的开头（尤其是写人记叙文的开头），让文章中

的主要人物随声而出,以暗示人物的性格、职业、嗜好等,这就是"先声夺人"法。运用此法开头,可以使行文简洁明快,主旨鲜明,重点突出,为正文写人叙事奠定基调,不至于出现"下笔千言,离题万里"的现象。

有一篇学生习作《普通的人,正直的心》就是运用这种方法开篇作文的:

"不行!我说不行就是不行!你们这样做,是对家乡父老不负责,是有愧于一个共产党员的光荣称号的!……"客厅突然传来爸爸和王校长的吼喊声。听声音,爸爸又激动了。唉,爸爸,你一个普通教师,又何必……,听着他们的争吵,我的眼前又浮现出一幕幕往事……

比较之下,这类开头确能引人入胜。而且起笔就能凸显人物,给文章定好格调,行文顺畅自然成章,结构严谨。

修辞格起笔法

修辞格起笔法,是在文章开头运用排比、拟人、反复、反问、比喻等修辞手法,创造旋律,营造出文章的气势、意境。这种手法,常用于题目含蓄、蕴意深刻的记叙性文体。

朋友,就是我可以为他献出真挚情感的人;朋友,就是我可以对他付出全部信任的人;朋友,欢乐时与我分享,危难时与我同行。人生中没有朋友,就像生活中没有阳光。我就有着这样的一个好朋友。

(习作《朋友》,排比开篇)

往事如烟,随着时光的流逝,大都渐渐淡忘,而那双眼睛,怎能使我忘怀?

(习作《朋友》,反问开篇)

随着岁月的流逝,许多人渐渐被我淡忘了。然而,有那么一双眼睛,一种声音,一个身影,至今萦绕在我的心头,久久不能忘怀。

(习作《朋友》,对比开篇)

你说,世界上有没有傻子?有。那你说,当县长的人里头有没有傻子呢?……嘿,有啊,我爸爸就是一个"傻子县长",你且听我道来……

（习作《傻子不傻二三事》，设问开篇）

和煦的春风敞开了怀，拥抱我；柳烟浮动的柳林展臂举手，欢迎我；连山洼洼的草儿都点头微笑迎接我这重返故里的赤子——师范毕业生。

（习作《我回来了，故乡的土地》，拟人开篇）

社会是一个大舞台，生活在社会中的每一个人都是演员，他们都在扮演不同角色，红脸的，白脸的，花脸的……都在同台演出。不信？你看我妈和我爸是怎样唱这出"双簧"的……

（习作《我的爸爸和妈妈》，比喻开篇）

这几个例子，各有特色。不管是设问，还是排比、拟人、比喻等，都达到了使文章开篇便别具一格、生动活泼、引人入胜的目的。当然，修辞的手法不一样，其作用也有所不同。究竟用哪一种方法起笔，这要视题目、内容而定。一个静止的物体，要让它运动，就必须给它加个力，当它运动起来后，就产生了惯性，持续运动也就不那么费劲了。写文章也一样，头开好了，就有一泻千里的势能。希望读者朋友能举一反三，有所突破创新，千万不能依葫芦画瓢千篇一律，形成新的"八股文"。

【创新示例】

我曾在自己的教学班中，让全班同学以"我熟悉的一个人"为题作文，用两大类十二种技法写开头，每人至少用三种方法。结果，每种方法都有人运用。现列于此，仅供参考。

1. 一弯上弦月正挂在东山的古堡顶上。我踏着弯弯的山路，踩着朦胧的月影，追寻他被捕前的一幕幕。是呵，我对他的身世，对他的人品太了解、太熟悉了。（时空开头法）

2. "咱们学校的康三林被逮捕了，你知不知道？""知道。才十六岁，还小哇，就走进深渊，真令人痛惜。"

是啊，刚踏上人生之路，就被投进铁窗。可这究竟是谁之罪呢？我不禁想起三年来耳闻目睹的桩桩件件事情来。（说明交代法）

3. 警报蜂鸣器尖啸着，几名持枪特警簇拥着我的同学康三林。他的双腕卡着锃亮的手铐，被推进囚车。（中心开花法）

4. 我的同学康三林因杀人未遂，在 6 月 7 日被捕了。他成了犯人。可是主要原因不在于他，而是学校、家庭、社会的共同作用，把他推进了犯罪深渊。我要用他的身世、言行为他辩护。（开门见山法）

5. 康三林曾说过他有"三恨"：一恨父母离异，自己成了一个"有人养无人教"的弃子；二恨学校把一切责任当排球推，放任自由；三恨社会上的一些人浑身散发着铜臭，只认钱，不认理。他的话说得有点偏激，但这"三恨"却道出了他走上犯罪之路的根源。（概括联系法）

6. 翻开影集，第一个映入我眼帘的就是那张初一时优秀作文奖获得者的合影照。站在我身旁的那个瘦削的高个子，就是和我从小玩儿到大的康三林。每当我看到这张照片，历历往事便清晰地浮现在我的眼前。（唤起回忆法）

7. 一个学习成绩优异的同学被捕了，在他刚刚跨出中学大门的时候。然而，是什么原因使他走进铁窗，断送了黄金般的青春年华呢？这难道不值得我们追寻与思索吗？（悬念设置法）

8. 弯弯月牙，被一块块浮云半遮半掩，叠翠山峰也时隐时现，高惠渠水愤然地哗哗作响……一切事物都好像在用冷眼盯着我们学校。这是公元一千九百九十一年的六月七日午夜……（烘托渲染法）

9. "人生的道路虽然漫长，但紧要处常常只有几步，特别是当人年轻的时候。""……个人生活的岔道口，你走错一步，可能影响人生的一个时期，也可能影响一生。"（柳青语，转引自路遥《人生》卷首。）我想，这句话用在康三林同学身上，是最恰当不过了。

我至今还记得那是……（引用法）

10. 他是一个品学兼优的学生，一个受过奖的红花少年，他家里至今还保存着一摞奖状，老师、同学都夸他是个"材弟"，但这一切都成了过去。现在，他却成了杀人未遂的罪犯，将要受到法律的裁决。（抑扬法）

11. "父老乡亲们，同学姊妹们：我由一个'三好'学生变成了罪犯，我悔恨，我痛心啊……你们，你们的子女可千万别走我的路！要自珍、自爱、自重，珍惜学校生活。这一切对我来说，都已经晚了……"声音充满着悔恨，真挚发自内心；眼泪流淌着痛惜，激愤源于心田。（先声夺人法）

12. 没有鲜花簇拥，没有掌声欢迎，没有长文短论奖赏，也没有闪光灯……尽管他本意是想杀一个流氓无赖，尽管他毕竟还小，还稚嫩，可他依旧要受法律的制裁。（修辞格起笔法）

【训练设计】

1.阅读材料，按要求完成练习。

【材料】

…………

她是上海延安饭店 126 号服务员潘杏芳。这天上午，接待外宾的十姐妹刚送走了巴基斯坦友好代表团的贵宾，正忙着整理房间。当小潘收拾抽屉里的杂物时，突然，一块只有黄豆大小、金光闪闪的东西映入眼帘。

"宝石！"小潘心想，"一定是刚走的外宾遗忘的。"她看了看表，"不好，飞机马上就要起飞了。外宾丢失这么贵重的东西，该是多么焦急啊！快！"她忙拿起电话筒向领导作了汇报。事不宜迟，领导火速派车送她直奔虹桥机场……

…………

【要求】这是微型报告文学《中国姑娘的心真比宝石还美》的部分内容。请你分别用三种不同的方法写开头和结尾。

2.阅读材料，按要求练习。

【材料】"这倒好，只值两毛钱了。"妈妈手里拿着一双六成新的鞋子走了进来。"这回又没卖掉啊？"弟弟看到了，连忙笑着问。说起妈妈卖这双鞋，还真有趣呢！前年，这双鞋弟弟穿不下了，可鞋子还挺新的。妈妈就想把它卖掉。碰巧那天有个收购旧衣和旧鞋的人路过我们家门口，一边走，一边吆喝："有旧衣、旧鞋的拿来卖……"妈妈就把这双鞋拿出去给他看。

起先他只给一块八毛钱，后来又加到两块。可妈妈还舍不得卖。去年，又碰到一个人，可开价只有一块了。"这双鞋挺新的，去年还有人给两块呢，怎么今年只给一块了？"妈妈不解地问。"现在农民有钱了。穿新衣，穿新鞋，样样都要新的。这种东西现在不稀罕了！这双鞋能卖一块就不错了，还不知明年能不能卖掉！我这买卖一年不如一年，明年就不打算干了。"那人答道。妈妈当然又没舍得卖掉。可谁也想不到，这双鞋今天只值两毛钱了。

【要求】把这则材料改写成有开头、过渡、结尾的顺序性文章，首尾要互相呼应。自拟题目。

3. 根据下列材料，写出三种不同方法的开头后，运用你最拿手的方法构思布局，写一篇800字的文章。题目自拟。

【材料】①时间：2016年暑假；②地点："我"的家乡；③人物："我""我"的妈妈、陈愚佬；④事情：七月里几场雨后，尔林兔大草原牧草茂盛。地气潮湿，蚊子特多。"我"带了几瓶风油精回家，告诉妈妈可以止痒。一天，隔壁煤矿老板陈愚佬眼睛痛得厉害，于是……

4. 请你给下面一段文字写三种不同方法的开头。

…………

是拦路抢劫吗？不！是救人性命。截路人叫王力。这天晚上，他正在家里看电视，突然没电了，紧接着外面传来几声狗的惨叫。王力拿起手电，推开房门，顺着声音找去，发现一条狗死在路上。再仔细一看，狗身上横着一条电线。啊！雪把电线压断了，断线横在路上。这时，前边传来了"哐哐"的声音。王力想，黑洞洞的天，要是有人路过，那不是很危险？于是，他循着声音走去，见是本村张伟醉醺醺地跌跌撞撞迎面走来。他迎上去，拉住张伟。可张伟烂醉如泥，根本不听劝说，仍朝前闯，还挥手朝王力脸上打来，说："想抢老子吗？"于是两人跌滚在雪地上。

5. 阅读材料，按要求完成练习。

【材料】乌鸦先生新造了一座豪华的小洋楼。它想："假若在洋楼顶上镶嵌一颗红宝石，岂不是锦上添花？"

功夫不负有心人，乌鸦先生运气好，果真找到了一颗它梦寐以求的红宝石。可惜，那宝石虽然闪着耀眼的光芒，却陷在一个小洞里。乌鸦先生用嘴去啄，无奈嘴短洞深，怎么也啄不到，急得它团团乱转。

"对了，我的老祖宗的老祖宗，不是曾用投石子的办法喝到了长颈瓶里的水吗？我何不仿效仿效呢？"它连忙飞起身，从石子堆里选出一粒粒小石子丢了进去。

洞倒是填满了，可红宝石也不见了。乌鸦先生懊恼得要命……

【要求】①这则寓言的第一段如果全部删去，另外用"乌鸦先生发现了一颗红宝石"这样的一句话开头，你认为如何？

②依据本则寓言的内容，用三种不同的方法写三段开头文字。

③依据本则寓言的情节，设想两种以上的结果，用"结尾一""结尾二"的格式写出来。

6. 根据下列文章题目的意思与要求，设想几种开头。

（1）"我喜爱的一本书"

①开门见山法；②说明交代法；③唤起回忆法；④环境描述法。

（2）"一场扣人心弦的冠军争夺战"

①顺叙开头法；②倒叙开头法；③中心开花法；④设置悬念法。

（3）"我从实践中懂得了这个道理"

①明暗引用法；②说明交代法；③抑扬开头法；④唤起回忆法。

7. 下面是一篇题为"如此'妙方'"的小品文的前几段。文章以概括联系法组织开头和主体部分，行文中也能前后照应。请你根据自己掌握的写作技巧，结合材料内容和写法特点，把开头部分改写得更加吸引读者。

【材料】某医院某医生一天开出一张妙方，不但能替人治病，还能兼顾到养鸟和家庭烧菜。

这天，他的女朋友来看病，说"嗓子干燥"。该医生就让这位特殊病人像饭店顾客一样自由点药，再经过该医生归纳，于是一张妙方就这样开出来了。

芸苔子（油菜籽）50克，白苏子50克，北秫子（小米）50克，生姜50克，大枣50克，胖大海10克，共10帖。

胖大海利咽清热，治"嗓子干燥"大概倒是"对症下药"。大枣可以补养身子，数量虽少，可"礼轻情义重"。至于20克姜，读者不必担心，"嗓子干燥"的女病人会糊里糊涂地吃下去以致辣得汗水淋漓？那是烧鱼煮鸡时必备的佐料。令人不解的倒是小米和含油丰富的油菜籽、白苏子干什么用？原来是女朋友家里有只活泼可爱的芙蓉鸟，"爱人及鸟"，该医生也惦记着让鸟冬令进补呢！……

铺路搭桥过渡篇

过渡段落的组织与设计，也属于文章结构范畴。

过渡，是一种为保持层次或段落之间的连续性、使上下文能自然地衔接转换的结构方法之一。它在文章中有着十分重要的作用。

我们都知道，要渡江过河，无舟楫不行；欲行沟壑山岭之中，缺桥梁栈索不能……文章中的过渡，犹如两岸间的大船小舟、沟壑中的栈道桥梁，有贯气通脉的作用。文章如果"气不通，则虽有英词丽藻，如编珠缀玉，不得为全璞之宝矣"（唐·李德裕《李卫公文集外集·文章论》）。好的过渡，能把两个不同的意思巧妙地连接起来，承上启下，使文章行文畅达，浑然一体，整体结构不会显得支离破碎或僵硬死板。同时，让读者的思路也能够顺利地由前一层次转入到后一层次，不会有突兀和费解之感。

因而，学习掌握一些写作过渡语段的基本知识与基本技能，是很有必要的。

过渡的前提

记叙性文章在什么情况下要作过渡处理呢？前面讲过，过渡犹如舟楫，没有合适的舟楫，是不能顺利地由此岸到达彼岸的。但不是只要有水的河

就非得有舟楫不可，也不是大江小河山涧都用一个样的船来作为摆渡工具，要视具体情况而定。小河、浅水、溪涧无舟楫之劳，也可涉水而过。文章中的过渡也如此：有些文章层次或段落之间的联系本来就很紧密，跳跃、转折不大，不作过渡处理也能贯通连绵，这就不必画蛇添足了；而有些文章的段落层次则不然，是必须有过渡性文字予以承前启后的。那么，在什么情况下要作过渡处理呢？

层转　由一层意思转换进入另一层，内容、思想感情等方面有较大的转折或变化时，其承接、转换之处必须做过渡性处理。鲁迅的《从百草园到三味书屋》这篇散文标题是"从……到……"的格式，表明文章主要是以空间的变换顺序来记叙的。作者先写百草园："我家的后面有一个很大的园，相传叫作百草园。"再写三味书屋："出门向东，不上半里，走过一道石桥，便是我的先生的家了……中间挂着一块匾道：三味书屋。"时间与空间的变换顺序是一致的。在两部分内容之间，作者安排了一个过渡段：

我不知道为什么家里的人要将我送进书塾里去了，而且还是全城中称为最严厉的书塾。也许是因为拔何首乌毁了泥墙罢，也许是因为将砖头抛到间壁的梁家去了罢，也许是因为站在石井栏上跳下来罢，……都无从知道。总而言之：我将不能常到百草园了。Ade，我的蟋蟀们！ Ade，我的覆盆子们和木莲们！

这一过渡段表达了鲁迅对百草园的依恋之情。

《藤野先生》一文中，开头两段叙述了在东京的"清国留学生"的种种丑态之后，用"到别的地方去看看，如何呢"进行过渡，巧妙自然地将记叙的内容从东京转换到了仙台，同时也将两地的情景有机地衔接起来。

交接　运用倒叙、插叙时，它们与顺叙文字的交接处也要作过渡处理，这样才能使上下文层次间脉络分明，读者阅读时才会感到眉目清楚、意思明确。鲁迅的小说《祝福》是以倒叙起笔，先写祥林嫂在全镇人的祝福声中寂寞、凄惨地死去。在转入顺叙时，作者用了"然而先前所见闻的她的半生事迹的片断，至今也联成一片了"这一句作了过渡处理，转入了下文叙述祥林嫂生平的悲惨遭遇。这样前后转接，交代得十分清楚、自然，毫无突兀之感。

《从百草园到三味书屋》一文中回忆在百草园的快乐生活时，是按春夏秋冬四季的顺序来记叙的。第二段描写了春夏秋三季景物后，用过渡段"长的草里是不去的，因为相传这园里有一条很大的赤练蛇"引出关于"美女蛇"故事的插叙，增添了百草园的神秘色彩。

尤其是在运用倒叙手法进行布局从而达到设置悬念、激起读者阅读兴趣的目的时，过渡文字的组织显得尤为重要。请阅读2011年上海高考卷满分作文：

心　雨

是谁让我们难以记忆，又是谁让我们难以忘记？谁能笑着让雨湿了心芽？能过去的当然过去，不能过去也仍然要过去。人总是在无奈中醒悟。

——题记

窗透初晓，日照西桥。追寻着一丝光亮，他疲困地睁开了双眼。"孩子他爸！你可醒了！"病床边的妻子激动地说。环顾四周，却仿佛没有他所要寻觅的东西，他着急地追问："孩子，孩……""孩子上学校了，多亏乡亲们的帮忙啊！孩子他刚走。"妻子打断他的话回答道。听后他才松了一口气。无意中，他摸到了自己被单旁的一片湿润，还残留着37℃的余温。他咬紧唇边，因为男人不能哭的思想，已在他心里根深蒂固。他没有哭出声，只是泪水太倔强，它……它不听劝阻。

将历史翻回故事的扉页。

除夕夜，饭桌上摆了几道母亲的拿手菜，虽谈不上什么名贵佳肴，却是父亲最喜欢的家庭小菜。与以往有别的，是还多了一盘红烧肉，这顿年夜饭对于他们来说，是何等的奢侈！踌躇满怀的孩子，轻轻递上了一纸大学录取通知书。这本该是锦上添花，双喜临门的事情，却让他喜忧参半。他点燃了一支烟，气氛一下子沉静了下来，那一夜，家里弥漫着烟草味。

孩子是懂事的孩子，自幼勤工俭学，努力学习，每年都能拿到优异的成绩，墙上写满三好学生的"壁纸"，就是他给予父母最好的回报和安慰。

童年的他没有玩具，自制的风筝是他最好的玩伴。当秋风掀起满地黄蝶时，风筝就载着他的梦想在天空翱翔，到黄昏时分，他知道家里需要帮忙，

便扯断线让风筝独自游玩，把他的故事讲给云儿听，自己捡拾着路边的柴枝沿路小跑回家。

父亲是严厉而慈爱的父亲，依靠瘦小的身躯独自将整个家扛起。凭着几亩玉米地不足以维持孩子上学的费用，他晚上还坚持在外奔波。孩子的成绩越来越好，而逐年增长的学费也压弯了他的腰。曾经，孩子提出不读书，要外出打工来帮父亲分担重担。父亲一怒之下，第一次动手打了孩子，并承诺就算倾尽家产，也要供孩子上学。泪落湿衫的孩子明白父亲的决心后，承诺要好好读书，不再提退学的事。那一次，父亲红着眼眶脸上却挂着一丝笑意；那一次，孩子的童年画下了句点。

转眼又几个春秋，当年的孩子已成为年轻力壮的少年。为了照看好父亲的那几亩玉米地，他执意拿着哨棒守夜。

流年似水飞快，当年健壮的父亲也已憔悴了容颜。为了凑齐孩子上大学的费用，他坚持每晚回来还得去看看庄稼的长势。

盈月高挂，月光静谧。守夜站岗的孩子听到了田地里传出一些声响，随后见一个黑影窜入其中。为了父亲辛劳的成果不被窃取，他顾不上害怕，就拿起哨棒紧跟在后面。他躲在田地里的一处揣数着越来越近的脚步声，在一处转角对来人当头一棒……

一个熟悉的身影应声倒下，一座名为父亲的大山就此坍塌。倒地的声响不大，仅使得倒伏的玉米秆呻吟吱呀，却将一个孩子的心震碎成沙。月光透过树梢洒在地上，零零散散的月光宛如孩子的心一般支离破碎。只有布谷鸟红着眼睛在树上喊着："不哭，不哭……"

赶赴医院的救护车哀号着将这场悲剧传送。一位劳碌半生的父亲被强行进入休眠，一个后悔莫及的孩子彻夜未闭眼。挽着父亲的手，十指相扣，向上帝苦苦哀求，那一夜他泪洒床边……

后记：壮阔的臂膀担不起岁月的重量，一切不能忘记的也只能先跨过去，然后在某个人生时刻，它们会突然醒来。生活总是在忘记与铭记之间，让人被成长。

这篇作文开篇即用倒叙手法，设置悬念，吸引读者阅读兴趣。很好地避免了叙述的平板单调，使文章的情节波澜起伏，引人入胜。增强了文章的生动性。"将历史翻回故事的扉页""转眼又几个春秋"等过渡语段使文章情节顺畅自然地转换发展。

情转 由抒情、议论进入叙述，或由叙述转入抒情、议论时，需要有过渡性文字来转接。魏巍的《谁是最可爱的人》开头运用抒情、议论引起读者的共鸣，表达了对志愿军战士的敬佩，接着用"让我还是来说一段故事吧"单独成段，自然地过渡到下文的记叙。在叙述了三个典型事例之后，又转入抒情议论，中间插入了这样一段话：

朋友们，用不着多举例，你们已经可以了解我们的战士是怎样一种人，这种人有一种什么品质，他们的灵魂多么的美丽和宽广……

通过这个过渡段，融叙述和抒情、议论为一体，使结构极为严谨。

总分 内容由概括性的总说转到具体事例的分说，或由分叙转到总述时需要做过渡性处理。这类情况，行文有较大的转折和变化，必须用明显的过渡性"语言标志"来表明。前面在"概括联系法"一节中引用过的《任弼时同志二三事》，其开头概述与正文之间就是用了："在一些小的平凡的问题上，往往能够看出一个伟大人物优良的本质。"这样一个过渡性段落，自然地由总述转入从几个侧面选取的平凡小事的叙述。这是由总到分的过渡。

当然，文章中需要做过渡处理的地方还有很多，如此事与彼事、同一件事情发展的不同阶段、分叙与分叙之间等都要作过渡，我们应该在阅读中体味领悟其写作中安排布局的技巧性方法。

过渡的标志

在组织设计文章过渡性内容时，用什么来充当过渡的标志呢？

一般来说，除了自然过渡外，要做到自然灵活、承上启下、语言连贯、彼此衔接，采取过渡词、过渡句、过渡段这样的方式是最合适的。

词语式 如上述举例中，《故乡》一文插叙与顺叙之间所用的"这时候""现在"。除词语作为过渡标志，还可以是一些关联词语。如茅盾的《白杨礼赞》一文第三自然段中的"然而"一词，就把思路由"潜滋暗长"于心头的"单调"之感转换到写"傲然地耸立"的白杨树这一内容上来。

句子式 如《藤野先生》一文中,叙述了藤野先生用红笔订正"我的讲义"这件事情后,用了"可惜我那时太不用功,有时也很任性"一句话过渡到叙写校正"我"讲义上的一个图这件事上来。这句话,放在两件事情之间,起承上启下的作用。

用句子做过渡标志,可以放在上一段末,也可以放在下一段首,要灵活运用。下面这篇 2006 年江苏高考满分作文就非常好地做到了这一点。

人与路

小时候,路是一条羊肠小道,你在这头,我在那头。

还记得吗? 那时的我,小小的,瘦瘦的,你从我妈手中接过我,说:"这孩子,瘦成这样难养啊! " 于是,你省吃俭用,把攒下来的钱给我买奶粉,买糖葫芦。渐渐地,我胖了,会走路了,一张小嘴甚是乖巧,一有空就跟在你后面,一个劲地叫"奶奶,奶奶"。而你却瘦了,村上人见了说:"老太婆怎么这么瘦啊? "你笑呵呵地抚摸着我的脑袋说:"千金难买老来瘦啊! "每到周末,你牵着我的手,走过那条羊肠小道来到村口等我妈来接,把我"归还"后你折身就走;耐不住我一再对你的呼唤,在小道的尽头,你转身再朝我挥挥手。我模糊地看到,你用袖子使劲地擦着自己的脸。

那条羊肠小道,如今已铺上水泥了罢? 那些你踩过的脚印,早已不在了,可是,却深深地刻在我的心里。

再大些,路是一根电话线,你在家里,我在远方。

就像鹰要成为翱翔苍穹的使者,就必须离开母亲的怀抱,用双翅开拓出属于自己的蓝天一样,我离开了家,去远方念书,独自一人。背着沉甸甸的书包和你早就准备好的一大袋水果,还有更沉的,是你的千叮咛万嘱咐。身处异地,成绩的不理想,以及同学关系的难处,让我屡次垂泪。于是打电话给你,向你倾诉,你的话语如涓涓细流,洗涤着我浮躁的、不安的心灵。慢慢地,我适应了环境,也很少想起你。偶尔打电话给你,听你用高兴而微颤的声音,叫我注意身体云云。我呢,总是用不在乎的口气应和着,老忘了提醒你不要吃热过几遍的菜。

我知道,你一直在攒钱,为我。我听到你对隔壁的李婶说过:"俺孙女聪明着,俺现在多攒点钱,供她上大学! "

那根电话线，也许是天下最"窄"的路吧，可它却承载着天下最阔大的爱。

后来啊，路是一张张冥币，你在天上，我在地上。

你说，你要等我回来再走，可是你忍了三天三夜，念叨了一个礼拜，我还是没回来。看到你时，你那双在田间耕作了半个世纪的手凉了。我问自己，上哪找你？唯有借着这些冥币，让它们为我铺一条"心路"，寄托我的深情，问候天堂里的你……

这篇记叙文用三个过渡句"小时候，路是一条羊肠小道，你在这头，我在那头""再大些，路是一根电话线，你在家里，我在远方""后来啊，路是一张张冥币，你在天上，我在地上"串联起文章的三个片段，既提示结构层次，又丰富文章韵味。

过渡句要尽量做到与上下文实际内容相切合，逻辑上有并列关系或层递关系。结构构成一致、内容前后呼应本身就有含蓄地提醒和标明层次的作用。这篇文章妙就妙在这里，有提醒但很含蓄，有标志但很内在，很中国化，读者易理解，乐接受。

语段式 《谁是最可爱的人》一文，在记叙了松骨峰战斗的英勇杀敌场面、抒发了对志愿军战士无比崇敬之情后，紧接着记述志愿军战士马玉祥在烈火中抢救朝鲜儿童的事迹。这两个层次之间是一憎一爱，人物所具有的感情色彩有巨大反差。怎样过渡转换呢？作者用了这样一个独立语段：

我们的战士，对敌人是这样的狠，而对朝鲜人民却是那样的爱，充满国际主义的深厚感情。

这样一个过渡段落，就使两个内容迥异的层次自然巧妙地衔接起来，同样起到了承上启下的作用。

用语段作过渡标志，必须单独成段，不能附着在其他层次上。

序号式 有时，在一篇文章中，记述的人、时、地、事变化转换大，就常用序号来表明。这类形式在最近几年的高考临场作文中经常被运用。

标题式 有些记叙性文章采取"三角式"构思或"概括联系法"开头，为了便于从多角度、多侧面反映人和事，便分成几部分，每一部分又相对完整，几个部分组合起来共同表现同一主题，这时就采取"标题式"作为部分间过渡的标志。几个小标题作为过渡性标志进行内容间的转换衔接，

使文章自然地由写此人此事转换到写彼人彼事。这样处理，尽管记述的人、事、地不同，但行文却没有丝毫破碎的痕迹，反而给读者一个多角度全方位立体感很强的印象。前面引录的 2011 年北京满分作文《沉默的父爱》一文就属此类。作者用"6 岁、16 岁、昨天"三个小标题（独立语段）作了过渡转换，定格了父亲的眼神和脚步，以表现父亲鼓励、鞭策和期待的大爱。

空行式 一篇文章分几个部分进行写作时，还可以采取空行的办法作为部分之间转换过渡的标志，这类例子也不少，需要我们揣摩体会其独到的妙处。

总之，记叙性文章中的层次或段落间，从内容以及表现手法上来说，有的比较接近，有的差异较大，因而过渡这个结构部分的设计、组织也就有不同的方式方法。还如渡河需要不同的工具，远海航行要巨轮，小河则一叶轻舟足矣；浪大须高船，波平可轻棹；水深非船即桥，浅流举足可涉。情形不一，方法当异。

清朝人魏禧在他的《日录》中提出了自己精辟的见地：

不明变化则千篇一律，而文亦易入板俗矣！又古文接处用提法，人所易知。转处用驻法，人所难晓。凡文之转，易流便无力。故每于字句未转时，情势先转，少驻而后下，则顿挫沉郁之意生。譬如骏马下陂，虽疾驱如飞，而四蹄着石处，步步有力；若驽马下峻陂，只是滑溜将去，四蹄全作主不得。更有当转而不用转语，以开为转，以起为转者。以起为转，转之能事尽矣！

（注：提法——明显提示的方法。驻法——暗中转折的方法。"易流"句：指转得直露无遗，没有蓄势。陂，同"坡"，山坡。驽马，劣马。这里以骏马下坡，比喻好文章转折是环环相扣，步步扎实；以劣马下坡比喻文章差的转折是松弛下滑，困顿无力。）

转换太多而方法不当，就必然使文章繁杂曲折而不晓畅。因此，我们把过渡大致分为无迹过渡和有迹过渡两大类。

无迹过渡法

什么是"无迹过渡"法？文章中不用明显过渡标志的方法，我们称之为"无迹过渡"法。通常在层次或段落之间的内容前后能一脉相承、写作手法基本一致的文章中运用这种方法。这类文章的内容由上一层次段落顺延到下一层次段落，行文犹如平川流水般顺势流淌，没有大的波澜起伏，过渡无迹可寻。

读吴伯箫写的《记一辆纺车》这篇优秀散文，我们除了折服于作者丰富的想象力、开阔的思路外，严丝合缝的无迹过渡也令人赞叹不已。文章中第五、六、七、八、九这五个自然段并驾齐驱，从多个侧面表现了"与困难斗争，其乐无穷"这一主题思想。段落间的衔接过渡没有用过渡的语言标志，显得自然天成，结构紧密严谨。

有时，在层次与层次间也用"无迹过渡"。两个或几个层次按情节发展的顺序一路写下来，上下层次间自然衔接；每一层次的开头都已有能暗示事情发展趋向的词语或句子。但起暗示作用的词语或句子不是充当过渡的语言标志，而是记人叙事中本来应当有的文字。

如鲁迅先生在《一件小事》第三自然段末写了一句话：

刚过 S 门，忽而车把上带着一个人，慢慢地倒了。

第四自然段的第一句话便是：

跌倒的是一个女人，花白头发，衣服都很破烂……

这两个自然段之间就是用了"无迹过渡"的方法。

有些记叙性文章中常用"就在这时候""忽然""猛听得""后来"等词语作过渡暗示。

有迹过渡法

有迹过渡法，就是指在文章中用过渡性标志勾连衔接文章两个结构单位的一种过渡文字的设计与组织方法。也就是说，凡是有过渡性标志（前面介绍的六种形式）出现的都称为有迹过渡。有迹过渡在文章组织结构中有多种体现方式，主要的有下列几种类型。

反复、顶针法

这种方法是借用修辞学上的反复和顶针，让词语或句子在反复回环中起到过渡作用，使文章的内容或表现手法顺势转换。

秦似的散文《幼林》（见《秦似文集》，广西教育出版社，1992 年 7 月版）中第一自然段是这样写的：

在几千公里的铁路上，在几百公里的公路上，我从车窗望出去，我的眼睛在到处寻觅——森林！

这个语段在第四自然段中再次出现：

在几千公里的铁路两旁，在几百公里的公路两旁，我的眼睛在全神贯注地寻找着——幼林！

前后两个语段反复出现（只是个别词语更换，这是符合反复修辞格要求的），相互呼应，使文意不断发展，音韵和谐。

同是这篇文章的第七自然段，有"……在酝酿着一个可怕的噩梦"的句子，第十自然段里又重复出现"多可怕的噩梦啊……"，这样反复不断地推进行文情感，在结构中起到了过渡的作用。在表达上，犹如重锤擂响鼓，声声鼓点，印人心坎，激人思虑。读者也正是在这样的深思中，思路随作者设计的内容而顺延发展和推进。这就是运用反复修辞格来组织过渡性文字的妙处。

幼　林

秦　似

在几千公里的铁路上，在几百公里的公路上，我从窗望出去，我的眼睛在到处寻觅——森林！

可是，我失望了。为什么大自然赐予人类的珍贵的礼物，竟那么难以见到呢？郁郁葱葱的森林到哪儿去了呢？高山深谷、连绵不绝的山峦丘陵，到处像一堆一堆光秃秃的馒头！

现在，在这无边无际的高山平原之中，我的眼睛偶尔可以发现一小片一小片的嫩绿了。哦，那是幼林！近观稀疏，只占荒秃的山野的百分之几的面积，但幼林在渐渐生长起来了！它们还不能遮蔽风雨，它们还只有七八岁的孩子那么高，但幼林显示出矫健的姿态来了。那一株株的小树迎着阳光，吸取着泥土的新鲜气息，在欢畅地成长着，伸展着它们柔嫩的枝条……

在几千公里的铁路两旁，在几百公里的公路两旁，我的眼睛在全神贯注地寻找着——幼林！

充满了生气和希望的幼林！

不知从什么时候起，人们忘记了自己最亲密的大自然之友，把一座座茂密的森林毁坏了，用野火任意地焚烧，用斧锯无情地砍伐，让牛羊恣意地践踏，直至连绵的峰峦成了光秃秃的馒头……

没有了森林的土地，在酝酿着一个可怕的噩梦。

谁从飞机上面看见过无边无际的沙漠？从我们的西北直到旧日的波斯，横亘着数千公里的大沙漠！那上面连土馒头也没有了，只有大大小小的沙馒头，沙的山、沙的海洋……没有一棵树木，没有一片青草，没有一处村庄。除了死寂的沙，没有任何东西。

不知从什么时候起，由于人们失去他们最亲密的大自然伙伴——森林，于是大风沙渐渐淹没了原来的绿野，于是江河渐渐塞满了泥沙，于是大地一片一片地变成了沙漠……失去森林的土地，成为沙漠下一步扩展的版图。

多可怕的噩梦啊，可它还没有完全被惊醒。

在祖国无垠的原野上，我的眼睛搜寻着森林，我惊异地欢呼，为每一座幼林！我愿十倍百倍于今天的幼林出现在我眼前，以亿亩计的幼林同我们以数亿计的孩子一同成长，由他们这一代——幼林和幼小者结束掉这噩梦！

秦牧写的《社稷坛抒情》一文开头两个自然段的转接却是运用了顶针修辞格的方式来组织过渡的：

北京有座美丽的中山公园，公园里有个五色土砌成的社稷坛。

社稷坛是北京九坛之一，它和坐落在南城的天坛遥遥相对……

这两段文字中，上段以"社稷坛"三字结束，下一段紧承叙写"社稷坛"。这样两段内容虽不同，但连接得自然而紧密。

承前启后法

我们先看《藤野先生》一文中的几段话：

中国留学生会馆的门房里有几本书买，有时还值得去一转；倘在上午，里面的几间洋房里倒也还可以坐坐的。但到傍晚，有一间的地板便常不免要咚咚咚地响得震天，兼以满房烟尘斗乱；问问精通时事的人，答道："那是在学跳舞。"

到别的地方去看看，如何呢？

我就往仙台的医学专门学校去。从东京出发，不久便到一处驿站，写道：日暮里。不知怎地，我到现在还记得这名目。其次却只记得水户了，这是明的遗民朱舜水先生客死的地方。仙台是一个市镇，并不大；冬天冷得厉害；

还没有中国的学生。

这里的"到别的地方去看看，如何呢？"在文章中是一个独立的段落，放在两个层次之间。上一个层次写了到仙台之前在东京的情况，下一个层次写了到仙台后的情形，时间、地点、思想感情都不相同，而中间的这个完整的段落既承上又启下，文意自然而顺畅地转换过渡。

从这个例子中，我们可以体悟到：承前启后的过渡法是运用在内容差异较大、文意相隔较远、表述方式有所不同、转换变化比较明显的文章结构单位（两层或两个段落）之间。运用这种方法来组织文章的过渡文字，既能使行文顺畅，又能使结构紧凑，记述也严谨。鲁迅先生在《从百草园到三味书屋》中，按空间顺序，运用对比方法，从百草园写到三味书屋，在这相对比的两大部分之间，作者设计了这样一个段落进行转换过渡：

我不知道为什么家里的人要将我送进书塾里去了，而且还是全城中称为最严厉的书塾。也许是因为拔何首乌毁了泥墙吧，也许是因为将砖头抛到间壁的梁家去了吧，也许是因为站在石井栏上跳了下来吧……都无从知道。总而言之：我将不能常到百草园了。Ade，我的蟋蟀们！Ade，我的覆盆子们和木莲们！

就这样，作者告别了令人依恋的百草园，进入了枯燥乏味的三味书屋，承上启下的作用十分明显。

清代唐彪说过："过文（过渡衔接的内容）乃文章筋节所在。已发之意赖此收成，未发之意赖此开启……不然虽前后文极精工，亦减色矣。"过渡的作用，为文章内容的前后衔接穿针引线，由前一个意思自然地引出后一个意思，使人感到中间没有间断或跳跃。好的过渡有如文章的一贴润滑剂，把文章的段与段、层与层巧妙有机地衔接起来，使之一气呵成，浑然天成。整个行文有如行云流水，畅通自然，有珠联璧合、银河暗渡之效果。承上启下，是传统的过渡技法之一，它在写作中是使用最频繁的方法，我们在前面已做了较多的介绍，大家应在阅读中体味、领会、感悟其用法。

抑扬法

在有些记叙性文章中，作者为了更强有力地歌颂人物的某种精神，突出事情所具有的积极意义，故意先费笔墨对人或事作贬抑性描写进行蓄势，然后笔锋一转进入歌颂和赞扬之中。这样，在由抑到扬，或由扬到抑的过程中，自然地进行转换过渡。这样组织文章结构，既避免了行文的单调呆板，还能收到波澜起伏的艺术效果。

我们仍然以茅盾的《白杨礼赞》这篇散文为例：文章开头写汽车在无边无垠的黄土高原上行驶，一种单调的感觉在人们心头潜滋暗长，使人恹恹欲睡，这是先"抑"。紧接着笔触一转，进入"扬"——白杨树以惊人的姿态出现在雄浑广袤的高原这个有点"单调"的大背景之中，耸立于蓝天白云之下，傲然屹立于黄绿错综的"大毡子"上，读者精神为之一振，文势自然转到对白杨树挺拔、笔直、坚强不屈这些雄姿上来。抑扬过渡的技法得到了恰到好处的运用。

设问法

这种方法是在文章中必须作过渡处理的地方，为了让读者阅读思路顺着作者行文的转换而转变所采取的一种过渡技法。

前面例举的魏巍《谁是最可爱的人》一文中，当作者讲述了马玉祥勇敢抢救朝鲜儿童这一感人事迹后，笔锋轻轻一转：

谁都知道，朝鲜战场是艰苦的，但我们的战士们又是怎样想的呢？

这一设问句，自然巧妙地提示了下文所述内容的中心意思，使内容转到了叙述志愿军战士"吃一口炒面就一口雪"的艰苦生活。文章内容跳跃性大，因此这一过渡犹如两峰间的桥梁锁链，无它不行，有它则畅通无阻，文章由此而生辉。

当然，过渡的设计与组织方法远不止上述几种。因为在理清文脉思路中的特殊作用，我们的语文老师在课堂上都十分重视精讲多练，这里就不再赘述了。我们应该灵活、恰当、自然地在平时作文练笔中运用、揣摩、领悟。熟练了，自然就有"巧"在其中了。日积月累，这一点点的"巧"就会成为自己组织安排文章结构的基本能力。有了这样的能力，就会写出精彩迭出的文章。所以，在阅读中模仿，在模仿中创新，在创新中提高，是我们提升记叙文写作能力的基本思路。

请阅读下面这篇文章，参照点评文字，分析体会作者组织设计过渡性文字的精妙之处。

奶奶的手

李　战

奶奶，也许为我们姐妹俩操劳多了，那双早已布满皱纹的手，更显得枯瘦了。①妈妈常说，我们姐妹是奶奶一手带大的。奶奶天天用那双枯瘦的手把我抱进小车推上街。爸爸妈妈都要上班，没有多少时间陪我们，只有奶奶在家里陪我们玩，给我们煮饭。她那双手是没有停过的。②

我们渐渐长大了，到了似懂非懂的时期。在奶奶洗衣服的时候，我们俩总是蹲在奶奶身边，看着奶奶的手，看着奶奶被水浸得苍白的手。③

记得那是一个冬天的下午，奶奶又为我们洗衣服。我看见奶奶的手浸在冰冷的水里搓洗衣服，手都冻紫了。我抬起头，望着奶奶布满皱纹的脸，好奇地问道："奶奶，你的手不冷吗？"奶奶笑着对我说："不冷，洗胖胖的衣服一点也不冷。""那为什么我洗手的时候那么冷呀？"妹妹禁不住问道。"因为小妹的手热呀。""噢。"妹妹似懂非懂地点点头。奶奶的手冻裂了。晚上，我悄悄地把这事告诉了妈妈，并要妈妈买一盒面脂。第二天，妈妈把面脂买回来了，悄悄地对我说："给奶奶送去！"我跑进奶奶的房间，把这盒面脂放在奶奶的手上，对奶奶说："奶奶，把这些油擦在手上，手就不疼了。我也是这样。你看，一点也不痛。"说着把我的小手伸到奶奶的眼前，奶奶用手摸着我那又白又胖的小手直说："胖胖真乖。"④

我上小学了。上学的第一天，我背着奶奶亲手给我缝制的书包，拉着奶奶满是皱纹的手来到了校门前，奶奶帮我理好书包，摸着我的头说："胖胖，你可要听老师的话，用功学习啊！奶奶给你做好吃的。"我进了校门，还远远地看到那双熟悉的手在挥动着。⑤

①第一句写得多么深情！大有先声夺人的气势。读者可以从"也许"两字中体会出作者对奶奶的手所作的种种思考。开门见山破题，一锤定音。

②因为过去"我们"还小，不懂事，奶奶怎样为"我们"操劳，没有什么印象。所以，用"妈妈常说"就显得真实可信。这是从"耳闻"的角度写。

③这一段开始从"目睹"的角度写。

④这是最精彩的一段，把小孩"似懂非懂"的情态写活了。见其人，闻其声。先看奶奶的手"冻紫了"，然后问奶奶"冷不冷"，一"见"一"问"，写出了"我"对奶奶的童稚的关心；奶奶的回答，体现了奶奶对"我"的深情的爱，一问一答，自然妥帖。

⑤这一段还是写手，"做""拉""理""摸""挥动"这几个动词，都和奶奶的满是皱纹的手有关。这些动作充满了奶奶对"我"的深情的期望。材料的内涵比前一段更丰富。

有一次放学，天正下着大雨，同学们都走了。我呆呆地望着回家的路，不知怎么办。这时，我看到了，看到了一双熟悉的、瘦弱的、满是皱纹的手，正握着一把伞，慢慢地向我走来。 　　奶奶离我们而去了。⑥可是，在我脑海中，仍然浮现着奶奶的笑脸，还有那双为我们操劳了一辈子的、布满皱纹的、瘦弱的手。	⑥"奶奶离我们而去了。"说得似乎很平静，然而联系上文，又似乎可以摸到作者对奶奶的"离我们而去"的隐痛和深沉的哀伤。这一感情和文章第一句遥相呼应。

　　总评：文章在一件件小事的回忆叙述中，表达了作者对奶奶的深情怀念。作者选择了奶奶那一双为我们姐妹俩操劳的、布满皱纹的手，作为具体记叙描述的对象，通过洗衣、送"我"上学、送伞三件小事突出主题。语言朴素且性格化。在结构上，感情的起承呼应特别好。

【训练设计】

1.请用不同的过渡性文字组织设计方法，给下文注明的两处作过渡处理。

　　世界上有各种各样的花。

　　我见过雍容华贵的牡丹，也见过高贵清雅的菊。（以下文字略）

　　然而，在我的记忆深处，使我终生难忘的却是这样一种花：它不是开在阳春三月，而是开在寒冬腊月；不是开在花坛暖房，而是开在冰天雪地；迎接它的不是和煦的春风，而是凛冽的北风；滋育它成长的不是春雨秋露，而是人们的眼泪和心血。

　　…………（过渡段）

　　那是1976年1月的一个夜晚，我刚下火车，便赶到天安门前的广场，去向总理表示心中的哀痛……上下几千年，纵横数万里，英雄豪杰可谓多矣，又有哪个人的去世像我们的总理这样，使八亿人哀痛欲绝，同声痛哭？千万朵圣洁的白花，顶着寒风，冒着霜雪，凝结着爱和恨，满载着哀和愁，在祖国大地上，为我们敬爱的周总理盛开了。

　　…………（过渡段）

　　【提示】第一个过渡段应点出这种花是为谁开的、属于谁的；第二个过

渡段应点明眼泪为谁流、百花为谁开等带有总结性的文字。

2. 请你完成题目为"新天地"的作文，要求具体记叙课外兴趣小组活动中的三个片段，片段间分别用"有迹""无迹"两种方法设计过渡，连接上下文。

3. 作文《我的老师们》借鉴了《谁是最可爱的人》一文的写法，用抒情的笔调写了文章的开头和结尾。文章写了三位老师各有专长、各有其性格特点。请你按照这个题目写一篇记叙性文章，并用不同的方法设计组织过渡性文字。

4. 下面是《我的业余爱好》一文的写作提纲。请你为每一部分之间和第二部分的三个层次间写出技法不同的过渡性文字。

①第一部分：我的业余爱好很多，但最喜欢的是集邮。（略写）

②第二部分：我是怎样爱上集邮的以及集邮的意义。（详写）

第一层：我是怎样爱上集邮的。（较详）

第二层：集邮使我增长了知识。（详写、举事例）

第三层：我是怎样处理好课内外学习关系的。（较详）

③第三部分：抒发爱好集邮的感受，照应开头。（略写）

5.《发生在家里的一件事》，其主要内容如下，请你在 A、B、C 三处分别添加过渡性文字。

夜晚，我伏在桌子上正专心致志地复习着课程。忽然，响起了一阵断断续续的哭骂声，唉，准是晓得成绩不好，又挨他妈妈的打了，这哭声越来越刺耳……（A）

……（B）我五年级的时候，一次数学单元测试又得了 59 分。快吃饭时，妈妈得此消息，气冲冲地撂下筷子，"啪——！"劈脸就给了我两个又响又脆的巴掌……（下面写的是父母对教育子女的两种不同的态度，直到这场风波平息。）

…………（C）

此时，邻家也安静了下来，也许在重演我家里的那一幕吧。这样的事会发生在多少家庭之中啊！但愿所有的家长都像父亲那样教育孩子，但愿所有的孩子都能领会父母的苦心吧。

6.仔细阅读《竞赛》，完成下面的练习。

①本文的开头部分和主体部分是按照什么方式联结过渡的？

②分析文章的层次，说说本文在过渡与照应的运用方面有哪些值得学习的地方。

③如果在文中第一层末或全文结尾处写出"竞赛"，直接点题，你认为好不好，为什么？

竞 赛

徐开垒

记忆有时真像一位不速之客，当我们不经意的时候，它就会来敲我们的心灵之门。而且往往等不及我们笑意相迎，它就已突然在我们的面前出现了。因此，在我们偶然检阅旧物的时候，我们会忽然想起我们童年时的小伴侣；在我们跳上电车，挤在乘客中间的时候，我们会忽然记起三年前的一个早晨，我们骑着自行车旅行；而现在，正当我们工作得疲倦了，准备伏案小憩之时，我们又突然为这个不速之客所打扰了。我看见一个影子在我的面前掠过：一个十五年前的同学，有着黝黑健康的脸，惯常带着少女的羞怯的微笑。她曾给我们求学时代增添过不少快乐和烦恼。她永远是我们考试成绩的角逐者，而又暗暗地不让我们知道。当每一次考试完毕后几天，教师发回来考卷时，像出于一定的规律，她坐在旁边总是这样问我：

"你几分？"

"八十二分，你呢？"

"八十三分。"

在这样的问答中，我们总是十分欢愉，带着一分天真的妒忌，然后又让这一分感情成为下一次加倍用功的动力……

时间冲去了我们寂寞的少年时代。现在，一切都过去了，我们都在和过去完全不同的环境中生活，我们早已不为一张试、一次考分、一些微小的事

情而喜怒哀乐。可是，为什么这个十五年前的同学，这个羞怯的、具有十五年前少女特征的女孩子，她又在我的面前出现了呢？

一个喧闹的中午，当我游历过一些名城和乡镇，又回到这个朋友相聚的地方，我为三五良朋的欢谈所沉醉了，然后又忽然从这沉醉中惊醒过来，从其中的一个旧同学的口中，听到了这样的消息：我们那个十五年前的女同学，这个在我们的脑海里早已湮没了很久的人物，现在一家工农速成中学教书，而且被选为了"优秀人民教师"。

这个消息与其说是使我惊奇，还不如说是使我不安，纵然我现在已从朋友相聚的地方回来，纵然我现在独处一室，因疲倦而伏案小憩，但我好像又看见她在我的旁边，在社会主义工作的道路上，像过去一样，一手掩盖着老师发下来的考卷，狡猾地笑着问我："我八十三分。你几分？"

我几分呢？这次我真被窘住了。也许是不及格。也许只有六十分，勉强及格罢了。我是尴尬而又难受。我觉得我又不幸成为一个失败者。和十五年前一样，面对着她的微笑，我在十分的欢愉中，不是也还带着一分妒忌的心情吗？

我希望能像过去一样，收拾起这一分妒忌的心情，成为下一次加倍用功的动力。

1956 年 9 月于北京

7. 读下面一段话，想一想：此段话在段落间的过渡上有没有缺点？若有，请你添加两种不同设计方式的过渡性文字。

……就这样，妈妈手把手地教我学会了上千个字，为我以后学好各门课程打下了坚实的基础。

有一天，我病了，妈妈把家里仅有的几个鸡蛋煮给我吃。看着她日渐消瘦的面容，我哭了……

8. 阅读下面几段话，想一想：在过渡的设计与组织上有没有缺陷。如有，请你添加两种不同方式设计的过渡性文字，并说明各属于哪种情况下的过渡。

我们村虽小，但风景却非常优美。

春天，万木争荣，百花齐放。你走进我们村，宛如走进了一个美丽的花园……

夏天，……

秋天，……

9. 阅读下面两段文字，分析段落间属于哪种关系，然后判断两段间是否缺少过渡性文字。若缺少，请予以添加。

经过几天的跋涉，我回到了故乡。我激动地询问诸位父老的近况。当问及张大爷时，大家都眼泪汪汪的。原来，他老人家已经谢世了。

我9岁那年夏日的一天，一个乞丐模样的人来到我们村里。我们几个小孩子骂他，用土块砸他，但他并未发怒，仍然慈祥地望着我们……

撞钟效应结尾篇

俗话说："织衣织裤，贵在开头；编筐编篓，重在收口。"一篇好文章，除了要有引人入胜的开头，还应该有耐人寻味的结尾。记叙文的结尾同开头、过渡一样，也是文章结构中不可或缺的组成部分。它既是文章内容的顺势终结，更是文章情境的进一步开拓。

古今中外有不少作家、学者都非常重视文章结尾的构思与写作。清代的林纾在《春觉斋论文》中明确指出："为人看晚节，行文看结穴。"当代著名作家、教育家叶圣陶曾说过：

至于结尾，略知文章甘苦的人一定有这么一种经验：找到合适的结尾好像行路人遇到了一处合适的休息场所，在这里他可以安心歇脚，舒舒服服地停止他的进程。若是找不到适当的结尾而勉强作结，就像行路人歇脚在日晒风吹的路旁，总觉得不是个妥当的地方。至于这所谓"找"，当然要在计划全篇的时候做，结尾和开头和中部都得在动笔之前有了成竹。如果待临时再找，也不免有盲人骑瞎马的危险。

（夏丏尊、叶圣陶合著《文章讲话》，湖北人民出版社 1982 年 3 月版）

事实确实如此，一篇文章能否有一个恰当的结尾，是衡量文章优劣、作者写作水平高低的重要尺度之一。一个精妙的结尾，会使读者感到余音绕梁，不绝于耳。反之，若结尾草率，则会前功尽弃。这正如清代学者李渔在《窥词管见》中说的："宁为处女于前，勿作强弩之末。大约选词之家，遇前工后拙者，欲收不能。有前不甚佳而能善其后者，即释手不得。闱中阅卷亦然。盖主司之取舍，全定于终篇之一刻，临去秋波那一转，未有不令人消魂欲绝者也。"

　　那么，如何组织写作结尾文字，才能给文章添色增辉，使读者"消魂欲绝"呢？

　　我国古代文学家、文章研究家已总结出不少经验，对此提出了很有见地的看法：

　　文章开头最忌装腔作势，结尾妙在境界全出。

　　（宋·严羽《沧浪诗话·诗法》）

　　一篇全在尾句，如截奔马。

　　（宋·姜夔《白石诗话》）

　　尾声以结束一篇之曲，须是愈著精神，末句更得一极俊语收之，方妙。

　　（明·王骥德《曲律》卷三）

　　元代文人乔梦符谈到写"乐府"的章法时提出"凤头""猪肚""豹尾"之喻，它要求文章：开头，像凤头那样美丽、精彩；主体，像猪肚子那样有充实、丰富的内容；结尾，像豹尾一样有力。

　　所谓"豹尾"，便是指结尾时，要简洁明快，干净利落，犹如豹尾劲扫，响亮有力，给读者以咀嚼回味的余地。

　　结尾是全文的归纳，不是重复前文，结尾要提高引申，给人以回味激励、启发和思考，有撞钟效应。

　　有些人在临场作文时来不及结尾，或用一句话硬断，或点上一串省略号，或干脆空在那儿，无论哪一种情况，都视为未完篇处理。读者衡量一篇文章的好坏，首先是看其整体。所以，我们呈献给读者的无论如何也应是一篇完整的作文。古人写文章讲究"凤头""猪肚""豹尾"，这是有一定道理的。

即使你雕出了"凤头",壮大了"猪肚",也会因为没有"豹尾"而不成其好文章,得不到高分。

记叙性文章的结尾方法同开头、过渡一样,没有固定不变的模式。它与文章的内容、主题以及作者写作的风格是有密切关系的。大体而言有两大类:一种是事尽言止,卒章显志。如吴伯箫的《记一辆纺车》;另一种是"言有尽而意无穷"隽永含蓄,让读者深思、玩味,如鲁迅的《故乡》。这里,我们根据设计结尾的角度、目的、方式等不同,将其细分为下面这样几种类型。

画龙点睛法

画龙点睛的"睛",在这里可当"主题思想"来理解。画龙点睛法,就是在文章"不得不止"的地方用一两句或叙或议的语句,简洁自然、犀利明快地点明主题,使文章内容在思想上得以升华的一种结尾文字写作方法。我们学过了不少这种类型结尾的范文。

春天像刚落地的娃娃,从头到脚都是新的,它生长着。

春天像小姑娘,花枝招展的,笑着,走着。

春天像健壮的青年,有铁一般的胳膊和腰脚,领着我们上前去。

(朱自清《春》)

作者用比喻突出了春天三个特点:新、美丽、有力量。从全新的角度以精辟的语言,总结了全文,揭示了文章的主题。

再如:

动物是我们的朋友,但是却有很多人把它们作为美食。他们虽然大饱口福了,但被吃掉的却是中国和谐的自然环境,更是生态平衡啊!想到这些,我茫然了:我们在吃中国?我们在吃中国!

(2007年江苏省扬州市中考作文《吃在中国?在吃中国!》)

小作者高瞻远瞩,告诉世人:你们是在吃中国啊!这是多么警世醒目的点睛之语。

还有:

但是，一切已太迟了，太迟了……

（《当地球剩下最后一只猴子》）

作者通过地球上最后一只猴子的自述，大胆而真实地幻想了人类是如何一步步走上灭绝之路的。触目惊心的恶果字字千钧，具有振聋发聩、撼人心魄的点睛之效。

语义双关法

双关，本是一种修辞格。它是利用语音或语义的特点，有意使语句同时兼有两种意思，表面意思是次要的，内含的意思才是主要的。我们在组织文章结尾文字时，借用语句的多义性造成双关语境，就是"语义双关法"。

使用语义双关法组织文章的结尾，要根据具体的语言环境、具体的表达需要，找准"双关"语。也就是要找准兼有的那种实质意思，而且这种意思要特别明确，不至于让人发生误会。这样才能起到双关的作用，收到满意的表达效果。

我是你的眼睛

这是我最后一次去看老何了。

并不宽敞的房屋下堆着些祭祀用的物什，堂屋中央摆放着一口黑得发亮的棺木。老何静静地躺在里面。他的面色黄中透着青——好像他对我们发着怒的模样。我觉得我可以抓住点什么，一伸出手，眼睛上涌了一股热气，把我的眼镜也给弄得模糊不清了。

我抬起头，竟看到满屋子的人。

老何你看到了吗？他们都回来看你了。他们的眼睛里还写满了和当年一样的热烈，那热烈如今也灼烧到了我，让我的胸中充满了似要喷出来的浓焰，一如当年的你啊，老何。

三十年前的老何有着瘦干的模样，每天都在这片小山坳里晃悠。破败的山村有一种出奇的宁静，老何觉得这种宁静实在太过沉寂。他在溪边捡了一担担鹅卵石，填上了村口那条坑坑洼洼的泥浆路。抬头看见天上飞过的一只麻雀，突然知道少了些什么。

老何用自己的积蓄买了些红砖，最后修修补补，在村口盖了一座很小的红砖房，他自制了一块木板，上面用炭块写上"村口小学"四字。接着他挨家挨户劝说村民们让孩子到"小红砖房"里上课，他担任校长，也是唯一的教师。

老何的学校开办起来了。他用炭块当粉笔，用手抄的作业本作学生的教材，每当讲到高兴处就满脸通红。"世上有许多好地方，"老何常说，"北京有故宫，有颐和园，还有圆明园。圆明园可惜被洋鬼子破坏了，要是也能去看一看……"他忽然停下来，有些黯然，抬起头，眼睛便又亮了："你们要努力读书，将来一定能走出山坳坳，去多看看外头的世界，也就当是老师我看了！"

三十多年间，老何送走了一批批学生，他总说，孩子们眼睛里有光啊，那光太热烈，灼得他非得做些什么。于是，他做了孩子们的老师，看他们一个个飞出大山，飞到世界各地，去那个美丽的"外面"饱览美景。

"我也是桃李满天下了。"每逢我去看望他，他总是这样对我说，是感慨，也是叹息。我静静地握着他的手，听他讲他和他的学生过去的趣事，心里有一种格外的自豪……

"爷爷……"我抓住他已经不再温暖的手，眼前是一些照片，那些爷爷口中的"孩子"手持着它们。你看，那是故宫，那是圆明园……

一位年长的叔叔跪了下来，温和的声音都颤抖着："何老师，我们回来了，我们带了世界回来。您放心，我们一直都是您的眼睛！"

我也忍不住哭了起来。我也是你的眼睛，爷爷，我会把这条路坚持下去。我知道，坐在志愿填报的电脑前，我一定会告诉自己：就报师范吧。让我成为你的眼睛，替你去看世界的美。也让更多人替我，成为我的眼睛，看到世界的未来。

本文从题目"眼睛"到内文中的"孩子们眼睛里有光啊，那光太热烈，灼得他非得做些什么。于是，他做了孩子们的老师，看他们一个个飞出大山，飞到世界各地，去那个美丽的'外面'饱览美景""我们一直都是您的眼睛！"以及结尾"让我成为你的眼睛，替你去看世界的美。也让更多人替我，成为我的眼睛，看到世界的未来"，这一系列关于"眼睛"的描述都是运用双关语义来组织文章，深化文意的。

特写强调法

读过报告文学家徐迟写的《地质之光》的人，可能谁也忘不了文章结尾描述的情景：

白发苍苍的李四光眨眨眼，笑了笑，轻轻地拨动他桌上的地球仪，一下子使小小寰球急速地旋转了起来。

这一结尾新颖别致，形象传神，而又耐人寻味。李四光的一眨眼、一微笑，神情毕肖，跃然纸上。这就是借助于电影、电视中特写镜头的技法，取得如此成功。尤其是我们在小小的地球仪急速旋转起来这一特写镜头的引导下，勾起多少联想：中国的石油大兴于世界，所谓的"中国贫油"谬论将彻底破灭，我们有李四光这样千百个建设人才，揭开地球奥秘的日子还远吗？想到这，我们透过李四光这一小小动作，就好像看到了亿万中国人民的自豪感和战胜一切的英雄气概。这种特写结尾法，正像莎士比亚所说："最美味的佳肴总是放在最后，留给人们一个无限余甘的回忆。"奇妙无比！

法国小说家都德写的《最后一课》是这样结尾的：

他转身朝着黑板，拿起一支粉笔，使出全身的力量，写了几个大字：

"法兰西万岁！"

然后他呆在那儿，头靠着墙壁，话也不说，只向我们做了一个手势："放学了，——你们走吧。"

作者虽没有正面描述韩麦尔先生热爱祖国语言的万般感慨，但读者分明看到了一颗拳拳爱国之心在跳动：这正是因为作者抓住了韩麦尔先生在最后一课的最后一刻那宛如雕塑般的剪影和无声的手势，用特写式的镜头显现在读者面前，才收到了"此时无声胜有声"的艺术效果，才更具有震慑读者心灵、感人的艺术感染力。用这样的特写方法来结束全文，的确比描写哭丧着脸、夺眶的泪要有力得多，深沉得多。

特写强调法结尾，还可以借幻象使虚实错位，把实有的感受抽象化，从而提升作品的格调，这就是使用虚实错位法的结尾。如：

每当夜间疲倦，正想偷懒时，仰面在灯光中瞥见他黑瘦的面貌，似乎正要说出抑扬顿挫的话来，便使我忽又良心发现，而且增加勇气了，于是点上一支烟，再继续写些为"正人君子"之流所深恶痛疾的文字。

（鲁迅《藤野先生》）

也可以借梦境虚实错位，如通过写梦，将文章的寓意推到更高层次，深化了主题，升华了意境。如：

这天夜里，我做了个奇怪的梦，梦见自己变成了一只小蜜蜂。

（杨朔《荔枝蜜》）

总之，用特写式镜头来收束全文，能达到突出人物、强调主题这一目的。但我们也必须注意：特写必须是与文章整体结构、思想感情、人物性格特点等一系列的远景长镜头相配合使用的。这正如画龙点睛一样，画龙必须点睛，而点睛也必须有画好的龙。特写，就是文章的"睛"，无"睛"则龙不活，可无龙"睛"又焉存？故而，我们在运用中要处理好整体与局部、"龙"与"睛"的关系。

旧 书

只翻开第一页，便知字里行间都写了些什么。

——题记

有这样一种称谓叫作记忆，有这样一种物件名字叫作旧书。我绝非什么收藏家，也绝非集邮那般的爱好者。我只是纯粹的喜欢书，因此离不开书。

喜欢书，自有那满架的书橱可以例证。喜欢书，喜欢在字里行间品味、捉摸。喜欢书，也自然喜欢买书，可不管有多少书，在书橱最不起眼的一角，始终都放着几本并不起眼的旧书。

书已经很老了，纸张也已经开始有些微微发黄，连封皮上的出版日期也已有些斑驳，只是知道，这里面"年龄"最小的一本也决计不会比我年轻。那的确不是我的书，我又未尝去过旧书摊淘宝，但或许，那里今后会成为我一个顶重要的去处。

那些书，都是上一辈的人留给我的，承载着他们那一代人的心灵寄托。我的书，就在那几本书的旁边，比那些稍稍年轻了十几年韶光，它们是我长大后自己买的。我的旧书，总是翻旧的。

当我终于翻开旧书，看着那相识的话语，望见那点缀于其间的笔画，也给我以心灵的迷醉。有些章节我也注解的密密麻麻，让我也顿时豪气一生，直欲与文章比一比，看谁的字更多一些。正是一个人，启开书。只细望那些写下的字，回首当年的时刻，许久不见，仍带有那几分犀利；再细细品味当初写下的话语，有的似乎我已不大同意，略显幼稚，不成熟，那是如今成长的标志。我拿起笔来，不时地勾画涂抹着什么。

有时它们也会给我以启示，当初的某些观点，我或已忘记，今日又重拾，大有茅塞顿开之感，好不痛快。重读旧书，特别是一本好书，在我看来，与其说是记忆的回归，毋宁说是对于情感的再一次冲击，这种情感的冲击一般是第一次读最为强烈，但每一次重读都会有不同的、新的感觉。读书百遍，其义自见。这话绝非空穴来风。手握一本旧书，就好像抓住一个幸福。而今，这个幸福感还在不断地扩大：在墙角书橱里，翻旧的书还在不断地加入，溢满整个空间，直至"流"了出来。

直到有一天，有人问我："你有什么财富？"我有旧书，满屋。

"我有旧书，满屋。"这一个情境式特写镜头，给了我们无限遐思的广阔空间；亦如重锤撞钟韵味悠长，让我们在"有什么财富"的思考中审视自己，审视社会，强调了本文的写作主旨。

省略中止法

这是一种婉曲、含蓄的结尾方式。在记叙性文章中运用省略中止的方式结束全文，其旨意在于给读者留下广阔的思考与回味的余地，收到"辞尽意不尽"独特的艺术效果。鲁迅的《狂人日记》就属于这种方式结尾的典范：

没有吃过人的孩子，或者还有？

救救孩子……

小说通过一个被迫害者的自述，深刻地揭露和抨击了封建家族制度和封建礼教的毒害，生动地塑造了一个封建礼教叛逆者"狂人"的形象。《狂人日记》是鲁迅在经历了沉默与思索之后的第一声呐喊，其中自然而然地融入了他多年来的愤怒、怨恨、不满、焦虑，以及希望、祈求等各种复杂的情绪，也体现了他多年来对中国历史的深思和对现实社会的认识。结尾（也就是第十三则日记）发出了反封建的"呐喊"——"救救孩子……"省略式结尾，意蕴悠长，令人深思。

请鉴赏 2007 年北京高考满分作文：

浅笑无痕

当记忆中的湿润又一次沾染了西湖之畔的离歌，当朦胧的月色又一次浮动于频频过客疏离的神色，当纷杂褪去，是否会有人想起那夜，那歌，那浅笑，那落寞。

她始终是笑着，带着水光，恬淡而落落，像开放的百合。他因她目光闪烁，因她戏改友人的词作。

这一幕邂逅来得炫目，来得猝不及防。然而她不曾启唇，然而他不曾停驻。因为她只是西湖之畔的歌者，而他却是名满天下的太守。她不曾挽留，他不也曾相守，因为她的卑微，因为他的身不由己。于是，她只留一抹轻浅的微笑。

这笑来得简单与决绝，这笑来得甘愿，这笑来得义无反顾。也许于她已是足够，爱情本是一个人的感受，付出的本身已是一种收获。她不要重金予赠，她不求相陪长久，只惜那初见时澎湃于心的炽烈与飘荡于眉间的温存。

只是在他的生命里这样的女子太多，只是在他的生命里没有这样的情结。也许于他已是太过，惊艳不过一时兴起，赞誉只是调剂单调的生活。他只是她的过客。

于是，他用几百年前的诗句化她，用那"老大嫁作商人妇"的惨淡劝她。

于是，她落发，带着浅笑长伴青灯，永陪佛影，一世甘愿。因为她是琴操，因为他是苏轼。只那浅笑飘荡于西湖之上，朦胧着歌者与行人。

"细雨湿衣看不见，闲花落地听无声。"或而，在他心里，她只是细雨，只是闲花，荡过眼前终不闻不见。她的浅笑不过是喧嚣之中暗藏的一缕宁静，终究换不来只言片语的提及。

时光易逝，西湖之畔到底消逝了多少这般决绝的女子，到底封存了多少美丽的初相见，到底埋葬了多少黯然的寂寞。

当破晓的光晕祛散西湖之畔的水汽，当混沌的尘灰又一次隐没在潮动的人流之间，当一切暴露在阳光底下，再没有所谓的歌者与行人，她不再是湖畔的歌女，而是那清冷山寺中的尼姑。她不再拥有那傲人的才情，她不再是谁生命中的点缀。

浅笑无痕，只留一抹寂寞……

本文叙写西子湖畔歌女琴操的寂寞悲情，文章不是重复一个现成的故事，而是紧扣文题命意，注入自己的情感参悟，将一段悲情演绎得凄美动人。不敢说作者也有如琴操的感情经历，但作者行文时必定将自我幻化于琴操，不然难得如此深切感人。作者将叙事完全氤氲于抒情悟道中，不事雕琢而尽显文采，让人叹服。

抒情议论法

议论虽说是论说文的主要表达方式，但在记叙文中也可以适当运用。在记叙性文章中，它只是一种穿插在叙述和描写中的辅助手段，一般表现为对文中叙述的事物画龙点睛式地发表议论，即夹叙夹议。记叙文中的议论若运用得好，能深化主题，增强文章的感染力，起到"画龙点睛"的作用。这类作文要写好，一定要注意处理好"叙"和"议"的关系，"叙"是"议"的基础，"议"是"叙"的深化。"议"是叙述点睛之笔，"议"要恰到好处，这样才能使文章的主题得到升华，使读者更能理解和品味文章的主旨。

请鉴赏 2014 年高考满分作文《入耳丝竹声》中记叙与议论的精妙结合：

入耳丝竹声

五月的天空已有些燥热，我骑着车穿行于来往的人流。

一天的课让我露出了明显的疲态，虽然很想快些到家，扔下书包养养精神，然而我还是慢慢地骑着，不想耗费我剩下的一点点力气。

我习惯于观察经过的店铺和广告牌以及往来闪过的陌生脸庞。大概是周五的关系吧，街道比平常热闹些。然而多的或许只是人，这条我每日必经的路还是保持着它的原样。

早已开始营业的那家 2046 咖啡馆，贴出了打折的广告，从里面飘出的是时下最流行的网络歌曲，我扬起嘴角，这与王家卫在电影《2046》中所要表达的经典主题相去甚远了吧。然而咖啡馆里播放的是何种音乐似乎没那么重要，进出的年轻女子脸上漾着的笑容足以说明什么样的音乐合她们的口味，并不是如我所想的缓慢经典。

一路上鲜艳的颜色，让我仿佛提前进入了盛夏。每日埋首于政史的我早就在别人谈论着今夏流行的颜色时感到一阵茫然，然而现在我不禁有些许的自嘲，来来往往的人，那些吸引人目光的年轻人，他们所着的色彩代表的不是今夏的流行和时尚吗？

我在红绿灯前停下，微闭了眼睛，周围变幻得太快的一切让我觉得更累。我想是我全速向着家进发的时候了。

左转，再过 20 米，就是我家。就在我快到车库的时候，忽然一阵悠扬的二胡声飘进我毫无防备的耳朵。我几乎愣在原地，这久违的音韵让我的心中充满了难以名状的情绪，仿佛一位失散已久的老朋友忽然出现在眼前。我抬头循着声音望去，是一位白衣老人正闭着眼睛全情地演奏。我停下车，同样闭着眼睛倾听，我不知眼里温暖的是否是泪水，我只是感动于那位老人优雅的二胡和纯净的白衣。

我开心地笑着，让我疲惫的所谓流行与时尚，从我眼前快速闪过，没有留下深刻的印记。然而当我遇到那抹白色、那把二胡，我才知道，什么是我心中永远的经典，什么才能唤起我深深的感动。

时尚与经典并无严格界限与定义，久久存于你心中不黯淡的颜色、不消失的乐曲就是。

这篇文章在叙议结合上可谓自然浑成。下笔伊始，作者就用"燥热""疲态"等词语勾勒心情，为下文对"时尚"的感觉作铺垫，而后又用"习惯于"表明自己身处"时尚"已久，为下文凸现"经典"埋下伏笔。随后，插入对两个"2046"的议论，巧妙地点出"时尚"与"经典"的差异，如此简省的笔墨却道出了时下许多人都在追逐时尚，而时尚也在迎合人们的现状，可是作者却深受其累。下笔至此，"经典"已呼之欲出了。接下来，蓄势已久的场景终于出现了，老人演奏二胡的情景让"经典"猝不及防地冲进作者的内心，在作者的描述下，经典的高雅与纯粹深深地打动了他。在饱满的情感的促使下，自然引出了对"时尚"与"经典"的理性思考，最后两段的议论道出了"时尚"与"经典"的差异，点明了文章的主旨。

由此可见，记叙文中的议论是起着点化主旨的作用的。它以充分的记叙为基础，插入时要注意前文有合理的铺垫，只有这样，才能自然贴切，才能与记叙相辅相成，相得益彰。

也有的文章在结尾直接抒发作者的感情，以引起读者的共鸣，从中受到感染，受到教育。例如朱自清的《背影》，结尾这样写道："唉，我不知何时再能与他相见！"一句感叹，把思念父亲的感情完全表露了出来，而这感叹之后，留下的是一片空白，让读者去体会，使读者、作者感情完全融在了一起。

彭荆风创作的短篇小说《驿路梨花》是一篇难得的净化心灵的读物：哀牢山密林深处草顶泥墙的小屋，是解放军战士与哈尼姑娘献给路人的一片爱心。它是南来北往的旅人驻足歇息的家，也是疲惫心灵的港湾。人们在这里感受关爱，也在传递着人间真挚淳朴的大爱。小说在结尾写道：

我望着这群充满朝气的哈尼小姑娘和那洁白的梨花，不由得想起了一句诗："驿路梨花处处开。"

抒发了作者赞颂雷锋精神已成为每个人的自觉行动的情怀。

我在朦胧中，眼前展开一片海边碧绿的沙地来，上面深蓝的天空中挂着一轮金黄的圆月。我想：希望是本无所谓有，无所谓无的。这正如地上的路；其实地上本没有路，走的人多了，也便成了路。

这是鲁迅的小说《故乡》一文的结尾。作者在结尾处再现优美的情境，既是对前文的照应，也是对作品主旨的强调，表达了鲁迅对踏出希望之路的信心。

而朱自清在《背影》中用典型的形象再现父亲买橘背影，抒发胸臆，真切感人，引起读者强烈共鸣：

我读到此处，在晶莹的泪光中，又看见那肥胖的，青布棉袍，黑布马褂的背影。唉！我不知何时再能与他相见。

描写烘托法

在文章的结穴处，描写景物、人物、动作或对话，意在营造成某种浓烈的环境气氛来烘托主要人物或事件，达到生动形象突显主题的目的，我们把这种方法称作"描写烘托"结尾法。这是一种比较常用的结尾方法，各年级教材中选了不少这样的范文。

鲁迅先生在《药》的结尾处就用了不少笔墨对坟场的自然环境做了描写。在小说中，作者用凝重的笔法描写景物，营造了一种浓重而阴暗的氛围：

微风早经停息了；枯草支支直立，有如铜丝。一丝发抖的声音，在空气中愈颤愈细，细到没有，周围便都是死一般静。两人站在枯草丛里，仰面看那乌鸦；那乌鸦也在笔直的树枝间，缩着头，铁铸一般站着。

许多的工夫过去了；上坟的人渐渐增多，几个老的小的，在土坟间出没。

华大妈不知怎的，似乎卸下了一挑重担，便想到要走；一面劝着说，"我们还是回去罢。"

那老女人叹一口气，无精打采的收起饭菜；又迟疑了一刻，终于慢慢地走了。嘴里自言自语的说，"这是怎么一回事呢？……"

他们走不上二三十步远，忽听得背后"哑——"的一声大叫；两个人都悚然的回过头，只见那乌鸦张开两翅，一挫身，直向着远处的天空，箭也似的飞去了。

枯草、秃树、乌鸦……这一切构成了一个阴冷死寂的气氛，衬托了夏四奶奶和华大妈这两位受害母亲的孤独、凄凉、痛苦与极度悲伤的心境。最后一声乌鸦的大叫，以动写静，用乌鸦的叫声来打破这种幽静，使坟地越显得荒凉、阴冷、寂静，进一步增强了作品主人公的悲剧色彩，也凸显了时间所具有的悲剧意义，更有力地表达了主题思想。这是以哀景衬托悲情的写法。

环境是人物生活的"土壤"，是人物性格形成和发展的依据。宋代苏洵说："状难写之景于眼前，含不尽之意于言外。"确实，成功的环境描写，不但可以渲染气氛，而且还能让人感受到整个时代的生活气息，感受到作者心灵深处的思想与情感。恰当的环境描写能贯穿全文，甚至起到推动情节发展的作用。

2012年江苏高考满分作文《忧与爱》把环境描写、人物刻画融为一体，很好地揭示了文章的主题。请赏鉴全文：

忧与爱

老王蹲在墙角，两手对插在袖筒，终于不耐烦地啐了一口。

小区近来又开始搞绿化，就在老王所住公寓后，袁隆隆的机子整天响个不停。这咬一口，那儿又吐出来，一排常青植物规矩地躺在路边。

而老王进城一年多了，还是不能习惯这个奇怪的地方。看到这些小树，他总忍不住怀念老家那片地。

"噫，种两垄豆角哪！这么好的地！"他望着花坛，叹了口气。

老王从前可是个种田好手，手上老茧至今又厚又硬。

前年拆迁，老王无奈地住进高楼，地耙、平车、铁锹都没地儿放，只好当破烂扔了，只一把锄头实在舍不得便留在了墙根。

离开了土地的老王像塌陷的土坑，只有被寂寞逼疯的草在向上生长。

那块地，他回去看过几次。晒豆腐干似的被晾在那儿，没有动静。

他觉得心疼，那份烦忧藤条般缠捆了笑容。老王是个粗人，提炼不出"家园荒芜"这样的概念，他只是担忧。

像担忧秋日里留在地里没收的一亩庄稼，扔在墙角的一包麸皮，或者一只秃了尾巴的老黄狗。

他抛弃了它们，他被逼无奈。

始终是放不下的，生活可以一夕之间改头换面，而对土地生生不息的爱哪能说断就断？

忧与爱是利箭进入皮肤，因为深，所以痛。

老王渴望重回故土，哪怕再扛一扛锄头。

然而作为一个农民，一个失了根的农民，他能如何反抗？唯一可以慰抚自己的，还好，还有一把锄头。

"举——前探——"老王扛着锄头在一群老头老太太前做着示范，"好，回落——收！"戴眼镜的老人们略显生疏地扛好了锄头。

老王唾了口唾沫在手上，想起前些日子自己被邀来做"锄头健身操"的教练，他稍一迟疑地也就答应了。

因为他肩扛锄头时，心里那份空落落的感觉才会淡一点，那块干旱的心地才如久旱逢甘霖——滋润起来。

最近，老王又开始了新研究——"铁锨健身操"。

沉溺于此，只因他不知如何排解他的忧，正如不知如何安放他的爱。

开拓延伸法

这种方法是指在文章结尾时，将人物或事件所具有的品质或意义进一步开拓、挖掘，由点到面来深化主题。也就是把人物或事件放在更广大的背景中，赋予其典型的社会意义或历史意义。

俄国作家契诃夫的作品《装在套子里的人》塑造了一个性格孤僻、胆小怕事、恐惧变革、想做一个纯粹的现行制度的"守法良民"的别里科夫。别里科夫的世界观就是害怕出乱子，害怕改变既有的一切，但是他的所作所为，在客观上却起着维护沙皇专制、助纣为虐的作用。他辖制着大家，并不是靠暴力等手段，而是给众人精神上的压制，让大家"透不出气"。可以说是专制制度毒化了他的思想、心灵，使他惧怕一切变革，顽固僵化，他是沙皇专制制度的维护者，更是受害者。别里科夫成了害怕新事物、维护旧事物，反对变革，阻碍社会发展这类人的代名词。这篇小说的结尾部分，借故事讲述者之口说了这样一段话：

我们从墓地回来，感到心情愉快。可是，不到一个星期，生活又回到了原来的样子，依旧那样严酷，令人厌倦，毫无理性。这是一种虽没有明令禁止、但也没有充分开戒的生活。情况不见好转。的确，我们埋葬了别里科夫，可是还有多少这类套中人留在世上，而且将来还会有多少套中人啊！

这段话就由别里科夫一人而及"不知还有多少人"，由点及面，由个别到一般，揭示了胆小怕事、因循守旧、害怕新生事物和扼杀新生事物的"套中人"的典型意义及其所具有的普遍的社会性。同时，也指明了一切保守、反动人物不管有多少，势力有多大，最终也会和别里科夫落得同样的下场。

叶圣陶《多收了三五斗》结尾也具有这样的特点：

第二天，又有一批敞口船来到这里停泊。镇上表演着同样的故事。这种故事也在各处市镇上表演着，真是平常而又平常。

结尾这几句话显示出：文中所记述的只是大森林中的一片落叶，是整个社会的一个缩影，并非一时一地的特有现象。"破毡帽"朋友的悲剧，是整个旧中国广大农民悲剧的一个缩影。从这点滴之中，可以看出当时整个社会都在上演这种悲剧。这样的结尾进一步挖掘了主题的内涵，使文章记述内容的社会性更加深刻，能使读者想得更多、更深。

我们再看一篇 2015 年广东卷高考满分作文，体会学习这种写法的糅合使用。

2015 年广东卷作文题目是：

阅读下面文字，根据要求作文。

看天光云影，能测阴晴雨雪，但难逾目力所及；打开电视，可知全球天

气，缺少了静观云卷云舒的乐趣。

漫步林间，常看草长莺飞、枝叶枯荣，但未必能细说花鸟之名、树木之性；轻点鼠标，可知生物的纲目属种、迁徙演化，却无法嗅到花果清香、丛林气息。

从不同的途径去感知自然，自然似乎很"近"，又似乎很"远"。

要求：①自选角度，确定立意，自拟标题，文体不限；②不要脱离材料内容及含意的范围；③不少于800字；④不得套作，不得抄袭。

临场创作的满分作文是：

带你去看花海

昨日之时，你教我草长莺飞，细雨朦胧。

今日之时，我教你细数花名，测天看云。

仍记得小时候，父母外出，外婆你总是在乡下带着我忙农活。正当夏时，天气炎热，忽然一场大雨，你放下农活，笑眯眯地翻过我趴在床板上的身子，说："囡囡，热了吧？走，外婆带你凉快去。"一个激灵，鱼跃而起。外婆打着把破旧的伞，肩上骑着小小的我便出了门。外婆所说的"纳凉好去处"是村里的一片莲藕地。地是小方的浅池塘，有一间破木屋，我们进去时已湿了身，外婆顺手摘了片荷叶搭在我的头上，浅浅的荷香，仿佛我就是荷花欲开时刚醒来的花仙子，我离荷塘多么多么近啊！大雨冲刷了盛夏的暑气，连人身上的毛孔都是清凉的，溢着花香的。

荷花淡淡开，在风雨中舒展姿态，绿色的裙摆随风扬起。我偎依在你怀里，糯糯的声音问道："外婆，为什么下雨了就会凉快？为什么荷花夏天开？为什么……""哎呦，可问怕外婆了！外婆哪里知道些什么，外婆只管晓得看看天，就知道明天下不下雨。""那后天呢，大后天呢？"我追着问，你捏了捏我的小脸，说："那要等囡囡长大后才能教外婆了。"我心中略有惆怅，这片荷塘已离我有些远了。

是啊，长大了，我会了。我会牵着你去散步，瞧见路边开得正烂漫的小野花，我可以指着它，告诉你："外婆，那是覆葐子，有清热解毒之用……那是金钱草，因为它的叶子圆圆的像铜钱……"你笑而不语，脸上尽是自豪。

你突然看看天，我知道你想看清天上的云是怎样的状况。但你眯着眼，总是看不清，觉得天更远更远了，自嘲地说道："哎！老了，眼睛不中用了。"我拍拍你的手背，翻了翻手机里近几天的天气预报，说："外婆，明天又是晴天呢，这个星期都不会下雨，我们去看荷花吧，我可以告诉你荷花有哪些药用价值哦。"我扬了扬手机，天空就在这里，自然也在这里，不远。我们可以离那片荷塘更近。

很感谢你，带我去看荷赏雨，让我亲近自然，获得感性认识；现在，我带你去看荷花成片，给你数数荷花的药效，让我们理性认识自然，不必遗憾。

我们，去看花海成片，细数花名。

回首照应法

这种方法是指在文章的结尾处对上文的一些内容作必要的照应，以使文章结构更加完整严谨。照应，可以照应开头或文中的伏笔，也可以照应文章的标题。这种方法又可分以下三种类型。

照应开头　也就是我们常说的"首尾呼应"，结尾呼应开头。方法很多，既可以描写景物，也可以抒情议论，以达到深化主题的目的。

鲁迅在《一件小事》开头写道："我"在京城里耳闻目睹了不少"国家大事"，但都不留什么痕迹；独有一件小事"却于我有意义，将我从坏脾气里拖开，使我至今忘记不得。"接着，作者记述了这件小事。小说在结尾处是这样照应开头收束全文的：

独有这一件小事，却总是浮现在我眼前。有时反更分明，教我惭愧，催我自新，并且增长我的勇气和希望。

这段结尾文字，很好地照应了文章开头提及的"一件小事"（同时也照应了标题），揭示了"于我有"什么样的意义，说明了"使我至今忘记不得"的原因。这样首尾呼应，从结构方面来看，将文章的主体包含其中，全文显得十分紧凑而严谨；从内容方面来说，点出了"我"从劳动人民真诚朴实的行为中受到鞭策和教育，从而突出了主题思想。

照应伏笔　这类文章在各年级教材中有不少范文，我们要多加分析借鉴。

照应标题　也就是我们常说的"结尾点题"。但这里所说的点题不是指点名写作主题，而是单指照应文章标题，属于文章结构布局范畴。照应，可以只点题目，也可以对题目作阐述、说明。

请欣赏 2005 年江苏高考满分作文：

下辈子还做您的女儿

18 年前的仲夏夜，我带着嘹亮的哭声来了。您说，这是个吉祥的开头。

在您的牵手中，我蹒跚学步；在您的教导中，我牙牙学语；在您的期盼中，我迈入学堂；在您无微不至的关怀中，我逐步成长……

感谢您给了我生命，即使降生在贫困的家庭。妈妈，我怎能忘记那次我从学校回家，低声地和您说："妈，好久没吃西瓜了，我想吃西瓜……"我惴惴地看着您。您无言，叹了声气，走进灶房。我多恨自己提出这个无理的要求啊，父亲去世得早，仅靠您单薄的身体守着父亲留下的二亩薄田。这一刻，我真的恨自己残忍，怎能再给母亲施压呢？

可是第二天，我起床的时候看到您赶集回来，肩上背着个小西瓜，篮子里还有些刚下地的青绿的菜。您走进灶房操劳着一天的饭菜，我忽然有种想哭的冲动。过了一会儿，您叫我吃饭，坐在那张简陋的八仙桌旁，我看到菜明显地比以前要丰富好多，还有让我垂涎的红红的西瓜。您说："娃要高考，给你加些菜，快吃吧。"

我胡乱地吃了一些饭菜，伸手拿起一块西瓜，幸福地吃了起来。我说："妈，您也吃啊。"您说："我从小就不喜欢吃这个，吃了肚子受不了。你快吃吧。"我便心安理得地吃光了所有的西瓜。

我回房间整理回学校要带的东西。您收拾了碗筷。我忽然想到要告诉您该体检了，于是就去灶房找您。可是，我分明看到，妈妈您正背对着我，啃我吃剩的西瓜皮……那一刻，我不晓得该和您说些什么！庆幸妈妈您没有回头，我冲回房中，捂着被子哭了好久。

妈妈您给了我您能给我的一切，我唯有学业可以回报您。可是，考前最后一次的模拟考试我却考得很糟糕。我拖着沉重的脚步回家，远远地发现，昏黄的残阳中，妈妈您正佝偻着背在村口望着我归来的路。那一刻，我有向后走的冲动，可我终究不能。

和您一起回家的路上，我心疼着，该怎样告诉您我的失败呢？到家的时候，我头低着告诉您我考砸了。妈妈您望了我好久，然后用您粗糙的双手，轻轻搂起我，抱了一下："下次你会考好的……"

有这样的母亲，即使穷又怎么样？您疼我，爱我，相信我，给我一个充满爱的充实的成长过程，母亲您给我的已经太多……

今天，我坐在考场上。我知道一定会有一个好结果。我会一直努力。最后，要告诉妈妈您：下辈子还做您的女儿！

这是一篇记叙文。不事张扬，平实道来，是这篇文章的鲜明特色。文字虽质朴平实，情感却真挚饱满。文章自始至终用饱蘸深情的笔墨道出了对母亲的爱与感激，恰当地运用了倾吐式叙事、呼告式抒情等写法来表情达意，有很强的感染力。而且，作者精选了考前想吃西瓜这一看似普通却十分典型的事件进行细致入微的描写，特别是母亲啃西瓜皮的细节，最是扣动人的心弦。当"我"考试失败时，母亲"轻轻搂起我，抱了一下"的动作以及鼓励"我"的语言都表现了母亲对"我"的爱。就是这样一个平凡的妈妈，用不平凡的母爱激励着女儿的成长。文章结尾直抒胸臆——"下辈子还做您的女儿！"既是作者真实感情的自然流露，又是全文抒情点睛、照应标题之笔。

出乎意料法

出乎意料法布局，是指在文章结尾时突然让人物的心理情境发生出人意料的变化，如使主人公命运陡然逆转，出现意想不到的结果，但又在情理之中，符合生活实际，从而产生独特的艺术魅力。这种结尾不是按照故事情节的通常逻辑来处理人物的结局，而是用意想不到的结局来安排人物的最终命

运。而且在结局时戛然而止，让人在目瞪口呆之余，不禁感叹作者的奇思妙想、生活的荒谬诡谲。如大家熟知的《麦琪的礼物》的结尾就非常出人意料，大大增强了小说的艺术感染力，被称为"欧·亨利式结尾"。

古龙的作品相信大家都接触过，可能是书，可能是电视。他的小说结尾往往出人意料，如《多情剑客无情剑》中害李寻欢的竟然是他自己的结拜兄弟龙啸云；楚留香破案的结果往往出人意料，但大多也合乎情理的。这类例子很多。往往这样的结尾更让人回味无穷。

请欣赏 2011 年江苏高考满分作文：

拒绝平庸

我是一块平庸的石头，生于荒山中，我有一个生于茅房的石头老弟，又臭又硬；也有生于青埂峰的石头老兄，人家背后刻着一部什么《石头记》，挺有名气的。我是既没臭气，也无名气，平平庸庸，风吹雨淋，真是石头比石头，气死石头。偶尔我脑袋上会落只鸟，留下一坨一坨的东西便飞走了……

突然有一天，荒山里来了一位采石人，围着我转来转去，像驴子拉磨，还摸着我的屁股赞叹："好石头，好石头！你是想平庸一生，还是愿随我去人间？"我想生活就该多彩一点，于是跟着采石人，滚啊滚，来到了采石人家。一天，采石人把一个大胡子领回家，采石人说："跟他混吧，他可是雕塑家，能让你不再平庸。"于是我又滚到了大胡子家的后院。

"啊！石头，你想让我把你雕塑成什么？"

"万岁！我要变身成为秦皇汉武，也可以是成吉思汗。"

"不！不！不！"大胡子摇着头说，"我可怜的石头，那太平庸了。"

"好吧！那我要变成飞鸟游鱼。"

"不！不！不！"大胡子更用力地摇头，"我可怜的石头，这个更是平庸。"

"好吧！好吧！那你把我雕刻成一块墓碑好了。"

"不！不！不！"大胡子几乎把胡子都摇了起来："我可怜的石头，这个比刚才的还要平庸，有辱我手艺。你就没想过变成一个伟大的艺术家，比如我——"

什么？大胡子长得那么丑，我不同意。我出山为了什么？不就是为了不再平庸吗？我拒绝这个平庸的方案。拒绝无效！此后大胡子每天都拿着工具绕着我转，像是驴子在拉磨。在他的雕刻下，我身上的石料一点点被刻掉，我变得越来越小了。慢慢地，我有了手脚，有了面孔……越来越像大胡子，我破相啦！

一天，大胡子用布把我蒙上，一连几天都不见了他的影子。趁他不在，我捡起脚边的工具，拒绝平庸，自我雕刻。当大胡子再次出现的时候，引来了许多人。

"女士们，先生们，这就是我的作品。"说着拉下我身上的布。

"啊……石——猴！"大胡子张大了嘴巴。

"祖宗！"人群中响起了雷鸣般的掌声。

一块天外飞来的"奇石"，异想天开而又巧夺天工。从"雕刻"石头构想，以"返祖归宗"立意，从一个独到的角度切入题旨，神思飞跃。文笔亦时见恣纵不傥，于调侃之中寓独特之见。结尾抖落结果出人意料，简洁有力，令人深思。

好的结尾或议论抒情，启人思考；或归纳总结，深化主题；或篇末点题，卒章显志；或出人意料，引人遐想。结尾是主体部分发展的必然结果，行文要通盘考虑，力求水到渠成，自然完篇；再者，开头与结尾的呼应也是精心设计的，正如人们排演一出戏，"压轴"的放在后面，首尾呼应，前后勾连，文章才脉络畅通，完整统一。

【创新示例】

下面选录《我的姐姐》作文训练时使用不同技法的结尾，权作引玉之石。

1. 就这样，爸爸和妈妈为此事你一句我一句地争论起来，而且愈争愈烈。站在一旁观"舌战"的我，真不知道如何是好。

读者朋友：请你们帮忙评一评理，姐姐究竟是"傻老实人"呢，还是一个无私的奉献者？（疑问作结）

2. 姐姐推着车，慢慢地走向巷口，不时用衣袖擦着脸。

忽然我发现，我的黑影子缩成了一个小点，正钻进了我的鞋底。抬起头来，望着远处她那瘦弱的背影——晃动着，扩大着……（省略中止）

3. 照片上的姐姐依然是那样清秀、俊逸。从这本日记上，我懂得了姐姐教给我的道理：要懂得关心、体贴、照顾别人。我把照片珍重地擦了擦，夹到我的笔记本里，让我每天都能见到姐姐，和姐姐说几句话；让姐姐每天检查我的生活；让姐姐每天督促我的学习，实现姐姐寄予我的厚望：好好学习，成为一个有益于社会、有益于他人的人。（回首照应）

4. "姐姐，你……"

微笑，很甜，很美。哦，这盛开在雨中的微笑——永远的微笑！

于是，我的心中，一片灿烂的阳光在慢慢地升起，升起……（画龙点睛）

5. 谁说她推的是垃圾？不！我分明看到：那一头挑的是春天的绿色，另一头挑着秋天的金黄。雪地上的脚印，刻着姐姐勤苦的品格，装着的是姐姐对小城无限的爱。（议论抒情）

6. 爆竹声不断传来，但屋内的笑声压过了爆竹声。我来到院外，夜幕上闪烁着的，不知是星星，还是一双双钦佩的眼睛，那么多……我相信，像姐姐这样的道德模范，会像那星星一样多，一样地闪着光彩。那无数双眼睛不是从九百六十万公里的神州大地投向了我们这小小庭院了吗？会的，一定会的。（开拓延伸）

7. 从那以后，只要姐姐在家，我再也不敢胡思乱想了，只是一心一意地学习，我怕她那拐弯抹角的探照灯"探"到我这间房里来，更怕她用宝镜射到我的心里去。（语意双关）

8. 站在我面前的姐姐，竟比往日美丽漂亮许多，尤其她那双眼睛，亮，特别地亮。那一对水汪汪的眼睛骨碌碌地转，就像闪光的露珠在绿荷上晃，又像晶莹的珍珠在玉盘里溜啊。（特写强调）

9. 在一个光秃秃的小山旁，我找到了姐姐永远的归宿——一个黄土堆成的小土包，没有花圈，没有墓碑，甚至连祖坟都不能入……陪伴她的唯有一根孑然而立的柳木杆,大自然赐予的几根刚露头的小草……（描写烘托）

10. 听着姐姐一字一泪的诉说，我的心震颤了，泪水潸然而下，我陷入了沉思。耳际不知从哪里传来了"只要人人都献出一点爱，世界将变成美好的人间……"（引用结尾）

11. "你猜，这孩子是谁的？"

"谁的？你姐姐的呗，这还用说吗？"

"不对！是一个连名字都没有留下的烈士的遗孤！"

"啊！……"（出乎意料）

【满分作文示例】

杯家四兄弟

"噼里啪啦！"过年了，家家户户都放起了烟花爆竹。杯家多年不聚的四兄弟都赶回家过除夕夜。

"开饭喽！"他们的母亲端上了一道道可口的饭菜。一家人开心地聚在了一起，四兄弟饮酒畅谈。这时，他们谈起了各自的事业。

老大——一只装满水的杯子，说："我现在，创办了自己的公司，钱就像流水似的，直往我这儿跑。不过，话又说回来，现在的社会竞争这么激烈，随时都有倒闭的风险啊！不过，我相信自己！哈……"

老二——一只装了半杯石头，半杯沙子的杯子，说道："我呢，跟大哥比起来稍差了点儿，我现在有两份工作，钱是不愁挣，但每天都快累死了！"

老三——一只装了半杯沙子的杯子，说："我啊！文化程度比较低，现在只是个小工人，不过养家糊口不成问题。"

这时，该老四发言了。老四是一只什么也没装的空杯子。他吞吞吐吐地说："大哥，二哥，三哥……我……我……之前……有份工作……后来……

没兴趣……所以……辞职了……现在……学电脑……"

其他三兄弟开始劝老四："没兴趣……哈，这年月，能有饭吃就不错了，还谈什么兴趣不兴趣？""要不到大哥的公司来吧……""要不先干上二哥的一份工作？"

这时他们的母亲说："老四，别难过，你别看你哥他们都有工作，可他们也不是有多么如意呀！你大哥的工作压力也很大啊，你从他的白头发便可看出，他还不到四十岁啊！你二哥虽然有两份工作，可每天都快累死了，他也很固执，不听妈的话。你三哥呢，只是一个小工人，只能维持生活而已。可你呢，还年轻，一切重新开始还来得及，选择自己喜欢的，学电脑可是件好事，妈支持你，相信你最终会找到你感兴趣的工作的。"

几年后，老四成为国内最知名的一个网络创始人。

是啊！人生有时候像一个空杯子未尝不好，一切都可以从头开始。所以，随时抛弃对你没用的东西，让人生变得更加精彩，让我们的人生像雪地里深深的脚印一样踏实而又清晰吧！

【训练设计】

1. 请你阅读下面几段文字，给各段分别续写结尾。（能想到多少种结局就写多少种结尾，可用"结尾之一""结尾之二"的形式表示。）

①一位心地善良而美丽的姑娘，因生活所迫到处寻找工作，不幸落入贩毒集团设下的圈套。最后，这位姑娘打入集团核心部门，设法录下了集团高层人物谈话内容后，寻机逃离。就在她快到缉毒大队时，一辆小车呼啸而来……

②天上飘着雪花，大地一片白茫茫，身着破衣烂衫的贾宝玉在雪中蹒跚地走着。迎面来了一辆囚车，宝玉闻声望去，只见贾雨村被关在里面，押送者竟是那个门子——葫芦庙里的小沙弥。

囚车远去，宝玉……

③女记者叶云在采访调查中发现自己的独生儿子由于染上恶习已经走

上了犯罪道路。她心急如焚地往家赶，准备劝导儿子主动投案自首。刚到小区大门口，一辆警车鸣着笛呼啸而来，她……

④繁重的工作以及周围一些人的流言蜚语，把他弄得筋疲力尽。在一个昏沉沉的夜晚，他拖着疲惫的身子呆坐在井边，颤抖的手划了十几根火柴棍，才点燃了手中的香烟，他默默地抽着……

⑤他，瘦高个子，就凭这一优势，他轻而易举地挤掉了小矮猴，买到了本属于小矮猴的最后一张"龙年邮票"。当他以战胜者的姿态瞟了一眼小矮猴，却发现……

⑥大年除夕，四合院里来了一个卖鸡的，这下全院可热闹了：好多人正为没买到鸡而发愁。因与老伴吵架的王大妈出来一看，发现卖鸡者就是五年前偷鸡的那个人，右耳朵有一块显眼的黑痣，小眯眼，浓眉毛。鸡，一斤卖一块八。想尽早销赃，哼，没门！她转身悄悄地跑到派出所。王所长气喘吁吁跑来一看……

⑦一天，两天，一个多月过去了。每当日落西山的时候，小鞋匠都忍不住要向路口张望，希望能从落日的余晖中看到那个高大的身影出现。但是，他没有看到。

又是一个傍晚，一位瘦瘦的军人来到修鞋摊旁边："一个多月前，是不是有位大个子军人来这儿修过一双皮鞋？"

"啊……对呀。"

"要付多少钱？"

小鞋匠略一沉思，说："修鞋费一块五，外加一个月的保管费五角，你给两块钱算了。"

军人把两块钱递给他，小鞋匠收好后，问："怎么大个子军人没有来？"

"他……"

⑧一月二十日，长春，北风刮得正猛。我骑着自行车，只顾低着头，往前紧走。临近和平大路口，把一个正边走边数钱的农民大爷撞了个趔趄，他手中的一把人民币"哗啦"一下掉在了地上。我慌忙跳下车，想赶紧把

钱给老人家捡起来。可是已经晚了，散落在地上的钱被呼呼的北风刮了起来，纷纷向四处飞扬。正在这时，只见过往的行人都不约而同地向钱飘走的方向跑去，有的还高喊："钱跑了，快追啊！"霎时间，整个路口喧腾了起来……

2. 鲁迅的《孔乙己》是这样结尾的：

"我到现在终于没有见——大约孔乙己的确死了。"

如果把这个结尾换成下面四个结尾中的任意一个，好不好？为什么？

①孔乙己到哪里去了呢？死了吗？唉，这个封建科举制度的牺牲品，他的命运真惨啊！

②孔乙己虽然死了，可是像他这样的人，却还有许多，将来也许还会有呢！

③据说，孔乙己死了，是被丁举人打死的。可怜的孔乙己，可恶的丁举人，这吃人的社会，什么时候是个完结呀！

④孔乙己死了，但他的身影却一直萦绕在我的脑际。我忘不了他的破长裤，带伤痕的青白脸、花白的胡子，还有，他那句"多乎哉，不多也"的口头禅……

3. 给下面的几个作文命题设计不同的结尾。

①愉快的春游；②三月的风；③在收获的季节里。

4. 某同学以"春天在哪里"为题作文，其中一位同学的作文构思独特，寓意深刻。可同学们读后，都觉得结尾不太理想，并以各自的看法作了修改。现将原文概述及几段修改文字附后，请你阅读后想一想：哪一个结尾改得更好一些，为什么？假如让你来修改文章，你会用什么方法收束文章呢？请写出来。

附：原作内容概述：

常听奶奶说，"春姑娘"最肯帮助人，三声呼唤之后，她便翩然而至，为你排忧解难。五岁那年，爸爸妈妈进了学习班，一去不归，我心中十分想念他们，便独自穿上花衣，偷偷跑到城外，跪在地上一遍遍地呼唤"春姑娘"，想请她把爸爸妈妈接回来。秋风瑟瑟，四野茫茫，春姑娘怎么也唤不来。我失望地回到家里，哭着埋怨奶奶说谎骗人。但奶奶说："总有一天，春姑娘会来帮助我们的。"在一个阳光明媚的日子里，爸爸妈妈回来了。我想这一定是春姑娘帮的忙。春姑娘在哪儿？妈妈说："春姑娘在人们的笑脸上，春姑娘在人们的心窝里，春姑娘在全国各地。"

结尾修改之一：

"春姑娘在哪里？"妈妈深情地望着北方："春姑娘在那儿，就在我们的首都北京城。"

结尾修改之二：

春姑娘把爸爸妈妈送回家来了，可我怎么还是没看见呢？

奶奶说："春姑娘很忙，没照面就又走了，她还要去帮助所有有困难的人呢。"

我不禁望空高喊："春姑娘，你再来啊！"

爸爸说："春姑娘这回来了就再也不走了，她要久住人间，使人们永远幸福。"

结尾修改之三：

我渐渐长大，慢慢懂得了奶奶的话。人们相信春姑娘的存在，也就是相信真理的存在；人们坚信春姑娘一定会到来，也就是相信真理一定会战胜邪恶。在艰难的岁月里，人们对真理的坚定信念是不可动摇的，就如同在寒冷的冬天，人们坚信春天一定会到来一样。

愿春天永驻人间。

5. 阅读下面的文字，按要求作文。

有位成功的企业家陪父亲到高级餐厅用餐，现场有一位著名的小提琴手在演奏。企业家若有所失地说："如果我儿时没有放弃练琴，现在也许就在这里演奏了。""是呀，"父亲回答，"不过那样的话，你现在就不会在这里用餐了。"

要求：①结合材料的内容和含意，选准角度，明确立意；②自拟题目，

自选文体（诗歌除外），不少于800字；③不得抄袭，不得套作。

6.阅读下面材料，按要求作文。

北京一家书店近日开业。与传统印象中书店的单一售书模式不同，"字里行间"连锁书店集餐饮、图书、创意礼品为一体，同时定期举办各类阅读沙龙和新书讲座活动，成为一个文化活动的综合体。参加开业典礼的一位作家嘉宾结合当下的新闻热点说："最近的新闻头条一般都是吸毒，还有嫖娼，还有谁跟谁复合了。希望书店开业也能上头条。"

对这位嘉宾的话，你怎么看？请结合当前社会生活谈谈你的看法。要求：①角度自选，立意自定；②除诗歌外，文体不限；③不少于800字；④不得抄袭。

下编

布谋
局篇

营造波澜构思篇

构思，是指作家、艺术家在孕育作品过程中所进行的思维活动。

构思在整个写作过程中是很重要的一个环节。"意在笔先"，说的就是下笔前必须要经过缜密的构思。一篇作品的构思，犹如盖房子的蓝图、做衣服的剪裁图样，不仅是必要的，而且在很大程度上决定着作品的好坏与成败。在构思过程中，对材料怎样安排、表现的顺序以及方法和形式等须做全盘考虑，也就是"言有序"。"袖手于前，始能疾书于后"（见《艺苑卮言》，明王世贞著，浙江教育出版社2008年版），也才能使文章"首尾开阖，繁简奇正，各极其度"（见《李笠翁曲话》，清李渔著，陈多注释，湖南人民出版社1980年版）。这是对写作前构思的重要性形象生动的诠释。在落笔之前，要认真读准题目要求，深入挖掘，审题立意，巧妙构思，这就是"袖手于前"；"疾书于后"就是说，想好了酝酿完了，才如雨下，挥挥洒洒，下笔如有神，万言可得。

评判一篇文章的优劣，并非只要思路、情感、生活通过语言文字堆砌起来就会给高分的。它有其自身的规律和内在的联系，是在中心思想统帅下的有机整体。写文章的过程一般是由信息输入、信息加工、信息输出这三个基本环节构成。

（二）贮存加工

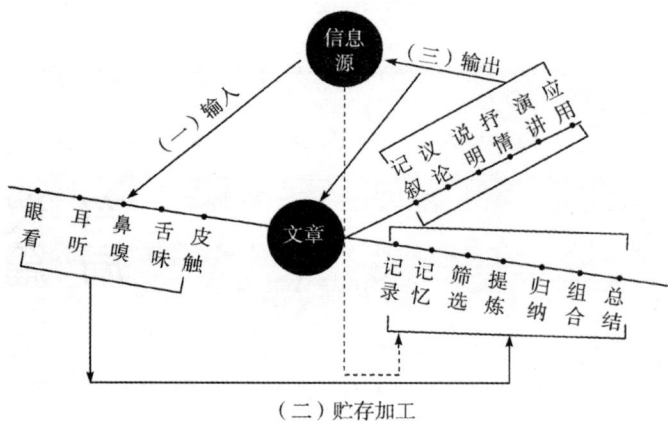

从上图中可以看出，"信息加工"阶段是成文的关键环节。反复的作文练习（信息加工）可以在输出文章的同时形成新的信息源（具有技巧性的作文方法），这一信息源又直接成为再加工的材料。高尔基曾说："没有'构思'，艺术性是不可能的，而且也是不存在的。"我国当代著名学者方仁工在谈应试作文时也说："动笔前的思考，是马虎不得的。要有恰当的时间保证。一旦落笔，就不要轻易改变全文的构思……"

构思过程主要是谋划文章的结构安排，也就是我们常说的"谋篇布局"。结构是文章的"骨骼"，"骨骼"不立，"血肉"（材料）焉附？因此，我们在平时作文构思中，要谋划好下面几个方面的布局：

①依据审题，选择题材，安排人物及故事情节，组织文章波澜。

②酝酿、提炼主题，即确定文章立意。

③确定文章表达形式。

④文章的开头关系到全文中心、线索、伏笔、照应和行文风格，是构思中应该考虑的，绝非可有可无。

⑤结尾是全文的总结和对文章开头、内容的照应，在构思中也不能掉以轻心。

合理的谋篇布局体现出一个人思维的整体性和连贯性。但不少学生作文时往往做不到这一点，时常出现这样一些问题：思维混乱，层次不清；衔接生硬，缺乏过渡；胸无全局，长短失度；头重脚轻，比例失调；平铺直叙，详略不分；首尾平庸，缺乏照应。这些问题不解决，文章立意再好，材料再精，也不能成为高档次的文章。

上述对文章具体设计的五个方面，有些在本书上编、中编中已经涉及了。这一编单就整体性强的材料安排、组织情节、营造波澜等谋篇布局的构思过程分类介绍。

文章的结构是客观事物的发展规律和内在联系的反映。一篇文章的结构反映了对客观事物的观察、认识、理解过程。如何选取布局的最佳模式？元代戏曲家乔梦符说："作乐府亦有法，曰凤头、猪肚、豹尾六字是也。""凤头—猪肚—豹尾"即是一般文章的最佳模式。开头如凤头，精美漂亮、小巧玲珑；中间如猪肚，内容丰富，饱满充实；结尾像豹尾，短小精悍、响亮有力。

中间这一"猪肚"式的部分正是文章的重心所在。记叙文主要是记人、叙事。人有外貌、动作、语言、心理；事有起因、开端、发展、高潮、结局。写文章不能满足于蜻蜓点水似的叙述，不能满足于只将事情大概告诉读者。记叙文主体部分应该内容翔实，有血有肉。具体地说，就是要在表达上加强叙述、描写和适当的议论、抒情，或使心理描摹更细腻传神，或使景物描写更具体生动，或使叙述事情更完整详细，或使抒发感情更加强烈充分，这样才能给读者以具体深刻的印象。

"猪肚"的谋划布局有以下一些技巧性方法。

画面组合构思法

画面，一般是指画幅、银幕等呈现的图像。连环画中每一个页面、电影电视中的每一个镜头，都是反映一定情景的画面。连环画是由多幅画面"连环"续接起来叙述故事情节和塑造人物形象的。看连环画时，我们首先看到的是一幅幅画面，从这些画面中可以看出它的特点——抓住一瞬间局部的形象来反映生活。因此，单幅画页反映生活的广度和深度，靠的是时间的积蓄和空间的浓缩。同时，它表现的仅仅是一个瞬间和局部空间，很难展示时间的流程和在时间流程中的空间变化。画家把一幅幅单画面组合在一起，来展示更多的瞬间和更大的空间，这样就形成了由众多画面来反映同一主题、叙述同一事情、表现同一人物的情节连续的"连环画册"。

连环画以事物发展、变化过程中最具特征的瞬间来展示事物的全貌，又以事物存在的广阔空间中最具典型意义的一角表现事物的本质。画面组合后，突破了单幅画的时空限制，能够反映更长时间流程中更大空间里的对象，从多方位、多侧面来表现中心内容，突出主题思想。

受连环画创作的启发，有的人在作文中也运用组合画面的方法来布局构思。一些叙事、抒情性强的文章，就是通过截取生活中最富有诗情画意的片段，来达到写景抒情、叙述事情、塑造人物形象、反映社会风貌和时代特征、表现一定的主题思想这一目的。文章从不同角度选取生活画面，各自相对独立又统属于中心思想，犹如连环画中的页面、影视作品中的特写镜头。这些画面在文章主题的统领下，反映较长时间或较广空间中的事物，具有选材典型、写物有深度和广度的特征。所以，茅盾先生把这些服务于中心的生动精彩画面称为"生活的剪片"，把这些"生活的剪片"连缀成文的构思方法就是画面组合构思法。

画面组合构思法是辐射思维和汇集思维的一种创造性结合。我们不论采取哪一种思维方式，在构思过程中都必须紧紧扣住联"面"的"线"。没有"线"或者游离于"线"之外，都将导致结构松散的毛病出现，这就是我们常说的"珍珠还需彩线穿"的道理。一幅画面就是一粒珍珠，组合画面的主题思想就是"彩线"。因此，画面组合构思法要求文章要有"珠"，而且要一颗比一颗更闪亮、晶莹，更光彩夺目。"彩线"要美丽，不能用根烂"草绳"随便穿穿。单有"明珠"而无"彩线"或单有"彩线"而无"明珠"的文章都不会是成功之作。

根据画面所表现的内容以及文章反映的对象不同，我们一般将画面组合构思法分为"联面状景抒情"和"联面写人叙事"两大类。

联面状景抒情法

文章是表达思想感情的展卷读物。下笔作文，可以说它是无字不含情，无句不蕴情。文章波澜起伏的内因不是结构变化、句式更新或词语出彩、技巧转换，而是感情的变化和更迭。有人说感情的力量是巨大的，不屈于刀剑枪弹的人，却往往折腰于情感的"丝路花雨"之中。写作，正是凭借思想感情的力量，在读者的心灵上"呼风唤雨"。

"状景抒情"就是表达思想感情的一种基本方法。其特征是：通过对一定景物和周围陈设的描写，达到表达思想感情的目的。"一切景语皆情语""情哀则景哀，情乐则景乐"的体验和感受，我们每个人大概都经历过。"一景一情、多景一情"的写作方法在许多文学作品中被运用。《红楼梦》第十七回"大观园试才题对额"，正是通过对景物略无阙处的工笔细描，构成一幅幅画面，才使得众人的题词有了着落，宝玉那敏捷的才思得以表现。北朝民歌"敕勒川，阴山下，天似穹庐，笼盖四野；天苍苍，野茫茫，风吹草低见牛羊"，更是将动景的画面与静态的景物有机地组合在一起，描写了一望无际的大草原那壮美的景色、粗犷雄浑的气象。读着这优美的诗句，谁的心中能不升腾起一股对祖国壮美山河的赞美之情呢？谁能不为生长在这样的国度里而感到自豪呢？

当代著名作家峻青的名篇《海滨仲夏夜》（见散文集《秋色赋·海滨仲夏夜》，人民文学出版社 1978 年版）正是根据海滨夜景的变换特点，采用了变景的描写顺序——随时间的推移展现海滨夜色有层次的景色变幻，从而描绘出一幅幅精彩的画面。自然，在任何文章中作者的情感都不会是冷漠的，他总是将自己的感情倾注在描摹的每一笔之中：在霞光里燃烧的正是作者对祖国江山的一片深情，闪着亮星的天空是作者明净如洗的襟怀的写照，海里晃动着的就是作者在美的享受中所获得的难以名状的愉悦……这一切令我们心醉神往的也就是蕴藏于海滨夜色这"一片自然风景"画里的"一个心灵的境界"，这一切又都是在抒发赞美祖国大好河山这一思想感情的主题下描绘成文的。

其他如朱自清的《春》（人教版语文教材七年级上册）、范仲淹的《岳阳楼记》（人教版语文教材八年级下册）都是"联面状景抒情"的典范之作。阅读欣赏这些作品，我们可以感悟到，运用"联面状景"的写法来抒发作者一定的思想感情，在构思过程中最关键的应注意两点。一是用什么来联面，即行文的线索——除了时间推移这一线索外，还有一条感情发展的暗线把各个景点的画面融合成一个整体；《岳阳楼记》中更是将粗线条勾勒洞庭湖大

观与细笔描绘"明媚春光"等画面相结合，情随景生，景因时变，情异景不同，增添了表达的艺术魅力。二是选取哪些面，即文章材料的取舍与详略的安排。一般说来，应该根据文章的主题来确定"面"的取舍，画面应在主题的统率与驾驭之下而存在。

根据写景抒情的线索不同，通常把以写景抒情为主的文章构思方法又分为这样几类：

移步换形法 这是以动态的空间变化为线索展开行文思路、安排文章结构的一种构思方法。

所谓"移步"，就是指空间（观察点）的变换；"换形"，就是指景物的改变。"移步换形"就是指随着空间的转移，所描绘的景物也随之变化。阅读这类文章，就好像跟随导游一路走一路欣赏景观一样。参观记、游记之类的文章最适宜用这种方法来构思作文。

学生在练笔中，有不少这类成功之作。下面这篇《游文君公园》，就是用"移步换形"这种方法构思成文的。

游文君公园

（作者：袁国川 点评：杨瑸文）

去年春的一天，我游览了久已向往的文君公园。① 　　文君公园位于邛崃市临邛镇文君街中段。一进大门，只见亭阁高耸，假山突兀，修篁夹道，曲径通幽。②	①点明时间、地点、人物、事件。"久已向往"，表明心切。 　　②行文简洁。
沿大门左侧前行，穿过石穹门，便进入了园林。首先映入眼帘的，是一座斗拱飞檐的四角方亭。③此亭三面邻池，白玉雕栏环绕。步入方亭，微风扑面，月池碧波荡漾。此刻，好像亭子也在晃动，使人不由自主地紧抓栏杆。举目四顾，窗、梁、柱闪闪发光；亭前两棵耀眼的丹柱上挂着一副楹联"井上风疏竹有韵，台前月古琴无弦"；亭上高悬一块红漆黑字的大匾额，上书"琴台"二字，十分潇洒。④	③写方亭的形状、位置、所处的环境。"斗拱飞檐"，形象逼真。 　　④从整体写到局部，层次清楚。引用楹联，加深了文章的意境。

目睹这修葺一新的琴台，怎能不令人发思古之幽情呢？当年那"凤求凰"的一个特写镜头，在脑海里闪现叠映：宴席上，西汉著名文学家司马相如端坐琴前，醉心抚琴，意荡神驰，十指如雨……⑤珠帘后，新寡在家的才女卓文君凝神谛听，心潮起伏，泪光闪闪……月光下，相如携文君夜奔成都，生活无着……临邛街，文君当垆，相如涤器……⑥他（她）俩的叛逆行动，曾招来世人的非议和白眼，惹得文君之父临邛巨富卓王孙大怒，发誓"不分一钱"。⑦

　　出了琴台，绕过右侧的曲槛回廊，往前走约五六步就到了文君井畔。此井口径不过二尺，往下井腹渐宽，像胆瓶一样。而且常年不枯，水平如镜，清澈见底，令人叫绝。⑧怪不得当年文君取此水酿酒。井北有一座碑亭，上书三个赫然醒目的大字"文君井"，掩映在那青枝绿叶中，显得特别庄重、古朴。碑亭背面镌刻着郭沫若1957年10月1日的题词："文君当垆时，相如漆器处，反抗封建是前驱，佳话传千古……"⑨⑩郭老遒劲有力的字体，为文君井添了不少风韵。井之南，花墙围绕，盆景有序。

　　沿着花墙觅径，穿过一个月洞门，抬头便见一座厢房，门前斜挑着一方酒帘，上书"文君酒肆"四个大字。⑪门内是一个古色古香的店堂，并排放着六张方桌。柜台上摆满了文君名酒和可口的佳肴，我刚落座，只见柜台后面竹帘掀动，身着古装的"卓文君"红唇粉面，笑容可掬，手里托着一盘酒菜，飘然迎来。⑫有人介绍道："这招待员是个高中毕业生。"啊，亲睹"卓文君"当垆卖酒，又会引起人们几多联想？⑬

　　当我随着熙熙攘攘的人群走出文君公园，还久久回味着郭老的题词："反抗封建是前驱，佳话传千古……"⑭

⑤联想贴切，把历史故事巧妙地穿插于写景状物之中。

⑥几处用了省略号，给人以想象回味的余地。

⑦放得开，也收得拢。

⑧写文君井，数字准确，比喻贴切。

⑨文章由井引出碑亭，由碑亭引出郭老题词。写文君井，浓墨重彩。

⑩引用题词，恰到好处。

⑪写酒肆，由外到内，由物到人。

⑫简洁几句，写出了人物的面容、神态、动作。

⑬议论抒情。

⑭结尾照应前文，令人回味。

这篇游记有以下几个特点：一是采用了"移步换形"的手法，随着作者立足点的移动，所写的景物也随之变化；二是紧扣中心，选择了琴台、文君井、文君酒肆等富有特色的景物画面，布局有致，详略得当；三是融记叙、描写、抒情为一炉，景中有情，情景相生；四是用词准确精当，语言干脆利落。

我们在课本中学了不少此类文章，从中可以感悟到运用"移步换形"法构思作文时要注意四个方面。

首先，要交代清楚是怎样"移步"的，也就是要把游踪说清楚，不能自我感觉明白就行了，要有意识地或明或暗点出游览时地点（景物观察点）变化的情况。

其次，在交代游踪这条行文线索时，努力做到巧妙自然，不要生硬死板。

再次，要注意在描写不同景物时，应写出旅游者的具体感受，努力做到有景有人，有景有情，情景交融。

最后，这种导游式的写法往往要与依照时间先后为序的写法相结合，既有空间的变化，又有时间的推移，二者相互交织，更能够交代清楚线索。

序时绘形法　这是从时间季节的角度来展开思路、安排材料、构思成文的一种写作方法。古今有不少写景抒情的记叙性散文均属于此类。郦道元的《三峡》（人教版语文教材八年级上册）就是"序时绘形"的典范之作。"序时绘形"作文，要依春夏秋冬四季为序描写同一地方的不同景色，犹如四季挂屏，每一幅屏面，就是一个"剪片"，几个"剪片"就能组合成一篇文章。于萍的《桂林的风》就属于此类构思法的成功之作。

请欣赏全文：

桂林的风

桂林的风是那样的迷人，那样的让人留恋。她像母亲哼着深情的摇篮曲，伸出温暖的手臂抚摸着闻名遐迩的山水名城——桂林。

初春，冬日的迹象还未消失，桂林的春风已悄悄来临。她轻轻地拂过，树枝好像软了许多，枝上萌发了许多鹅黄的、嫩嫩的叶芽；新生的绿草，笑眯眯地铺在地上，宛如一张绿茸茸的地毯。这时的杉湖和榕湖已经没有一点寒冬时干涸的痕迹。湖边是绿云一般的柳树和青翠欲滴的翠竹，微风徐来，翩翩起舞。一些不知名的小鸟正在婀娜的垂柳中歌唱。湖面是碧蓝碧蓝的，恰如一块翡翠。柔和的晨光洒在湖面上，给它镀上了一层金黄。风，调皮地跟湖水一阵耳语，湖面顿时波光粼粼，像是回应春风一个动人的笑靥。花市最早的要算尧山了，在春风深情地抚摸下，这儿的杜鹃开得最美、最盛，大有"旭日喷薄映红天，春华竞放绿连城"之势。

一年之计在于春，不错的，桂林郊区的农民伯伯已满怀丰收的信心，开始耕田、种地了。城里城外，人们沐浴着春风，脸上洋溢着温润的微笑，大家都沉浸在一片融融的春光之中。

当夏季特有的温暖而湿润的南风迎面扑来时，桂林的山水却又是另一番景色，无处不充满着画意、诗情。远处黛青色的山峦在晨雾中若隐若现，近处是清澈见底的漓江。江面上，脚踏竹筏的渔翁在吆喝着鸬鹚捕鱼；似游鱼穿梭的满载国内外游客的游艇，更给这幅绝妙的山水画带来了无限的生机。那弥漫着的、浅浅的晨雾把远处的山、树……都蒙上了一层半透明的轻纱，给游客一种无边遐想的朦胧美。当你凝眸观赏，一阵阵风吹来，晨雾浮动，雾中的景致好像都活了。在江岸绿油油的草地上，几头水牛悠闲地吃着青草。多美的景色啊！一群顽童折了一条条柳枝，在岸上跑着、笑着，也许他们是为夏天的到来而高兴呢！

"秋高气爽"的确不错。桂林秋天的风是饱含着花香和水果香的。她催开了灿若云霞的一树树桂花。看，那金灿灿的金桂，银闪闪的银桂，黄澄澄的丹桂都张开了那细小的花瓣，密密地缀满枝头，散发出阵阵浓郁的馨香，把游人都熏醉了，也引来了一群群勤劳的蜜蜂采蜜。市郊那一片片黄金稻还在秋风的吹拂下，微微扬波点头，像是赞美生活的甘甜；一岭岭碧绿的橘树在熟透了的橘子的点缀下，显得格外打眼；一株株柚子树上那金灿灿的硕大的柚子，活像一个个大元宝……农家正忙着收谷摘果，孩子们正望着熟透了的果子欢笑，到处洋溢着丰收的喜悦。

秋去冬来，游人依然如织。南方是没有严冬的，桂林也是如此，让人觉察不到冬天的来临。因为桂林的冬天很少冰冻，北风不甚凌厉，许多树木也并不枯黄落叶，公园里依然有盛开不败的鲜花。这时漓江上虽然没有了雾和放鸬鹚的捕鱼人，但它并不因此而失色。你看，山是深黛色的，阳光比夏日更加可爱。天上的白云稍厚一点，倒映在水中却别有一番情趣，显示出一种

庄严而凝重的美。那沿江呼号的北风，就成了这些景致的最理想的和弦了。最难得的是下点小雪（桂林有时几年不下雪），风舞雪花，纷纷扬扬，桂林人感到格外新奇。雪停风静，铁青的尧山戴着雪白的睡帽，在阳光映照下更加夺目。难怪人们把"尧山冬景"列为桂林八景之一呢！

冬天很快过去，春天又临人间。桂林的风随着季节的更换而呈现出不同的风采和神韵，滋润着"甲天下"的山水美景，也哺育着勤劳聪慧的桂林人。

这篇文章，以"风"为题本来有较大的难度，因为"风"是无形的东西。但作者成功地运用"序时绘形"的方法进行画面组合，巧妙地从桂林四时不同的山水景象入手，以细腻动人的笔触，深情地描绘了桂林的风在一年四季中不同的丰姿神韵，紧扣山水美的特点，为读者徐徐展开了一幅幅绚丽生动的画面。请看那柔和而充满生命力的春风，温暖而湿润的夏风，饱含花香和果香的秋风，纯洁而并不肆虐的冬风。四幅风景画，情态各异，气韵生动，惟妙惟肖。这一切，无不流露着作者对祖国大好河山的热爱和赞美之情。读者随着这舒缓而清丽的描述，仿佛时而漫步在春日流翠的榕湖，时而置身于仙境般的漓江晨雾之中，时而徜徉在丹桂飘香的林荫，时而又在观赏尧山迷人的冬景，的确美不胜收，叫人流连忘返。

由此可见，运用"序时绘形法"构思作文，确能反映较长时间（例文中的一年四季）和较大空间（桂林的山、水、林、草等）中的事物，给读者以全方位的感觉与认识，堪称一种简单易仿的作文构思方法。当然，在运用这种方法构思作文时，应该注意以下四个方面。

第一，描写事物存在的地域不能改变。时间不同，地点不变，是"序时绘形"的主要特征。

第二，描写的地域必须是自己熟悉的，在不同的季节时间内观赏过该地的景色。

第三，这种方法宜于描写广场大地、平川旷野、江河湖海等面积空阔之处，不宜描写曲径通幽之地。

第四，"序时"既可以写春夏秋冬，也可以写早午晚夜，甚而可以描述不同时刻、不同心境下的景物。但不一定按照春夏秋冬、早午晚夜的顺序来写，可以灵活多变。如欧阳修的《醉翁亭记》、范仲淹的《岳阳楼记》（均见人教版语文教材八年级下册）中部分内容就具有这些特点。

定步瞻眺法　这是静态的以空间变化作为线索来展开行文思路、安排文章结构的一种构思方法。

所谓"定步"就是指相对稳定地选择一个观察点；所谓"瞻眺"，就是指观察和眺望，每一次眺望所及的景象，就形成一幅相对独立的风景画面，几幅这样的画面串联组合，就是一篇写景抒情的文章。由于这种方法往往要选择一个中心点，所以也有人把这种构思法叫作"中心辐射法"。

下面这篇获奖作文则避开了一般游记的写法，以"我伫立在城头"作为瞻眺点，展示了几组类似电影的特写镜头，推、拉、摇运用自如。记叙、议论、抒情融为一体，形成了立意高远、蕴藉丰厚、含蓄深沉的特色，读后使人产生一种独特的联想与感受。

登长城

资建毅

人群，在缓缓流动着，像一条汪洋中的章鱼慢慢地把腕足伸向水中的广阔世界。它要伸向哪里？它要捕捉什么？或许只是生命的表现。

人，低着头，行进着，喧嚣，沉寂，往哪里走？哪里是个尽头？只知道前面有台阶，有路，要攀登。

石阶顺着山势起伏着，有的地方平缓，有的地方陡急。陡急处，后面的人只能见到前面人的脚踵。

人群，无数的手，无数的脚一起攀着台阶，沉重的躯体几乎要伏在石阶上。一个台阶，又是一个台阶，不能停留，后面的人，前面有路，苍茫空旷的天地间有一群匍匐着不停向前的小点儿。

脚下，手边是已千年的石头，石头下埋着千万具尸骨。石头——冰冷，光滑，粗糙，任人群踏着它。石头灰暗，似现出暗红的颜色，是工匠的苦泪？是斗士的热血？踏着石头，脚下似乎有一种震撼，有一股急流在奔突，是召唤人群向前，还是恐吓人群退后？没人知道，人群只是在"伟大的墙"上向前。

墙，高耸，挺立，无语。墙下乱石雪中、黄土地上——草，无声地绿着；

花，无语地红着。这里曾发生过血战，滚烫、殷红的血曾在这里流淌；高贵、下贱的头颅曾在这里滚动。今日，只留下几尺黄土，默默地埋葬了过去。城墙静静地立着，是在嘲笑，是在惋惜，还是在沉思？风吹过，一阵绿的细浪传向远方……

我伫立在城头。

天际外，塞北有成吉思汗的后代，马群在奔腾，人在马上。

云头边，江南有炎黄尧舜的子孙，大江在泻涌，人在舟头。月涌大江流，送走了一代又是一代。长城伏在大山上，穿越群山万壑，像一条巨龙。它想飞上天空吗？我望着连绵的它，仿佛伏着的是我。起伏的石道上，人群走着——高高的石道上，忽地竖起一丛怒发——坚忍、沉着的面庞——宽阔的胸膛——铁的躯体——人从那低的地方攀了上来，挺立在高高的石阶上，背后是蓝蓝的天。

人群从我身边流动，只顾向前，只给后面的人留下一个默默的背影，像负着重担。人群走着，像一面墙，伟大。虽然没有羽翼，却靠着双足支撑着沉重的躯体，向前走着……

一座伟大的墙。

绵绵的长城，哪里是个尽头；苍茫的星球，哪里有停靠的绿洲；汹涌的人流呀，你要负重攀登去哪里……

一代呀，又是一代。明天，明天哪，还会有登长城的人哟！

不难看出，运用"定步瞻眺"的方法构思作文时，要注意二方面的内容。

一是立足点（即观察的定点）必须居高临下，视野开阔，便于向不同方位的景观眺望，如例文中"登上城楼"与"伫立墙头"。登高才能望远，才能把低于立足点的景物一览无余。

二是"瞻眺"要在某一"定点"上进行观察，避免立足未稳就匆忙移动观察点。

三是要注意"瞻眺"时本身的线索，也就是按照什么顺序来瞻眺，或方位，或距离，这样才能使文章"有物"也"有序"。

分类赋形法 这是指按照景物的类别来展开思路、选择与安排材料的一种作文构思方法。与上述三种方法相比，此种方法更具创造性与综合性，写起来难度较大，我们只做简单介绍。

读过菡子写的《黄山小记》（义务教育九年级上学期课外现代文阅读教材）、宗璞写的《西湖漫笔》（《宗璞散文选集》，百花文艺出版社2009年6月版）、碧野写的《天山景物记》（《人民文学》1956年12月）的人都可以看出，这些文章的布局构思确实不同于一般的写景抒情文。《黄山小记》中把黄山的景物做了分类，然后按类加以描述，而不是专写某处景观或某日游览的行踪。文章把黄山的景物分成了这样五大类：植物、动物、瀑布流泉、云彩（结合日出）和山峰与新旧建筑，并依次描述了每类景观。描述中笔带感情，重点突出，使人阅读后对黄山全貌以及具体景观都有充分的认识。

也有人把这种构思技法叫作"块状布局法"或"分镜头法"。是指一篇文章可以分割成若干个相互联系又彼此独立的单元，有明显的层次结构。有的没有标志，有的则用小标题的形式进行分层。这种布局好处是层次清晰，一目了然；缺点是不容易掌握。

此外，要掌握分类赋形（块状布局）的构思技法需注意三方面内容。

首先，要求作者对所写对象非常熟悉，分类准确，概括力强。

其次，要求作者对所写对象有具体的感受，并能使之上升到对同类人、事、物、景的普遍性认知。这就需要有敏锐的观察力和高度的概括能力。

最后，还要求作者在描述中努力做到点面结合、具体形象。

总之，写景状物，联面抒情，综合记述，不论采取哪一种方法构思成文，都必须建立在仔细观察的基础之上，同时还要融入自己的真实感受。只有把握住对景物、人物的感受，所要表达的主题才有着落，写出来的文章才不会是客观的"静物摄像"，而是融进了个人的思想感情活动，即所谓的寓情于景、写人寄情。只有认真观察写出感受，才能以情感人。

联面写人叙事法

运用画面组合来构思行文的另一类方法是联面写人叙事法。

前面说过，记叙性文体是以写人记事为主要内容的。人和事是构成社会五彩生活的主要因素之一。作为反映社会客观现实的记叙性文章也大都要涉及人和事。但在具体的文章中人和事各有侧重，或重在写人，或重在叙事，二者不可能平行并列。人因事显，事以人传，这是二者的关系。记人与叙事

文章的主要区别就在于：记事是为了显示事情的某种意义，写人是为了显现人物的某种特征。写人记叙文中的记事是为了把人物表现得更丰满，叙事文章中的写人是为了借助人物所经历的事情来突出事情的意义或影响。由于人与事在记叙性文章中有如此密切的联系，在这里我们就把写人叙事放在一起来探讨如何用画面组合的方法构思此类文章。

阿累的作品《一面》就十分传神地刻画了鲁迅先生的形象。文章如电影推进镜头一般，前后共用了五个画面，由朦胧到清晰，渐次分明地描绘了鲁迅先生可敬可爱的人格魅力，给人以深刻的印象。

第一幅画面由声开笔，在暗的背景下，传来一阵大笑声，"我"循声望去："模糊辨出坐在南首的是一个瘦瘦的，五十上下的中国人，穿一件牙黄的长衫，嘴里咬着一枝烟嘴，跟着那火光的一亮一亮，腾起一阵一阵烟雾。"这是谁？这幅画面描写的只是一个不十分清晰的轮廓，但从那"孩子一样天真"的笑声中，人们似乎可以感觉到画面中人物的豪爽性格。

第二幅画面是走到近前的人物形象："面孔是黄里带白，瘦得教人担心，好像大病新愈的人，但是精神很好，没有一点颓唐的样子。头发约莫一寸长，原是瓦片头，显然好久没剪了，却一根一根精神抖擞地直竖着。胡须很打眼，好像浓墨写的隶体'一'字。"此时，"我"虽然没有意识到这是谁，但人物形象十分清晰，形神兼备：形的特点是"瘦"，神的特点是"精神抖擞"，这似乎是矛盾的，但又是统一的。这矛盾的统一是通过一个移动的面部特写来表现的：先面孔，再头发，后胡须，由整体到局部，再到细部，渐次放大，形神统一，突出了鲁迅先生的战斗精神的内在气质。

第三幅画面是"我"在惊异中有意识地辨认。此幅画面中使用的文字几乎是前面两幅的合写，因而可以说是前面两幅画面的重叠显现，是一个闪回镜头。其目的是把读者带入一个新的境界：鲁迅的形象，鲁迅的名字，连同他的战斗业绩，化为一体。不仅消释了先前的悬念，而且使先前的联想得以落实，进而崇敬之情油然而生。

第四幅和第五幅画面是两个特写镜头，一幅写的是脸，一幅写的是手。不仅突出鲁迅"瘦"的特征，还渲染了他生命不息、战斗不止的精神与意志。

至此，作者的笔触像摄像机一样领着我们进入内山书店，实录往事，聚焦于鲁迅，选择了典型的画面，用特写镜头有层次、有变化地予以组合连缀，凸显出一个光彩照人的伟人形象，把这次终生难忘的"一面"再现到读者面前，收到了"一目传神"的艺术效果。

再看一段描写首都人民群众"十里长街送总理"那个特殊时期的特殊场景：

灰暗的天空压着沉沉的云层，整个北京城是那样肃穆宁静。从北京医院到八宝山，人们披戴着黑纱，胸前挂着白花，伫立在几十里大街的两旁，冒着寒风等候一个小时又一个小时……傍晚，悲壮的哀乐送来了周总理的灵车。人民抑制不住悲痛，在寒风中哭泣着，从心底里呼喊着："周总理啊，我们不能离开你啊！"总理的灵车在泪雨纷纷的行列中缓缓行驶。灵车啊，你停一停，让我们再看一眼周总理亲切慈祥的面容！司机啊，你刹住车，让我们再向总理诉一诉衷肠！一位白发苍苍的老工人边用颤抖的右手擦去横流的泪水，边悲痛欲绝地急呼："敬爱的周总理啊！你怎么走得这样急！有多少事情等您去解决，有多少事情等您去处理，总理啊，您怎么走得这样急！"夜深了，风紧了，总理的灵车已经过去了几个小时，但伫立在数十里长街两旁的人群依然默默地等待着，等待归来的灵车。但是，长夜无言，天地悲，只见灵车回，不见总理归。"总理啊，你今晚几时回？"一人失声，顿时万众悲咽，止不住的滚滚热泪，再一次洒满几十里长安街。

这一段描绘首都百万人民迎送周总理灵车的文字，犹如一幅长画卷。其中心是表达我国人民永远怀念周总理的真挚、深沉的感情。既有较广阔的背景画面，又有人的语言行动描写画面；既有面的展现，又有点的描绘；既有鸟瞰式的全景画面，又有特写式的近景画面；有气氛，有人物，点面结合，真实地再现了催人泪下的情景。看着这一幅巧妙组合的揪扯人心的长幅画卷，给人以如临其境的逼真之感。

自然，叙事写人的记叙文中，不可能通篇都是画面的组合，还必须结合铺陈叙述、描写议论抒情等多种表达方式。描绘人和事的画面，仅可作为文章构思布局过程中的一部分（有时可以是重点，如《一面》），且要有动有

静，点面结合，多处着墨，层次分明。既不能只扎在一个点上而忽略了全貌，也不可面面俱到，主次不分。

根据描绘人和事画面入笔角度、内容的不同，"联面写人叙事法"又可分为三种类型：

鸟瞰全景组合法　"鸟瞰"一词的本义是：从高处俯视地面景物。引申义为概略地观察，也指事物的大概情况。

鸟瞰式全景画面组合法，就是借助从高处俯视地面景物的角度，描绘人物、事情发生发展的画面，把这些观察所得的画面按照一定的顺序组合排列（也可单独出现于文章中）构思成文的一种方法。

运用这种方法，能使被反映的对象既有全貌的呈现，又有局部的凸显，文章内容得以具体、细致地呈现。请阅读感悟下面几段文字：

①1945年8月28日的清晨，从清凉山上望下去，见有不少的人顺着山上的大路朝东门外飞机场走去……

飞机场上人越来越多，一会儿就聚集了上千人。但是，谁也不讲话，沉默着。整个机场上空气十分严肃，就像是在前线，战斗将要打响前的一刹那。……

人们又听到了汽车的马达声：一辆延安人都熟悉的带篷子的中型汽车正转过山嘴，朝飞机场驶来。立刻，人群像平静的水面上卷过一阵风，成一个整体地朝前涌去。……

机场上人群静静地立着，千百双眼睛跟随着主席高大的身形在人群里移动，望着主席一步一步走近了飞机，一步一步踏上了飞机的梯子。这一会儿时间好长啊！人们屏住了呼吸，一动不动地望着主席的一举手，一投足，直到他在飞机舱口停住，回转身来，又向着送行的人群。

人群又一次像疾风卷过水面，向着飞机涌了过去。主席站在飞机舱口，取下头上的帽子，注视着送行的人们，像是安慰，像是鼓励。人们不知道怎样表达自己的心情，只是拼命地一齐挥手，像是机场上蓦地刮来一阵狂风，千百条手臂挥舞着，从下面，从远处，伸向主席。

主席也举起手来，举起他那顶深灰色的盔式帽；但是举得很慢很慢，像是在举起一件十分沉重的东西。一点一点地，一点一点地，举起来，举起来；等到举过了头顶，忽然用力一挥，便停止在空中，一动不动了。

（摘自方纪《挥手之间》，作家出版社 1963 年版）

②将至斗处，送将军登空堡上，曰："但观之，慎弗声，令贼知也。"

时鸡鸣月落，星光照旷野，百步见人。客驰下，吹觱篥数声。顷之，贼二十余骑四面集，步行负弓矢从者百许人。一贼提刀突奔客，客大呼挥椎，贼应声落马，马首裂。众贼环而进，客奋椎左右击，人马仆地，杀三十许人。宋将军屏息观之，股栗欲堕。忽闻客大呼曰："吾去矣。"尘滚滚东向驰去。后遂不复至。

（摘自《魏叔子文钞》，见清代《宁都三魏全集》）

③七尺阔、十二尺深的工房楼下，横七竖八地躺满了十六七个"猪猡"。跟着这种有威势的喊声，在充满了汗臭、粪臭和湿气的空气里面，她们很快地就像被搅动了的蜂窝一般骚动起来。打呵欠，叹气，寻衣服，穿错了别人的鞋子，胡乱地踏在别人身上，叫喊，在离开别人头部不到一尺的马桶上很响地小便。

（摘自夏衍《包身工》，见人教版高中语文教材必修课四单元）

上举三例文字，第一例是写延安军民送毛泽东主席上飞机赴重庆谈判时的动人场面；第二例是描写大铁椎在旷野决斗的场面；第三例是写包身工一天生活中起床时的情形。三例文字，虽然风格各异，描述对象不同，写作时代有别，但都采取了"鸟瞰式"的手法来描述人和事，都是将几幅画面组合在一起表达主题的。读后给人留下的印象也都是很深刻的。阅读这样的文字可以看出采取"鸟瞰式"来组合画面写人叙事时，应该注意这样三个方面。

第一，同"定步瞻眺"一样，必须把握好描绘的立足点，要恰当合适，便于观察。不同的是"定步瞻眺"可以向四面八方任意观察，俯仰自由；而"鸟瞰式"只能是居高临下观察所看到的人、景、物、事，不符合这一点就不能称其为"鸟瞰"了。

第二，"鸟瞰"到的人物活动、事件发展须有一定的表现顺序，同时描述要简练清晰，井然有序。

第三，"鸟瞰"到的作为文章画面的情景内容，都必须有利于表现文章

的主题，不能游离于主体思想之外。

特写放大描述法 特写，有两方面的意义，其一是指报告文学的一种形式，主要特点是描写现实生活中的真人和真事，具有高度的真实性，但在细节上也可作适当的艺术加工；其二是指电影艺术的一种手法，拍摄人或物的某一部分，使之特别放大（多为人的面部表情或某一动作）。我们这里所说的特写是从后一种意义上延伸出来的，指的是用来表现人物活动或事件发展中关键的具有特殊意义的描述方法。

特写，所反映的内容对塑造人物形象、推动情节发展都有十分重要的作用。我们读过不少文章，其中有些情节或人物形象令人难以忘却，原因之一就在于用特写的方式描绘一定的画面，使其人、其事凸显了出来，映入读者的脑海。比如：

①她从来不打骂我们。仅仅有一次，她的教鞭好像要落下来，我用石板一迎，教鞭轻轻地敲在石板边上，大伙笑了，她也笑了……

（摘自魏巍《我的老师》，见《魏巍散文集》人民文学出版社2009年11月第1版）

②……我看见他戴着黑布小帽，穿着黑布大马褂，深青布棉袍，蹒跚地走到铁道边，慢慢探身下去，尚不大难。可是他穿过铁道，要爬上那边月台，就不容易了。他用两手攀着上面，两脚再向上缩；他肥胖的身子向左微倾，显出努力的样子……

（摘自朱自清《背影》，见人教版语文教材七年级上册）

③眼前那大场院上，却一处马嘶人叫，人们正赶着打场呢！这堆金黄的小山，是谷子；那堆焦黑的丘岭，是荞麦。红的高粱，白马牙玉茭，扬着风，一阵阵烟雾腾腾；马蹄答答响，石碾子咕咕嘈转着跑。人脸晒红了，汗珠在眉峰上闪光，灰尘披满衣衫，声音却分外欢畅、洪亮。给暖洋洋的日光一蒸发，空气中弥漫着新粮食的香味。

（摘自刘白羽《红玛瑙》，见《红玛瑙集》人民文学出版社1962年5月第1版）

读着上述文字，通过再造想象，在读者头脑中都能重新还原为可感性强的人物（或事情）特写镜头画面。前两段文字都可以构成画面，其内容我们都比较熟悉。第三段文字中，第一句和尾句都是总写坪场的情景，其余各句都是分写，属于连续性的特写镜头。这组特写镜头中，既有刻画人物的，又有描写环境的，都是以刻画动态画面为主。除了动静结合外，"鸟瞰"与"特写"相融又是一特色。既有一般的景象，又有个别的景象，一般与个别互相映衬，表现了一个中心——热火朝天的丰收图画。

同时，这段文字在组合画面时又是很有层次的：先呈现总貌，再推出一个个特写画面，最后又是总括性的画面；先是静止的粮垛，突出颜色，后出现劳作的人畜；在劳作的人畜画面中，又以描绘人的精神状态为重点。这样，使内容表达层次分明，重点突出。

运用"特写式"构思文章最值得推崇的还是朱自清先生的《春》（人教版语文教材七年级上册）。

《春》是一幅春光秀丽的画卷，《春》是一曲赞美青春的颂歌。

作品起始写道："盼望着，盼望着，东风来了，春天的脚步近了。"两个"盼望着"的词语重叠，强化了人们对春天的期盼。"春天的脚步近了"，更把春天拟人化，似乎春天正在悄悄向我们走来。看："一切都像刚睡醒的样子，欣欣然张开了眼。山朗润起来了，水涨起来了，太阳的脸红起来了。"作者先从总的方面描绘春景，勾画出大地回春万物复苏的景象。

接着，作者推出五个特写镜头，细致入微地描绘春天的动人景象。

第一个特写镜头是春草。"小草偷偷地从土里钻出来，嫩嫩的，绿绿的。"作者不仅写出了春草的嫩绿、绵软，而且还写下了它对人的诱惑力——人们在草地上"坐着，躺着，打两个滚，踢几脚球，赛几趟跑，捉几回迷藏"。这里的绿茵，已不是单纯的自然景物，而成了人们生活的亲爱的伴侣——景物变成了情物。

第二个特写镜头是花木争荣。"桃树、杏树、梨树，你不让我，我不让你，都开满了花赶趟儿。红的像火，粉的像霞，白的像雪。"不仅果树之花争相斗艳，而且野花遍地，万紫千红。众花还以其特有的色香，吸引无数的蜜蜂"嗡嗡地闹着"，大小蝴蝶翩翩起舞。这些描写，活现出春意盎然的气氛。作者不以再现自然花色为满足，还特意写道果树之花："带着甜味，闭了眼，树上仿佛已经满是桃儿、杏儿、梨儿。"想象不仅拓宽了描写的视野，更从

未来角度渲染了春花的可爱。

第三个特写镜头是春风。较之春花来说，春风是不容易描写的。朱自清写春风，主要抓住了两点，一是春风的柔和，二是它具有传声送味的作用。作者先用南宋志南和尚的"吹面不寒杨柳风"的诗句，来状写春风的温暖、柔和。他犹恐读者不易领会，马上来了一句人人能领会的摹写："像母亲的手抚摸着你。风里带来些新翻的泥土的气息，混着青草味，还有各种花的香，都在微微湿润的空气里酝酿。"作者从传味角度写春风，不仅强化了春的氛围，也将此段与上两段关于草、花的描写自然地连接起来。春风还把春鸟的歌唱、牧童的笛音，送入人的耳膜，"与轻风流水应和着"。作者从多方位描写春风，把这个本来不易表现的事物也写得栩栩如生。

第四个特写镜头是写南方的连绵春雨。"看，像牛毛，像花针，像细丝，密密地斜织着，人家屋顶上全笼着一层薄烟。"这种雨，使树叶子"绿得发亮，小草也青得逼你的眼"。雨夜，一点点黄晕的灯光，"烘托出一片安静而和平的夜"。白天，"地里工作的农夫，披着蓑，戴着笠的"——俨然一幅春雨农耕图。

第五个特写镜头是春景中人的活动。前四幅画面以写自然景色为主，这幅画面则突出人的行为："城里乡下，家家户户，老老小小，他们也赶趟儿似的。一个个都出来了。舒活舒活筋骨，抖擞抖擞精神，各做各的一份事去。"在春天，花儿"赶趟儿"地开；人们为了迎春，"也赶趟儿似的"走出家门。在春天，花卉争荣，各不相让；人们相信"一年之计在于春"，也以只争朝夕的精神投入了工作。

总之，组合特写画面作文，自有其感染人的独特的魅力，同时又具有很强的表现力。因为记叙文都是用一定的形象来反映社会生活的，而形象又总是非常具体的。有时，一个典型的特写式画面描摹的作用，往往超过一大篇笼统叙述的效果。所以，特写式画面描摹是突出形象的重要手段之一。它可以表现千军万马浴血鏖战的某一特定对象，也可以临摹三五知己的炉边闲话。它的背景可以是崇山峻岭，也可以是池边柳下，只要注意到它在空间上是撷取流动中的瞬间那富有表现力的典型形象或情节，就可以比较恰当地把握并运用这种方法了。

长卷铺陈描摹法 卷，在现代汉语中有这样一条义项：古代书籍写在帛或纸上，卷起来收藏，因此书籍的数量称卷，一部书可以分成若干卷，后代仍沿用，来指全书的一部分。在这里，卷前冠以"长"字，并非指数卷或数十卷，它只是相对于"鸟瞰式""特写式"所涉及的画面内容而言，临摹人事的方式、方法多而广。

长卷式，适宜于描摹大到广阔无垠的战场，小到一庭一院一室之类人物众多、事情繁杂的生活画面。我们把反映这类内容、从整体出发刻画对象的可感性强的画面组合方式称为"长卷式"。

我们来欣赏下面几段文字：

①大便桥修好以后，老阎和队部的干部们立刻就跑到各个工地上。他们废寝忘食地进行了一天一夜的组织工作，便使各个工厂点和工作部门又像平常那样紧张而有条不紊地活动起来了。广播里依然播送歌曲。日夜和各工点联系的调度电话，不停地响着。工程队队部办公室不断有人进进出出。工地里的各种机器，照样运转，照样吼叫。一部分人在各工点上继续做"收尾工程"，另有许多人在抢修运输便道。往日，从队部门前到大便桥跟前，非常热闹；树荫下，崖底下，凡是阴凉的地方，就有山区老乡出来卖柴火、蔬菜、木耳、核桃、酸枣……还有钉鞋的、卖杂货的、卖凉粉的、算卦的、耍猴儿的……洪水来的时候，暴雨不晓得把这帮人卷到哪里去了。如今，雨过天晴，洪水消退，这些卖艺的、挑担的、摆摊的和穿草鞋的农民，又都挤来了。下了工的工人，熙熙攘攘挤到这里买东西；上工的职工，豁开人，经过大便桥到工地去了。工人的孩子们，背着书包，一跳一蹦去上学，工人的老婆背着在工地上出生的孩子，提着饭盒子到工地去送饭。建设生活按照它的内在规律在有节奏地运行着。

（摘自杜鹏程《在和平的日子里》，人民文学出版社1959年12月版）

②在平陆县城外的圣人涧，四大堆火越烧越旺。人流如春潮，数不清的手电光点缀着夜空，活像国庆夜首都天安门的探照灯光。郝书记、郭县长等都亲赴现场来了。

"看，天上有个亮灯下来了！"突然谁叫。

"那是降落伞，那是神药！"

几千双手高高地举起来，谁都想把这一箱药擎住！人们向飞机、向降落伞此起彼伏地欢呼！

降落伞带着闪闪的亮灯向下飘落！人流追踪着降落伞飘落，跑啊！跑啊！郭逢恒县长向降落伞跑去，劈面碰见了蒲剧演员杨果娃，这是个十六岁的女孩，唱小旦的。她的脸上还抹着红红的粉，戏装也没卸，全是舞台上那个打扮呢！

"果娃！你怎么也跑来啦！"郭县长问她。

"看戏的人都来啦，我怎么不来，来接毛主席送来的神药哇！"说着她又赶忙向降落伞跑去。

降落伞带着药箱安全地着陆了，安在药箱四角的电灯闪闪地亮着，寨头管理区的社员最先抱住了药箱！几千人簇拥着这一箱药，你刚扛了两步，他抢过去又扛在肩上……

（摘自王石、房树民《为了六十一个阶级兄弟》）

上面引述的两例文字，都是采用"长卷式"来组合画面的。第一例写了干部活动的画面、乡亲们活动的画面、家属活动的画面，虽然人物众多，事情繁杂，但由于恰当地运用了这种组合方法，写得有条不紊，层次分明。第二例开头采取了"鸟瞰式"和"特写式"进行画面组合，中间部分又有可感性强的对话和特写镜头，最后又采取群众行动的画面描摹来组织这一幅动人的画卷。

当然，不论采取哪一种画面组合的方法写人叙事，都离不开记叙、抒情、议论等基本表达方式和直接、间接的描写方式，也离不开比喻、夸张等多种修辞手法的运用。只有把这些最基本的功夫学到手，综合运用时才能像揉面团一样得心应手、随心所欲，写出来的文章才能独具匠心、别有风采。

同时，我们还应该认识到，无论采取哪一种方式组织画面构思作文，这都是形式问题，而任何形式都是为内容服务的，都是为更完美地表达思想内容而设计的。我们在作文构思中，不能离开事实内容而去追求技巧形式。特定的事实要求与它的特点相适应的技法来表现和反映。没有无形式的内容，也没有无内容的形式，两者是辩证统一的。内容决定形式，形式依赖内容，并随着内容的发展而改变。形式又反作用于内容：当形式适合内容时，就会对内容有"锦上添花"的作用，反之，则会成"败絮其外"之作了。

因此，内容和形式的辩证关系要求我们在决定构思方法的取舍时，首先要注意作文的对象（内容）。内容因一定形式的技巧性安排而显得丰厚，形式也因一定内容的特点而更加充实。俗语云："人靠衣妆马靠鞍"，形式就是装点文章的锦衣绣裳，内容就是有血有肉有骨架的躯体。淡妆浓抹得越得体，人就越显得俏丽俊秀。可以这样说，越是技法高超的文章就越有感染人和教育人的魅力。只要我们平时注意观察与积累，不断充实自己的信息库，不断提高自己运用技巧性方法的构思能力，就一定会写出符合时代脉搏、领导时代新潮的优秀之作。

【训练设计】

1. 请你根据下面古诗词提供的意境，用"画面组合构思法"各写一篇不少于 600 字的记叙性文章。

① 簌簌衣巾落枣花，村南村北响缫车（缲，通"缫"），牛衣古柳卖黄瓜。// 酒困路长惟欲睡，日高人渴漫思茶。敲门试问野人家。

（宋·苏轼《浣溪沙》）

② 枯藤老树昏鸦，小桥流水人家，古道西风瘦马。夕阳西下，断肠人在天涯。

（元·马致远《天净沙·秋思》）

2. 阅读下面文字材料，按要求完成作文。

①德高望重的欧阳教授靠坐在车窗边，他去开一个非常重要的学术会议。

②望着月台上熙熙攘攘的送行人群，有的在话别，有的在流泪，有的在叮咛……

③对面刚刚坐下一个年轻人，他把头伸出车窗外大声叫喊着，一面将手中的牡丹牌香烟散发给送行的伙伴们。来给他送行的人很多，一包香烟还不够一个来回。年轻的人们欢笑着，倾诉着真挚的话题……

要求：①根据文字材料请你用简笔画勾勒出这几幅画面。

②顺接这三段文字内容，用画面组合法续写故事，组织情节，要有新意。题目自拟。

3. 2017 年山东高考作文题目。

阅读下面的材料，根据自己的感悟和联想，写一篇不少于 800 字的文章。

材料大意是：安徽合肥一家 24 小时营业书店，营业员无论对待大学生还是流浪汉，态度都一样。这家书店其实去年就火过一把，不管你是流浪者还是拾荒者，即使你一本书不买，也可以在书店过夜，被网友亲切地称为"暖心书店"。

4. 仔细看图，把你想到的故事写下来。

5. 根据"大漠孤烟直，长河落日圆"这一诗句，采取画面组合法写一段文章。

【提示】这句诗写景描绘了边陲大漠中壮阔雄奇的景象，境界阔大，气象雄浑。这一句由两个画面组成：

第一个画面是大漠孤烟。置身大漠，展现在诗人眼前的是这样一幅景象：黄沙莽莽，无边无际。昂首看天，天空没有一丝云影。不见草木，断绝行旅。极目远眺，但见天尽头有一缕孤烟在升腾，诗人的精神为之一振，似乎觉得这荒漠有了一点生气。那是烽烟，它告诉诗人，此行快要到目的地了。清人赵殿成说："亲见其景者，始知'直'字之佳。"这又是从用字加以描摹。

另一个画面是长河落日。这是一个特写镜头。诗人大约是站在一座山头上，俯瞰蜿蜒的河道。时当傍晚，落日低垂河面，河水闪着粼粼的波光。诗人只标举一个"圆"字，即准确地说出河上落日的景色特点。恍然红日就出入于长河之中，平添了河水吞吐日月的宏阔气势，从而整个画面更显得雄奇瑰丽。

该诗的全文是：

单车欲问边，属国过居延。

征蓬出汉塞，归雁入胡天。

大漠孤烟直，长河落日圆。

萧关逢候骑，都护在燕然。

——唐·王维《使至塞上》

6. 根据宋代李清照的《如梦令·常记溪亭日暮》，运用画面组合法构思写一篇不少于 600 字的文章。

常记溪亭日暮，沉醉不知归路。兴尽晚回舟，误入藕花深处。争渡，争渡，惊起一滩鸥鹭。

7. 根据提供的材料，写一篇 800 字以上的文章。题目自拟，文体自定。

【材料】塞下秋来风景异，衡阳雁去无留意。四面边声连角起，千嶂里，长烟落日孤城闭。

浊酒一杯家万里，燕然未勒归无计。羌管悠悠霜满地，人不寐，将军白发征夫泪。

——宋·范仲淹《渔家傲·秋思》

【提示】起句"塞下秋来风景异"，"塞下"点明了延州的所在区域，写出了塞外的壮阔风光。而在"长烟落日"之后，紧缀以"孤城闭"三字，把所见所闻诸现象连缀起来，展现在人们眼前的是一幅充满肃杀之气的战地风光画面，隐隐地透露宋朝不利的军事形势。上片一个"异"字，统领全部景物的特点，秋来早往南飞的大雁，风吼马啸夹杂着号角的边声，崇山峻岭

里升起的长烟，西沉落日中闭门的孤城……作者用近乎白描的手法，描摹出一幅寥廓荒僻、萧瑟悲凉的边塞鸟瞰图。

下片起句"浊酒一杯家万里"，是词人的自抒怀抱。他身负重任，防守危城，天长日久，难免起乡关之思。这"一杯"与"万里"数字之间形成了悬殊的对比，也就是说，一杯浊酒，消不了浓重的乡愁，造语雄浑有力。乡愁皆因"燕然未勒归无计"而产生。

8.从下面的题目中任选一个作文。

题一：请以"我心中的那 （一轮太阳、一抹绿色、一份真情、一丝牵挂）"为题写一篇文章。

题二：山野里的第一朵迎春花开了，留下了你采撷和追求的脚印；园子里的第一阵果香飘来了，留下了你收获和思考的脚印；混浊的小河边，留下了你畏缩和退却的脚印；泥泞的黄土路上，留下了你徘徊与进击的脚印。

开拓不止，路才无尽。身后是脚印，前方是太阳，不必徘徊顾盼，但只用力前行！

请以"深深的脚印"为话题，写一篇作文。

要求：①除诗歌外，文体不限。②如选题一，请在提示的四个选项中任选一个词语补全题目；如选题二，围绕话题自拟题目。③不少于600字。④书写工整，规范。⑤文中不得出现真实的人名、地名、校名。

设置悬念构思法

悬念，是挂念的意思。同时也指人们在欣赏戏剧、电影、电视剧或其他文艺作品时，对故事情节发展和人物命运的关切心情。

"设置悬念构思法"就是指在作品中根据人们关心故事发展和主人公命运这一阅读心理，有意在行文中设置悬念、营造波澜的一种作文构思方法。这是写人、记事作文重要的技巧性方法之一。戏剧、小说、影视剧中经常运用。

莎士比亚写的《威尼斯商人》第四幕（人教版语文教材九年级下册）：在法庭上，夏洛克为要报复，执意要根据借约从安东尼奥胸前割下一磅肉来，致安东尼奥于死地。任何人的劝解都无济于事。为帮助朋友成全好事的安东尼奥会不会就这样丧命呢？濒于绝望的安东尼奥能不能摆脱这个厄运？装扮成律师的鲍西亚将如何帮助他摆脱这个厄运？读者（观众）急于知道究竟，怀着急切的心情阅读（观看）下文。这里，所使用的手法就是"设置悬念"。

文似看山不喜平。使用"设置悬念"的思维方法构思作文，能使情节发展更具有吸引人的艺术魅力。

悬念有三种，一是读者（观众）对将要发生的事什么也不知道，亟待明白究竟，如电视剧《人民的名义》就采用了这种方法组织情节；二是读者（观众）知道了一些，但需要知道更多更详尽的细节，如《康熙大帝》《少帅传奇》等；三是读者（观众）对事件的结局知道的比作品中人物还要多，但依然有浓厚的兴趣关注情节的发展，直到最后悬念释除，读者（观众）急切期待的心情方始松弛下来，并且感情上得到了满足，也从中得到了极大的艺术享受和思想陶冶，如看《白毛女》《三国演义》《林海雪原》等。

在作文过程中设置悬念的方法，最常用的有这样两种：

抑制　就是把将要爆发的矛盾冲突阻遏一下，拖延释除悬念的时间，使读者（观众）期待的心情逐渐加深加浓。如曹禺的《雷雨》（人教版高中语文必修四《阅读鉴赏》第一单元）帷幕拉开，读者（观众）就知道鲁妈马上要到周公馆来，但要进一步知道：她来了以后会怎么样？第二幕鲁妈和周朴园果然见面，读者（观众）急于知道鲁妈和周朴园怎样相认。但是，尽管鲁妈完全明白站在她面前的究竟是谁，她还是不立即指认这个毁了她一生、几乎使她母子俩丧命的人；后来几乎要喊出来，仍然强行忍住了，从而拖延了悬念的释除，读者（观众）的情绪也逐渐高涨，这就是"抑制"手法的运用。

间隔　就是把正在发生、发展的情节突然搁置起来，插进另外的情节；然后在适当的时机再接上原来的情节。这种手法在电视连续剧、章回小说、推理小说中运用最多。在作文中，一般不宜采用。

不论是抑制还是间隔，都需要引进新事件、新力量。鲁妈对周朴园欲言又止时，是周朴园支使她去取旧衣服（衬衣），引起一段侍萍（即鲁妈）以前给周朴园补衬衣的对话，从而使悬念加深。这就是引进新事件的缘故。离开了这些，悬念将难以持续。

学生的作文有其特点及规定，当然也就不能和文学创作构思中的设置悬念完全等同。因此，在这里我们把"设置悬念构思法"又分为起笔设伏、连环设悬和结意有余三种类型。

起笔设伏法

起笔设伏，就是在文章的开头埋下伏笔，以增强文章吸引力的一种构思方法。记叙文忌平铺直叙。一马平川的记叙文，看之单调呆板，读之索然无味。考场中常见的、易把握而又行之有效的技法主要是巧设伏笔。清人李渔在谈文章的写法时就说："开卷之初，当以奇句夺目，使之一见而惊，不敢弃去。"还有清朝的施朴华也说："起处须有峻嶒之势。"在作文的篇首设置悬念，就能收到"奇句夺目"之功效。它犹如屹立于大平原上的巍峨山峰，使高者愈显其高，险者愈显其险。

设置伏笔时，要有意把一些重要的事实藏起来，先不向读者明做交代，到恰当时候全面呈现，使读者恍然大悟，凝神三思。其具体做法往往是先叙结果，后叙原因；或先埋伏笔，后加以照应。在具体设置时，既要"藏"，又要巧妙地"露"两手。这样才会形成曲折回环、跌宕生姿的故事情节。

《海军报》曾经登载过一篇文章，开头一段是这样写的：

已经在东航某通讯站二中队团支部里过了一年组织生活的战士周义华，在"得与失"讨论中站起来说"我这个团员是假的！"听者不禁大吃一惊。

"我这个团员是假的"，一句话来得多么突兀。团员还有假的？是怎么弄得假团员手续呢？这一系列的悬念在读者脑海里陡然而起。"究竟是怎么回事？"带着急于了解缘由的心情，不得不一口气读完全文：噢，原来他是入伍后通过走后门搞到团员证的。

还有一篇通讯是这样开头的：

20年了，她，走着一条常人未曾走过的道路，经历了很少有人经历的人间坎坷。在这天高气爽的一个日子里，两个儿子、两个儿媳团坐身边，喊她"妈妈"。一口一个"妈妈"直喊得她泪如泉涌。此时，往事，如烟的往事，历历在目……

起笔几乎句句设悬：她走的是什么样的道路？经历了怎样的人间坎坷？

妈妈为什么要加引号？为什么喊妈妈能把她"喊得泪如泉涌"？这一个接一个的悬念，紧紧地攫住了读者的心，让读者只能兴致满满地往下阅读。

也有不少作文，在运用"设置悬念构思法"构思时出现了这样的毛病：刚布"疑团"就"露底"。就是说，作文的开篇刚刚设置了悬念，就生怕读者不明白，急着把事情的真相全部袒露出来。有位学生在一篇题为"弟弟"的作文中这样写道：

太阳刚刚下山，忽然间天空乌云翻滚，狂风大作，一场大雨马上就要来了。

屋里，妈妈和我焦急地踱来踱去。妈妈不时地向外张望，我两只手急得搓个不停。是啊，怎么能不急呢？都这么晚了，弟弟上学还没有回来，骑车去接弟弟的爸爸也不见踪影……

天更黑了，雨更大了，爸爸淋得像一个水人似的回来了。当他说仍没有找到弟弟时，妈妈更急了……

这个经过烘托渲染设置的悬念确有引人入胜之处，但作者紧接着却这样写道：

弟弟到哪儿去了呢？原来他拉着一头走失的毛驴在大雨中到处寻找失主。事情的经过是这样的……

这样一来，作文就失去了悬念构思法特有的艺术魅力，文章变得索然无味。犹如一顶镶金嵌玉的皇冠戴在了稻草人身上，枉费了金银，也枉费了匠艺人的功夫。

所以，用"起笔设伏法"构思作文，不仅要"巧设悬念"，而且还要学会"暗露底"。在引起读者强烈兴趣、使之产生一种非读不可的急切心情之时，不能马上"露底"。应在情节的推进过程中多转几个弯弯，不时地露点端倪，让读者读完全文才恍然大悟，得到一种"柳暗花明又一村"的艺术享受。

连环设悬法

连环设悬法，是指作者在文章的首段、主体和结尾的部分中设置多层次的悬念，增强读者阅读兴趣和持久力的一种构思方法。我们写文章不可能都是短小的，篇幅较长的写人叙事的通讯或作文也是经常有的。文章篇幅长，

读者读起来就会出现疲惫乏味之感。没有浓厚阅读兴趣是难以把长篇文章读完的。因此，作文在构思时，有意识地在文章中多层次的设计悬念营造波澜，即开篇设置一个总悬念，在发展过程中派生各种小悬念，形成大小结合的环扣，一个悬念解决了，另一个悬念又产生了，这个谜还没有解开，另一个谜又埋伏下来。"一波未平一波又起"，使情节波澜起伏，险象丛生，高潮迭起。读者从头到尾都会被悬念吸引，始终保持浓厚的阅读兴趣。

传说"江南四大才子"之一的唐伯虎，一次应邀到一个富翁家给他母亲的寿辰绘画题诗。他画了一幅画后，接着题诗，第一句便是"这个婆娘不是人"。刚写完，满座皆惊，富翁也十分愤怒。唐伯虎接着写第二句："九天仙女下凡尘。"这下四座宾客转惊为喜，富翁也转怒为乐。唐伯虎又写出第三句："儿孙个个都是贼。"这下大家又惊得发呆，富翁一家更是怒气冲天，这时唐伯虎的第四句话顺笔而出："偷得蟠桃献母亲。"这时满座宾客赞叹不已，富翁也顿时对诗画赞不绝口。唐伯虎的诗悬念迭生，反差强烈，跌宕起伏，充满了智慧和幽默。

悬念包括"设悬"和"释悬"两个方面。前有"设悬"，后必有"释悬"。通俗地说，悬念在故事发展中只亮开谜面，而藏起谜底，在适当的时候再予点破，使读者的期待心理得到满足。民间艺人说书时的"卖关子"、相声小品中的"包袱"，其实就是利用人们总有"欲知后事如何"的心理，用悬念来吸引听众。

在看电视连续剧时，我们常听到这样一句戏谑话"广告中插播连续剧"——为什么？剧情正在兴头上，却插播了段广告败人兴致。有时，每晚两集嫌少了点，总想一口气看完全剧，这些道理是一样的，剧情中的人物命运、事情发展结局都是悬在人们心中的一个个念头。这种在文学作品中故意设置"疑问"或矛盾冲突，造成并维持读者期待、关切的心情，直至高潮再解开疑问的构思法，它的好处是能引人入胜，扣人心弦，引起读者的兴趣和思考，取得出奇制胜的效果。

我们来欣赏一篇这种构思法的作文《拐杖上的血迹》。作者史安斌很巧妙地在文章中组织了连环式悬念，把屡见不鲜的旧题材写出了新意。

请欣赏全文：

拐杖上的血迹

最近，我们的院子里出了一件"怪事"，王爷爷忽然挂起一根漂亮的拐杖。这拐杖是从哪儿来的呢？

周阿姨的话

大概是 3 月 4 日的晚上吧，都 9 点了。我下班回来经过三楼，看到一个黑影闪过，楼道里没有灯，看不清楚。只见黑影闪到王爷爷家门口，把一个东西放在他家门前：哦，原来是个小孩！我真想一把抓住他，可那孩子一闪，从我背后溜了。当时我也没在意，以为是个小调皮，然后就上楼了。

陈叔叔的话

3 月 5 日早晨，我照例起来锻炼，刚出门口，王爷爷就把我拦住，手里拿着拐杖说："小陈，也不知道谁做了这根拐杖。"我接过来一看：哟，挺结实，光溜溜的，上面还歪歪扭扭刻着几个字：王爷爷收。忽然，我发现拐杖上还有几滴血痕，鲜红的，像是不久前才染上的。上午回到家，看到我家老大正趴在桌上用功呢，我就问："豆豆，你知道不知道'拐杖事件'？"豆豆挺神秘地眨了眨眼。

豆豆的话

这事儿，只有我知道。4 日下午，我到他家做算术，见他正低着头干什么。我跑过去，蒙住了他的眼睛。他叫了起来："哎哟，谁呀，别闹，别闹！"我松开手，见他一手拿把小刀，一手拿根棍子。那根棍子好熟呀！哦，我们"拼刺刀"时，数他这根最牢。今天怎么舍得削！我说："你这是干啥？"他的脸"腾"地一下红了："我想给王爷爷做根拐杖，好了，不说废话，快做你的数学作业吧！"说罢他又低头削了起来。太阳光照在他身上，他真美，简直是个美男子——此刻我实在找不出更恰当的词儿。我正想着，只听"哎哟"一声。我一看，啊！他的手被刀子划了一道口子，流着血。我忙着给他包扎，他说："等等，我把它削完。"血流到拐杖上，鲜红鲜红，在太阳下面闪着奇异的光。我想，这就是人们说的心灵之光吧！咳，说了半天，我还没说出他的名字……

他的话

这个豆豆，嘴上缺个把门的，现在总算捂住了他们的嘴。陈叔叔，甭听他瞎说，我才没什么"心灵之光"呢！只许你们大人关心王爷爷，就不兴我们小孩关心他了！

王爷爷的话

我出来听见对面房里传出"关心王爷爷"的话音，好像是一个孩子在说话，我寻思或许他就是做好事的孩子呢！我一推门，原来是他，我认识。我说："好小子崔珏，看你这回往哪儿躲！"谁知他竟笑着跑了，我忙喊："别跑，孩子……我得谢你呢！"

这篇文章从题目上就开始设置悬念：拐杖上怎么会有血迹呢？这血迹是从哪里来的呢？这样醒目的悬念，能不激起读者一读全文了解来龙去脉的兴趣吗？我们都知道，题目是文章的"眼睛"。"眼睛"上设置悬念，犹如美女那清亮的眸子上打了个大大的"？"，读者怎能不一见就被勾住——紧紧地勾住！看文先看题，尤其是今天快速高效的社会生活节奏下，人们的阅读习惯有了很大的变化，标题不能新颖独特，自然就少了吸引人的魅力。

作者在文章首段中提出了"这拐杖是从哪儿来的呢？"这一悬念后，采取"抑制"的方法，没有在下文马上交代所提出的问题，而是宕开一笔，提出了又一个悬念：周阿姨晚上看到的人影把一个东西放在王爷爷的门前，一闪就溜走了。这又是怎么一回事？这个悬念的设置，交代了故事发生的时间、地点、人物、事情，为下文的叙述起了"伏笔"的作用。"陈叔叔的话"在上文的基础上做了进一步的描述，而且还发现王爷爷手里的拐杖上还带有血迹。这既照应了标题，又设置了一个悬念：怎会有血迹？陈叔叔将"拐杖事件"告诉了豆豆时，他却"挺神秘地眨了眨眼睛"。读到这里，读者便猜想：豆豆可能了解"拐杖事件"的真相。这时，读者急切地想知晓下情，心想：豆豆啊，你快说出来吧！读者的心就这样被作者设置的悬念带着往下读。

"豆豆的话"起到了解释主题思想的作用——"我想，这就是人们说的心灵之光吧！"还起到了交代"他"削制拐杖的详情以及拐杖上带有血迹的缘由。到这里，两个悬念有了着落，可文章一直只说"他"是制造"拐杖事件"的人物，"他"究竟是谁？这一疑问仍然悬着。

文章结尾一段"王爷爷的话"才点出送拐杖同学的真实姓名。而且文笔生动活泼："我一推门，原来是他！我认识。……"

从这篇文章中，我们可以悟出：奇事自有其离奇的情节，有本身的悬念，具有能写得峰回路转的客观条件。但如果不是采用连环设悬法构思布局，而是用平直叙述的方法顺叙其事，那表达效果孰好孰差就不言而喻了。同样，如果是一件本来不算曲折离奇的事，能设法组织带有悬念的情节，也能把文章写得波澜起伏。"运用之妙，存乎一心"，把文章写得生动形象的方法很多，就看我们平时的学习、借鉴、积累得如何了。

结意有余法

结意有余法是指在文章的结尾处设置悬念，使文章言已尽而意无穷，增强文章内涵扩展力的一种方法。

"为人看晚节，行文看结穴。"（林纾《春觉斋论文》）写文章收束结尾的方法很多，我们在《记叙文写作技巧宝典》中编有专门章节介绍，这里只了解掌握采用悬念设置的方法来收束全文，即"结意有余法"。

文章行文到了结尾处，既可尽释前面设置的悬念，也可设置新的悬念，提出问题，亮出谜面而不作答，未尽余意让读者去思索，去联想，去判断，去找结论。这就是归有光在《文章指南》中所说的"结意有余法"。有篇题为《日本姑娘，你在哪里？》的通讯，结尾只有一句话：

呵，小姑娘你现在哪里？……

是啊，日本小姑娘，你还在世上吗？是在东京，还是在大阪？经历了几十年的变迁，如今还能找到吗？正是留下这个强烈的悬念，使人们对日后有关日本小姑娘的报道持续关注。

这种类型构思的文章多在对人或事的连续报道中出现。尤其是章回小说、影视剧中更被普遍地运用。我们在平时阅读、观赏中留意体味、领悟，就一定会对提高构思能力有所帮助。

请欣赏 2006 年福建高考满分作文：

箭锋上的友情

周瑜在军营帐篷里来回踱着步，一只飞蛾在案台上的火烛旁飞来飞去。

帐篷里忽暗忽明，帐篷门口站岗的士兵叹了口气，他明白帐篷里的人一定正被什么事烦恼着，但同时他也明白像他这样的小人物又怎能替得了一个东吴大将着想？此时，帘幡被掀开了，周瑜从里面走了出来，一身的银甲在月光的照耀下闪闪发光。他的脸上没有表情，看上去像是在犹豫什么，又好像是下定了决心。周瑜就这样站了很久，旁边的士兵也只好就这样陪他站着。一时间，天地显得无限宽广，星星满布在黑色的夜空中，就好似一颗颗珍珠撒落在了黑色的绸缎上。周瑜开始回想起几天前的事来……

三天前，在军营里的军事会议上。"公瑾兄，我看曹贼此次来势凶猛，并筑起了城墙。目前敌多我少，敌强我弱。你看我们是否要……"孔明摇着鹅毛扇缓缓地说，可是他还没说完就被周瑜打断了。"等等！孔明兄，小弟我有一建议，不如我们二人将各自的计策写在手上，一起拿出来看看，不知意下如何呀？""好！"孔明笑着答应。一会儿两人都已准备好，周瑜心想打曹贼定要火攻，不知这孔明会不会……两人一起伸出了手掌。两只手上都写了一个"火"字。

"哈哈……"两人顿时畅快地大笑起来。此时周瑜心中很是高兴，他对诸葛亮的智慧与谋略早有耳闻。但是能如此合他心意的确出乎意料。火攻需要弓箭，而东吴的弓箭却远远不及所需。诸葛亮却放声道："公瑾兄，弓箭的事你就别操心啦！"他们约定十日之后，诸葛亮交十万支箭给周瑜。

第二天，孔明出发。运用计谋与对天文知识的了解，他向曹操"借"了满满十条小船的箭。回到东吴时一个士兵的报告令他大吃一惊，草船上的箭并没有十万支，只有八万多点。诸葛亮摇着鹅毛扇陷入了深思。明日就要交箭了，周瑜视我如眼中钉，肉中刺。这可如何是好？

东吴的大将听说孔明借箭不足，皆大喜，都到周瑜的帐中找他贺喜。可周瑜听后却为之一震，"怎么？他失败了？"周瑜有些不相信自己的耳朵，但现实却摆在了他的面前，孔明失败了，明日就可将这个麻烦除去，但是孔明的确是一个知己。倘若我俩共事一主该多好啊！唉……周瑜苦恼着……

月光依旧照着，周瑜望向远处的天空，似乎已有些鱼肚白。他深吸一口气回到帐内。

第二天的军机会上，双方气势十分紧张，张飞瞪着铜铃眼，赵云握着长枪，紧紧站在孔明身旁，看来他们已经做好拼死保护孔明的准备。"孔明兄，时限已到，交箭吧！"周瑜说。"拿箭！"一声令下士兵们扛上了箭，孔明觉得不对，细细一点十万支，不多也不少。"这……"孔明纳闷了。周瑜走上前来递给他一支箭说道："好！不愧是卧龙先生啊！"孔明盯着周瑜递过来的那支箭，愣住了……

用小小说来改写《三国演义》中的一个著名情节，可谓小作者的聪明之举。2006年福建卷作文命题的第一个话题"诸葛亮借箭不足十万支"，是非常难写的，真正选此话题作文的同学也是不多的，而写得好的作文更是少而又少，此篇可谓是不可多得的好文。你看，作者运用小小说所突出的悬念、伏笔、倒叙等手法把名著里的一个情节改写得扣人心弦，而且结尾"孔明盯着周瑜递过来的那支箭，愣住了……"又设置了新的悬念，既出人意料又合乎情理，令人遐想无限。

总之，悬念设置不论采取哪一种方法，都在文章中有着重要作用。但是，我们也不能因此而乱用、滥用，要力求合情合理。一般说来，悬念宜集中，不宜分散；宜持续，不宜中断。同时，悬念一经提出，就要集中力量予以释除，不宜枝蔓横生，以致读者眼花缭乱，疲惫不堪，甚至于心生厌烦，从而失去悬念应有的作用。

【训练设计】

1. 阅读下面的素材，融入自己合情合理的想象，按照"连环设悬"的构思方法，写一篇600字以上的记叙性文章，题目自拟。

20世纪70年代，贵州惠水县龙云泽三岁的儿子突然喊肚子疼，被送进医院治疗，次日六时"死亡"。龙云泽夫妇把儿子龙军葬在山坡上。这天下午，龙里县的农民唐起空路过该处，听见坟内有孩子的哭声和拍打声，便扒开黄土，撬开木匣，把复活的孩子抱回家中抚养，给他取名叫唐有生。唐有生后来在16岁读中学时，唐起空把13年前的事讲给他听，后来又到惠水县寻找到了13年未见面的生身父母。

2. 阅读《三国演义》第九十九回，分析体会作者是怎样运用悬念设置法构思成文的，并说明孔明的"锦囊"在文中的作用。

3. 阅读下面这篇收录于《全国微型小说精选》的评奖作品，分析作者"设悬"与"释悬"技法的运用。

醉人的春夜

吴金良

"再遇到人，一定开口。"陈静想着，抬眼望了望胡同里昏黄的路灯。夜深了，到处是一片片黑黝黝的怪影。"唉！这倒霉的自行车！"她从心底发出一声无可奈何的喟叹。

身后传来一串自行车铃声，陈静只来得及"哎"了一声，骑车的小伙子已经一掠而过。

咦！骑车的小伙子又回来了。陈静心里却紧张起来："这么晚了，他……""您刚才喊我？"小伙子跳下车。"啊，没。"矜持和自卫的心理占了上风，她语无伦次了。"是车子坏了吧？"一双似笑非笑的细长眼睛望着她。陈静稍稍镇静了一下："链子卡在大链盒里了。"她讷讷着，低着头，心里升起一线希望的光。"那，我也爱莫能助了，没工具，谁也拆不开大链盒呀。"陈静心里又是一片黑暗。"你家远吧？""我家？"她没了主意，下意识地推着车子往前走了几步。"这样吧，胡同口外左边，有个车铺，这会儿可能还有人，你去看看吧！"小伙子在她身后跨上车子，边说边飞快地骑跑了。"这号人！"陈静差点哭了。十一点了，哪家的车铺这时候还有人？她心里咒那小伙子："骗人！叫你今晚做个噩梦。"

不信归不信，出了胡同口，陈静忍不住真朝左手方向看了一眼。便道上，果然有间小屋还亮着灯。她踌躇地站住了。小屋里走出一位二十来岁的姑娘，冲着陈静喊："同志，来吧！""哎呀，真是车铺！"陈静觉得周围一下子亮了起来，沮丧、恐惧，一股脑儿没了。

这是间临街筒子房，通里屋的门关着，外面这间，只有一桌一床和一辆自行车。一个年轻人正蹲在桌边翻看什么。"请进，就是地方小了点。"年轻人站起身，手里拿着把改锥。陈静一愣："是你？""是我。"年轻人笑了，"我说有人嘛，还能骗您？"他狡黠地眨了眨细长的眼睛。"我哥送我嫂子上夜班，回来就急火火地把我叫起来，说有要事，原来是……"跟在陈静后面的姑娘说话像是放机枪。"还是有个体户好。"陈静心里想着，感激地冲着那姑娘笑了笑："太麻烦你们了。""没什么，我哥怕您不敢来，才让我起来招呼您，其实您也是胆子太小。我就不怕。"说得陈静怪难为情的。

会者不难，车很快修好了。"多少钱？"陈静打心里希望这小伙子多收她点儿钱。"钱？"小伙子一愣，旋即笑了："给五块钱吧。"一只大手，满是油污，伸到陈静面前。"五块？敲诈！"陈静心里一惊，却又无可奈何地掏出钱包。"哥——"快嘴的姑娘拉长了声音叫着，"这么晚了，你还开玩笑！"她娇嗔地把那只油污的手打下去，转头对着陈静："同志，您别多心，他就这样，跟谁都瞎逗。我们又不是开业修车的，哪儿有帮帮忙就要钱的？"姑娘有点不好意思了，脸上泛着红潮。"好了，不开玩笑了。"小伙子搓了搓手，咧开嘴笑着，露出一排洁白整齐的牙齿。

一路上，微风吹着陈静的长发，拂到脸上，怪痒痒的，又很舒服。她觉得今天晚上的路灯格外地亮，亮得耀眼；空气中，也仿佛有种醇美的甜味。

呵，你这醉人的春夜！

4.根据材料，运用连环设悬法构思作文，题目自拟。

《扬子晚报》2017年7月16日登载一则新闻《雨夜血案现场仅留10多根烟头　警方追踪10年抓获嫌犯》。

摘要：抓捕10分钟，侦办10年功。10年前的一个雨夜，镇江市京口区某足疗店女店主遭抢，被抢现金7000余元及其他物品，并被捅成重伤，3名嫌疑人随后逃离。由于事发地点相对偏僻，其时监控等设施缺失，现场遗留的10多个烟头成为唯一线索，给破案带来了极大的难度。

"警方专业人员从烟头提取了疑似嫌疑人的生物学特征，并建立了相关档案。"刑警大队大队长袁华君告诉记者，不断地侦查，不断发现新线索，然后再排除，不断循环往复。

功夫不负有心人，2017年7月13日，镇江警方发布案件最新消息：镇江警方利用最新技术手段，给嫌疑人成功画像，案件已成功告破。目前，3名嫌疑人全部归案。

抑扬构思法

评判记叙性文体情节和结构的组织安排，总是以多波澜、有变化为上乘。

在故事情节或思想感情的高潮到来之前，力求行文能张弛相间，跌宕多姿。抑扬构思法，就是一种达到这样理想效果的行文构思方法之一。

抑，有遏止、压制、按捺等意思；扬，有称颂、传播之意。抑扬，犹褒贬。因而，也有人把抑扬构思法称作褒贬构思法。

抑扬褒贬式，其本意为了褒扬某人或某事物却先故意贬低之，或本意为了贬低某人某事物却先有意褒扬之，它往往有曲径通幽之妙。这种思维模式在我们日常生活中司空见惯，过去有"好父不夸子"一说，有的父母要夸奖自己子女在某一方面有上进，又担心其骄傲，便采取"先抑后扬"的方式说她（他）原来如何不争气，然后再夸赞一番，鼓励其继续努力；也有老师要批评某学生，先表扬其在某些方面的优点，再批评其毛病缺点，指出改正的方向。这些教育方式都蕴含着抑扬褒贬的思维模式。把这种思维模式运用到作文构思中，就是抑扬构思法。

不管是欲扬先抑还是欲抑先扬，都会造成读者在阅读情感上的落差，笔下的人或事都能留下深刻的印象。具体作文时要讲究行文呼应上的策略，即过渡要自然顺畅，不能有唐突牵强之感。具体做法上既可以在一个人物上寄寓着褒贬，使之相互映衬，也可以在两个或多个人物上各作褒贬，使之产生对比。或者，对人或事的褒贬并不直接道出，而是在事件的发展中慢慢显现出来，以此造成情节的曲折跌宕。这种方法只要运用得当，确能写出开阖有致、结构严谨、线索分明而又清新隽永的作品来。

构思行文过程中，如果全篇采用抑扬法，写出来的文章气势犹如黄河九曲十八弯，曲曲有韵，弯弯生情；如果是局部采用抑扬法，亦如岩涧急湍之水，咫尺兴波，波峰溢情，波谷藏情，都能出奇制胜，勾人心魄。同时，从抑到扬或从扬到抑都有一个渲染铺垫过程。红花以绿叶相间，愈显花之娇艳；浓彩衬托白云，更可突出皓月清辉，这种烘云托月的构思技法古今文章都不乏成功的典范之作。

晚清四大谴责小说《老残游记》中《明湖居听书》（《老残游记》第二回，刘鹗著，人民文学出版社1982年版）写白妞之前，先写了琴师和黑妞。琴师的弹奏"抑扬顿挫，入耳动心"，台下叫好声不绝于耳，技艺已是十分不错；而黑妞"歌喉遽发，字字清脆，声音婉转"，听后令人觉得"一切歌曲腔调俱出其下，以为观止矣。"其技艺显然更胜一筹了。黑妞的技艺已是举世无双，然而"若比白妞，还不晓得差多远呢！"那白妞说书技艺之精湛、超尘脱俗该何等高妙，自然就不言而喻了。

根据构思抑扬的不同思维过程，一般把抑扬构思法划分为欲扬先抑和欲抑先扬两类。

欲扬先抑法

前边引述过的"这个婆娘不是人，九天仙女下凡尘。儿孙个个都是贼，偷得蟠桃献母亲！"就是用了欲扬先抑的方法。这首祝寿诗抑扬褒贬的思维过程有两次起落，即：抑—扬；再抑—再扬。创造出一种婉转曲折、变化莫测的新奇意境。似贬实褒，先抑后扬，平中出奇，引人入胜，调动了听者的感情，拨动了听者的心弦。

欲扬先抑法，也就是欲褒先贬。抑、贬是虚，扬、褒是实。在抑、贬之中，显露出人和事的表象，是蓄势之笔；扬、褒之时，才表现人、事、物的本质，是兴波之法。

现代著名作家马烽在他的短篇小说《我的第一个上级》（《人民文学》1959 年第 6 期）中，也巧妙地运用了欲扬先抑的方法构思小说，成功地组织了故事情节，刻画出了老田的性格。小说一开始透过"我"（一个热情而阅历不深的水利学校毕业生）的目光，对老田不合时宜的衣着、反应迟钝的动作、少气无力的讲话、拖拖拉拉的疲性子着力加以渲染，使读者与"我"一样对老田的"怪""慢""疲""冷"产生了嗔怪、不满、恼火的情绪。接着，据"我"的所见所闻、由远到近、由表及里地交代了老田在抗洪过程中如何准确判断险情、果断沉着地调配人力物力，逐步揭开了他踏踏实实、任劳任怨、精通业务的主要一面，使读者对老田的认识由外在形象进入内在品质。继而又浓墨重彩地谱写了老田在抢险的紧要关头沉着冷静、当机立断、舍身忘我的英雄本色。最后，小说回笔勾勒了老田病愈后在街上行走时的模样，与开头照应。

至此，读者去伪存真，由表及里，对老田的举动有了深刻而又正确的认识：古怪的衣着、缓慢的动作是因为他指挥防汛排洪抗涝时得了严重的关节炎；貌似疲沓的工作态度，是缺少经验的"我"对他沉着冷静作风的一种错

觉；群众对他的信赖与赞叹，他对老姜头斥骂后又道歉的举动，则证明他对人民事业如火一样的热情，消除了"我"认为他待人"冷淡"的误解。作者正是抓住了人物性格的表象与实质的矛盾，先抑后扬，制造悬念，系上扣子，然后层层解开，形成了对比，使故事的每一步都出乎意料，最终老田的形象栩栩如生，呼之欲出。

用"欲扬先抑"这种构思方法做文章，能使情节多变，形成波澜起伏的画面，造成鲜明对比的形象。容易使读者在阅读过程中，产生恍然大悟的感觉，留下比较深刻的印象。"扬"和"抑"，在艺术上都是一种强调手段。古人做文章强调"蓄势"，讲的也是欲扬先抑、先抑后扬的道理。

请欣赏 2012 年湖南高考满分作文：

父亲的手

父亲的手，即使是在教训孩子，也会给予孩子温暖。

——题记

自我有了记忆能力起，我对父亲一直有一种天生的畏惧感，老实说，父亲并不高大，一米七的个头，略有些发福的腰，微微挺起的肚子，以及一副金丝边眼镜，怎么看怎么像个有学问的人，理应是温文尔雅的。谁知在我的心中，他却像个山野村夫一样，有些匪气。

尤其是他那双手，虽不似练武之人布满老茧，威力却很惊人。他的手，厚且大，指头极粗，张开五指，便像一块砖一样厚重。当他的砖一样的手掌向我挥来时，我顿时觉得我成了孙猴子，即将被"五指山"压得无翻身之日。

事实上，我也仅仅和父亲的手掌亲密接触过三次，第一次是手，第二次是脸，第三次是头。

记得我八岁那年，正值顽童岁月，也是任性的时候，那时我迷上一套漫画，数次开口索要不成后，我便铤而走险——偷，大概偷了三十块钱。当时的我显然不够熟练——当然后来也没再偷过。当我把手伸进父亲皮夹的一刹那，我忽然感觉身后鼻息直喷颈部，反头一看，一黑脸大汉正铁着一张脸，剑眉集中，怒视着我。当天，当父亲的"砖头手"第一次用力地拍到我的手掌时，我还是不争气地哭了，因为太痛了！

从那时起，我对父亲的畏惧程度一天天加剧，心中也产生了一丝丝怨恨。在我十五岁那年逃课被抓到后，父亲第二次打了我，当他厚重的大手甩到我的脸上时，终于，我下定了决心——等什么时候我长大了，绝不会任由父亲打了！

十六七岁时我的身高如春笋一般拔地而起，真有"势拔五岳掩赤诚"之势，十七的我和父亲站在一起时，个子高他一头。

终于，在又一次犯了错后，父亲又扬起了他的手。我心想，若他挥下，我一定有挡住他的手的力气。他扬起的大手上有一道深深的红色指甲印，我清楚地看到，那时在听老师训斥我时，父亲用他的大拇指，狠狠地插入了他的食指之中。父亲的宽大的手掌，最终还是落下了，但这次力度似乎不大，只轻轻地抚摸了我的头，眼神复杂，不知那里包含了多少情感：有期待，有愤怒，也许还有失望。

我愕然了，我没有想到父亲会做出这样的举动，我曾经一次又一次地想过，当我有力气抓住他挥向我的手时，我会得意地笑，会张狂地笑，会毫不畏惧地和他对视。但我没想到父亲只是用手抚了抚我的头，还留给我那样一个复杂的眼神。

父亲转身走了，留给我一个背影。父亲有些驼背了，身子却更胖了，不知为何，我的眼眶有些湿润，想到父亲的手，那不仅仅是惩罚我的利器，更是温暖我的太阳啊。

回想起生活中的一个个片段，想到每天早上六点就要起床准备早餐的父亲的手；想到每天晚上十一点要去学校自习室接我的开着车的父亲的手；想到帮我涂药的那双手；想到抚摸我头的那双——我父亲的手。

我忽然对着父亲的背影大声喊："爸，我会努力的！"父亲身影猛然一顿。终于，他缓缓扬起了手！像太阳一样！

本文是篇标准的记叙文，中心明确，结构严谨，语言流畅。作者运用欲扬先抑法谋篇布局。首先写自己对父亲有些"匪气"，像个"山野村夫"，然后通过三件事来写父亲的深沉的爱以及自己的忏悔。情感真挚，感人至深。

欲抑先扬法

欲抑先扬就是先扬后抑或虚褒实贬。扬是蓄势，抑是兴波。

高梁创作的小说《秘诀》就是这类构思法的成功之作：

秘　诀

时值隆冬。

党委姚书记主持的工调领导小组会接近了尾声。三车间工资评定问题已顺利通过，除劳资科长吴健没发言外，大家一致同意刘德胜加半级，最后就剩书记一锤定音了。姚书记从容不迫、豁然大度地朝大家微微一笑："在座的大部分是党员干部，这次整党，群众给我们提了很多宝贵意见，这次工调就是对我们一次很好的检验。我们一定要实事求是，要亲者严、疏者宽。"他慢慢吸了口烟，目光巡视了一下在座的每个同志，随即将半截烟往烟灰缸里一掐，"我的意见，刘德胜这次不加。"

刘德胜是姚书记的小舅子。他在城里混了快一年的工夫，现在听说要调整工资，就立刻溜回厂里。虽然这回规定考核期间上过一天班也可以增加工资，但经过姚书记这么一说，就宛如在平静的湖面上投下一块石头，人们的心中泛起了层层波纹。

"当然，加他半级工资是可以的，但是，"姚书记的语调加重了，"三车间全年的生产任务，提前三个星期就完成了嘛，尽管他年底赶到车间里上了五六天班，实际上并没有好好干工作，工资也就不加。"他看到大家显得更加吃惊，语调又放平和了，"类似他这种情况的其他职工就不追究了，还按刚才大家通过的办。"

"我完全同意姚书记的意见，通过这次整党，对我们触动都很大，党风问题就是干部问题。姚书记今天为我们做了个好榜样。"

调资名单一贴出，宣传栏旁"呼啦"一下子围上许多人。他们的目光在一级半那栏里找刘德胜的名字，没有；一级那栏里呢？也没！那就是半级了，加人家半级总还说得过嘛。怎么，半级也没有？！莫不是漏了人家的名儿，不然的话，这是为什么？

这时，姚书记会上的表态，在人群中传开了。人们先是一愣，后来仔细一品味姚书记的话，又觉得有理。到底人家是老干部了，觉悟高，整党时大家提的意见是那样的尖锐，甚至有些过火，人家还是虚心接受了嘛。看，这次对自己的小舅子是那样不讲情面，对其他职工却又是那样大度……他们深受感动了。哼，往后，那些与头儿们沾亲带故的，七大姑八大姨的，甭想多捞好处了。人们在寒冷中，好像感到了亲切和温暖。

吃过晚饭，姚书记刚捧起茶杯，门就"咚"的一声给推开了。"你凭啥拉掉我半级工资，就因为你是党委书记，是我的姐夫？你明明是沽名钓誉！"刘德胜一进门就冲他姐夫开火了。

"放肆！"姚书记一拍台子站了起来，"你给我出去，出去！"

"出去就出去！"刘德胜脖子一歪转身就走，却被姚夫人一把拖住了，"你个小虎子啊，又要虎脾气了！"她将弟弟拖进里屋，轻轻将门关上，不满地责备着："就看到跟前那半级工资，我问你，一级半你想要哦？"

他踌躇了一下："谁不想要一级半！"

"这不就是了，也不想想，你姐夫是你说的那种人吗？！"

刘德胜歪着脑袋喘着粗气，望着姐姐那甜蜜蜜的笑脸，还是不解其意。

她无奈地俯在他耳边小声地说："这是秘诀。你姐夫同吴健早已商量好，这回不加你半级，同档中，你的工资就是最低的了。春节一过，马上就搞百分之二的工调，那时，给你搞个一级半！"她说着手指头一戳他的脑门，嗔骂道："浑小子，你姐夫到底是爱你还是害你？！"

他一下子恍然大悟，拍着脑袋，朝他姐姐咧着嘴："嘿嘿嘿，原来是让我丢个芝麻，捡个西瓜啊！嘿嘿。"

杨锡和老师在评析这篇小说时说："反映某些干部以权谋私，早已是写腻了的题材。然而《秘诀》的作者匠心独运，把并不复杂、并不新颖的材料剪辑得如同穿云钻雾的溪流，一波三折。使人物形象呼之欲出。读来恍如清风拂面，精神为之一爽。"

小说的作者摒弃了那种脸谱化的写法，在文章的开头，有意识地拔高了姚书记这个人物，显然是要给读者造成一种错觉，以掀起波澜。

一年只上过几天班的刘德胜是姚书记的小舅子，套框框，可给他加半级，大伙儿也一致同意，单等姚书记一锤定音。然而，姚书记的"一锤"却敲得石破天惊——"我的意见，刘德胜这次不加"。铁铮铮的形象，响当当的语言，这哪里像一个要贬斥的人呢？

然而，"秘诀"就在这里，作者并非把姚书记当作正面典型来讴歌，姚

书记也不是一个冲击逆流的弄潮儿，拨开重重的迷雾，还其庐山真面目，姚书记如同一个演员在做戏——是做给人看的。其意是让小舅子丢卒保车，拣一个大西瓜。

一个不折不扣、彻头彻尾的以权谋私者，为何要给他搽上一层"脂粉"，抹上一点"口红"呢？

显而易见，作者采用了迂回战术，欲擒故纵，把姚书记当正面人物来写，先扬后抑，让其充分表演，使读者产生错觉，然后揭穿把戏，把姚书记暴露在阳光下。"扬"是表面现象，似扬实抑，明褒暗贬，让姚书记在读者心目中，一会儿站在高高的山巅，一会儿再陡然落入谷底。当读到姚夫人出场时，姚书记的形象在读者的脑海中形成了巨大的反差，人们不禁唏嘘——一个虚伪、奸诈、长于算计的人物即从字里行间走了出来。可见作者在构思情节时是颇费了一番心思的。毋庸讳言，这篇小说也并非尽如人意。姚夫人的出场揭穿姚书记的鬼把戏，起了很好的作用；但和盘托出，卒章露底，没给读者留下半点咀嚼的余地，可说是美中不足之处。

美国作家马克·吐温的小说《竞选州长》（《马克·吐温中短篇小说选》人民文学出版社2015年6月版）则是局部运用此法的，它使参加竞选前的"声名还好"的"我"与参加竞选中"声名狼藉"的"我"构成鲜明的对比。小说一开头写"我"作为一个正派人"生平以来没干过一桩可羞的事情"，"我有一个显著的长处胜过两位先生，那就是——声望还好"，并认为"即使他们曾经知道保持名誉的好处，那个时候已经过去了"。因此，"我"醉心于"长处"而"暗自得意"了。简直就是"大有可能""完全可能"当上州长了。（这些内容都是蓄势。）可后来呢，一连串的污蔑、陷害，使"我"有了"十大罪状"，"我"被弄得声名狼藉，焦头烂额，不得不甘拜下风偃旗息鼓放弃竞选（这又是兴波之巧妙的构思方法）。

从以上例文分析中可以领悟到：抑扬法中又融进了对比法、联想法、误会法、设悬法和烘云托月等多种技巧性方法。究竟用什么方法最好？清朝人刘熙载在《艺概·诗概》中说："大起大落，大开大合，用之长篇，比如黄河之百里一曲，千里一曲一直也。然即短至绝句，亦未尝无尺水兴波之法。"怎样运用抑扬，要从客观的文章内容出发，不拘一格灵活运用抑扬法构思作文，才能把文章写得活泼而不呆板。做到技随意转，以意运法，"行所不得不行，止所不得不止"。

不管采取哪一种技巧性方法，都是以构思文章情节为表达主题思想而服务的。这就启迪我们：要恰当地运用抑扬法，就必须在动笔之前对所要描述的材料十分清楚，要有整体性的构想。"袖手于前，始能疾书于后"，也才能使文章"首尾开阖，繁简奇正，各极其度"（明朝徐师曾《文体明辨序说·文章纲领》）。很显然，要达到这个要求，没有细致的观察和一定水平的构思技法是很难写的。利用抑扬，精巧构思，可以使文章"如在江湖中，一波未平，一波已作。如兵家之阵，方以为正，又复是奇；方以为奇，忽复是正。出入变化，不可纪极，而法度不可乱"（宋·姜夔《白石诗话》）。

【训练设计】

1. 阅读下面几首古诗词，体味其抑扬手法的妙用，然后选择一首改写成记叙文。题目自拟，不少于600字。

①闺中少妇不知愁，春日凝妆上翠楼。

忽见陌头杨柳色，悔教夫婿觅封侯。

——唐·王昌龄《闺怨》

【提示】这首诗本写"怨"，而一二句却欲擒故纵，欲抑先扬，突出少妇天真无忧不知愁，后两句笔锋陡然一沉，感情"抑"了下来——"忽见陌头杨柳色"，刹那间，陌头柳色牵动了少妇的春心，勾起了她无限的眷恋和苦闷："悔教夫婿觅封侯。"触景生恨，更深一层地写出少妇内心痛切的离愁别恨。前之景愈乐，后之情愈悲；前之兴愈浓，后之怨愈深。

②醉里挑灯看剑，梦回吹角连营。八百里分麾下炙，五十弦翻塞外声，沙场秋点兵。　马作的卢飞快，弓如霹雳弦惊。了却君王天下事，赢得生前身后名。可怜白发生！

——宋·辛弃疾《破阵子》

【提示】这首词写人生的荣辱成败之感，主要情思仍在抒壮志难酬、恢复大业未成的哀伤。全篇上下阕共十句，前九句都是写杀敌报国、恢复山河、建立功名的惊人壮业的，这是扬；仅末尾"可怜白发生"一句点题，这是抑，

透过这一句，表明前九句所写的都只是虚幻的梦想，末尾一句压倒了前面九句，具有十分感人的力量。

③曾逐东风拂舞筵，乐游春苑断肠天。

如何肯到清秋日，已带斜阳又带蝉。

——唐·李商隐《柳》

【提示】作者以柳自喻，借春柳之荣，写秋柳之衰，构成强烈的反差。叹己之少年得志，老来沉沦失意。先写春日之柳、春风荡漾，百花争艳，乐游苑上，士女如云，舞筵上红裙飘转，绿袖翻飞，碧绿的柳枝，同舞女一道翩翩起舞。下面两句却陡然一转，回到眼前的秋柳，景象完全相反，斜阳照着柳枝，秋蝉贴在树上哀鸣，一派肃杀、凄凉的环境。诗中经历今昔荣枯悬殊变化的秋柳，正是自己身世的生动写照。

④辛苦遭逢起一经，干戈寥落四周星。

山河破碎风飘絮，身世浮沉雨打萍。

惶恐滩头说惶恐，零丁洋里叹零丁。

人生自古谁无死，留取丹心照汗青。

——宋·文天祥《过零丁洋》

【提示】从前六句不难感受到作者国破家亡的剧痛与身世飘萍的自哀相交织的苍凉低回之心绪。末二句跌转，表达诗人对自身命运的一种毫不犹豫的选择：只要保全节操，将忠魂永存，宁可为国献身，名垂青史，决不屈辱求生。这两句的语势，显得斩钉截铁，气势高亢，表现出高尚的民族气节和舍生取义的人生观。这使得前面的感慨、遗恨平添了一种悲壮激昂的力量和底气，表现出独特的崇高美。

2. 以"小草的歌"为题，用抑扬构思法写一篇不少于 600 字的借物抒情散文。

3. 阅读材料，用抑扬法组织一篇文章，自选立意，自拟题目。

①煮豆持作羹，漉菽以为汁。

其在釜下燃，豆在釜中泣。

本自同根生，相煎何太急？

——曹植《七步诗》

②煮豆燃豆萁，豆熟萁成灰。

熟者席上珍，灰作田中肥。

不为同根生，缘何甘自毁？

——郭沫若《反七步诗》

③煮豆燃豆萁，萁在釜下乐。

不惜身成灰，愿弟早成熟。

——华罗庚《赠诸弟》

4.从下面两个题目中选一个，尝试用本节的方法完成一篇作文，注意一定要写出真情实感。

①花开花谢，春去秋来。不经意间，我们发现自己在慢慢长大。回首逝去的岁月，总有一些人让我们心存感激：或许是相依相伴的家人、老师，或许是短暂相逢的同学、朋友，或许是擦肩而过的陌生人，他们体贴入微的照顾，严厉中善意的批评，看似平常的只言片语……都化作一份厚重的情感沉淀在心底，伴我们成长，让我们难忘。

请以"让我心存感激的人"为题目，写一篇文章，文体自选（诗歌、戏剧除外）。

②没有一颗心生来就喜欢孤独，所以我们需要朋友。我年轻的朋友，谁是你最好的朋友呢？是和你形影不离的那个同学吧？但，也许恰是你的竞争对手？也许竟是你的童心老爸？也许，却是你满架的好书、外婆家中的酸枣树？或许，你和苏轼一样"侣鱼虾而友麋鹿"；或许，你沉入音乐海洋，便"沉醉不知归路"？

题目：我最好的朋友。要求：写一篇六七百字的文章，以记叙为主，要有描写，并适当抒情和议论。

联想构思法

诗人郭沫若告诉我们，天上的街市最迷人，那里有提着灯笼的人儿在行走；五柳先生笔下的桃花源最和谐，有良田美宅，"黄发垂髫并怡然自乐"；苏学士的"琼楼玉宇"最为华丽庄严，那里有"婵娟"翩翩起舞。毛泽东的"截断巫山云雨，高峡出平湖"就是对三峡水库的诗意规划。是什么让诗人

到达那最美的地方？是诗人张开了联想和想象的翅膀。那么，什么是联想呢？

联想，是指由某人或某事物作为思维触发点而想到其他相关的人和事，或者由某概念引涉到其他相关的概念。联想是一种心理过程，也是创作中的一种构思方法。联想是一种扩展性的思维方式，它可以升华为想象，而想象可以说是创作的源泉。运用联想的方式来构思作文，所反映的是事物间的相同属性或特征。由于事物之间的联系不同，作者依据这种联系由此事物推想到彼事物，就可以形成各种不同的联想。

比如，我们看到或听到"天空"这个词，就可以联想到这样一些情景：蔚蓝色的天空，朵朵云彩十分美丽；航空运输十分发达；宇宙中深邃莫测，外星人究竟存在与否，地球人设法移居外星球能不能成为现实；宇宙飞船往来于星球之间，可以探测其他星球上的矿物宝藏；太阳的热力是宇宙中无限的能源，应当设法充分利用……我们常说的"浮想联翩"，就是头脑中涌出来的这些设想与感想。能联想，就能思如泉涌，汩汩不息，就有文章可做。联想能力的强弱，完全可以检测一个人掌握的写作材料和信息储备是否丰富厚实以及思维是否敏捷。会联想的人思路就开阔，能举一反三，触类旁通，见微知著；发散能力就强，可以由此及彼、由表及里，囊括古今中外世间万物。

因此，联想是获得写作材料的重要途径之一。写文章首先要有素材。素材哪里来？有的是作者通过观察生活切身体验直接获得，即得益于直接经验；有的是通过书刊等各种传媒介质获得，属于间接经验；有的是作者在思考、分析直接或间接的材料后而形成的见解和观点，这是源于思考分析；还有的是作者通过观察、收集、积累各种资料，在自己大脑中重新组合，融会升华，创造出新的形象，等等，这一切都离不开联想。

我国著名作家茅盾写的散文名篇《白杨礼赞》（见《见闻杂记》花城出版社1984年版）就是通过联想进行构思行文的。他由眼前看到的那样"极普遍，不被人重视"的白杨树，联想到和白杨树一样"极普遍，不被人重视"的北方农民；由白杨树"倔强挺立"的风姿联想到"坚强不屈"的北方农民；白杨树是"像哨兵似的树木"，农民则是像白杨树一样的哨兵。作者又把白杨树和农民通过联想加以升华，由"虽在北方的风雪的压迫下却保持着倔强挺立"的白杨树,联想到那种在"我们民族解放斗争中所不可或缺的朴质、坚强以及力求上进的精神"。作者正是以类比联想而托物寄意的,大大丰富和深化了文章的内涵。

联想在散文创作中能够使作品结构绵密、意境隽永,在其他文体中运用也可以使作品生动形象。如高士其在《床上的土劣》(见《高士其全集1》航空工业出版社 2005 年 10 月版)这篇科普说明文中有这样一段文字:

蝴蝶,美丽而活泼,好比电影明星;秋蝉,清脆而有韵节,好比音乐家;螳螂,好比挺着胸膛的武士;蠹鱼,好比专读死书的文士;蚂蚁,好比靠着两条腿吃饭的洋车夫;蜜蜂,好比忙着搬行李的码头工人;苍蝇是白天的强盗,蚊子是黑夜的土匪,这两个也还有不怕死的胆量。至于臭虫,名称先已不雅,态度又畏首畏尾的不光明正大,看它们胖胖圆圆扁扁的褐木色的大肚皮里,吃的都是我们百姓的汗和血。一旦光明来到被窝里,它们早已吓得逃个精光了。拿它们来比一般贪官污吏土豪劣绅不为过吧!

这里,作者正是运用了巧妙的联想和贴切的拟人手法,形象而又褒贬分明地说明了几种昆虫的特征。这不仅使枯燥乏味的说明文变得极其生动有趣,而且准确地说明了事物的本质特性。

高士其(1905—1988)是中国著名科学家、科普作家和社会活动家,中国科普硕士、科普事业的先驱和奠基人。高士其原名高仕镇,后改名高士其,他说:"丢了'人'旁不做官,丢了'金'旁不要钱。"在这"官"念深重、物("钱")欲横流的世界里,他真可以称得上"出淤泥而不染",这又是我们的"联想"。

可见,如果具备一定的联想能力,就会扩大作文材料的来源,丰富写作素材,增强作文反映生活的广度和深度。

联想在作文构思中的作用是非常明显的,古代文学家、文章家对此有不少精辟的见地和论述。西晋著名文学家、书法家陆机在《文赋》中说:"浮天源以安流,濯下泉而潜浸";"观古今于须臾,抚四海于一瞬"。中国历史上的文学理论家、文学批评家,南朝梁代的刘勰在《文心雕龙·神思》中说:"文之思也,其神远矣。故寂然凝虑,思接千载;悄然动容,视通万里。"的确,时不分古今上下千万年,地不论天渊流泉星际宇宙,都可在我们联

想构思之中。在很多时候，没有联想，就没有文章。丰富的内容，隽永的意境，都需要联想力。

能够引起联想的信息点是千姿百态的，事物之间的联系也是多种多样的，因而联想的类型也就各呈异彩了。根据引发联想的事物与生发联想的事物之间关系的不同，联想构思法又可分为以下四种类型。

相近联想法

相近联想是根据事物彼此之间具有的相近、相关和相类似的关系进行发散联想构思作文的一种方法。

朱自清在《春》这篇散文里有这样一段话：

桃树，杏树，梨树，你不让我，我不让你，都开满了花赶趟儿。红的像火，粉的像霞，白的像雪。花里带着甜味儿；闭了眼，树上仿佛已经满是桃儿，杏儿，梨儿。花下成千成百的蜜蜂嗡嗡地闹着，大小的蝴蝶飞来飞去。野花遍地是：杂样儿，有名字的，没名字的，散在草丛里，像眼睛，像星星，还眨呀眨的。

作者先用拟人和连喻描绘出桃、杏、梨花竞相开放的情景和绚丽色彩，后用博喻形象地展现了野花的个体及群体时隐时现的动人情态，描绘了一幅春意盎然的春花图。群花争春的画面是靠比喻来体现的，而比喻又是借助于本体（桃花、杏花、梨花、野花）与喻体（火、霞、雪、星星、眼睛）在颜色和形态上的相似点联想产生的，没有这种类似关系的联想，也就没有比喻。设喻构思的过程就是联想的过程。恰当绵密的相近联想，既能使事物具体鲜明可感可触，又能寄寓浓烈的感情，展现作者的创作愿望。

我国古代诗歌创作中有很多运用相近联想构思的例子。

李白《静夜思》"床前明月光，疑是地上霜"一句中，"月光"和"霜"都是一片白色，作者就由"月光"这一事物的感知和回忆，联想到与之形态上相类似的"霜"，这是取二者颜色相似进行的联想。

张继的《枫桥夜泊》里有句："月落乌啼霜满天，江枫渔火对愁眠。"这14个字写了6种景象：月落、乌啼、霜满天、江枫、渔火、孤舟。这些景象本没有联系，但作者根据它们在时间和空间上相近的这一特点运用了相近联想，就把没有内在联系的事物串在了一起，表达羁旅者孤寂清寥的感受。

有时，当我们看到远处的街灯，就会想起天上闪烁的星星；当我们孤独地走夜路时，看见人家院落的灯光，就想起了家的温馨……这都属于相似联想，它建立在观察思维能力和比较思维能力的基础上。有丰富的联想思维能力，写作时就能浮想联翩，思路开阔，写出来的文章才更丰富、生动。

①忽然想起采莲的事来了。采莲是江南的旧俗，似乎很早就有，而六朝时为盛；从诗歌里约略可以知道。

②于是又记起《西洲曲》里的句子：

采莲南塘秋，莲花过人头；低头弄莲子，莲子清如水。

今晚若有采莲人，这儿的莲花也算得"过人头"了；只不见一些流水的影子，是不行的。这令我到底惦着江南了。

（朱自清《荷塘月色》）

作者在享用了清华园的荷塘月色以后，联想起江南的荷塘，将二者加以比较，相同在一样是"莲花过人头"，不同在一个是"一些流水的影子"，一个是"低头弄莲子，莲子清如水"，两相比较，"令我到底惦着江南了"，越想越觉得江南美好可爱。

我的心不禁一颤：多么可爱的小生灵啊！对人无所求，给人的却是极好的东西。蜜蜂是在酿蜜，又是在酿造生活；不是为自己，而是在为人类酿造最甜的生活。蜜蜂是渺小的，蜜蜂却又多么高尚啊！

透过荔枝树林，我望着远远的田野。那儿正有农民立在水田里，辛勤地分秧插秧。他们正努力建设自己的生活，实际也是在酿蜜——为自己，为别人，也为后世子孙酿造生活的蜜。

（杨朔《荔枝蜜》）

文章由物及人，从蜜蜂联想到农民。蜜蜂"是在酿蜜，又是在酿造生活；不是为自己，而是在为人类酿造最甜的生活"。而在田野里劳动的农民"实际也是在酿蜜"，"酿造生活的蜜。"

近几年，全国各类考试中，引导考生运用联想思维方式构思作文的题目越来越多。2015年湖南卷高考作文题目是：

阅读下面的材料，根据要求作文。

有一棵大树，枝繁叶茂，浓荫匝地，是飞禽、走兽们喜爱的休息场所。飞禽、走兽们经常讲它们旅行的见闻。大树听了，请飞禽带自己去旅行，飞禽说大树没有翅膀，拒绝了；请走兽帮助，走兽说大树没有腿，也拒绝了。大树决定自己想办法，它结出甜美的果实，果实中包着种子。飞禽、走兽们吃了果实，大树的种子就这样传播到了世界各地。

请根据材料，自选角度，自拟题目，写一篇不少于800字的记叙文或议论文。

要写好这个作文，就要从寓言材料去展开联想，想到现实生活中相关的人和事物，或编写故事，或抒发情感，要涉及材料中的关键字词，最好是运用最新材料，如互联网的合作模式、"一带一路"的合作共赢等。

请欣赏下面这篇考生作文：

为自己开扇窗

一星陨落，黯淡不了整个天空。一花凋零，荒芜不了整个春天。

——题记

我是一个女孩，因为我的出生，让爷爷奶奶的抱孙子梦落空了。我想，大概是因为我足够幸运，才能这样一点点成长，直至今天坐在这个能决定我未来的高考考场。你也许会奇怪，我为什么会这样说。是的，我与其他人有那么一点不同，我的听力很差，对于一个农村家庭来说，的确是一种致命的打击。我依稀记得小时候的自己对于声音的反应很差，我记得爸妈总是要对我"大喊"，我记得我从来都是坐第一排。我无法正常地与其他小朋友交流，所以每当她们玩着捉迷藏以及丢沙包时，我总会一个人默默地坐在课桌上，我把课本看了一遍又一遍，眼睛却不自觉地向操场瞄去。每当有人望过来，又极其心虚地收回目光，像做坏事被抓住了。

我无法拥有2015感动中国十大人物之一——陶艳波的妈妈，她能做儿子的耳朵。她十六年陪伴，她做他的耳朵，她是他的同桌，让他听见这世间的轻盈，也听见无声的爱。我的妈妈，她只能在放学回家一遍又一遍教我读拼音，她只能偷偷背着我去其他同学家里，叫她们陪我一起玩，她只能在赶集回来给我带一本《安徒生故事》……但正是这样一本书，开启了我对阅读的爱好，也开启了我心中的一扇窗。即使我的听力不好，但我却沉浸在那些故事中。我爱上了文字，爱上了阅读，我庆幸，我为自己开启了一扇窗。

秋风送爽，田间翻滚着金黄的稻谷，爸妈面朝黄土背朝天收割庄稼。冬风萧瑟，爸妈仍在风雪中劳作。他们为了我，省吃俭用。就在十岁那年，他们带我去大城市，那些冰冷的检查设备让我害怕，与医院里那些穿着漂亮的人相比，我们一家如同最可怜的存在。后来，我的耳朵上多了一样东西，那是一个助听器，哪怕很多人从我身边过都要看我的耳朵，但我心中比害羞更多的是欢喜，我能够更清楚地听见声音。即使是这样，我依然与书为伴，我尝试着写作，在六年级时，我的习作《母爱》在《小溪流》发表，我看到我的文字变成了铅字。当我的作文被邻班语文老师拿去当范文朗读时，我听到的终于不再是"那就是隔壁班那个聋子"，而是"今天老师朗读的那篇作文是她写的"。

大树没有翅膀，也没有腿。但它结出甜美的果实，果实中包着种子。飞禽、走兽们吃了果实，大树的种子就这样传播到世界各地。我也没有翅膀，我甚至是一个别人口中的聋子，但多么庆幸，一星陨落，暗淡不了整个星空，一花凋零，荒芜不了整个春天！我为自己开一扇窗，让我贫瘠的文字带我去看世界！去倾听这世界的轻盈与无声的爱！

这篇应考文章真切动人，考生由"大树"联想到自己："大树没有翅膀，也没有腿。但它结出甜美的果实，果实中包着种子。飞禽、走兽们吃了果实，大树的种子就这样传播到世界各地。"自己呢，听力有问题，"是一个别人口中的聋子"，母亲的默默帮助，父母省吃俭用为"我"买的助听器，加上自己的努力，"爱上了文字，爱上了阅读"，并发表了文章。"为自己开一扇窗，让贫瘠的文字带着去看世界！去倾听这世界的轻盈与无声的爱！"

文章借助的是类比联想，由"大树"出发，抓住相似点构思行文，表达积极创造条件，成就梦想的主题。

对比联想法

对比联想是创作者由某一事物的感知和回忆，引起对和这一事物具有相

反或相对特点的其他事物的联想。它既能反映事物的共性，又能反映事物独特的个性。这种方法与对比、反衬等修辞手法有密切关系。

小到一句话、一首诗，大到一篇文章都可以运用对比联想的思维方式构思写作。

"朱门酒肉臭，路有冻死骨"是杜甫《自京赴奉先县咏怀五百字》里的句子，意思是贵族人家里飘出酒肉的香味，穷人们却在街头因冻饿而死——贫富悬殊对比鲜明。

"越王勾践破吴归，战士还家尽锦衣。宫女如花满春殿，只今唯有鹧鸪飞。"（李白《越中览古》）昔时的繁盛和今日的凄凉，通过具体的景物，做了鲜明的对比，使读者感受特别深切。

"战士军前半死生，美人帐下犹歌舞。"（高适《燕歌行》）唐军战士们奋力迎敌，杀得昏天黑地，不辨死生。然而，就在此时此刻，那些将军们却远离阵地寻欢作乐！这样严酷的事实对比，有力地揭露了唐军中将军和士兵的矛盾，暗示了必败的原因。

"书画琴棋诗酒花，当年件件不离它。而今七事都更变，柴米油盐酱醋茶。"（张璨《戏题》）"书画琴棋诗酒花"本为大雅之事，当年乐在其中，何其风流潇洒！而今好景不再，一切都宣告"颠覆"，变为"柴米油盐酱醋茶"的大俗之物了。诗中"雅"与"俗"的对照与转换，写出了现实生活中芸芸众生现实的生存状态。

鲁迅先生的《从百草园到三味书屋》（人教版语文教材七年级下册）一文中，就是把百草园生机盎然的景象与三味书屋沉闷乏味的气氛相对照，突出了"我"爱好的是能增长知识的大自然，而不是死气沉沉的书斋；"美女蛇"的故事与三味书屋中的读书形成对照，突出了能给"我"深刻印象和教益的，是在劳动人民中流传的故事和传说，而不是经书中的封建教条；冬天百草园中闰土父亲教捕鸟与三味书屋中塾师的教书相对照，突出了给"我"生活知识的是劳动人民，而不是迂腐的塾师。试想：当"我"坐在冷清沉寂、枯燥乏味的三味书屋中时，能不引起对昔日百草园绚丽明快、生机勃勃的快乐生活的回忆与联想吗？正是这个对比式的联想，构成了全文揭示封建制度、封建教育对儿童的束缚与摧残这一主题。

老舍的《济南的冬天》（人教版语文教材七年级上册）从整体到局部都是运用对比联想的思维方式构思行文的。

他在文章开头这样写：

对于一个在北平住惯的人，像我，冬天要是不刮风，便觉得是奇迹；济南的冬天是没有风声的。对于一个刚由伦敦回来的人，像我，冬天要能看得见日光，便觉得是怪事；济南的冬天是响晴的……

这段文字中，作者将北平、伦敦冬天的刮风和浓雾，与济南的冬天和风无声、晴朗无云相对照，把两地迥然不同的天气特点表现了出来。事物总是在对照中显现其个性的，经过这一由北平想到济南、由济南想到伦敦的对比式联想，读者也仿佛和作者一起受到了刺骨的寒风和令人窒息的冷雾的侵袭，一起到热带的天穹下尝到了烈日灼烤的滋味，从而在内心深处涌出与作者同样的感受——"济南真的算个宝地"。

还有，作者把济南的山比作一个小摇篮，把松树尖上的一髻儿白雪花比作日本护士头上的白帽，又把山坡上的色彩斑斓的雪花比作带水纹的花衣，再把夕阳斜照下的粉色的薄雪比作害羞的少女……这样的对比联想，达到了"以形透骨"的艺术境界。作者笔下的雪，不再是冰冷的了，而是充满温暖的；不再是无生命力的了，而是柔和美丽饱含感情的。

对比联想构思在应试中是很容易套作的一种方法。2015 年江苏高考作文题目是：

根据以下材料，选取角度，自拟题目，写一篇不少于 800 字的文章；文体不限，诗歌除外。

智慧是一种经验，一种能力，一种境界……

如同大自然一样，智慧也有其自身的景象。

江苏省高考阅卷老师说，"智慧"的特质是善、活、妙。"善"是智慧的出发点，不善的经验、能力、境界只能产生"奸诈"和"狡猾"。"妙"是智慧的归宿点，它令人惊叹：多么巧妙，多么美妙，多么圆满，多么通达！"活"是这两点的联结和必由之径，没有"活水"的淘洗和推进，经验、能

力、境界永远不能更生，只能老去；这种"活"，表现为一种灵气，一种悟性，一种敏锐，一种创新。

这个题目不要求考生对上述种种全面把握，能从其中一点突破即可，着眼于小人物、小经验、小升华、小智慧。不论是议论性文体，还是记叙性文体，都期望考生写"活"，充分展示自己的智慧。

请欣赏下面这篇满分作文：

左手粪叉，右手笔杆

爷爷的手，拿得起粪叉，舞得了笔杆。

爷爷是一个农人，他常常"晨兴理荒秽，带月荷锄归"，却从没有过"草盛豆苗稀"。因为他精通耕种之道，不滑不懒；最重要的是，他施用农家肥。每天晨曦初露，爷爷便背一竹篓，操一粪叉，游走于村头巷尾，捡拾牲畜秽物。及至天一放亮，村郊不上不下地被飘来的炊烟裹住，爷爷就回家。奶奶摆好了早饭，小米粥、馒头、青椒、拍黄瓜，呼噜呼噜喝完汤，顺便踢走死缠脚下的巴儿狗……偶尔奶奶也夸一夸爷爷捡来的大粪："这肥好，臭！"老头老太太对视一眼，笑了。

爷爷曾是个大学生，当官的，有过出息。太爷爷共有六子，本来都该安安分分做个小农民，但爷爷不。他天分异常好，私学，中学，及至大学，都是一路直上。后来当了小官，虽不大，但在镇上也算是有头有脸了，在村里更是红极一时。眼看升官在望，爷爷却收拾行囊，携家带口，回了村里。村里人都表示理解："对喽，农民好嘛，看看庄稼看看草，啥都不愁。"

村里人称赞爷爷的农活，还敬佩爷爷的书法。逢年过节，红白大事儿，都找爷爷来写字儿。不必狼毫，不必端砚，更不必宣纸——乡下人也不懂欣赏这个，但他们都知道爷爷见多识广，高文凭，有技艺。对于求字之人，爷爷总是来者不拒，放下粪叉，洗手执笔，挥洒而下。当淳朴的邻人拿到字后，喜悦之情全溢于脸上，总想夸一夸这字儿——就像汪曾祺笔下的乡亲们一样："这字儿好，真黑！"

我是爷爷的长孙，却去之远矣！常问爷爷："您咋就愿意做个农民呢？"他总会拿他喜欢的文人汪曾祺做例子："你看啊，老汪这人写文章写得好。俗而不厌，多而不滥。为啥？他虽是文人，却也近于农人。勤恳、淳朴、达观。"

我点头："是啦，他也掏过粪，而您是叉粪。又都是执笔之人，又都上过大学。您和汪先生差不多嘛！"爷爷很得意我的说法，却仍摆手不赞同："有一点不一样，他种地不如我。"奶奶看我们爷孙俩笑闹，总是很无奈，叹道："这老头子。"

我不知道我何时会有这种高度，更不知道爷爷眼里的世界是怎样，但我深知，爷爷表现的那些，才是人们应该追求的粪叉和笔杆共存的境界。

平淡而知足，是爷爷的智慧。

本文有着淡淡的传奇色彩，爷爷的"夫子气"和"农人味儿"相互对比映照，天然融合。有些笔墨十分精彩，如奶奶夸爷爷捡来的大粪："这肥好，臭！"又如邻里夸爷爷的墨宝："这字儿好，真黑！"这些都是对比互衬。通篇隐含对比性思维，在"文人"与"农人"、"小官"与"农民"的对比中把爷爷的"平淡而知足"的智慧凸显出来。

推测联想法

推测联想法是根据眼前已知的事情，去推测、猜想或想象过去的以及未知事物所进行的作文布局构思方法。

郭沫若《天上的街市》（见人教版语文教材七年级上册）一诗，作者凝视夏夜的星空，展开大胆的联想与想象，幻测推想在缥缈的空中有美丽的街市。作者由眼前的实景"远远的街灯明了"写起，并联结了"天上的明星"。这一联想沟通了人间与天上，唯其"远远"，街灯显得簇集了，密密麻麻的，故而有"好像是闪着无数的明星"这一想象；也唯其"远远"，地天相接，视线稍抬，也就看到了"天上的明星现了"，"好像是点着无数的街灯"。既然有"街灯"，便推测联想到"定然有美丽的街市"，"街市上陈列的一些物品，定然是世上没有的珍奇"，"那浅浅的天河，定然是不甚宽广"，"那隔着河的牛郎织女，定能够骑着牛儿来往"，"我想他们此刻，定然在天街闲游"。这一系列的推测联想，是在"有美丽的街市"这一总的推断下进行的。联想、推测的线索（思维轨迹）是十分分明的：街灯——明星——天上的街市——物品——牛郎织女来往，上下驰骋，活泼自然，从而表达了诗人强烈的爱与憎，表达了向往光明、唾弃黑暗、追求幸福、鞭挞污浊的意图。

毛泽东的《蝶恋花·答李淑一》这首词也有明显的联想思维轨迹，推测、猜想的成分也占很大的比重。全词通过革命浪漫主义的新奇独特的联想、想象和夸张，创造出一个优美神奇的艺术境界。妇孺皆知的吴刚、嫦娥的神话传说，经过艺术点化，就成为亿万革命人民向烈士致敬的代表，极力烘托出忠魂的伟大，鲜明地描绘出烈士们高大的英雄形象。

请欣赏全词：

蝶恋花·答李淑一

我失骄杨君失柳，杨柳轻飏，直上重霄九。

问讯吴刚何所有，吴刚捧出桂花酒。

寂寞嫦娥舒广袖，万里长空，且为忠魂舞。

忽报人间曾伏虎，泪飞顿作倾盆雨。

在这里，作者由杨开慧、柳直荀二烈士的牺牲写起，推想、猜测出他（她）们的英魂飘上九霄，进而又推测出寂居月球上的吴刚、嫦娥的神姿仙态，最后推出为革命献身的英烈听到革命胜利的捷报飞来这一"纸钱"载着的消息时，激动万分、以慰心怀的情景。丰富而奇异的联想与想象，既打破了类别的界限，把生与死、人与仙、现实与幻想连成了一片，把殉难的杨、柳烈士与传说中的神仙联结起来；又突破了空间的阻隔，由人间写到天上，又由天上回到人间，把月宫仙境与人间现实、神话传说与革命斗争融为一体。构思的牺牲、升天、问讯、敬酒、献舞、报信、飞泪等诗意化的情节，把时间距离大大紧缩，弹指一挥间过去了几十年。如果不是借助于联想，显然构思不出这样的艺术珍品。

【附】李淑一原词：

菩萨蛮·惊梦

兰闺索莫翻身早，夜来触动离愁了。

底事太难堪，惊侬晓梦残。

征人何处觅，六载无消息。

醒忆别伊时，满衫清泪滋。

表里联想法

表里联想法是依据事物的表里关系而进行的由外部特征到内在本质的一种联想构思作文的方法。这种方法采取的思路形式是：先描述某一事物的外形特征，进而概括揭示该事物内在的精神实质，从这一精神实质横向扩展或纵向延伸生发开去，联想到与此相同、相近或相类的人的品质或某种精神与意志，从而达到赞人物、颂精神的写作目的。我们先欣赏下面这篇习作：

浪花赞

浪花是细小的，它只是大江大海里的一点一滴。它日复一日、年复一年地在激流中前进，永远那么默默无闻，平平淡淡，似乎是与人无关，与世无争。

浪花就这么平凡吗？是的，它确实很普通、很平凡。

当你面对着波涛汹涌的大海，赞美大海的美丽和浩瀚时，你不会想到大海的成员——小的浪花吧；当你仰望从山顶直冲下来的瀑布时，你一定会吟诵出唐代大诗人李白"飞流直下三千尺，疑是银河落九天"的诗句。是啊，多么壮观，多么富有诗意啊！可你是否想到，这气势磅礴的瀑布是由这一朵朵小小的浪花组成的。

浪花虽然小，但它总是无畏地战斗、冲锋。撞到礁石上，也许会粉身碎骨，可是回到激流中，依旧冲锋；在阳光的照耀下，也许会蒸发，但化作雨水又可以回到战斗的行列中。就是渗透到土壤里，也能培育生长在土地上的植物。浪花虽小，但它们有着极旺盛的生命力，长河不止，浪花不灭！

我们人世间的"浪花"——那种生命不息、斗争不止的"浪花"不也是这样的吗？

伟大的共产主义战士雷锋就是这样一朵闪光的"浪花"，他虽然只活了短短的 22 岁，但这 22 年中，他为人民办了多少好事，他的一生是伟大的一生，他把自己融进了祖国和人民这个"大海"中，成了永远不会干枯的"浪花"。还有那千千万万默默无闻、赤诚奉献的人类灵魂工程师——教师，脚踏三尺讲台，一生两袖清风，干着"陪人倚寒窗，照人赴锦程"的工作，他们不也像一朵朵平凡而细小的"浪花"吗？他们的身上不也闪现着"浪花"的精神与品格吗？

浪花是微小的，但它总是翻腾，总是前进，总是与整个奋斗目标保持一

致！我赞美浪花，正是这小小的浪花蕴蓄着伟大的力量，象征了极其伟大崇高的精神！

我常想：没有千万个"雷锋式"的"浪花"，那中华民族精神这个"大海"从何而来？没有千百万教师这样普通的"浪花"，社会主义建设这个"大海"岂不干枯？

奔腾吧，浪花！奋斗吧，浪花！在未来的岁月里，你们一定会创造出更惊人的奇迹，一定会做出更伟大的事业！

这篇散文独辟蹊径，从"小"处着眼，抓住浪花"细""小"的外形特征，揭示其"蕴藏着伟大的力量"这一本质特征，从而进一步联想到雷锋、教师这些个体和群体，并推及创造了和创造着历史的人民群众。由于作者较准确地把握了表里联想式的特点，把握了联想体与本体之间的结合点，因而使得事物与人相融，思想境界就显得更开阔了。

表里联想的体现方式，较常用的是象征、比喻、拟人等手法来言物喻人、言此意彼，使物和人"神似"。也就是所选择的事物必须与联想物在精神特征上协调一致，在表述该事物时也必须突出与该联想体的相似点。对该事物表面的其他方面的特点，可以略写或不写。

比如，竹子这个物体就具有多方面的特点，能引发联想的交接点也就多了。从不同的联想交接点出发，就可以联想到人的多种品质：为了颂扬人的正直高尚，就可以从竹子修直挺拔的外形进行联想，它是宁折不弯的；若要赞颂人的勇敢顽强，竹子在冬天常绿不凋的特点就可以作为联想的触发点；如果要说明扎实的根基对事业成功的重要意义，那非常密集而又富有繁殖力的竹根也能使人浮想联翩。

雷电，是一种难以驾驭的自然力。它伟大，足以使人慑服，然而又具有巨大的破坏力。茅盾先生看到它划破长空、撕裂黑幔时，联想到的是利剑，是正义的代表和化身；高尔基看到的雷电则是恶势力的象征……

因此，联想这个心理过程反映在文章构思中，就是作者思路与技巧的综合体现，像一匹激情驰骋的骏马。没有联想（不论整体联想还是局部联想、点状联想），一切写作活动都将无法进行。但联想不是凭空的胡思乱想，表里联想更应该以现实生活中的客观事物为基础。只有对客观事物有细致的观察，积累了丰富的生活经验，具备比较渊博的知识和进步的思想，才能有足够的材料进行联想，也才能联想到足够的事物。只有抓住"表"的特征，才能揭示"里"的内涵，才会"联"得自然，"想"得合理，用得恰当。

请欣赏 2015 年江苏高考考生作文：

智慧，就藏在房间里

妈妈对爸爸的评价：平时挺精明，一到钱上就犯浑，只知道乱花钱，败家。

可不是？打我记事起，买房子、搬家、卖房子就成了常态，少说也换了四五个地段。若家底殷实犹可说，可咱家刚达小康。几番折腾下来，已经欠了不少外债。

爸爸和财务打了几十年的交道，跟客户谈账目时几百万的数目也得精确到个位，如此细致的人怎会连家中的存款、经济状况都不清楚？莫非真是"清官难断家务事"，对外精细了，对内就糊涂？我有些不明白。

不过细细想来，爸爸几次一意孤行决定买下的房子，其位置都有点名堂。譬如上小学一二年级时，我家的房子择在镇中心，虽然位于中心，却拥有罕见的静谧，大概是与喧嚣马路隔着几幢楼房和一片树林的缘故吧。看着远处人来车往纷杂不已，耳畔却时常听到群鸟啁啾似在欢腾。年纪尚小的我，不懂得"大隐隐于市"，却在这明媚的阳光中领略到静的美好，收敛了顽皮和野性。

上初中时，爸爸看上了一处邻近学校的房子。地理位置虽然不错，价格却出奇地高。大概把家里百十平方米的老房子卖了，再垫点钱，才换得那六七十平方米的新居。那关口，爸爸打开家里的存折算了一下，又带着笑容对外借了点钱，就轻飘飘地将钱交给了房主，全然不顾一旁闪着噬人目光的妈妈。后来的日子，我们一家度着有史以来最难熬的时光。但多亏了这一决定，每逢冬季，我不必在寒风中赶远路，缠人的支气管炎不再发作，平安地度过了初中三年。整整三年！

唯一一次让我不满意的新居，便是高中时候的房子。为了延续初中的传统，父亲仍在学校旁边找了间房。但我搬进去一看，却比初中的更狭小、更简陋，网络、电视全没有，平日用来消磨时光的手机也只好交出。高中三年

的色调，变得乏善可陈。听着我倾诉满腹牢骚，爸爸只在一旁呵呵一笑，说："现在啊，还是艰苦点吧。"说来也怪，一些过去的朋友遇见了我，却惊讶往日颇为散漫的我多了些沉稳，啊，兴许真的长大了呢！

高中的生活，终于迎来尾声。一日，我与爸爸闲聊："爸，以后还搬家吗？"爸爸意味深长地答道："你走了，就不搬了。"我默然。忽地明白，父亲的多次搬家或许仅仅是为了我吧。

我想，妈妈评价爸爸"花钱发昏"，可能有些道理。但是，这种行为如今看来却含有某种智慧。只不过，这智慧被爱包裹起来，深深地、悄悄地藏在这房间里的某处罢了。

作者仿孟母"三迁"写老爸为孩子求学也来了个"三迁"，迁出了性格，迁出了无声的大爱。这种智慧，旁人难悟，而小作者悟到了：它"被爱包裹起来，深深地、悄悄地藏在这房间里的某处罢了"。"平时挺精明"与"花钱就犯浑"的表象映衬出"父爱无言"的品格，"表"与"里"对比凸显，显性与隐性一明一暗，可以看出作者平时练笔积累素材的能力与考场上套写应变的能力都很强。

在这里，我们可以领悟一个道理：每一个作文命题（包括材料）都是一个联想思维的触发点，面对作文题目，我们应该知道：联想体与本体之间在不同场合、不同主题的文章中是没有约定俗成、固定不变的关系的。由于各种事物的属性往往是多侧面的，不同角度可引发不同的联想，在作文时，我们只能取其一而舍其余。抓小见大是不错的选择。

根据上述四种联想构思方式的分析介绍，显而易见，要想提高自己的联想能力，必须加强自身基本修养与能力的训练。

一是要开阔视野。也就是扩大眼界，扩展生活面，培养多种兴趣，广泛接触社会，深入到生活的方方面面。在条件允许的情况下，多走走，多看看，多了解新事物，掌握新动态，这样才能有比较多的机会看到、听到、觉察到各种事物，加以对比、鉴别，开阔联想思路。

二是要丰富学识。开阔视野就会增加知识，二者是紧密相连的。爱好多兴趣广的人不单是在学校获取知识，更多的是从生活中多渠道充实自己。阅读，绝不是手机上的"碎片阅读"，古今中外天文地理书籍要读（粗读与精读），报纸杂志要读（浏览与细读），与社会活动相关的政治、文艺、体育、影视、游览等也要涉猎。处处留心皆学问，人情练达即文章。有了广泛的生活、知识积累，创作时就能联想丰富、得心应手，才能把主题想"活"，把情节想"曲"，这样才能写出高分作文。

三是要博闻强识。这是学写作的人必不可缺的一项素养。因为每当我们写一篇文章，除去必要的材料外还要有尽可能多的其他现成材料。这些现成材料不是指书本上的，而是你自己头脑中早已储备好的材料，如生活阅历、百科知识、名人名言、成语典故等，这些在联想作文时很能派上用场。记忆的"财富"越多，越能激发写作的热情。有了积累储备，在正确的思想、健康的感情的激发下，文思就会汩汩而来。如果记忆存储的东西很少，想起东忘了西，哪里会有什么联想与想象？

可以这样说：生活是联想的基础，记忆是联想的仓库，积极的思想是联想的方向，细腻的感情是联想的发动机。具备了这些条件，那就可以在人生的高速路上逐梦前行。

【训练设计】

1. 看到下面这些，你会联想到什么？

①一条波浪线。

【提示】可以想到大海的波涛、蜿蜒的小路、学习成绩的起伏不定、音乐跳动的旋律，也可以想到曲折的人生之路……

②"0"。

【提示】鸡蛋、乒乓球、项链——相似；一无所有、零分、空白——相关（横向）；富足、圆满——相反；母鸡、鸡蛋、小鸡——过去、现在、未来（纵向）；鸡蛋外、太空游记——纵横交错（超时空想象）。

③墙头草。

【提示】哪边风大就往哪边倒；见风使舵，见什么人说什么话。如《变色龙》中的主人公、警官——奥楚蔑洛夫。

2. "水，至柔至刚！至柔至刚！"这是时年已经85岁高龄的高级工程师刘德润在南方遭遇百年不遇特大洪水灾害后的感慨。水是什么？仅是一种透明无味的液体吗？不，它是一条家乡的河水，一汪柔似美玉的潭水，一滴友情信物的琼浆，一江涤洗人生的滚滚长流……是的，当水温顺的时候，它是昼夜流淌的诗歌；当它暴戾的时候，是桀骜不驯的猛兽。请你以"水"为话题，展开联想，写一篇散文，字数不少于700字。

【提示】①色泽：碧绿、蔚蓝、深绿——湖水、大海、深潭——开阔的胸襟、深邃的思想、奔放的激情。②滋味：无味——纯朴、自然、淡泊——乡村的人民、少数民族风情、陶渊明的"回归田园"、刘禹锡的《陋室铭》。③质地：小溪——温柔宁静、淑女、婉约派诗风。④大海——桀骜不驯、豪放——青春期的反叛、豪放派诗风、海边的岩石——刚柔相济——林黛玉的柔弱与反叛、简·爱的温柔与刚强。⑤形状：化成汽，幻成云，变成雪雨冰雹霓虹露珠，淌成溪流，汇成川流，流成江河，聚成湖海，蒸成云霞——既可造福一方，亦会为害一方。

3. 围绕以下材料展开想象（可以描绘画面，也可以联系人生、社会，注意联想想象的合理性）。

①人的性格变化过程：青年时期，慷慨激昂，锋芒毕露；成年后，生活碰壁，逐渐变得规规矩矩；到最后失去棱角，变得圆滑。

②三种不同性格的人：一种人锋芒毕露，棱角分明；一种人方方正正，坚持原则；一种人灵活机动，随机应变。

③三国故事：三角形，三足鼎立，吕布、貂蝉、董卓，三角恋爱。

4. 以"风的联想"为话题，写一篇不少于800字的文章。

【提示】风有形吗？风有色吗？风有味吗？风有自然之风，如四季之风，如狂风飓风，如和风微风；风也指社会之风，如染发风、购车风、购房风、送礼风等各种流行风，它们有积极的，也有消极的。

5. 诗人韩万胜在他的诗作《黄河》中写道："走近你／父亲的喘息／直贯耳道。"你面对黄河奔流不息一泻千里的壮景，又会联想到些什么？写一篇600字的文章，主题、体裁、题目自定。

6. 阅读材料，设计一个双胞胎姐妹相会的情节，用"对比构思法"撰写一篇不少于 800 字的故事。

齐美霞和齐丽霞是一对双胞胎姐妹，生长在河南兰考县的一个小乡村。15 岁那年，姐姐美霞因为一场意外疾病错过了报考高中的时间，从此姐妹俩开始了不同的人生。美霞留在家乡安稳度日，而丽霞去了大城市打拼。但不论身处城市还是乡村，她们都没有向命运低头，各自活出了另一番模样。

日记书信构思法

日记原本是一种文体名称，这种文体在我国起源较早，可以说，原始社会的结绳记事就是一种最古老、最原始的日记方式。有文字记载的日记也有两千多年的历史了。日记，是对心灵的记录，是真情实感的流露，是自我鞭策的警钟，是人生道路长跑的轨迹。日记可分为两类：一类是个人日记，记录自己工作、学习和生活等方面的情况。这类日记写作的内容、形式和方法都比较自由，叙述、描写、议论和抒情等各种表达方式都可以运用。但写这类日记又不能面面俱到从早到晚记流水账，而要记一天中自己感受最深、意义最大的事情。这类日记在写作过程中还必须真实，不能虚构。另一类是作者根据需要，采用日记体的形式来进行创作，这种日记可以虚构。

连缀日记构思法，是用日记这种特殊形式来记录、反映几个相关的内容，这些内容在一个中心的统率下，把时间流程长、地域跨度广的连续或间隔的人物活动、事情发展变化表现出来。

运用这种方法构思作文，可以使文章包含的容量大而篇幅精短。这当然要集日记两类特点于一体，既取第一类比较自由的写作形式和表达形式，又融第二类可以虚构创作的特点，形成一种具有创造性的作文方式。同时，按日记的写作要求，用第一人称作文，能使文章所记述的内容自然流畅，有真实感。加之日记体本身特点所致，还能省去常规作文的开头、过渡、结尾等框架性形式。因为非连续性的日记开头有固定格式，所记述的内容时间跳跃性大，一则与另一则之间自然也就不需要过渡性语段、词语，能给人一种新奇、灵巧的美感。因此，不少文学家在创作中都用这种方法来构思写作，尤其是在短篇小说、小小说创作中被广泛运用。

我国现代文学史上第一篇白话小说的《狂人日记》（见鲁迅短篇小说集《呐喊》，漓江出版社1999年版）就是这方面的典范之作。小说采取连缀多则日记的方式，不注明年月日，新颖独特。同时，作者又用极富跳跃性的方式连缀一些生活和思想的断面。虽不注重情节的连贯性和故事的完整性，但作品熔现实与历史、狂人与战士于一炉，既有现实的生活情景描写，又有象征色彩浓厚的环境和人物形象的描绘，达到了水乳交融的艺术境界，给读者留下奇特而巧妙的印象，收到了警醒人民、揭露封建制度的艺术效果。

因而，篇幅短小、形式活泼、自然连缀，还具有真实感就成了连缀日记构思谋篇的特点。用这类方法构思文章，不必劳神费心刻意为文，也不须媚于世俗，完全可以随手记述生活中所见、所闻、所思、所感。无论写人叙事，还是状物抒情，都能不加藻饰信笔直书，一切都是自然的流露与表白。而且，题材极为广泛，大到宇宙星际，小到庭院酒茶，无所不写；幻境现实，梦想未来，无所不书。比起正统典雅的高文大论更富有生活情趣。在表现方法上，既可以"以小见大"，又可以浮想联翩，或用特写、鸟瞰的笔法，勾勒人物、记述故事，往往是仅用了百余字或数十字，人物性格、景物特色便传神传情，活跃于笔尖。

根据日记在文章中的位置、作用及出现方式的不同，我们把"连缀日记构思法"分为下列四种形式。

多则连缀法

多则连缀，就是选用两则或两则以上的日记连缀成篇，多则组合，形成互补，表达同一个主题。几则日记之间，内容上相互关联，中间无须叙述语言的连接，情节的发展暗含于日记的内容之中。运用这种思路构思作文，适宜于表现几个时段（几天、几月或几年）内发生的事情或一个人在几个时段内思想感情、性格特点的变化情况，也适宜于描述在几个地域发生的事情，来反映一定的现实生活或塑造人物的形象。因此，这类文章具有时间间隔大、空间跨度广、人物出现繁复等特点。

平常我们写日记，多是一事一记，单一成篇，不受字数限制。而考场上由于诸多的限制，特别是字数的限制，不得少于800字。采用多篇连缀组合的方法，就能避免形式上单调、内容上单薄这些弊病的出现。

请欣赏下面这篇文章：

调　动

邱引珠

元月 10 日　　晴

"张亚洲要调走了！" "新闻发言人"小胖宣布的这条重大消息，立即轰动了整个寝室。

"真的？"

"谁说的？"

一个个脑袋凑了过去。

"他爸爸是高干，把他调到市区，还不是动一个小指头……"小胖得意洋洋地说。

"意料之外，但又符合'时代潮流'。"我倚着床栏，心里懒洋洋地想。

张亚洲是我们的语文老师，大学本科毕业，全校师生公认的多才多艺的青年教师。我们这所学校坐落在市区，交通不便，信息闭塞，他怎肯安心待在这儿？有路道的走后门，有本事的考研究生。张亚洲两者兼而有之，能不趁早远走高飞吗？

元月 12 日　　雨

下午语文课，张老师的神采和风度仍是那么自信潇洒。平时我喜欢他上课，可今天老走神。下课铃响了，他收起讲义，脸上的笑容消失了。"同学们，这是我给你们上的最后一课了。"他深情地致告别词，"感谢你们半年来给我的支持和配合，希望大家课后指出我教学上的不足……"

"说得漂亮，也不说他调到哪儿。"有人小声嘀咕。

"准是不好意思说出来吧！"小胖接着说。

一张纸条传到我手上，我慌忙按照暗示传给前面一位同学……张老师接到那张纸条展开，脸上露出犹豫的神情。四五十双眼睛一起盯住他，教室里特别安静。

张老师望望大家，终于开了口："我将调到浙江一所乡村师范学校去工作。"

我感到自己的脸臊得发烫。

元月 14 日　　晴

我不知道是怎样走进办公室的。

"老师，为什么？"

"是我主动申请的。"平静的回答。

"不后悔吗？"

他似乎预料到我会提出这个问题。"我也记不清有多少人这么问我了。"那双眼睛陷入沉思，"我曾在浙江农村劳动了整整 6 年。那时，每当夜阑人静，躺在简陋的茅棚里，托着被磨痛的肩膀，我心里就默默地呼唤着黄浦江。但回到上海读大学和工作了几年后，我才发现自己心里最隐蔽的地方，还是牵挂着那块土地。"

"永远在那儿生活了？"

"嗯。"他习惯地抽了一口烟，"我 16 岁时带着愚昧和狂热去的。10 年后的今天，我是带着智慧和成熟去的，那儿才是我开拓事业和收获爱情的地方。"我知道，她是他的未婚妻，在大学当教师。

深邃的夜空似乎也在沉思。我看着天空中一颗青光闪烁的小星。我想，它也许明天将出现在另一片天空中吧，它总会找最需要它的地方，去发出它微弱但赤诚的光和热。

这篇文章成功地运用了多则连缀的形式构思成文。从整体布局上看，作者将"误会法""抑扬法""悬念设置法"糅为一体融进了"日记连缀"技法中。显而易见，作者确实具有"揉面团"的写作功底。同时，口记中采用第一人称，显得真切自然，可能可信。虽是小说，可谁读了都觉得真的会有这么一个人，发生过这么一件事。三则日记，跨越了五天时间，涉及了寝室、教室、办公室三个地点，写了三个场面：调动的消息传来，寝室轰动，议论纷纷（误会性的看法、欲扬先抑的笔法）；最后一堂课上，学生们嘀嘀咕咕，传递纸条（误会继续，实为蓄势，引出悬念，推出矛盾），待张老师说出去向，学生顿时目瞪口呆（出乎意料，误会消除，为之一惊）；办公室里，师生答问，我沉思遐想（观之者动容，思之者无极，兴波至峰巅）。三个场面都围绕调动事件展开，不枝不蔓，展示张老师美好的内心世界。掩卷之后，一个奉献者形象也就塑造出来了。

当然，这篇小说之所以成功，选择适当的思维方法构思行文仅是一个方面。作者细心观察生活，恰当选择材料也是小说成功的重要因素。小说中对几位同学的言谈、神态、动作的描写，虽只寥寥几笔，但各有个性，既生动地反映了他们的心理活动，又从侧面烘托了张老师的形象，还使作品曲折生动。在材料的选择上也不落俗套，自有新意。作者不像一般学生习作里塑造老师形象一样：不是抱病执教，就是灯下备课；不是假期辅导，就是看望住院的学生……因而，阅读这篇小说，除学习其巧妙的构思技法外，还应该得到这样的启发：选择文章材料，一定要捕捉人物、事件发出耀眼光辉的那一点点，人物显示自己性格塑造的那一瞬间。当然，世界上没有两片完全相同的树叶，更找不到思想、形体等完全相同的人。每个人、每件事都有其自身的特征，百人百性，各不相同。只有经过认真观察不断积累，才能捕捉到那"一点点"和"一瞬间"，才能使我们的文章不致出现千人一面"脸谱化"、千腔一调"模式化"的现象。

独则成文法

独则日记是相对于多则日记连缀成文而言的。也就是说，独则成文是用一篇日记来完成表达中心思想的一种构思行文方法。

独则日记，包括单项观察日记、记事日记、议论日记等。这几年各类考试中大多属于"不限文体"的材料作文，文体格式选择的自由度大。我们只要把一般记叙文套入日记体格式即可。表达方式灵活，可叙可议，可歌可赋，可即兴记事，亦可联想抒怀，而且长短不论，满足命题字数要求即可。日记里记述的材料上至国家大事，下至身边琐事，情出喜怒哀乐，意达经验教训，凡是自己认为值得一记的都可以写。但有一点必须注意：采取独则日记成文，其格式一定要符合日记这种实用性文体的规范性要求，人称为第一人称。

下面请欣赏 20 世纪 80 年代徐州市某考生的中考满分作文：

未来的日记

2007 年 5 月 20 日　天气　晴

近几天来，旱情变得更厉害了！老天爷已经两个月没下一滴雨了。

昨天接到通知，为了争取今年高产小麦新品种的丰收，我们单位一人工降雨指挥部要在今天实施一次大规模人工降雨。

等我驱车赶到指挥部，赵部长已在那儿等我了。按照原计划，我俩携带一台"等离子降雨发生器"来到了郊区朝阳村。

与村长寒暄几句后，我便开始了工作。今天的人工降雨，已不像20年前那样，它既不需要庞大的设备，也不需要飞机的帮助，只要拨动一下开关，这架小小的发生器就会向外释放出一种能使空气变湿的物质，从而达到降雨的目的。

短短几分钟，空气便聚集起来，形成一片片乌云。极热极热的晴午马上变成黑夜似的，黄豆大的雨点紧跟着落下来了。我站在麦田边，看小麦在使劲喝个饱，一棵一棵由歪斜变为挺立，不知不觉一段往事浮上心头：

那是35年前的事了。听姐姐讲，有一年也是个旱年，一片片麦子由绿变黄，全家人不由心焦起来。要知道，这可是我们一家人的命根子呀！于是，家里人天天挑水去浇田，可那点水管什么用呢？那时科技人员未受重用，人们还不懂人工降雨呀！

雨降毕，村长来感谢我们。我对他说："你别感谢我们，俗话说'不见春风，难得秋雨'，你应该感谢这风，这从北京，从党中央吹来重用知识分子的风啊！"

这篇日记就是以想象的笔触写了2007年的一天，作者作为"人工降雨指挥部"的一员，运用科学方法、先进设备，为高产小麦新品种施行人工降雨的经过，热情地歌颂了党的知识分子政策，展现了一个初中毕业生热爱党的胸怀。行文既符合命题要求，又符合日记体格式，同时文章主题鲜明，感情真挚，真可谓"情动于中而行于言"，信手写来，流畅自然。

深山藏宝，沙里淘金。只要我们热爱生活，留心观察生活中的一切，关心生活中那些激动人心的新人新事，何愁写作文"无米下锅"！

日记穿插法

"穿插"一词在现代汉语中包括两个方面的意义：一是指交叉的意思；二是指在小说戏剧中为了衬托主题而安排的一些次要情节。

"日记穿插法"就是指在常规作文中间隔交叉性地融进部分日记体格式内容，以推动情节发展和塑造人物形象的一种构思布局方法。日记安排在文章中的作用主要有：有利于表现人物的心理、思想活动，把一些作者不宜直接陈述的内容借助日记的形式表达出来。尤其是用第三人称写作时，作者直接表露人物的内心活动就不符合常规，削弱作品的真实性，最好的办法就是借助作品中人物的日记来表达，可以藏露兼备，增强作品内容的可信性。同时，用日记还有利于揭示人物、事件所蕴含的典型意义，对表现主题能起到画龙点睛的作用。再者，通过日记的形式能显示作品主人公对人、事、社会、人生的看法与观点，反映事物的真相，这比作者直接描述具有更强的说服力和感染力。

文章用日记开篇，能给人以新颖别致之感，极具吸引人的魅力。这种方法运用得当，可能会奇迹般地引发文思，使创作者思绪驰骋、激情喷涌，笔下生花，犹如顺风扬帆，一路写来格外顺手，一气呵成。

有人说，开头一看，文章一半。可见好的开头确能起到挈领全文的作用。记叙的要素、记叙的线索、记叙的思想感情基调大都可以在开头部分以日记的形式体现，干脆利索，给人以起笔不凡的良好印象，使读者带着浓厚兴趣和欣赏之心阅读文章，这样的文章在读者心目中就会无形地升值。

日记穿插安排于文章的中间部分，能使文章情节发展曲折又跌宕多姿。这类型文章所穿插的日记，不可能也没必要完全按照日记的体例来写。时间、天气、地点、人物等在文章中已经做过交代的，再在日记中出现就成了多余的文字，摘选日记中最能表现主题、反映人物思想的语段就足够了。这需要裁剪材料时掌握一定技巧性的方法，需要在练笔时揣摩，在阅读中体会。

请欣赏下面这篇 2013 年青岛中考满分作文：

我找回了自信

"岁月在无声地溜走，终于，采野花、数星星的日子纷纷飘散在发黄的挂历上，离我们远去，那份快乐也将永远被锁在记忆的门槛里。随之而来的，是幻想破灭后的绝望和失落。但，我不甘失败，我不甘寂寞，我要点燃我的心烛，让它驱散弥漫在我周围的黑夜，让它融化覆盖在我心头的片片寒冰……"写完上面的话，她合上了自己那精美的日记本，小心翼翼地把它放入抽屉里，扣上锁，同时，也把那份自信埋入心底。

她，一个有极强好胜心的女孩，转入重点中学快半年了。从一个很普通的学校转到这里，她知道家里托了很多关系，花了不少的钱。可是，在这里

她没什么朋友，最让她心烦的是她的成绩。每次成绩表排出来，她的名字几乎都在长蛇阵的最下层。每当想到这个，她都有一种莫名的压抑感，似乎她前面的名字有千万吨重，压得她快要窒息了。

她要奋发，她要无愧于所写下的话，要付之于行动。于是，她不再整天空想那些无用的虚幻的东西，因为她知道要面对现实，不能做空想主义者。她上课精力集中，踊跃回答问题，认真完成作业……这一切，她都尽力做得很好。果然，她的成绩有了起色，她的脸上也露出了久违的笑容。就这样，她坚持着这样做下去，她的成绩竟到了中等层次。这些都令她太高兴了。

又一次，她打开自己心爱的日记本，写道："人，就像茶叶一样，只要投入沸腾的生活，点亮心烛，激活自己，就肯定能够显现出生命力的颜色。"

写完之后，她又一次合上日记本，把它锁在抽屉里，同时也把那份成功的喜悦锁进了心房。

渐渐地，她的成绩直线上升，她也更加自信起来了，结交了好多朋友……

她再次翻开日记本，郑重地写道："人生，一局落子无悔的棋，一场人喧鼓响的戏，一重波涛万顷的海，我只是一个平凡的过客，但我自信，我能够化解心灵的困惑与迟疑，而今，我真的做到了……"

她就是我。

固然，你我只是一个平凡的过客，当面临绝望、失意时，一定要点亮心烛，找回自信。它必定能照射出生命力的本色。

这篇应试作文是用第三人称来写的，在考场作文中此类佳作少之又少，这位考生则有意识地而且成功地做到了这一点。文章选材贴近生活，立意深刻独到：通过"她（我）"寻找自信的过程，表达了当代中学生积极进取、努力向上的精神风貌，同时也突出了"自信"对于人生的巨大作用。日记本这一道具的运用，既交代出时间变化，又使文章脉络清晰、完整。文章语言流畅，条理清晰，三段富有哲理的日记内容以及结尾有力的议论生发，成为文章突出的亮点。

书信倾诉法

书信体作文的写作，重在向对方倾诉自己的亲历事件、内心感受，或者对问题的看法。可以畅所欲言无所顾忌地写，促进学生的思维及个性的发展。

书信的种类很多，常见的有一般书信和专用书信两种。话题作文常采用一般书信，因为一般书信的应用范围极其广泛，如政治、学术、文艺、家务、世俗、人情世故等各方面。所以书信可以议论，可以抒情，可以描写，可以叙事。它的针对性强，形式灵活。

此外，书信还有固定的格式：称呼、问候语、正文、结尾语、署名、日期。它的语言要简明，口语化，还要考虑收信人的身份、经历、文化水平等方面的特点。

书信体最大的特点是抒情性，比较容易表达情感，便于拉近作者和读者之间的距离，增强文章的感染力，主题在交流的过程中表达清楚，即使语言平淡，作者也能够把自己的观点表露无遗。在高考的各种文体形式中，书信体是比较适合的，也是容易掌握的。要注意的是书信要感人至深，给人以真实感，选取的角度要新颖，避免落入俗套。

2008年高考陕西考生的《与妻书》，就模仿林觉民的《与妻书》写成，赞颂了汶川地震中舍己救人的教师，旧瓶装新酒，把评卷老师感动得"涕泪横流"。该作文获得了满分。

与妻书

亲爱的老婆：

你是否已经过了那座拥挤的奈何桥？你是否已经喝了那碗能忘却前世的孟婆汤？你是否已经忘记了我们那"一生一世，白头偕老"的约定？你是否已经想不起那个深爱着你的我？

老婆，过去失约的经常是我，有多少次，我答应你一起过春节，但是一个电话便让我踏上了返回部队的列车。我知道，你很难过。有时候，你也会哭，也会跟我闹。但是擦干了眼泪，你还会放我走，因为你明白，作为一名军人的妻子，这都是你要接受的现实。

老婆，但这次，是你失约了！我们约定"一生一世，白头偕老"，但是，你走了，为了保护你的两名学生，你走了，并且带着我们还未出生的孩子。你是勇敢的，也是伟大的，所有人都这样夸你。但是，只有我明白，危难关

头，你根本没有想过勇敢和伟大，你只知道，保护孩子是你的天职。

老婆，在天堂，你还好吗？那里应该没有突如其来的灾难。或许不久，我就会来找你，但是到那时，老婆，你还认识我吗？老婆，在天堂，你看到了吗？我领着我的士兵奔赴在前往汶川的道路上。大雨算什么！泥石流算什么！地动山摇又算什么！我们身后是 13 亿人民的力量，我们前方是灾区父老的期待！我们不是说过，一个小小的爱心乘以 13 亿就是爱的海洋，一次天大的灾难除以 13 亿就变得可以承担。所以，艰难挡不住我们前进的脚步。老婆，你有没有看到，我们抬着受伤的孩子跋涉在危机四伏的山路上。你有没有看到在经过三天三夜的掩埋后，那个从废墟中爬出的孩子明澈的眼？老婆，这些你都看到了吗？

老婆，不要怪我没有去找你。作为老师，保护学生是你的职责；作为军人，克服一切困难抢救人民是我义不容辞的责任！看到废墟中伸出的那些无力的手，看到水泥板缝隙中那些渴望生存的眼，我们还能怎样？我们要救！我们要坚强，我们都不能放弃！

老婆，在天堂，你是不是在领着那群孩子做游戏？告诉孩子们，没有危险了，不用操心明天还要收作业，可以安心自由地玩了。

老婆，告诉我们自己的孩子，爸爸是一名军人！老婆，你一定要记得我的样子，因为来生我们还要一起走！

永远爱你的老公
2008 年 6 月 7 日

作者采用书信形式与亲人对话，真情表白酣畅淋漓，深深地打动了阅卷老师。

有些文章则把日记、书信糅合运用，更显高妙。下面这篇作品曾获得"全国著名中小学学生作文邀请赛"一等奖。作者在谋篇布局中就很好地穿插了日记、书信体，使感情表达真挚感人。

名　声

郝红梅

"天哪！你们为什么？为什么欺侮人？"她趴在书包上，泪水浸湿了水泥桌面。

"你们也太欺负人了！"这揪心的哭声招来王素军的愤愤不平。

"是她自己往脸上抹灰的。"王勇油腔滑调地说风凉话。

"什么？你明明有笔，不借给张建，人家看不惯才借给他的，可你还……"

"那是她看上张建了。"

"你……"

很久，她停止了哭声，抬起头呆呆地望着窗外。

"当一个人被误解后，绝不能一味悲伤，感情冲动，要冷静对待，相信真理，相信大家。"她想不起在哪本书上看到过这句话，现在忽然想起，对她是多么大的安慰！她拿起笔，写在日记本上。

夜里，她躺在床上，翻来覆去地睡不着，想起白天发生的一切，心中一阵酸楚，两行热泪从腮边滚下。她披衣下床，点着了煤油灯，在微弱的灯光下，打开了日记本："今天，张建的钢笔丢了，向王勇去借，他明明有笔，却说没有。我看不过去，冲破了男女生之间的界限，借给了张建。没想到，我的心却……"

"我不明白，为什么男女同学不能彼此帮助，难道借一支笔就是相爱？"

她再也写不下去了，泪水模糊了字迹。

"张建的媳妇，张建的媳妇……"每天，这撕心似的叫喊，使她以泪洗面，无心学习。她怕，怕传入村中让母亲知道，更怕父亲那严厉的家规。沉重的精神负担，折磨着这个仅仅 11 岁的少女，往日那爽朗的笑声、活泼的笑脸如今被委屈的哭声、痛苦的神色所代替。她常常发呆地坐着。"孩子，在学校要好好学习，你是一个女孩，万一有个好歹，你爹还不把咱勒死？我们农村的女孩，只图一个好名声，名声不好，就无法做人。"母亲的嘱咐常常萦绕在耳边。

初冬的早晨，天气冷飕飕的，她站在上学的路上，不想再向前迈一步，她怕，怕再听到那刺耳的嚎声。不去？可很快就要毕业了，到那新的学校、新的环境去学习，就不用担惊受怕了。

她咬了一下嘴唇，向学校走去。

她胆怯地走进教室，不料，位子上贴着一张用红纸剪成的"喜"字，她呆呆地望着。这突然的打击，使她头晕目眩。

夜，静悄悄的。她坐在灯下，用颤抖的手写下了这封信。

父亲、母亲：

当您看到这封信时，我也许已经……父亲，我没有给您丢脸，请别怪母亲。娘，您把我养大，我还没来得及报答您，我就……

父母，我走了，我的事素军会给你们讲清楚的。

您的……

她再也抑制不住自己的感情，趴在桌上失声痛哭。终于，她挎着书包离开了家。

月光下，村庄死一般地寂静，站在上学的路上，回想往日的一切。这条路上留下了她爽朗的笑声，也留下了她痛苦的呻吟，但她一直在这条路上挣扎着。可如今她是来诀别的，她要去寻找新的世界。想起这，她心如刀绞，伏在树上放声大哭。

"秀梅！"她抬起头，看见素军站在身边，一下扑了过去。

"我要到天堂去，母亲说，那里只有欢乐，没有痛苦，我要到那里去上学，那里没有人欺侮我。"

"秀梅，我们老师不是说天堂是迷信传说，人死了什么也不知道吗？你不是长大还要当飞行员吗？如果现在……"

"素军，你让我到哪里？你让我到哪里去呀？"她摇晃着素军的肩膀，面对天空悲怆地呼喊。

"秀梅，回去吧，很快就要毕业了，再坚持一下。走吧！"

月光下，两个身影渐渐消失了。

岁月匆匆，转眼，考中学的时间到了，她以优异的成绩考上了初中。捧着鲜红的录取通知书，她哭了，这是喜悦的泪，胜利的泪。一年来，她的脸上第一次露出了笑容。

"孩子，到那儿要好好学习，别忘了娘的话。"

"嗯。"望着母亲湿润的眼睛，她扭头擦干泪水，踏上了新的征途。

时间如梭，一个月过去了。她学习刻苦，成绩突出，但同学们不愿意接触她。她虽然感到孤独和寂寞，却没人在她面前喊那句最可怕的话了。她决心好好学习，期末给父母捧回一张奖状。

夜，冷飕飕的。熄灯的铃声早已响过，寝室里同学们都进入了梦乡，昏暗的灯光下，她还在演算难题。

天，还没亮，她又在微弱的灯光下打开了课本。

期末考试时，她以每科95分的成绩，夺得了全班第一名。她捧着通知书，眼睛湿润了，这张通知书上不知凝结了她多少辛勤的汗水。她相信，一定能给父母捧回一张奖状。

窗外，星光闪闪；教室里，汽灯明亮。今晚，要评选"三好学生"。

"我选胡秀梅，她学习刻苦，团结同学，热爱劳动，我觉得她没一样不够格的。"

"我不同意，她虽然什么都好，但名声不好。"

"嘻，就她那臭名声，还想当'三好学生'，没门！"

……………

她再也听不下去了，含着眼泪跑出了教室。

她来到了校外，站在路旁的大树下，仰望着灿烂的群星，泪如泉涌，回想起那一年多的痛苦和心酸，面对天空悲切地呼喊："天啊！你为什么？为什么把不幸降到我的身上？我到哪里去？哪里有我的欢乐？"这凄惨的哭声，在寒冷而又寂静的夜里，显得更加凄切悲伤。

放假了。

她站在回家的路上，望着自己的村庄，泪水又涌了出来：怎么向父母交代？难道能拿着通知书说"娘，这是我的奖状"？他们不识字，只知道有奖状就是学习好。八年了，父母受苦受累，正是那贴满屋墙的奖状鼓舞着他们。如今自己两手空空，怎么去见父母？名声啊，名声！你害得我好苦哇！

"你没得奖状？"

"快说是学习不好，还是咋的？"母亲提心吊胆。

"爹，我没有辜负您的期望，没和同学们吵架，也没惹老师生气，这是我的通知书。"她含着泪水，捧着通知书跪在父母的面前。

"你考得好怎么没得奖状？通知书值个屁！"父亲一下抓过通知书，撕得粉碎。

望着地上的碎纸片，她呆若木鸡，好一会儿才醒悟过来，捧起撕碎的纸

片，像捧起撕碎的心肝。多少个夜晚，在昏暗的灯光下，她不知疲倦地写着，算着；多少个不眠之夜，在月光下，念呀，背呀，为了什么？想不到半年的心血与汗水让父亲给毁了，她默默地跪着，泪水滴湿了手中的纸片。

深夜，她躺在床上，泪水湿透了枕巾，回想起她几年的生活道路，是多么曲折，多么坎坷！她擦干眼泪，在昏暗的灯光下，又打开了日记……

"我一定要顽强地生活下去，将来，我还要当一名飞……不，我要当一名教师，绝不让第二个女孩儿像我一样不幸！"

读了这篇文章，相信每个人心里都非常难受。另一方面，我们从中可以分析出这篇文章的几大成功之处。

第一，特定背景的描述。罪恶的封建观念思想在当时（20世纪80年代）曾毒害了我们青少年，把一个心地善良纯洁的小学生逼得走投无路，哭诉无门，多么叫人寒心！然而，这正是本文成功之处的一个亮点。

第二，浓厚的乡土气息。环境描写颇有地方特色，从"水泥桌面""亮着汽灯"以及家庭生活的描写，就可以看出这是一个穷苦的农村。把这件事放在经济与文化并非齐头并进的大背景中描述，一切就显得可能可信了。

第三，是秀梅这个人物塑造得很成功。作者善于运用人物的心理描写来表现人物的思想活动。她既有在父母亲面前不敢辨明真相的软弱的一面，又有为了"名声""奖状"而刻苦学习、忍受孤独与寂寞的坚强的一面。因此，在她身上发生这一切以及这一切发生后她的心理状态、行为举止都具有可能性与可信性。

第四，此文巧妙地穿插了日记和一封信的部分内容，从多角度描述秀梅的心理活动，也从多方面推动情节发展，揭示人和事蕴含的现实意义。

因此，作为学生的创作，文字多了一点，可我们读后没有丝毫啰唆的感觉，反倒叹服行文思路的开阔缜密、表达方式的灵活多样。尤其是收尾部分穿插的日记的部分内容，更是把人物形象推向了新的高度，巧妙地借日记展现秀梅坚强的性格特征。另外，这是一则誓言式的日记，经过前面一再叠塑铺垫，这个誓言也就完全可信了。

【训练设计】

请你运用穿插日记、书信的方法构思布局下面的作文命题。

1. 1994 年全国高考作文题目：以"尝试"为题写一篇记叙文，不少于 700 字。

2. 2006 年全国高考卷 II 作文题目："读书"。

目前中国人读书越来越少：1999 年 60%，2001 年 52%。造成这个原因是多方面的。人为什么不读书？中年人说没时间，青年人说不习惯，还有的人说买不起书。相反，网上阅读的人越来越多：1999 年是 3.7%，2003 年 18.3%。

要求：全面理解材料，选择一个侧面和一个角度，自己确定题目和问题，字数 800 字。

3. 2010 年全国高考卷 II 作文题目：请以"路径"为题目，写一篇文章。要求：①自选角度，自行立意；②除诗歌外，文体不限；③不少于 800 字。

4. 2015 年全国高考卷 I 作文题目："女儿举报老爸"。

因父亲总是在高速路上开车时接电话，家人屡劝不改，女大学生小陈迫于无奈，更出于生命安全的考虑，通过微博私信向警方举报了自己的父亲。警方核实后，依法对老陈进行了教育和处罚，并将这起举报发在官方微博上。此事赢得众多网友点赞，也引发一些质疑。经媒体报道后，激起了更大范围、更多角度的讨论。对于以上事情，你怎么看？请给小陈、老陈或其他相关方写一封信，表明你的态度，阐述你的看法。

要求：综合材料内容及含义，选好角度，确定立意，完成写作任务。明确收信人，统一以"明华"为写信人，不得泄露个人信息。

5. 2006 年上海高考作文题目：我想握住你的手。要求：不少于 800 字，不要写成诗歌，不要在文章中透露个人信息。

6. 2006 年辽宁高考作文题目：以"肩膀"为题，写一篇 800 字的作文，除诗歌外体裁不限。

7. 2006 年天津高考作文题目：有句话常挂在嘴边。

8. 2006 年四川高考作文题目：坚强。

对比构思法

对比，就其最基本的意义来说，是把两件不同的事物或情形做对照，相互比较。对比构思法就是运用这一基本意义来组织文章情节、塑造人物形象的一种构思方法。这是一种极具创造性、相似性的思维方法，也是写作中最常用的构思方法。

法国思想家、文学家、欧洲启蒙运动的重要代表狄德罗曾说："真正的对比。乃是性格和处境间的对比，不同人物的利益的对比。"处境，就是人物所处的自然的和社会的环境。狄德罗还说："人物的处境要有力地激动人心，并使之与人物的性格成为对比，同时，使人物的利益互相对立，应该使一个人不破坏别人的计划就不能达到自己的目的，或者使大家关心同一件事，然而每个人希望这一件事按照他自己的想法发展。"（见《西方文论选》华东师范大学出版社 2008 年版）

构成对比的基本方式有以下几种情形。

性格与处境的对比　就其艺术构思方法来说，性格与处境的对比就是要把人物放在最能体现其性格的环境当中——越是艰苦的环境，越能表现出人物性格的坚强；越是在困难重重、形势复杂、危机四伏的环境中，才越能突出地体现人物的远见卓识、从容镇定、临危不惧的性格；越是在钟鸣鼎食之家、风花雪月之地，越能显示出人物出淤泥而不染、脱尘超俗的叛逆性格。这也就是我们常说的"沧海横流，方显英雄本色"。这些都属于一般作品中最为常见的构思方法，也是许多作品成功的重要因素之一。

不同人物的利益对比　这是和上述对比紧密相连的，在一定意义上又是重合的。不同人物之间的利益冲突，构成了作品情节的主要内容。例如法国作家司汤达创作的长篇小说《红与黑》(中国对外翻译出版公司2010年5月版)中的于连，一个木匠的儿子，在上层社会中受侮辱，受歧视。他本来是个善良的青年，但残酷的现实生活使他感到：在一个充满伪善与欺诈的社会里，善良是没有的，甚至是可笑的。他说："我爱真理！……但是真理在哪里？到处都是伪善，至少也是欺诈。甚至最有德性、最伟大的人也不例外。"所以他认为"人绝不可相信人"。他与德瑞纳夫人之间的暧昧关系，他和贵族少女玛特尔之间的所谓"爱情"，以及他和当时（19 世纪 30 年代）贵族资产阶级等社会头面人物之间的矛盾冲突，即利益的对比，使于连的悲剧成为不可避免的结局。

我们这里所说的利益的对比，并不仅仅指眼前可见的经济利益，它在很多场合都表现为不同的观念、思想与理想之间的冲突，如对祖国、人民、民族、阶级、社会集团的爱；对真理、正义、道德、自由、理想的信仰和尊重；对良心、爱情、友谊、伦理感情的坚定和忠诚；对艺术、文化、科学、自然以及对一切美好事物、生活的执着追求和爱；和对于上述种种神圣的、庄严的、美好的事物的背叛、玷污、亵渎、破坏、欺骗等。在这些方面，都具体地表现为不同人物的利益差别，存在着种种利益的对比，存在着矛盾与冲突。

同一人物前后性格的对比　人物的性格是发展变化的，它随着个人地位、生活方式、周围环境的变化而变化，并随着故事情节的发展逐渐趋向成熟。

成功地表现出人物性格前后的对比，常常有助于作品中典型形象的刻画。法国作家福楼拜创作的长篇小说《包法利夫人》（周国强、杨芬译，北京十月文艺出版社 2011 年版）中，爱玛在和乡村医生刚结婚时，是感到幸福的。但是婚后不久，"他们生活上越相近，她（爱玛）精神上离他越远了。"她很快就感到："查理的谈吐就像人行道一样平凡，见解庸俗，如同行人一般衣着寻常，激不起情绪，也激不起笑或者梦想。"她感到一种幻灭的悲哀，反复地问自己："我的上帝，我为什么结婚？"这种理想的幻灭，带来了精神上的空虚，这就是包法利夫人所谓"道德犯罪"的开始。其他如香港已故作家黄谷柳著于 20 世纪 40 年代的长篇小说《虾球传》（广东人民出版社 1979 年 6 月版）中的虾球，李存葆《高山下的花环》（上海人民美术出版社 2009 年 9 月版）中的赵蒙生，其性格特征前后都形成了鲜明的对比。

总之，人是生活在五彩缤纷的社会中，生活在形形色色的人群里。因此，会有许多陌生的或者熟识的人在你面前走过或者闯入你的生活，会有许多似曾有过或不曾有过的事接踵而至，会引起你的关心，在你的感情上有所反映，也很容易使你进行彼此间的比较。你或热爱、羡慕、感激，或愤恨、仇视、不满，或痛苦、忧虑、悔恨；或无限安慰，或内疚惭愧；或慷慨激昂，或多愁善感；或愤世嫉俗，或同情怜悯；或颂扬，或批判……这一切的一切，无

不构成对比。把这些生活中的材料，用对比的方法进行组织并构思成文，可以使矛盾的双方形成巨大的反差对照，互相衬托——善的显得更善，恶的显得更恶；美的更美，丑的更丑——增强作品的鲜明性和感染力。

前述三种对比方式在构思布局时可写人，可叙事，人和事都组织在具有鲜明对比性的情节中，营造一定的波澜，在跌宕起伏之中表现一定的主题思想。对比，既可从一个人或一件事的前后变化中进行，又可在不同的人或事之间对比。作品要揭示的主题不同，其对比构思的方式也就有所区别。一般来说有这样几种形式：横向对比、纵向对比、纵横交错。

横向对比法

所谓横向对比构思法，是指在构思文章时把某一事物和与之相对立的另一种事物进行对比，或者是将一种情形和另一种情形相对照的一种方法。这是在两种事物或同一事物身上出现的两种情形间的对比。比如，小学语文六年级上册《少年闰土》一文中闰土与"我"的对比。再比如下面这篇发表于《全国中学生优秀作文选》的小说就很好地运用了这种方法。

权——钱

于文斌

夜，8点钟的钟声刚敲过，售货员小龙早已进入甜蜜的梦乡。

突然，一阵急促的敲门声，把他从梦中惊醒。

"谁？"他不耐烦地问。好端端的一个梦给惊破了。

"我！快开门，家里来客了，买酒！"来人气势不小。

小龙听出是本村书记的声音。厌烦的声音隔着铁门抛了出去："太晚了，明天再说吧！"

"小龙，小龙！家里来客了！"任凭书记怎样喊叫。

敲门声停了，喊声停了，夜格外的静。

书记愤愤地走了。

同一夜，10点钟已过，敲门声再次惊醒了售货员小龙。

"谁？"

"我！快开门，家里啤酒喝空了，快！"来人简直是命令了。

"噢，老姜呀。稍等会儿，马上就来！"

小龙敏捷地从声音中辨出来是本村有名的万元户姜富。他翻身下床。

大铁门打开了。

"怎么不早说——我给你送去！"

"谁料到能喝这么多，比咱上次喝的都要多！"

小龙提起一捆，"够不？"望着老姜。老姜把早已准备好的两张"大团结"塞过去，"不用找了，权当今晚的值班费！"小龙故作不要。一手提着那捆啤酒，送到门口；一手却握紧了那两张"大团结"，披着的衣服滑落在地。

"您慢走，您慢走。"

老姜笑眯眯地提着啤酒走了。

小龙喜盈盈地目送老姜离去。

一阵风吹来，小龙打了个寒战，原来他赤身裸体。

这篇小小说中对比的痕迹是相当明显的。作者正是比较成功地运用了"横向对比"的构思方法，使小龙对"权"与"钱"的截然不同的两种态度形成强烈对比，反映了"一切向钱看"错误思想对人们道德思想和观念态度等的巨大冲击与影响。如果作者不采用对比的方法组织故事情节，恐怕不会收到如此令人回味、促人深思的艺术效果。

纵向对比法

所谓纵向对比法，就是把一种事物或某个人的某种情形同与之对立的另一种情形相对比，这类对比是在同一种事物的前后不同的两种情形间进行的。这类作品我们在小学到高中的教材里学了不少，如契诃夫的《变色龙》（人教版语文教材九年级下册）、莫泊桑的《我的叔叔于勒》（人教版语文教材九年级上册）等。下面请欣赏原载于《初中作文辅导》的一篇范文。

花的风波

邱玉萍

"你说你给我赔不赔呢？不然的话……"

"花盆碎了，我顶多给你赔个花盆；花，根本没死，想耍赖！"

平静的楼道热闹起来了……

这时，兼管家属楼的局办公室主任王立本闻声赶来了。他挤进人群，拉着官腔问道："出什么事了，啊？"

"他把我的花弄到地下去了。花、花盆都完蛋了。可他只认赔花盆，不愿赔花。我才不干呢！"让赔的人争着说。

"花根本没有死，还带着土坨呢！让我赔，哼，没门儿！"不认赔的人不甘示弱。

立本按着自己习惯了的工作方式漫不经心看了看摔在地上的紫砂泥花盆和一株带着土坨的君子兰。然后对不认赔的人说："虽说是一株君子兰，也极为普通。但是，这是'盆花'。盆花，盆花，有盆才有花，是一个不可分割的整体。摔坏了盆，连盆带花一起赔，理所当然！"

"不行，咱们上局长室！"不认赔的人不甘示弱斩钉截铁地说。

立本吃了一惊，抬起头来使劲望了一眼这个说话神气十足的小子。咦？怎么这么眼熟，好像在哪儿见过。于是，试探着问："你是……"

"你们局长的儿子王向前。"不知哪个快嘴的人不无讥讽地冒出了一句。

"哎呀呀，是你呀，还是头一次见面呢！"立本若有所悟，习惯地重新低下头，看了看花，然后抬头咳嗽一声，说："我刚才看错了，知错就改嘛！你们看，这花确实没死！瞧，芽子多新鲜，好像还正在进行光合作用呢！我这眼，哎，这眼……"边说边摘下眼镜揉了揉右眼。

立本又郑重地对让赔的人说："花根本就没死，给你赔个花盆就不错了。好，好，我不定调子，还是你们自己去处理好了。"说罢，扬长而去。

立本刚走到楼道口，忽听有人喊："李木，李木，你怎么跑到这儿来了？开饭了，县长正找你！"

李木？县长？立本为之一震，停住了脚步。内心世界顿时活跃起来，形象思维、逻辑思维一齐开动。李木不是县长李长德的儿子吗？李县长调回来以后，几次听人念叨：李县长本来不怎么喜欢花，但因父爱子，子爱花，所以养花也就自然成了李县长的一大嗜好了。立本虽不是大专生，但具有中专学历，运用数学的等量代换公式是不必查书的：

$\because A=B$，$B=C$，$\therefore A=C$

就为此，他历经千辛万苦从远处好不容易弄来了一株名贵君子兰。虽说花费了 187 元 6 角 5 分，但因此一举换来了县长的笑脸——无论他哪次向他打招呼，他都乐呵呵地看着他。这真是"千金难买一乐"呀。他也因此当上了个办公室主任。唉，今天够背的了，没想到摔的竟是这株"称心花"。判的正是花没死。怪不得觉得那盆花有些面熟，都怪自己没仔细瞧瞧花盆的碎片。也怪当初没留个记号。教训，应吸取的教训呀！这回，将个屎盆子扣到自己头上了。如果县长儿子告诉了老子，这不上品的芝麻官不就完了吗？相反，如果儿子在老子面前说句好话，这该是啥成色！嗯，局长是比主任大，可县长比局长更大。悠悠万世，唯尊上敬上为大啊。大丈夫紧要关头善于抉择也不迟嘛……想到这儿，立本又转忧为喜，进而又有点飘飘然了。

于是，立本立刻掉转身，直奔原处。从额角上沁出的汗珠很难想象他的心情是什么样子，是紧张？是后怕？是热情？是高兴？

"李木同志，李木同志，请等一等！"立本咽了口唾沫说："为端正党风，促进和保证改革的顺利进行，请让我再来观察一下这株君子兰吧！往后点！这么多人挤在这儿干啥？可真要热死了！"

立本说着摘下帽子，夹进腋窝，弯下腰去，双手将带着土坨的花捧在手里，身子向后倾斜，如同远视眼看书那样，端详了一阵子，然后"惜"形于色："啧啧，死了，死了，是死了，停止了呼吸，停止了光合作用。实在遗憾啊，遗憾！"

然后立本回转头冲着不认赔的人说："你，必须按价赔偿，现在就出钱。一分也不能少。"

立本环视了一下群众，开始了演讲："像你们这样低能低效，还谈得上改革？如果人们都如此办理，实现四化的时间就不是屈指可数，而是遥遥无期啰。快拿钱吧，估价187元6角5分。"

局长的儿子动着嘴唇，却说不出话来，只好自认晦气。围观的群众讥讽地嘲笑着慢慢散去。李木、立本呢，又各是一种表情，不知是什么时候两人都走了。

楼道，又恢复了先前的平静。

显而易见，作者在作品中运用了纵向对比法进行构思，虽说有点稚嫩，但对王立本这个主要人物的塑造还是成功的。在处理赔不赔花的问题时，王立本看人行事、见风使舵，三次改变态度，犹如一条"变色龙"。之所以"变"，

是因为争吵双方的家长的官职地位不同。经过对比，王立本趋炎附势的性格被刻画得淋漓尽致，人物形象跃然纸上。

纵横交错法

不少作品中人物或事情的对比不单采取横向或纵向方式思维布局，很多是既有横向的两个人物或同一人物对两种事物不同的态度间的对比，又有纵向的同一人或事前后不同的两种情形间的对比，糅横、纵对比于一体，这就是"纵横交错构思法"。

鲁迅先生的《一件小事》就是此类构思法布局成文的典范之作。

我从乡下跑进京城里，一转眼已经六年了。其间耳闻目睹的所谓国家大事，算起来也很不少；但在我心里，都不留什么痕迹，倘要我寻出这些事的影响来说，便只是增长了我的坏脾气——老实说，便是教我一天比一天的看不起人。

但有一件小事，却于我有意义，将我从坏脾气里拖开，使我至今忘记不得。

这是民国六年的冬天，北风刮得正猛，我因为生计关系，不得不一早在路上走。一路几乎遇不见人，好不容易才雇定了一辆人力车，叫他拉到 S 门去。不一会，北风小了，路上浮尘早已刮净，剩下一条洁白的大道来，车夫也跑得更快。刚近 S 门，忽而车把上带着一个人，慢慢地倒了。

跌倒的是一个老女人，花白头发，衣服都很破烂。伊从马路边上突然向车前横截过来；车夫已经让开道，但伊的破棉背心没有上扣，微风吹着，向外展开，所以终于兜着车把。幸而车夫早有点停步，否则一定要栽一个大斤斗，跌到头破血出了。

伊伏在地上；车夫便也立住脚。我料定这老女人并没有伤，又没有别人看见，便很怪他多事，要是自己惹出是非，也误了我的路。

我便对他说，"没有什么的。走你的罢！"

车夫毫不理会，——或者并没有听到，——却放下车子，扶那老女人慢慢起来，搀着臂膊立定，问伊说：

"您怎么啦？"

"我摔坏了。"

我想，我眼见你慢慢倒地，怎么会摔坏呢，装腔作势罢了，这真可憎恶。车夫多事，也正是自讨苦吃，现在你自己想法去。

车夫听了这老女人的话，却毫不踌躇，搀着伊的臂膊，便一步一步地向前走。我有些诧异，忙看前面，是一所巡警分驻所，大风之后，外面也不见人。这车夫扶着那老女人，便正是向那大门走去。

我这时突然感到一种异样的感觉，觉得他满身灰尘的后影，霎时高大了，而且愈走愈大，须仰视才见。而且他对于我，渐渐地又几乎变成一种威压，甚而至于要榨出皮袍下面藏着的"小"来。

我的活力这时大约有些凝滞了，坐着没有动，也没有想，直到看见分驻所里走出一个巡警，才下了车。

巡警走近我说："你自己雇车罢，他不能拉你了。"

我没有思索地从外套袋里抓出一大把铜元，交给巡警，说，"请你给他……"

风全住了，路上还很静。我一路走着，几乎怕敢想到我自己。以前的事姑且搁起，这一大把铜元又是什么意思，奖他么？我还能裁判车夫么？我不能回答自己。

这事到了现在，还是时时记起。我因此也时时煞了苦痛，努力地要想到我自己。几年来的文治武力，在我早如幼小时候所读过的"子曰诗云"一般，背不上半句了。独有这一件小事，却总是浮在我眼前，有时反更分明，教我惭愧，催我自新，并增长我的勇气和希望。

一九二〇年七月

《一件小事》是 1920 年鲁迅创作的一篇短篇小说，收录于其小说集《呐喊》（《鲁迅全集》，光明日报出版社 2012 年 10 月版）中。这篇小说，让人们充分感受到一个"下等人"的高尚人格的力量。寒风中，车夫搀扶着老女人向巡警分驻所走去，"我这时突然感到一种异样的感觉，觉得他满身灰尘的后影，霎时高大了，而且愈走愈大，须仰视才见。而且他对于我，渐渐地又几乎变成一种威压，甚而至于要榨出皮袍下面藏着的'小'来。"这篇小说或许有虚构的成分，但它所揭示的人与人之间的关系却如此真实且具有

代表性，显示了鲁迅作品对当时社会的切入之深。

而下面这篇习作，模仿鲁迅先生《一件小事》的痕迹非常明显，但布局谋篇又不拘泥于《一件小事》，写得很有新意。请欣赏全文：

在断臂的维纳斯面前

王振文

这几天，我一直处在焦虑和不安中，悔恨像一把剪子，绞得我心里隐隐作痛，被同学老师一直认为天真善良的我，实在可憎而可恶，在我天真善良的外表下面竟也有颗私心——这连我自己也不信。这几天我总是迫切地希望打听到摔倒的小女孩摔破了没有，那位好心的奶奶怎么样了？

搞美术的哥哥觉察到了我这几天的变化，整天"小妹、小妹"叫得山响，今天他又约我进了他的"工作室"。他的工作室我常常光顾，可是很快发现他的花架上多了一尊雕像。我漫不经心地瞄了一眼——是个女人，哦，西方美人——维纳斯。美术老师曾在课上大谈过她的妙处，可惜我正在看书，只知道她叫维纳斯，关于美人什么的，还是偶尔从同学口中听到的。这几天的复习简直把我累坏了。因为本来就懊悔得要命，也就无心观赏这座雕像了。

哥哥看到我这个样子感到很失望。但他还是不甘心地向我介绍："小妹，这是西方美的象征，你注意到没有，这个美女的两只臂膀断了。"我这才注意，的确，她竟没有了臂膀。她很美，让你又说不出是什么美，我惊叹了。我改变位置，站在她面前，直直地盯着她，她多像一个人。哥哥见我提起了精神很得意："你仔细看这座雕像，觉得她美吗？怎么？看不出来，那就太可惜了，你不觉得她的外表透着一种美吗？那是从她心里透露出来的，天真、善良，她的美也正是美在这里，这一点像不像我小妹呢？"哥哥竟沉思起来。我赶忙闭上眼睛，心里大声喊道："不像，一点不像，我配不上她！像那位断了臂的老奶奶，老奶奶才美！"

时间老人要是能让时间倒退几天该多好啊！那天我放了学，路过电影院，突然一团火飘过，我定睛一看——多美的小女孩，红红的蝴蝶结以及红红的运动衣，还有那张快乐的脸，给人一种向上的力。一看我就喜欢上了她，哎呀——她摔倒了，趴在那里望着路人使劲哭，我本能地伸出手想把她扶起来，

记叙文写作
技巧宝典
JIXUWEN XIEZUO JIQIAO BAODIAN

可又莫名其妙地把手缩了回来，一个可恶的私念从我心里升起——如果别人以为是我弄倒她的怎么办？我挺起身子装出若无其事的样子走过去，可又不甘心，希望有人能把她扶起来。后面是一位老奶奶，袖子在空中飘荡。啊，竟没有臂膀。她不可能扶起小女孩了，再后面是一位中年人，就看她了。我停在那里，想看着小女孩被人扶起来。出乎意料，老奶奶竟艰难地俯下身子，喘着粗气，用残留的一点臂膀慢慢地靠近小女孩……我不忍心看下去，飞似的逃了。好半天，我转过脸去，小女孩、老奶奶都只剩下小黑点——她们离我越来越远了……

雕像维纳斯与老奶奶那满头是汗、布满皱纹的脸重合了。我使劲摇了摇头，分不清楚到底是维纳斯还是老奶奶。我站在雕像面前无地自容，维纳斯在我眼里和心里越来越高大，我突然觉得自己是多么渺小啊，太可怜了，可怜到了连一颗善良的心也没有。站在断了臂的维纳斯面前，我心灵深处隐藏着的"小"也榨了出来。我惭愧，老奶奶断了臂膀都那么美，是的，老奶奶就是断了臂的维纳斯，不，比她还要美，还要美。我不顾哥哥还在讲什么，飞似的逃出了工作室，我不配站在维纳斯面前直视她。维纳斯，你一定还在嘲笑我！

作品中，作者并没有浓墨重彩地记述一件大家都比较熟悉的小事，而是着重展示这件小事给"我"思想带来的变化这一过程。作者巧妙地找到了对比点——美丽的断臂维纳斯雕像。由维纳斯雕像联想到一位断臂的老奶奶，继而回忆起"一件小事"。通过老奶奶和"我"对待摔倒的小女孩不同态度这一横向对比，以及老奶奶的"美"与维纳斯的"美"的互相映衬（即横向对比），一步一步地揭示出主题思想，表现了新时代新的精神风貌。而"我"前后思想感情、观念态度的变化又构成了"纵向"式的对比。

从题材上看，这篇作文写的是大家比较熟悉、也经常写的内容，没什么高妙之处。但作者立意高而新，巧妙地运用了"对比"的方法构思行文，因而显得不同流俗。

运用"对比构思法"不能只简单地叙述事情经过，要写好人和事，充分地展示对同一事件的不同认识或态度，从而揭示其所具有的典型性。写人或事要写出其具体情形，尤其是对作为行文线索（也就是用来作陪衬）的次要

人物思想转变过程的铺叙要细致且合乎情理。描述事件或事件引起的人物思想活动，不但要有层次，而且要有波澜，这样才具有吸引读者、感染和教育读者的力量。

【训练设计】

1. 以"他（她）变了"为题，运用纵向对比构思法，写一篇不少于 700 字的文章。

2. 以"校园美景"为题，运用对比构思法作文。

【提示】采用直叙式，文章会写得平淡。用对比法构思，或写校园的春、夏、秋、冬四季之景色，或写校园的晨、午、晚三景，还可以撷取校园的雨、雪、雾等景色来写；可以设想自己在20年后重返校园时，校园景色的变化（对比）。这要根据自己平日里留心观察、积累生活资料的多寡的不同而定。

3. 以"我的父亲和母亲"为题，运用横向对比构思法作文，要尽量写出人物的个性特征来。

意外构思法

意外，在现代汉语中可理解为意料之外的不幸遭遇或事态发展的出乎意料。而"意料"则是指事先对某种情况、结果的估计。"意外构思法"就是指在文章中组织一系列委婉曲折的铺垫和渲染性情节，造成文势的波澜后，在故事中间或结尾处笔锋陡转，让主人公的命运或故事情节发生"一百八十度"的急剧变化，使读者在惊愕之余对故事情节、主人公命运再三回味的一种写作构思方法。

运用这种方法构思创作的作品，大多有刚刚还是"山重水复疑无路"，忽然间呈现出"柳暗花明又一村"这样跌宕多变的波澜，因此，也有人把这种构思法称作蓄势或突转构思法。

意外或突转的情节与结局之所以能在创作中被广泛应用，是因为它有着坚实的生活基础。在社会生活中，在自然界里，事物由量变到质变是一个普遍的规律。量变过程通常是缓慢的、不显著的，而量变一旦达到临界点，并继续增长，便会发生质变。这种质变，常常采取突然的、明显的、爆发的形式。如果对量变过程不是采取经常地监察或注视的态度的话，当质变来到时，就会感到意外和突然。

写作中运用意外或突转，大都是在文章的结尾。这样，文章的高潮也就在结尾。而在高潮到来之前的部分，则表现为量变的过程，写作时必须有充分的铺叙与渲染，要有必要的显示、暗示或伏笔。否则，就会有削弱作品内容真实性的可能，意外的情节或事件就显得不合理或没必要了。只有把"突转"或"意外"的内容当作作品的重心和灵魂，使读者阅读后觉得人物的性格是鲜明的，意义是丰富的，这样，你设计的意外或突转情节才算是成功的。

这里，有必要先简单介绍一下渲染铺垫创作手法的有关知识。

渲染 是通过对环境、景物或人物的行为、心理等的描写、形容或烘托，以突出形象、加强艺术效果的一种表现手法。在中国画中，渲染是用水墨或浅色来烘托形象，分出阴阳背向，以增强艺术效果；文学作品中的渲染则主要是指对人物的刻画或对环境气氛的烘托与描述。莫泊桑的小说《我的叔叔于勒》就较多并成功地运用了这种手法。小说前半部分写"父亲"听说自己的亲兄弟在国外发了财，就急切地盼望他回来，总是重复念叨同一句话："唉，如果于勒竟在这只船上，那会叫人多么惊喜呀！"但后来当真见到于勒时，于勒已沦为衣衫褴褛的穷水手，于是情形骤变。作品着力从各个侧面渲染"父亲"的这种骤变，使作品的艺术效果极为明显：他先是"脸色十分苍白，两眼也跟寻常不一样"，接着是"脸色早已煞白，两眼发直"，最后竟变得"神色很狼狈"了；声音由原来的"低声对我母亲说"，变成"哑着嗓子说"，最后竟像着了魔似的只能"低声嘟哝着'出大乱子了！'"害怕于勒认出他就像害怕瘟疫一样，领着一家人赶紧逃走。小说对"父亲"这种情态变化和心理活动的渲染，深刻揭露了资本主义社会人与人之间完全是以金钱为准则的极其虚伪和冷酷的关系。

文学作品中使用渲染手法，能够营造某种气氛，让人身临其境，激发读者的情感共鸣；能够增强文章的感染力，使文章呈现情文并茂的特点；能够细腻地刻画人物，生动地表现人物的心理、情绪、感受、情感；便于读者抒发自己的情感；能够突出人物形象，表现人物性格、命运和思想感情。

最为常见的有以下几种：

①环境渲染法。这是最常用的一种渲染气氛的方法。就是抓住事件发生的环境中的几个事物，通过特定事物的选择，色彩、声音、物态、感受等的刻画，以及整体环境给人的感受描写，营造独特的氛围，表现作者或文中主要人物的心理、情感、情绪、感受。鲁迅的《故乡》（人教版语文教材九年级上册）开头一段对故乡冬景的描绘，就是这样。

"时候既然是深冬；渐近故乡时，天气又阴晦了，冷风吹进船舱中，呜呜的响，从篷隙向外一望，苍黄的天底下，远近横着几个萧索的荒村，没有一些活气。我的心禁不住悲凉起来了。"

这种"情哀则景哀，情乐则景乐"的环境气氛，对人物的凄楚心理和作品的主题思想的揭示起到了有力的渲染烘托作用。

也可以"以哀景写乐，以乐景写哀"进行反衬烘托。像鲁迅的小说《祝福》，在作品结尾处写"我"听得毕毕剥剥的"鞭炮"，"又隐约听到远处的爆竹声联绵不断，似乎合成一天音响的浓云，夹着团团飞舞的雪花，拥抱了全市镇。"祥林嫂就在鲁四老爷等人欢乐的"祝福"声中死去。这种景象，极为深沉有力地反衬出祥林嫂一生悲惨的遭遇。而在《孔乙己》（人教版语文教材九年级下册）中描写孔乙己一出场就伴随着笑声，渲染了一种"快活的气氛"，反衬了孔乙己这个封建科举制度牺牲品的悲剧性格。

②人物场面渲染法。这种方法刻画的对象主要是人，一般针对的是群像，通过刻画场面中不同人物的表现和整个人群的共同表现来渲染气氛。

③情节渲染法。就是通过细节描写，以情节的紧凑、动作的迅捷、时间的短暂来表现气氛的紧张；以情节的舒缓、动作的轻柔、时间的缓慢来营造轻松闲适的氛围；以情节的缓慢、动作的缓慢沉重、时间的停滞来营造压抑、沉重悲伤的氛围等。

④时间渲染法。以时间为明线，选择若干个时间点，每个时间点精确到几时几分，甚至精确到秒，每个时间点之间相差无几，通过时间的分秒变化来呈现故事情节的发展，营造紧张、焦急的氛围。

⑤镜头切换法。以一个时间点或小的时间范围为定点，描写不同地域的人们都在做什么，渲染一种独特的气氛。

⑥心语渲染法。用内心的独白、责问、自问的方式，渲染某种气氛、某

种情绪、某种心理。

⑦循环往复渲染法。在写作过程中，通过一咏三叹式的写法，反复咏叹一种表达情绪、心理、感受、情感的句子，也能营造某种氛围。

⑧数量渲染法。从数字中选取有独特意义、特点突出的数字，来渲染气氛。在数字中，"0"代表空无，引申为绝望。"1"代表最少，也代表至高无上，还代表起步、起点，引申为孤单寂寞、超然物外、高处不胜寒等情绪、感受。"千""万"代表数量众多，"十"代表圆满等。运用这些数字，可以营造某种独特氛围。

例如，清代诗人王士祯的《题秋江独钓图》：

> 一蓑一笠一扁舟，
> 一丈丝纶一寸钩。
> 一曲高歌一樽酒，
> 一人独钓一江秋。

作者借助"一"这个独特的数字，反复运用，于是就渲染了远离红尘、超然物外的独特氛围。前两句近乎白描，但后两句却有着无穷意味。赏一江秋景，感一江秋色，9个"一"巧妙嵌入其中，将诗与图的意境表现得分毫不差，实在精彩！

⑨悲惨事件罗列法。围绕一个人物，并列叙述他的几件悲惨遭遇，营造一种凄婉、苍凉的氛围。例如，朱自清《背影》中的第二自然段：

那年冬天，祖母死了，父亲的差使也交卸了，正是祸不单行的日子。我从北京到徐州，打算跟着父亲奔丧回家。到徐州见着父亲，看见满院狼藉的东西，又想起祖母，不禁簌簌地流下眼泪。父亲说："事已如此，不必难过，好在天无绝人之路！"

渲染铺垫一般是用在作品情节出现突变或意外之前。当然，也不能事无巨细都加以渲染，要注意分寸，防止渲染过度以致堆砌臃肿。《孔乙己》中的渲染铺垫重点在社会环境方面，自然环境就未费笔墨。

运用"意外法"来组织故事情节、安排作品结构的方法很多。如果是长篇性的作品，在中间部分大多都会不断地营造突变或意外，这样才能掀起连

续的波澜，推动故事情节向前发展，如《平凡的世界》《人民的名义》等；如果是篇幅短容量小的短篇小说、小小说或学生作文，意外和突变大都安排在作品的结尾部分。我们重点学习"意外结尾"构思的方法。

最后一分钟营救法

"最后一分钟营救"源于电影《党同伐异》。电影讲述了四个不同的故事，属于平行蒙太奇。《党同伐异》包括四个片段：基督受难、圣巴托洛缪大屠杀、巴比伦的陷落、母与法。其中"母与法"这个故事是根据美国斯泰罗工人罢工事件的素材编写而成，描写工人因反抗资本家而罢工，结果惨遭集体枪杀。有一个青年工人因失业流浪纽约并参加了小偷团伙，后在妻子的帮助下想改邪归正，但小偷团伙不放过他。一次，一名盗匪在威胁青年的妻子时被枪杀，结果青年被误认为杀人凶手，被处绞刑。当他将被押上绞刑架时，他的妻子发现了杀人凶手，急于告知州长，但州长已乘火车离开。于是她乘车追赶，银幕上展开了你追我赶的交替镜头：火车疾驰，汽车追赶，犯人被押上绞刑架。镜头速度越来越快，气氛也越来越紧张，最后赦免令终于在最后一分钟赶在绞刑执行前送到。格里菲斯的这种平行蒙太奇的运用，达到了惊人的效果，成为电影史上有名的"最后一分钟营救"。

运用"最后一分钟营救"法来构思创作，就是先写顺势直线发展，似乎文章要按照这一直线发展下去，到关键之处，突然来一个大转折，掀起高潮，以完全出乎意料的方式终篇。前面的顺势发展是蓄势，以流水作比，蓄势好比提高水位，加大落差，使水飞流直下，更为有力，激起更大的浪花。千钧一发悬崖绝路，营救者是否能到达，事件还能不能进行下去，这是调整节奏、刺激情绪、推出高潮的构思秘诀。在反映现实生活的文学作品和武侠小说中，较多地运用此法。

我们来看一篇来自网络的小说，虽然篇幅长了一点，但作者综合运用构思技巧的成功之处很值得我们学习。

我有一个穷亲戚

一

我直到戴花冠披礼纱跨进李家门槛的那一天，也没见过那个女人。也许因为婆家是个大家族的缘故吧，婚礼那天来了那么多亲戚。可是在众多的亲戚中，我仍然没有发现过她。

家族中遇上红白喜事，或是其他大事，说好说坏，论长道短的都是亲戚。别的客人顶多评论一番酒席办得如何，可到了亲戚那里，就像话把儿粘在嘴皮上了，不管多远的事，也会没完没了地唠叨。

过门第二天让新媳妇做早饭，露一露手艺，这是朝鲜族的惯例了。对从小干过家务活的我来说，做饭这玩意儿，还算得了什么呢？

可是今天不知怎的手不听使唤了。这可不是做一两个人的饭，而是做几十口人的饭，怎样才能做得不软不硬、不串烟，也不夹生呢？我心里一直像压着块石头。从前人们不是都说新媳妇的第一顿饭，做软了丈夫享不了妻子的福，做硬了妻子享不了丈夫的福，夹生了家变穷，焖糊了家道败落吗？现在的人们不信那一套，吃饭时都会说，饭焦了照样享福，饭烂了也不碍生儿育女。可是裙子同样价钱，还是粉色的好。这顿饭无论如何也要把水扣准了。大概就是这个原因，人们常说没过"三日"（过"三日"：朝鲜族婚礼，新娘到男家后，第三天同新郎一起回娘家，拜见父母后再到男家，才算婚礼正式结束）的新媳妇是几分欢喜几分忧虑。

"哟，新媳妇已经下灶台啦！"我正在锅边把水一会儿添进，一会儿舀出的时候，一个四十岁左右的高个儿女人开了外屋门，探头往锅里看了看，在我的耳边悄悄地叮嘱一句："这是新米，和陈米不一样，要少坐点儿水！"然后她就下了灶坑。

我又把水舀出一些，顺便朝灶坑下瞅了她一眼。这是一张陌生的脸。订婚两年，丈夫领着我转遍了所有的亲戚家，在婆家的订婚仪式上连八寸（八寸：表示亲戚的行辈，寸数越大，关系越远）亲戚都来了，但也没见过这个女人。她往灶洞里添着柴，又不放心地站起来看了看锅里的水，点了点头，重新坐下。就在她站起来的那工夫，我一眼看出她衣着的不合体统。她穿的是条下摆磨破后又改短的半截破裙，已经看不出原来的颜色，短得只能遮住膝盖。我心想，她大概是为了干厨房的活，顺手拣了一条破裙子套上的吧。

这时，婆婆从外头回来，一看见这个女人，就满脸喜色："哎哟，来啦，侄儿媳妇。"

"侄儿媳妇？"我吃了一惊。婆婆的侄儿媳妇，跟我不就是妯娌关系吗？

可是为什么我从来没听说过呢？

"给小叔子办喜事，可不要把自己累倒喽！"婆婆啧啧地咂着嘴说。

"婶，看您说的，干这点儿活还能怎么样？"

"你的身子难道是铁打的？"

"让您说得我都不好意思了。"

我这才知道她原来是我的叔伯嫂子。初次见面连个招呼都没有打，我羞愧得脸上发烫。

这位嫂子也红了脸，只顾低头拨拉灶洞里的火。我又把视线移到她的破裙子上。裙子短得刚过膝，屈腿一蹲连膝盖也遮不住，露出里面像是拆了旧手套、旧袜子织成的线裤。

我心里想："在这么多宾客面前怎能穿出那么破的裙子呢？"

这时，出于自愧的心情，还是因为我的注视，她急忙拉下那短短的裙摆遮住花花绿绿的线裤，可是那短短的裙子却越拉越卷了上去。我也不好意思起来，便把视线转向别处。

早饭后，我最担心的家门宴席开始了。

所谓家门宴席，就是新媳妇把送给婆家各位亲戚的礼缎（礼缎：新媳妇送给婆家各位亲戚的见面礼）陈列在桌子上，然后新郎斟酒，新娘敬酒，新郎、新娘再一起磕头行礼。如此，我在傧相的指点下，从公公开始，敬酒、行礼，呈上礼缎。

这样一个接一个，差不多都轮遍了，但还没轮到穿破裙子的叔伯嫂子。她可是该堂堂正正地接受新媳妇礼缎的人呀，不论从礼节上讲还是从辈分上讲都是这样。

可是没有一个人去找她。

我心里很奇怪，忍不住悄悄地问了身边的婆婆：

"妈，叔伯嫂子呢？"

"哟，把她忘脑后了。"

婆婆这才转向锅台，一面用眼睛搜寻着，一面喊：

"哎，侄儿媳妇，哎——"

锅台上空空的。

家门宴席开始前还围着锅台忙得满头大汗的叔伯嫂子不知上哪儿去了。

婆婆又转脸朝外屋喊："快去找铜佛寺家的来！"

同样是叔伯妯娌的朝阳川嫂子却不以为然地撇撇嘴："因为她是空手来的，可能是故意避开的吧？！"

不知怎的，她的话叫人听了觉得酸溜溜的。

礼仪完毕，又该摆上酒席，斟的斟，敬的敬了。

亲戚中盘着髻的媳妇、拖着长辫的姑娘不少，却没有一个人主动站起来忙锅台活的。

仪式结束好大一会儿了，只听见说笑声，却听不见放碗筷的动静，婆婆便对朝阳川家的说："侄儿媳妇，快放桌子吧！"

朝阳川家的不知什么时候要来了一块鸡肉，一面递给儿子，一面说："铜佛寺嫂子上哪儿去了？仁男，快去请你铜佛寺大妈来！"

穿得干干净净的朝阳川嫂子全然没有一点要动手的样子。

"大姑娘小媳妇坐满一铺炕，但没有一个人下锅台的，啧啧……"婆婆把侄女孙女们挨个儿扫视了一遍，显然是动气了。姑娘媳妇们这才慢慢腾腾地起身往锅台蹭。

正在这时，厨房门"吱"的一声，穿破裙子的叔伯嫂子进来了。一屋子的人这才像见了多年不遇的亲戚，有说有笑地起身迎上去：

"您上哪儿去了？"

"新妯子准备好礼缎不知等您多久啦！"

"嫂子不在，就像空着个席位……"

朝阳川家的像是比谁都等得心焦似的，她那又尖又细的女高音盖过了其他声音。

"肚子有点不舒服……"

铜佛寺嫂子和其他高声大气的嗓门自然形成对比的低音，听起来悦耳、感人。不过和刚才提醒我新米不吃水时那柔和轻悄的低音又不同，似乎带点愧疚和压抑。她那爬着一丝丝细纹的脸上透着凄凉的微笑，不声不响地挽起袖子又蹲在锅台边忙起活来。

我也是从小干惯脏活累活的人，所以她那干净利索的动作马上抓住了我

的心。这是那种言语不多只知道干活的农村妇女的典型。参加婚礼的客人们头顶着裹着打糕、喜糖的包袱陆续回家了，铜佛寺嫂子却守着锅台把洗洗涮涮的收尾活儿都包下来了。

挨个儿给我介绍过的亲戚，除了几个近亲，其他的我都记不清他们的辈分和称呼了。

我对铜佛寺嫂子说：

"嫂子，都说李家门亲戚多，果然不少呀！"

"说多也多，说少也少啊！"

"那么多亲戚还说少？"

"同是李家门下，有的家有亲戚，有的家就没有亲戚。"

真叫人越听越糊涂。

我不解地望着铜佛寺嫂子，可从她那满是热汗的脸上什么答案也找不出来。

她把收尾活儿全干完，准备坐晚车回家了。

婆婆把我送的礼缎和剩余的打糕，以及一些旧衣物包成一大包递给她说：

"都是些破烂，补补给孩子们穿吧。"

"婶，我也会有被当作亲戚看待的时候吗？"

铜佛寺嫂子接过包袱，泪珠扑簌簌滚落下来。

我的心不由缩紧了。

"俗话不是说'孩子长成人，眨眼一瞬间'吗？等他们长大了，你也有出头享福的日子的。"

婆婆边说着边从兜里掏出五块钱塞进嫂子手里："太少了，拿去给孩子们买铅笔啦本儿什么的……"

"这个包袱我拿着，可钱不能收。空着两手来的，已经够没脸的了……"

啊，现在我才知道铜佛寺嫂子为什么要在分礼缎时避开，也明白了为什么我订婚后跟李家来往两年多时间里一直没认识她。

我抑制不住翻腾的心情，紧紧抓住她的手说：

"嫂子，收下吧，哪怕买条裙子……"

"老让你们这么费心……"

<h2>二</h2>

大概因为公公是州教育处处长，丈夫是市工业局副局长，不然就是因为对亲戚们向来手松吧，我虽不是李家门的长孙媳妇，但在哪家亲戚面前都受到长孙媳妇的礼遇。

论辈分，李家门的长孙媳是铜佛寺嫂子，李家真正的后裔是她那些吃饭跟牛吃草一样不挑肥拣瘦，顿顿碗底朝天、个头日日见高的孩子们。

可是每逢中秋、新春佳节，亲戚们来来往往，宰鸡杀猪的时候，总是看不到他们。

婚后头一个春节，亲戚们多得聚在朝阳川嫂子家过年。那天杀了口猪，做了灌肠。我环视着一屋子吃得津津有味的人问：

"铜佛寺嫂子怎么没来？"

"她被一个个小把戏们拖住了腿，还能走得开？"朝阳川嫂子不以为然地说。

"一个人又要忙家里的，又要干高级社的，脱得开身吗？"

听着大家的话，我心里有点怅然。吃吃喝喝的场合她总是避开，也没人提起她，可是一到需要人手或碰到脏活累活的时候，她就被人们记起并且马上被请出来。

嫁到李家的第二年，正逢公公花甲。

给公公办花甲寿宴的前一天，朝阳川嫂子是坐早车来的，她顶着一大包摆桌（摆桌：即寿桌。朝鲜族在花甲宴上，晚辈的每一家都准备一桌子各种食品，捧送给过花甲的老人，并磕头祝寿）用的糕点、糖块、水果之类，一进门就唯恐别人听不见似的咋呼起来："哎呦，朝阳川没有卖色果子（色果子：寿桌上摆的，涂了各种颜色的饼干之类）的，我专门到龙井跑了一趟，所以来晚了。"

"摆不出寿桌就来不得啦？"

"叔叔过花甲，当侄儿的还能不敬上一个寿桌？"

她这一说，亲戚们开始你一言我一语地夸起她的为人来了。

我深知她的脾性，一句也没去附和。

这时，婆婆在一旁催促："哎，一大堆活儿忙不过来呢，你赶快换一件衣服下锅台吧！"

"哎呀，铜佛寺嫂子怎么没来呐？"朝阳川嫂子从里屋探出脑袋，东张西望着。

"四张嘴都指着她一双手，能说来就能来吗！"婆婆有点为难地替铜佛寺嫂子辩解。

朝阳川嫂子又说："自己手头再紧，叔叔的花甲还能不来？"

正在这时，门"吱"的一声，只见铜佛寺嫂子跨进屋来。

她还是一年前的那身打扮，稍有不同的是上身加了一件学生装。那件和她粗壮身板极不相称的学生装勉强扣住扣子，紧紧裹着她的胸脯。

我顿时欢天喜地地站起来喊道："铜佛寺嫂子，您来了！"

婆婆站起身来接过铜佛寺嫂子手里的酒瓶说："你呀，故意没给你捎信儿，你从哪儿得到消息来的？"

"为了先把地割完，来晚了。"嫂子的女低音我已经好久没听到了。

刚才还不冷不热说这道那的亲戚们，一旦人在跟前，又纷纷称赞起她的诚意来了。

朝阳川嫂子却连屁股也没抬，轻蔑地瞟一眼婆婆手里的酒瓶，那眼光似乎在说："哼，一斤酒算什么，还不如空手来！"

铜佛寺嫂子对此似乎根本不介意，只是瞅了瞅婆婆的脸，再瞅着我，好像在说："难道连你也责怪我只带一瓶酒来吗？"

这个眼色正如我结婚时给亲戚们送礼缎那天，她避开人们出而复回时的那种眼色。

我深知铜佛寺嫂子准备一瓶酒，要比别的家准备一桌丰盛的菜肴还难，就用不满的眼光瞟了一眼朝阳川嫂子。

铜佛寺嫂子到里屋脱了外衣挂在墙上，只穿一件衬衣走出来，顺手用一条布带把腰一扎，然后就忙起活来。

这次公公的花甲，光是亲戚们敬的寿桌就有二十四桌。

人们说，看桌数知道家门的兴衰，看寿礼知道各家的家底。

装点寿桌要数朝阳川嫂子好胜心最强了。

她盯着别人的桌面，发现了哪样礼品是自己桌上没有的，就撇着嘴指手画脚说："怎么花甲桌上还放这种东西呢？"

人们忙着装点寿桌的工夫，铜佛寺嫂子却埋头准备着招待客人的菜肴。

不过她不时拉一拉破裙盖住膝盖，忙活不停的双手也似乎由于焦躁不安而略显迟钝。

看得出她情绪十分压抑。

按顺序给公公祝寿的仪式已进行大半，和我结婚那天一样，还是没轮到铜佛寺嫂子。这时，铜佛寺嫂子埋头干着活，一边侧耳听着外面主持者的叫声。但还不叫她的名字，她的目光中流露出一丝惆怅，这和外面欢欢喜喜的气氛是多么不协调呵！这时，从外面传来了叫声：

"还有没有要祝寿的？"

我急忙看了铜佛寺嫂子一眼，而铜佛寺嫂子也正抬头望着我。

她眼里泪水汪汪，连嘴唇都在微微地颤动着。

铜佛寺嫂子本应和别人一样高高兴兴地、堂堂正正地坐在自己的位置上，可如今却受到人家如此冷待，看到这些，我心里难过极了。

这时，她顾不上擦擦眼泪，就站起来匆匆地走进了里屋。难道她又想像去年一样避开这种场合吗？没过几分钟，我的揣测就被证实是错了。只见她端端正正地穿上那件学生装，手捧酒瓶从里屋走了出来。

"嫂子，妈妈替您准备下寿桌了，快端着过去吧。"

"妹妹，干嘛要装门面呢，表心意有什么拿什么就行。"

铜佛寺嫂子拉平蹲出皱褶的破裙，穿上鼻鞋，往前屋走去。

"亲戚里还有谁要敬酒拜寿的？"

主持寿宴的远房大伯子环视着满屋子的人问。他的话音刚落，铜佛寺嫂子捧着一瓶酒，而不是一桌丰盛的食品，从从容容地走到公公和婆婆面前，恭恭敬敬地斟了一杯酒，然后用双手举过头，说："叔叔，婶婶，敬祝你们福寿无疆！"说完，她又恭恭敬敬地跪下磕了头。虽然裙子短得露出了她线裤的杂乱颜色和补丁，可是她那庄重笃诚、典雅可爱的动作，使人丝毫不感到破裙子减损了她美好的心地。

别人敬的酒，公公只抿一抿，铜佛寺嫂子敬的酒，他却喝干了。

朝阳川嫂子看到这个场面，不以为然地撇了撇嘴。

这次铜佛寺嫂子也是在客人都离开后，收拾完厨房的活，才坐晚车走的。

临走前我把事先准备好的一条黑裙子和一件栗色的上衣送给了她。我们的身高体形差不多，她穿我的衣服，不会显得不合身的。

"老是让你们费心……"上车前，她说的还是前次临行时说的那句话。

三

人生之路充满坎坷曲折，这话果然不错。

公公过花甲那阵，精力、体力还远远胜过五十左右的人，谁想到不久就突然中风离开了人世。

家门的栋梁一倒，本来亲近和睦的大家庭就日渐散了架。

公公去世还没过几个月，婆婆也因胃癌相随公公去了。

就这样，几个月里，我接连失去了公婆二老。真是祸不单行啊。

第二年，在市工业局当副局长的丈夫因为所谓"民族主义分子"的罪名被撤了职，我们家从此一蹶不振，没过多久，就败落了。

公公婆婆去世后就逐渐来往稀少的亲戚们，从丈夫戴上"民族主义分子"的帽子以后，就干脆断了走动。丈夫被勒令去玉泉洞劳动改造，我也跟着去了。

这时我们已经有了一男一女两个孩子，我又怀了孕，不久就要成为三个孩子的妈妈。

丈夫停发工资，就该我去挣钱了。

我马上就要坐月子了，鼓着大肚子怎么干活呀！全家的日子已经到了缸底朝天的境地。

真是钱能长利，穷能生穷。家里越穷，孩子们反而越能吃，口粮和别人家同样领，可我们家一直接不上顿。我只好到市里亲戚家去借苞米子和苞米面，说好到秋后还大米。冬天一打完场，我就赶紧碾了大米去还债。

这样，一年口粮扣去还债的几百斤大米，剩下的又难以维持到第二年春天了。

明天是八月十五了。丈夫去给公婆的坟地割草培土，家里只剩下我和孩子们。

别人家早就开始热热闹闹地打打糕、酿"马格利"（马格利：朝鲜族家酿的米酒），我们家却像出丧户一样悲惨凄凉。要是往年，亲戚们早该接连上门，宰鸡杀猪，闹腾一番了。可现在家里却冷冷清清。

"同是李家门下，有的家有亲戚，有的家就没有亲戚。"

当初铜佛寺嫂子说的那句话，我现在才悟出了它的含义。

现在我们家是冷落了，亲戚们不知聚在哪一家做糕、酿酒、杯来盏去、谈笑风生的正热闹呢。

我又想他们，又恨他们，好歹不是外人，难道亲戚之间就这样无情吗？

"哎，这屋里怎么到现在还不点灯呢？"

我一听这声音，就知道铜佛寺嫂子来了。没等我起来开门，"吱"的一声门响，她顶着一个大柳条筐，一猫腰跨进了门槛。

"嫂子！"一见到她，我就像见了亲娘一样，长期压在心底的悲苦猛地涌上心头。

我伏在她怀里放声哭了起来。"怎么，家里出什么事了？"她急忙问。我还是不顾一切地倾泻着悲伤。我只想这么哭个够。

"中秋佳节，哭什么哟？"

突然一滴冰凉的水珠掉在了我的脑门上。"是冷汗！"我这才从嫂子怀里抬起头来，只见汗珠沁满了嫂子额头，筐子依然顶在她头上。

"呵，我真……"我来不及抹去泪水，急忙帮她放下东西，然后点上油灯。

"眼泪一旦让它淌下来，就得天天用桶接啦，特别是我们女人家。"她边说边用毛巾给我擦着泪。铜佛寺嫂子温暖的安抚使我的眼泪更像流不断的泉水般涌出来。

"我来了，你该高兴才是，怎么一个劲儿哭呢……"

我准备下灶坑烧火，嫂子一把拉住我，一面自己跳下灶坑，一面说："我来烧。你这个身子爬上跳下的多吃力啊！"

嫂子的到来好像给我们家带来了节日的气氛。

我淘完米坐下锅，便往下打量着嫂子。

灶洞里透出的火光映照着嫂子的脸庞，这张脸上已经全然看不见前几年渍着汗迹和脏水的窘况痕迹了。她穿的是一套新做的灰色混纺料的小袄长

裙。人们都说摆脱贫困是最大的解脱，虽然还不能说她完全摆脱了贫困，可是她熬到了大儿子学校毕业挣工资，真也像脱了层皮似的轻快多了。

"嫂子，您现在算熬出头了。"

"妹妹，你的出头日子也不会远啦！等他叔叔的问题一解决，孩子也长大了，你比我还要有福享呢。岁月如流水，说长就长，说短也真是一眨眼工夫哟！"

见锅开了，嫂子又添了几根木棒，起身上了炕。她挨个儿仔细端详着睡熟的孩子们，然后揭开柳条筐盖。"中秋先打了点粘稻子，这是用新下的粘米打的打糕。"嫂子说着拿出一包又大又沉的打糕。

"这是新米，这是牛肉，这……"嫂子边说边抖开一块用尼龙纱巾包着的衣料，"这是给你扯的，不知合不合你意呐？"

这是一块白色尼龙衬衣料和一块栗色裙料。"现在我哪还有福气挑这拣那呀？嫂子，你就给我侄儿们添补点好了，干嘛为我花这么多钱呀？"出嫁时的嫁妆都穿光用尽，连婆家给我做的也都穿没了。现在我只剩下身上穿的这套打了补丁的衣裙了。

"一旦手里空了，就好像哪儿都是无底洞。旁人接济还能顶多少事？要翻身还得靠自己，别人顶多救你一时，再说，还得老听人家说你吃接济……"

"吃的、穿的、用的，怎么说断就像刀斩似的那么齐刷，一下子什么都断了呢？"

"所以说，漏底的缸好补，穷困的洞难堵嘛。"

吃过晚饭后我们上炕躺下了。

不知是路上累了，还是心里没了心事，铜佛寺嫂子很快就入睡了。

可是我思绪万千，久久不能入睡。

四

如果不是看丈夫的面子，我可能早就和亲戚们断绝来往了。

当然，不得不走动的另一个原因，也是为了解燃眉之急。

夏天借米，秋天还米。

蹭烂了裙摆，磨穿了鞋底，应该说都是我主动上门的。

一次，朝阳川嫂子派儿子来，请我去参加她大女儿的婚礼。

自从丈夫下去劳动改造以来，已经十几年不通音信的朝阳川嫂子，突然派人来请我们，我不能不大吃一惊。

往日她那些一时近乎得能踏破你门槛，一时又翻脸不认人的为人举止，虽然想起来就叫人心里冒烟，但我看在侄女的份上还是去了。

我一进屋，朝阳川嫂子就以从来没有过的热情迎了上来："哎哟，妹妹，我自己眼前也顾不过来，天天挣扎着过日子，所以一次也没去看你……你是怎么遭的罪呀？他叔叔还好吗？孩子们长得怎么样？"

十几年的岁月在她脸上添了好多道细细的皱纹，可是出众的姿色依然不减当年。

"要说遭罪，大家还是一样嘛！"

"我们总算比你们过得好一些。哎哟，那么漂亮的脸蛋，怎么变成这样啦？"

我环视着一位客人也没有的静悄悄的屋子问："哎，说要办喜事，怎么这么冷冷清清的？"

"结婚的日子还有十天呐。"

"怎么？"

"大概因为当妈的没手艺，姑娘也跟着一门不如一门。眼看喜日子就要到了，坐垫、枕套都没绣上花，想来想去只好把妹妹请来了。"

我有一手妈妈传授的手艺——刺绣。从那天晚上开始，我就坐在缝纫机前，坐垫、枕套，一件一件绣开了。都说看嫁妆上的刺绣，就能掂量新婚妇的手艺，我就代替侄女，把自己所有本事都拿出来了。袅袅低垂的柳枝上燕子展翅高飞；百花盛开的草丛中蝴蝶轻盈起舞；青松底下，白鹤兀立，小溪缭绕；皎月光里，巨岩嶙峋，猛虎长啸……反正只要是我见过的觉得好看的图案，我都绣上了。

我整整绣了八天，从缝纫机旁脱开身子的那天，铜佛寺嫂子也领着孩子来了，她一见我就说："哟，妹妹先来一步啦！"

"嫂子！"我高兴得抓住她的手，久久不愿放开。

"大小子在大学挺好的？"

"他挺好。嫂子您也不宽裕，又往学校寄钱。前几天孩子从学校来信我们才知道。"

"现在这年头，像我们这样的人也能过上舒心的日子了，我是叫他趁着好时光安心多学点啊！"

望着铜佛寺嫂子，我又想起她穿着破短裙在锅台边忙活的情景。我再看看那两个侄儿侄女，一身上下也都是哔叽或呢绒。当初我每次顶着米，带着些旧衣物到铜佛寺去时，那两个小家伙淌着鼻涕，狼吞虎咽地吃得盆底朝天……想不到今天，他们都长成这样一表人才的大姑娘小伙子了。

不知啥时候铜佛寺嫂子换上了干活穿的衣服，又像以前那样蹲在锅台边忙活起来。我坐在炕坑烧火，看见她端起淘米盆往下望着我，就像我第一次往灶坑下望着她穿的破短裙那样。我慌忙用裙摆遮住脚脖子，免得露出我那条用一切能拆成线的东西织成的线裤。

"咯咯咯……"从里屋发出一阵笑声，朝阳川嫂子的声音特别的响亮。

"铜佛寺嫂子，大家都要看新娘子准备的礼缎，把箱子打开了，你也来看呀！"

可是没有人叫我也去看。

"这是他叔家送的呢大衣，这是他大伯家送的哔叽上装，这是……"朝阳川嫂子兴致勃勃地炫耀着。我感到抬不起头来，每个亲戚都有拿得出手的礼物，我却什么也没有带来。

"哎哟，瞧这花绣得多好，谁绣的呀？"

嘈杂声中不知谁这么赞叹了一句。我心里想这下可要提到我的名字了。不知怎的，我紧张起来。

"这花是……"

是朝阳川嫂子的声音，但口气已经不像刚才那样理直气壮了，嗓门也不如刚才那样高了。

"那还能是谁，新媳妇的手艺呗！"不知谁插了一句。

"手艺真不一般，新郎真有福气！"

"嗬，样样都绣活了，一番心血都绣在上头啦。"

屋子里赞声不绝。

"这孩子的本事就这一样……"朝阳川嫂子说着，马上瞥我一眼，又说："这孩子，绣花什么的她还是可以的。"

我再也忍不下这口气了，正式举行婚礼的那天早晨，趁宾客出出进进的混乱当儿，我悄悄离开了朝阳川。

回家后，我暗暗发誓，以后亲戚家再有这类事，我是坚决不去了。可是今天又收到了铜佛寺嫂子的信，让我去参加她大儿子的婚礼。别人家可以不去，铜佛寺嫂子家不能不去。我正在焦愁的时候，铜佛寺嫂子捎来一块做裙子的布料，说是准备做了在婚礼上自己穿的，因为抽不出空，所以让我什么也不要准备，帮她把裙子做出来带去就行。做她的衣裙，不用另量尺寸。我用寄来的深蓝色涤纶布料做了一套小袄长裙，带着它到了铜佛寺。

从喜日子的前三天起，亲戚们陆续到了铜佛寺。新盖的几间瓦房里挤得满满的，颇有前些年我们家遇到喜庆日子时的气氛。

在亲戚中享有"家门的女豪杰""李家的荣耀"美名的朝阳川嫂子，现在又以新郎的婶母身份在粗声粗气地四处指派活计。我蹲在锅台边，不声不响地埋头干着活。

家门宴席一开始，我心里总觉得朝阳川嫂子的视线盯在我身上，好像在说："你还不赶快出去！"送礼缎的时候，我就放下活儿悄悄地出去了，打算到后面邻居家去坐一会儿再回来，可是刚刚拐过院墙，就被谁一把抓住了。我吓了一跳，回头一看，原来是铜佛寺嫂子。她问：

"你想上哪儿？"

"我……"我一时说不出话来。

"是不是想躲开？"

"……"

"难道请你来是让你看别人的眼色，使你抬不起头吗？妹妹……"铜佛寺嫂子含着泪望着我。

我不知怎么说才好，只搓揉着衣襟，流下了激动的热泪。

铜佛寺嫂子用双手托着我的脸，像慈祥的母亲看着自己的亲生儿女一样，说：

"傻妹子，你是要在我心上扎一锥子吗？"

在她的面前，我仿佛犯了错误似的，扭过头尴尬地说了一句："嫂子，是我不对！"

"这才像样……"

铜佛寺嫂子拈起衣襟替我擦去两腮上的泪痕，然后领着我回了家。

轮到我接受礼缎了。我看看自己又脏又破的打扮，真不想走到新娘子面前。不知谁在后面捅我一下，我才难为情地挪到新娘面前坐下。新娘拿出一套蓝色涤纶衣裙双手捧着放到我面前的圆桌上，我蓦地一惊，别人得到的礼缎都是枕巾、袜子之类，难道给我这个？

嫂子脸上漾着宽慰的微笑："多少年来，玉泉洞妹妹对亲戚们的帮助比谁都大，所以我替大家用咱李家门的名义送她这份礼缎！"

铜佛寺嫂子的这番话，得到了大家的鼓掌赞同。顿时，我热泪盈眶，一阵麻酥酥的感觉传遍全身。我不好意思再抬脸对着大家，就在低下头去的当儿，突然发现圆桌上的那身衣裙就是我亲手缝制的那套——是铜佛寺嫂子说自己要在婚礼上穿的那套衣裙！

"嫂子，这……"我抬起头望着嫂子。

"这是儿媳妇送给你的。"

嫂子的脸上又漾起了满怀喜悦的笑纹。

我心头一热，接过新娘递过的酒杯一饮而尽。

正在这时，"妈妈——"我读高中的女儿推开房门蹦了进来。

"哟，这是谁呀，怎么现在才来？"

"妈，爸爸让您快回去！"

"怎么，出什么事了？"

我紧张得心直哆嗦。

来时说好等新娘过完"三日"再回去的，怎么突然又派女儿来催？按丈夫的脾性，一般小事他是不会这样的。

"妈，爸爸的问题平反了。"

"什么？孩子，你再说一遍！"

"昨天市委组织部派来了两个人，说爸爸的冤案已经查清了，给平反了，让他重新当市工业局副局长了。后天就来车拉行李，爸爸让您快回去收拾东西呐！"

"天！这是梦，还是……"

我忘了眼前的家门宴席，一头扑进铜佛寺嫂子的怀里放声哭起来。

"妹子，这些年来嫂子一分钱也没帮过你……"朝阳川嫂子走过来，一面给我擦眼泪，一面向我检讨起来。

从这篇作品中我们可以感悟到"最后一分钟营救"法构思行文过程中最主要的一点就是：结局并不是前面情节的顺向发展和延伸，而是在情节发展的高潮处进行逆向性的突转，构成出乎读者、作品中主人公意料的结局。而这一突转的设计与安排是前面铺垫渲染可能可信的结果，具有使人信服的力量。

反"最后一分钟营救"法

人们阅读或欣赏某个文学艺术作品，一般是按照"爱之欲其生，恶之欲其死"的心理进行顺向思维的。总是希望自己喜欢的人物能成为最后的赢家，盼望感到很厌恶的人早点退出舞台。这是我们向善心理的反映。反"最后一分钟营救"法就是抓住人们的这种顺向思维和欣赏心理，反其意而为之，在应当被营救时却把主人公推上了"断头台"。自然，这种"反众意的突转"也应当有其可能与可信的生活基础、是合情合理的结局。

爱尔兰女作家艾捷尔·丽莲·伏尼契写的《牛虻》中，亚瑟在琼玛等人的策划下，历尽艰难，为越狱做了充分的准备。当他已经顺利地顺着绳索即将脱险时，意外地突然发病而坠于楼下，被看守发现，于是最后一丝获救的希望破灭了。

突然让人物的心理、情境发生出人意料的变化，或使主人公命运陡然逆转，出现意想不到的结果，既在意料之外，又在情理之中。给人以出乎意料的感觉，又不得不承认它的合情合理。从相反处求相同，从偶然处显示其必然归宿。读者在"反常"的笔墨中品味出"正常"的神韵来，收到曲径通幽、新奇夺人的艺术效果。这就是反"最后一分钟营救"法构思行文要把握的要点。

世界著名小说家欧·亨利能娴熟地掌握和运用"意外"构思技巧，而且

从思维形式上看，较多使用的是逆向思维，创作的小说大多情节奇妙，结局出人意料。下面请鉴赏欧·亨利于 1907 年创作的作品《最后一片常春藤叶》。

最后一片常春藤叶

在华盛顿广场西面的一个小区里，街道仿佛发了狂似的，分成了许多叫作"巷子"的小胡同。这些"巷子"形成许多奇特的角度和曲线。一条街本身往往交叉一两回。有一次，一个艺术家发现这条街有它可贵之处。如果一个商人去收颜料、纸张和画布的账款，在这条街上转弯抹角、大兜圈子的时候，突然碰上一文钱也没收到，空手而回的他自己，那才有意思呢！

因此，搞艺术的人不久都到这个古色天香的格林尼治村来了。他们逛来逛去，寻找朝北的窗户，18 世纪的三角墙，荷兰式的阁楼，以及低廉的房租。接着，他们又从六马路买来了一些锡蜡杯子和一两只烘锅，组成了一个"艺术区"。

苏艾和琼珊在一座矮墩墩的三层砖屋的顶楼设立了她们的画室。"琼珊"是琼娜的昵称。两人一个是从缅因州来的；另一个的家乡是加利福尼亚州。她们是在八马路上一家"德尔蒙尼戈饭馆"里吃客饭时碰到的，彼此一谈，发现她们对于艺术、饮食、衣着的口味十分相投，结果便联合租下那间画室。

那是五月间的事。到了十一月，一个冷酷无情、肉眼看不见、医生管他叫"肺炎"的不速之客，在"艺术区"里潜蹑着，用他的冰冷的手指这儿碰碰那儿摸摸。在广场的东面，这个坏家伙明目张胆地走动着，每闯一次祸，受害的人总有几十个。但是，在这错综复杂，狭窄而苔藓遍地的"巷子"里，他的脚步却放慢了。

"肺炎先生"并不是你们所谓的扶弱济困的老绅士。一个弱小的女人，已经被加利福尼亚的西风吹得没有什么血色了，当然经不起那个有着红拳头，气吁吁的老家伙的赏识。但他竟然打击了琼珊；她躺在那张漆过的铁床上，一动也不动，望着荷兰式小窗外对面砖屋的墙壁。

一天早晨，那位忙碌的医生扬扬他那蓬松的灰眉毛，招呼苏艾到过道上去。

"依我看，她的病只有一成希望。"他说，一面把体温表里的水银甩下去。"那一成希望在于她自己要不要活下去。人们不想活，情愿照顾殡仪馆的生意，这种精神状态使医药一筹莫展。你的这位小姐满肚子以为自己不会好了。她有什么心事吗？"

"她——她希望有一天能去画那不勒斯海湾。"苏艾说。

"画画？——别扯淡了！她心里有没有值得想两次的事情——比如说，男人？"

"男人？"苏艾像吹小口琴似的哼了一声说，"难道男人值得——别说啦，不，大夫，根本没有那种事。"

"那么，一定是身体虚弱的关系。"医生说，"我一定尽我所知，用科学所能达到的一切方法来治疗她。可是每逢我的病人开始盘算有多少辆马车送他出殡的时候，我就得把医药的治疗力量减去百分之五十。要是你能使她对冬季大衣的袖子式样发生兴趣，提出一个建议，我就可以保证，她恢复的机会准能从十分之一提高到五分之一。"

医生离去之后，苏艾到工作室里哭了一场，把一张日本纸餐巾擦得一团糟。然后，她拿起画板，吹着拉格泰姆音乐调子，昂首阔步地走进琼珊的房间。

琼珊躺在被窝里，脸朝着窗口，一点儿动静也没有。苏艾以为她睡着了，赶紧停止吹口哨。

她架起画板，开始替杂志画一幅短篇小说的钢笔画插图。青年画家不得不以杂志小说的插图来铺平通向艺术的道路，而这些小说则是青年作家为了铺平文学道路而创作的。

苏艾正为小说里的主角，一个爱达荷州的牧人，画上一条在马匹展览会里穿的漂亮的马裤和一片单眼镜，忽然听到一个微弱的声音重复了几遍。她赶紧走到床边。

琼珊的眼睛睁得大大的。她望着窗外，在计数——倒数上来的数。

"十二，"她说，过了一会儿，又说"十一"；接着是"十""九"；再接着是几乎连在一起的"八"和"七"。

苏艾关切地向窗外望去。有什么可数的呢？外面见到的只是一个空荡荡、阴沉沉的院子，和二十英尺外的一栋砖屋的墙壁。一根极老极老的常春藤，纠结的根已经枯萎，趴在半墙上。秋季的寒风把藤上的叶子差不多全吹落了，只剩下几根几乎是光秃秃的藤枝依附在那堵松动残缺的砖墙上。

"怎么回事，亲爱的？"苏艾问道。

"六。"琼珊说，声音低得像是耳语，"它们现在掉得快些了。三天前差不多有一百片。数得我头昏眼花。现在可容易了。喏，又掉了一片。只剩下五片了。"

"五片什么，亲爱的？告诉你的苏艾。"

"叶子，常春藤上的叶子。等最后一片掉落下来，我也得去了。三天前我就知道了。难道大夫没有告诉你吗？"

"哟，我从没听到这样荒唐的话。"苏艾装出满不在乎的样子数落地说，"老藤叶同你的病有什么相干？你一向很喜欢那株常春藤，得啦，你这淘气的姑娘。别发傻啦。我倒忘了，大夫今天早晨告诉你，你很快康复的机会是——让我想想，他是怎么说的——他说你好的希望是十比一！哟，那几乎跟我们在纽约搭街车或者走过一栋新房子的工地一样，碰到意外的时候很少。现在喝一点儿汤吧。让苏艾继续画图，好卖给编辑先生，换了钱给她的病孩子买点儿红葡萄酒，也买些猪排填填她自己的馋嘴。"

"你不用再买什么酒啦。"琼珊说，仍然凝视着窗外，"又掉了一片。不，我不要喝汤。只剩四片了。我希望在天黑之前看到最后的藤叶飘下来。那时候我也该去了。"

"琼珊，亲爱的，"苏艾弯着身子对她说，"你能不能答应我，在我画完之前，别睁开眼睛，别瞧窗外？那些图画我明天得交。我需要光线，不然我早就把窗帘拉下来了。"

"你不能到另一间屋子里去画吗？"琼珊冷冷地问道。

"我要待在这儿，跟你在一起。"苏艾说，"而且我不喜欢你老盯着那些莫名其妙的藤叶。"

"你一画完就告诉我。"琼珊闭上眼睛说，她脸色惨白，静静地躺着，活像一尊倒塌下来的塑像，"因为我要看那最后的藤叶掉下来。我等得不耐烦了，也想得不耐烦了。我想摆脱一切，像一片可怜的、厌倦的藤叶，悠悠地往下飘，往下飘。"

"你争取睡一会儿。"苏艾说，"我要去叫贝尔曼上来，替我做那个隐居的老矿工的模特儿。我去不了一分钟。在我回来之前，千万别动。"

老贝尔曼是住在楼下的一个画家。他年纪有六十多，有一把像米开朗琪罗的摩西雕像上的胡子，从萨蒂尔似的脑袋上顺着小鬼般的身体卷垂下来。贝尔曼在艺术界是个失意的人。他耍了四十年的画笔，还是同艺术女神隔有相当距离，连她的长袍的边缘都没有摸到。他老是说就要画一幅杰作，可是始终没有动手。除了偶尔涂抹了一些商业画或广告画之外，几年没有画过什么。他替"艺术区"里那些雇不起职业模特儿的青年艺术家充当模特儿，挣几个小钱，他喝杜松子酒总是过量，老是唠唠叨叨地谈着他未来的杰作。此外，他还是个暴躁的小老头儿，极端瞧不起别人的温情，却认为自己是保护楼上两个青年艺术家的看家恶狗。

苏艾在楼下那间灯光暗淡的小屋子里找到了酒气扑人的贝尔曼。角落里的画架上绷着一幅空白的画布，它在那儿静候杰作的落笔，已经有二十五年了。她把琼珊的想法告诉了他，又说她多么担心，唯恐那个虚弱得像枯叶一般的琼珊抓不住她同世界的微弱联系，真会撒手而去。

老贝尔曼的充血的眼睛老是迎风流泪，他对这种白痴般的想法大不以为然，连讽带刺地咆哮了一阵子。

"什么话！"他嚷道，"难道世界上竟有这种傻子，因为可恶的藤叶落掉而想死？我活了一辈子也没有听到过这种怪事。不，我没有心思替你当那无聊的隐士模特儿。你怎么能让她脑袋里有这种傻念头呢？唉，可怜的小琼珊小姐。"

"她病得很厉害，很虚弱，"苏艾说，"高烧烧得她疑神疑鬼，满脑袋都是稀奇古怪的念头。好吧，贝尔曼先生，既然你不愿意替我当模特儿，我也不勉强了。我认得你这个可恶的老——老贫嘴。"

"你真女人气！"贝尔曼嚷道，"谁说我不愿意？走吧，我跟你一起去。我已经说了半天，愿意替你效劳。天哪！像琼珊小姐那样好的人实在不应该在这种地方害病。总有一天，我要画一幅杰作，那么我们都可以离开这里啦。天哪！是啊。"

他们上楼时，琼珊已经睡着了。苏艾把窗帘拉到窗槛上，做手势让贝尔曼到另一间屋子里去。他们在那儿担心地瞥着窗外的常春藤。接着，他们默默无言地对瞅了一会儿。寒雨夹着雪花下个不停。贝尔曼穿着一件蓝色的旧

衬衫，坐在一翻转过身的权当岩石的铁锅上，扮作隐居的矿工。

第二天早晨，苏艾睡了一个小时醒来的时候，看到琼珊睁着无神的眼睛，凝视着被放下来的绿窗帘。

"把窗帘拉上去，我要看。"她用微弱的声音命令着。

苏艾困倦地照着做了。

可是，看那！经过了漫漫长夜的风吹雨打，仍旧有一片常春藤的叶子贴在墙上。它是藤上最后的一片了。靠近叶柄的颜色还是深绿的，但那锯齿形的边缘已染上了枯败的黄色，它傲然挂在离地面二十来英尺的一根藤枝上面。

"那是最后的一片叶子。"琼珊说，"我以为昨夜它一定会掉落的。我听到刮风的声音。它今天会脱落的，同时我也要死了。"

"哎呀，哎呀！"苏艾把她困倦的脸凑到枕边说，"如果你不为自己着想，也得替我想想呀。我可怎么办呢？"

但是琼珊没有回答。一个准备走上神秘遥远的死亡道路的心灵，是全世界最寂寞、最悲哀的了。当她与尘世和友情之间的联系一片片地脱离时，那个幻想似乎更有力地掌握了她。

那一天总算熬了过去。黄昏时，她们看到墙上那片孤零零的藤叶仍旧依附在茎上。随夜晚同来的北风的怒号，雨点不住地打在窗上，从荷兰式的低屋檐上倾泻下来。

天色刚明的时候，狠心的琼珊又吩咐把窗帘拉上去。

那片常春藤叶仍在墙上。

琼珊躺着对它看了很久。然后她喊苏艾，苏艾正在煤卸炉上搅动给琼珊喝的鸡汤。

"我真是一个坏姑娘，苏艾，"琼珊说，"冥冥中有什么使那最后的一片叶子不掉下来，启示了我在过去是多么邪恶，'不想活下去'的念头真是个罪恶。现在请你拿些汤来，再弄一点掺葡萄酒的牛奶，再——等一下，先拿一面小镜子给我，用枕头替我垫垫高，我想坐起来看你煮东西。"

一小时后，她说："苏艾，我希望有朝一日能去那不勒斯海湾写生。"

下午，医生来，他离去时，苏艾找了个借口，跑到过道上。

"好的希望有了五成。"医生抓住苏艾瘦小的、颤抖的手说，"只要好好护理，你会胜利。现在我得去楼下看看另一个病人。他叫贝尔曼——据我所知，也是搞艺术的，也是肺炎。他上了年纪，身体虚弱，病势来得很猛。他可没有希望了，不过今天还是要把他送进医院，让他舒服些。"

第二天，医生对苏艾说："她已经脱离危险，你成功了。现在，你只需要好好护理，给她足够的营养就行了。"

那天下午，苏艾跑到床边，琼珊靠在那儿，无忧无虑地在织一条毫无用处的深蓝色围巾，苏艾连枕头把她一把抱住。

"我有些话要告诉你，小宝贝。"她说，"贝尔曼在医院里去世了。他得了肺炎，只病了两天。头天早上，看门人在楼下的房间里发现他难受得要命。他的鞋子和衣服都湿透了，冰凉冰凉的。他们想不出，在那种凄风苦雨的夜里，他究竟是到什么地方去了。后来，他们找到了一盏还燃着的灯笼，一把从原来地方挪动过的梯子，还有几支散落的画笔，一块调色板，上面和了绿色和黄色的颜料，末了——看看窗外，亲爱的，看看墙上最后的一片叶子。你不是觉得纳闷，它为什么在风中不飘不动吗？啊，亲爱的，那是贝尔曼的杰作——那晚最后的一片叶子掉落时，他画在墙上的。"

抖落因果意外法

冉欲达先生在《论情节》（新华出版社 1982 年版）一书中，对意外的情节有这样的论述：

如果一桩桩事件是意外的发生而彼此间又有因果关系，那就最能（更能）产生这样的效果（即引起怜悯与恐惧之情）；这样的事件比自然发生，即偶然发生的事件，更为惊人。

如果我们可以用一个公式（但愿读者朋友不要把它公式化）的形式来表述的话，那就是：

意外的情节 = 意外的事 + 因果关系

下面我们对这个"公式"做一说明：

第一，意外的情节是由意外的事件构成的，而且常常不是一件事，而是"一桩桩事件"。这就是说，意外的情节是由一系列意外的事件构成的。没有意外的事件，就没有情节。

第二，这一系列的事件呈现在读者面前时，应当是出于读者意料之外的，

或者尽可能是意外的。所谓意外，就是读者想不到事情会如此发生发展，却竟然就这样发生发展了。

第三，仅仅出乎读者意料之外的情节，并不就是艺术的情节。这些事件，不仅在生活中应该有它的必然性，而且这些事件之间也应当有必然的联系。破坏或者不存在这种因果关系的事件，就违反了生活的规律，因而它们不能成为真正的艺术情节。

这里所说的因果关系中的"因"可理解为意外情节前面铺陈与渲染的内容；"果"自然就是意外的结局。理解了前因与后果之间的必然联系，就不难领悟"抖落因果意外"法这一思维模式了。

"抖"，本是相声写作中运用的一种重要技巧性方法，其基本特点是：在开头部分埋伏设"关子"，到结尾部分再一层一层地解开这些"关子"，这些"设"与"解"的技法就叫作"抖"。把这种技法运用到文章的构思行文过程中，组织意外的结局，就是"抖落因果意外法"。这里需要特别指出的是：作为"意外情节"的可以是"因"，也可以是"果"；可以是人物感到意外、吃惊，也可以是读者感到意外、吃惊。不论哪种情况，都应该给人以可能、可信的感觉。即便是情节的发展需要某种超人间力量的出现（如神话、武侠小说），也要给人以自然之感，不能让读者有创作者已经"技穷"而采取"戏不够神来凑"的感觉。

"抖落因果意外"法因其悬念性、突转性、褒贬性的突出艺术效果而被广泛运用。

下面这篇微型小说就是在结尾处突转抖落"原因"的。

病

又住进了医院，病是老毛病，单位、邻居、朋友见惯不惊，没有几个来看望他的，很是落寞。

这次，他有不祥的预感，住院才不几天，人们就络绎不绝地来看望他。有单位的领导、同事，有邻居、朋友，有些过去从不来往，甚至很少说话的人也来了。大家都是大包小包地拿着，鲜花、水果、各种包装精美的营养品堆了一病房。大家还都说着同样的安慰话，连医院领导也亲自过来问长问短，医护人员从未有过的热情周到，更使他惶恐不安。

他喃喃自语，看来这回是真的不行了！看望他的人愈是宽慰他，他愈是心冷……

很快，在外地工作整年很难回家的儿子也都赶了过来，事情不是明摆着的吗？

他拉着儿子的手，绝望地问："儿啊，你老实告诉我，我还有多少日子？"

儿子俯下身，轻轻说："爸，你说什么呢！没事的！院长都说了，你身体无大碍，再住几天就可以回家了。"

他情绪更糟，不能自抑："儿啊，你不要再骗我了！这次这么多人来看我，你那么忙都专程赶回来了，我一定是大限到了，活不了几天了！"

儿子笑了笑，在他耳边轻轻地说："爸，我调回本市当市委书记了。"

2010年江苏卷高考作文题目是：

请以"倡导绿色生活"为题写一篇不少于800字的文章。

要求：①角度自选；②立意自定；③除诗歌外，文体自选。

当年该省一考生以"绿色生活"为题，运用了欧·亨利的这种思维模式布局行文，获得了满分。请欣赏全文：

绿色生活

近年来，什么"绿色理念"，什么"低碳生活"，大行其道。a市领导班子决定：顺应时代潮流，根据自身特点，发展绿色经济，打造绿色生活。

由于a市靠山，且境内有一湖泊，野生动物资源丰富。a市市委决定，由环保局牵头，在湖边建设一块野生动物保护生态区。

a市领导的工作效率很高，不久"a市野生动物生态保护区"就奠基开工了。奠基那天，a市领导基本都来了，场面很壮观。不想壮观的奠基场面惊飞一只在附近栖息的野鸭，结果野鸭慌不择路地撞上正在竖立的标牌，伤了翅膀，扑棱棱地落在湖里。恰巧这一幕被当地最具影响力的一家晚报记者拍到了，并发表在报纸上。

第二天，环保局刘局长看报时，发现了这一幕，立马叫来秘书小王："那么重大的场合，重要的地区，怎么能出这事呢？快去叫人去拯救那只野鸭！"很快，秘书小王就带着人去了，在湖边他们幸运地找到了那只奄奄一息的野鸭，并迅速组织动物医生进行抢救。很快，野鸭的伤口就包扎好了。经过专

家鉴定，这只野鸭，只要调理得当，不到一个月，就能顺利飞翔了。

刘局长很高兴，每天都要向秘书小王询问情况，亲自探望受伤的野鸭。时间过得很快，野鸭顺利康复了。在放生那天，刘局长亲自来了。大家一致推选刘局长当主放人，并请来几家媒体，特别将当初拍下野鸭受伤的晚报记者请来了。

第二天，刘局长便上了各家报纸的头条，什么"保护动物模范"，什么"爱心领导"的名头，全被记者加在他的头上。市领导也打来电话，夸奖他为全市人民绿色生活上了一节模范课，并且要在年终政绩报告会上进行表扬……

刘局长很高兴，觉得今年升职有很大希望，决定小小地庆贺一下。于是，下班回家后，带着家人到市里最好的饭店去吃一顿。

点菜时，刘局长让家人先点，最后，刘局长接过服务员手里的菜单，思考了一会，加了一道特色菜"清蒸野鸭"……

这是一篇精彩的微型小说。故事题材有强烈的现实感，且切合本次作文标题之意。野鸭撞伤、被找到医护、放飞等铺垫情节，既有偶然性，又符合情理，主人公的形象也顺理成章地成为"爱护动物的模范"。结尾采用欧·亨利笔法点出的"清蒸野鸭"，让主人公原形毕露，出乎意料。

【训练设计】

1.2017 年 7 月 16 日《扬子晚报》报道《男子负气出走被法院宣告死亡，14 年后"亡者归来"》：14 年前离家出走，女儿还是小学生。遍寻无果、销声匿迹的这名父亲，最终被法院宣告死亡，公安机关注销户籍信息。然而，他近日却突然出现，在镇江新区大港街道上演了一出"亡者归来"的"惊喜剧"。那么，家人做何反应？又当如何死而复生？根据此材料，用意外法组织波澜构思作文。

2. 观看电视连续剧《平凡的世界》，分析在孙少平人生之路上遇到的几个人物田润叶、田晓霞、阳沟村书记对他的几次"突转"有何推动作用。

3. 老作家贾铭节衣缩食、勤俭朴素，几件事都显示出其"小气"的特点，周围人都叫他"寒酸先生"。谁想，在他逝世后翻拣遗物时，竟发现了 12 张存款单上全签注有"捐献给希望小学"的字样，合计人民币 118.8 万元。

请你以此为材料，按意外法构思作文，题目自拟，不少于800字。

4.“妈妈，你在数啥呀？这纸真好看。”“傻孩子，这是钱！它能变成很多很多的好东西呢。”“它能变成小船吗？”“当然能！……”

妈妈下班回来，吻了一下四岁的甜甜，寻钱要买牛肉时，发现少了两张五十元面额的人民币。哪里去了呢？请你合理想象，用意外构思法写一篇题为“纸船”的文章。不少于800字。

误会构思法

“误会”一词，在现代汉语中可理解为：对对方意思的误解或误解对方的意思。误会构思法，是指在写作中，以人物对某一事实做出与真相相反或错误的判断为基础来演绎矛盾冲突，展示人物性格的构思写作方法。

我们每个人都生活在大千世界中，人与人的交往又是纷繁复杂的，既充满着欢乐，也间杂有不幸；既有相互间的心领神会，也难免发生一些误会。误会的发生，有其客观的生活基础，即生活在一定社会形态中的人们，对于客观事物的认识要经历一个感知与实践的过程。在这一过程中，不可避免地会经常发生对自然、对社会、对别人、对自己、对事情的错误的认识。人类就是在不断修正错误认识的过程中，才逐步掌握了客观世界的发展、变化规律。同时，在社会生活群体中，人们彼此之间并不都是非常了解的。由于彼此处境、地位、思想、气质、性格、思维方式、表达方式、文化素养等都不相同，且又千差万别、互相交替，每个人显露于外的只是他内在品质的一个方面，有时只是一种假象，这样常常会带来各种形式的误会，这种误会又经常能带来一些显著的或者严重的后果。如《三国演义》第二十八回，刘备兵败，与关羽、张飞失去联系，曹操乘机收买关羽。关羽身在曹营心在汉，千里走单骑来与刘备、张飞相会。谁知张飞误认为关羽已背叛桃园结义之情，挺起丈八蛇矛直刺关羽，迫使关羽斩了曹操老将蔡阳，误会才消除。

正因为误会的产生有着厚实的生活基础，因而在构思文章时，巧妙地运用各种类型的误会来组织情节，制造波澜，往往会收到比较强烈的感染力和表达效果，引导读者饶有兴味地阅读和欣赏，并在掩卷之余受到警醒或鞭策。

误会法本身是一种极具创造性的逆向思维。而逆向思维又是求异思维的一种，其核心是创新。误会法不是按一般人已成的习惯和得心应手的思维方式进行构思，而是作者有意识地把读者的思维引向相反方向，让读者的思想感情随作者文字中的褒贬而起伏变化，一直到误会消除，豁然开朗，在令人惊奇中深思，以达到教育和感染读者的目的。

在练笔习作中运用误会法构思，并非照搬生活，它必须根据文章的主题来确定误会的布局形式，也必须按照自己掌握的材料特点来选择误会出现的方式。一般说来，误会在文章中是以假意性和悲、喜剧性这样的方式出现。

嬉玩假意误会法

假意误会法，也称作玩笑，它包括用某种行动或某种语言进行玩耍和嬉笑两种方式。

玩笑性误会有一定的生活依据，但通常只用于较细小的情节或事件，偶尔用之，能收到一定的艺术效果。其既不可常用，也不作为重大事件的基本情节。

误会是一件值得玩味的事。你以为事情是这样的，我却认为事情是那样的。事情究竟怎么样？可以有多种不同的解决方案。冷静旁观、认真追问到底的是哲学家，但往往在理性的抽丝剥茧之后，真相还是不得而知；半信半疑地认同于当事人，不跟真相较劲的是戏剧家，当事人完全凭着感性行事的鲁莽冲动会引来他的阵阵发笑；而作为艺术，能让人哭或者笑就算是较高境界了。性格单一类型化、冲动"缺心眼"的人比较适合成为喜剧人物。性格单一才能让观众预料到他接下来会怎么做，冲动"缺心眼"才能将误会进行到底，矛盾被迅速激化，戏剧才好看。

悲剧性误会法

悲剧主要以表现主人公与现实之间不可调和的冲突及其悲惨的结局为基本特点，是戏剧主要类别之一。现代汉语中的"悲剧"一词，常用来比喻不幸的遭遇。"悲剧性误会"是指在文章中设计一些由于某种误会所造成不幸结局的一种构思方法。采用这种方法构思的作品，大都带有比较深刻的社会意义。前面"日记书信构思法"中选录的《名声》一文，就是由于思想中存在有"男女授受不亲"封建陋习的同学，误会了秀梅出于义愤借钢笔给张建这一举动，因而牵涉出一系列的事件，使秀梅同学在心灵上受到严重摧残，一度到了轻生的惨境。这是当时（20 世纪 80 年代）一种具有相当普遍性的社会现象，因此，这篇作品揭示的主题就具有很强的针对性。

古今中外不少优秀文学作品中都有用这种方法构思的思维痕迹。

世界名著《奥赛罗》（莎士比亚创作的四大悲剧之一，大约作于 1603 年，上海译文出版社 2012 年 7 月版）讲述的是奥赛罗与元老女儿苔丝狄梦娜的悲剧爱情故事。因为两人地位、年纪相差太多，婚事未被准许。两人只好私下成婚。奥赛罗手下有一个阴险的旗官伊阿古，一心想除掉奥赛罗。他先是向元老告密，不料却促成了两人的婚事。他又挑拨奥赛罗与苔丝狄梦娜的感情，说另一名副将凯西奥与苔丝狄梦娜关系不同寻常，并伪造了所谓定情信物等。奥赛罗信以为真，在愤怒中掐死了自己的妻子。当他得知真相后，悔恨之余拔剑自刎，倒在了苔丝狄梦娜身边。这是由于人为的假象，造成人与人之间的误会，导致了悲惨的结局。

在《牛虻》中，琼玛误以为亚瑟背叛了爱国地下组织，致使亚瑟漂海流浪；琼玛又以为亚瑟已死而与波拉结婚，这一系列的误会是由于地下革命者特殊的身份、环境而导致的，从而酿成最后的悲剧性结局。

《红楼梦》中，黛玉误以为宝玉负心与宝钗结婚，因而在死之前还在痛苦地呼喊："宝玉，宝玉，你好……"

下面请欣赏一篇网络小说《夜色下的玫瑰》。

夜色下的玫瑰

女人家有个不大的院落。

院落里盛开着娇艳的玫瑰花。

她的丈夫为救一个落水儿童，永远地离开了她。

她本是一挡车女工，现在，厂里说垮就垮了。

居家过日子，柴米油盐针头线脑儿，哪儿都离不了钱。女人把日子过得捉襟见肘。她还有个上小学的儿子，正是长个头的时候，菜也好，汤也好，女人总想做得可口些。世上的好事只能想，做起来可就不那么顺手了。有热心肠的邻居给女人介绍了个丧偶的男人。

好说歹说女人总算是跟人家见了面。

人还说得过去，会一手好油漆手艺。

男人说话也直来直去："我没啥呼风唤雨的大能耐，但我会把你和儿子当作我的亲人。不会再让你为吃喝花钱的小事劳心就是了。"

花钱也是小事？女人想，有手艺的人说话就是跟没手艺的人说话不一样。

回来后，邻居问女人到底是啥意思，说出来，好给人家回个话儿。

女人说："让我想想，让我想想。"

女人其实早就想好了，能有个人来帮衬着把儿子养大，还能陪她说说话，这比什么都好。女人不显山不露水地把这件事透给了儿子。当时，儿子正在吃饭，一听这话，小脸一下子就急成了紫茄子。

儿子问："那我要叫这个人爸？"

"你不想叫，就叫他叔叔好了。"

"他算哪路英雄，要到咱家来管着我？我不喜欢陌生人来咱家指手画脚。"

儿子摔了筷子，泪眼婆娑地拎着书包上学去了。

女人手里拿着一样东西出了门。那是件很好看的丝织披肩，是那个男人让邻居转送给她的。

女人敲开邻居家的房门，把那件艳丽华贵的披肩塞到了那位热心的大姐手里。

女人没说儿子不愿意。

女人说："我想等几年再说。"

邻居家的大姐问："等到人老珠黄吗？"

女人垂了头。

女人再抬起头时，眼里就有了雾一样的东西。

女人仍去做钟点工。做一天就给一天钱；不做，就没有一分钱。有时一连几天都没有人找她做钟点工，有时十天半月也没有人找她。女人就这样靠断断续续做钟点工的钱来打发紧紧巴巴的日子。

那件披肩又被邻居家的大姐送了回来。

大姐说："你看看，你看看，多知疼知热的一个男人。人家回了话儿说不成也没啥，留下做个念想吧。"

　　女人闲下来时，就会从衣柜里拿出披肩看呀看。女人一次也没有舍得披在身上。女人每次端详完披肩时，样子都是痴痴的。那段时间，老师传过话来，说儿子最近上课时精力不集中。现在初中生早恋是最让老师头疼的事情。女人跟往常一样做给儿子吃，洗给儿子穿。儿子也没有什么不对头的地方，该上学上学，该做作业做作业。到了夜深人静的晚上，儿子神神秘秘在写什么。女人一走近儿子跟前，儿子就又捂着又盖着不让母亲看。女人只好说些弦外有音的话给儿子听，无非是劝儿子把心思用在学习上。

　　儿子倒也懂事。母亲说什么，他就点头应承下什么。可等母亲转向离去了，他就又神神秘秘地写个没完没了。

　　老师第二次来找女人时，说有同学反映她儿子常给邻班的一个女同学写求爱信。而且两人来往密切，躲在走廊里说个不停。

　　女人是个做事沉得住气的人，可这次真有点儿坐不住了。她牢牢地记下了那个女同学的名字。她不想先找儿子来谈这件事，她想只有先和那个女学生多接触几次，才能再来做儿子的工作，男女之事，妇人多多少少是懂的。

　　女人更不想把这事在学校里闹得沸沸扬扬。她等女学生下午放学后，约女学生到学校外的公园里坐坐。可是女人在横穿马路时，因心里装着事儿，心思就不那么专注，竟被迎面而来的一辆大卡车撞倒在地。倒下了，就再没起来。

　　那天，儿子去参加一个数学比赛，回家时，天就快黑了，家里空荡荡的，母亲不在家。儿子以为母亲是去做钟点工，就一边写作业，一边静静地等母亲回来。等呀等，一等不来，二等不来。

　　他和那个邻班的女同学说好的，今晚邻班的女同学要来看那条披肩。

　　儿子把母亲在家常看披肩的事，还有母亲每次看完披肩失魂落魄的样子，都描绘得有声有色。他要先把这些写出来，感动这位女同学，然后求女同学帮忙，告诉她那位有油漆手艺的父亲，他的一条披肩，一直被一个女人完好地保存着。儿子希望女同学的父亲和自己的母亲结百年之好。每当儿子看到母亲生病时孤苦伶仃的样子，就有些后悔当初不该阻挡母亲嫁人。

　　…………

儿子一个人坐在院落里。

夜风把院落里的玫瑰花轻轻地摇落，袅袅娜娜飞到儿子手里那条披肩上。一片，又一片。

小说运用误会法，情节上安排了两重误会。小说中，儿子因为误会母亲的用意而毁了两家的幸福，母亲因为一个误会行动而付出了生命的代价。

为了抚养儿子，母亲有心答应亲事，年轻不懂事的儿子一时冲动表示反对。但事后感到后悔，试图暗地里促进母亲和同学父亲的婚姻。年轻人的行事却让老师和母亲产生了误会。母亲以为儿子反对自己改嫁，以为儿子不理解母亲的牺牲而过早地陷入早恋。为了"挽救"儿子，母亲准备找女孩谈话，却不幸遭遇车祸去世。这种误会揭示了一种无可奈何的命运观，写出了人生的误会和命运的误会，令人扼腕叹息。

从这几例中可以看出：在作品中设计误会性的情节，常常是悲剧事件的导因或基础；这一误会，就把原本美好的给撕碎毁灭，酿成悲剧，震撼读者，使读者在"替古人流泪"的心境中认识悲剧事件，从而受到教育。有些误会性的情节，是希望发生他所预想的后果的人，在暗中玩弄阴谋以欺骗善良的人们所造成的，即一些作品中出现的诬陷、谗言、栽赃、挑拨等情节，这样也是"把美好的东西撕碎了给人看"的悲剧创作方法之一。

喜剧性误会法

喜剧性误会不同于悲剧性误会的特征之一是，它是以冰释前嫌、消除误会的"大团圆"方式来收束作品。

当代著名作家王愿坚在《普通劳动者》（人民文学出版社 1978 年 6 月版）这篇小说中就成功地运用了"喜剧性误会"。小说着力塑造的人物是林将军——既普通又伟大、既平凡又崇高的老一辈革命家；另一个人物是小李——充满朝气与活力的革命事业的后继者。小说在结束收尾处，借分队长之口说出"将军年岁大、又负过伤……"时，"小李不由得惊叫起来，这情况太意外了"。这里，小李之所以感到吃惊，是因为他误把林将军看作一个普通的老兵。也正是这一误会，才使得小李同林将军在工地劳动中的言语行动合乎情理，更有利于从多方面写出林将军的美好品德来。试想：假若小说一开头，小李就知道自己是和一位身经百战的高级将领在一块"搭档"劳动，那又会是怎样的一种情形呢？因而，巧妙设计误会，不单能推动情节发展，使之富于波澜起伏和跌宕变化，还能在"设误"与"释误"之中塑造人物形象，突出主题思想。

发表在1985年7月6日《文艺报》上的小小说《塘边》就是运用"误会法"构思行文的成功范例。

塘 边
周志琦

撒了鱼饵，刚刚将钩放下水，浮儿就不见了。我连忙提竿——挺沉。用力，哈，一条鲫鱼悬了上来，足有半斤重。不到晌午，已收获十来条了。

我坐在塘埂上，手握鱼竿，悠闲自得。别看第一次，可算旗开得胜了……我越想越得意。

"哪一个？"从身后传来一声高喝。我扭头望去，一个年约三十多岁的汉子飞奔过来，脸色铁青，两眼冒火。我的心不由得一抖：坏了，看鱼塘的撅鱼竿来了！正想拔腿跑，可他已经来到了跟前，二话没说，从塘边提起鱼篓一看："好哇，我养鱼，你来钓！"

我生怕他将鱼倒回塘里，费了半天的工夫，忙不迭地一边上前夺篓子，一边嗫嚅地说："我不晓得，这是家养鱼塘，真的，真不晓得。"他死死地抱着鱼篓，我没能夺过来。

他从上到下打量着我："你是哪个单位的？"问这干什么？告状？怕什么，单位还能因钓鱼处分我？我照实说了："江淮仪表厂。"

"鱼苗场？"他听错了。是我地道的合肥乡音使他把"仪表厂"听成了"鱼苗场"。无关紧要，错就错吧，我没有吭声。

他脸上的神色在迅速变化：愤懑顿失，惊喜立现，一双眼拉长，将鱼篓还给我："你钓吧。"

我莫名其妙。

他向我凑近："你们那里好鱼苗一定很多吧？"

我明白了他的意思，看来非纠正不可了："不，我不在鱼苗场工作。"

"看你，刚才还讲在，现在又讲不在……"他露出憨厚的笑来："你是怕我找你的麻烦。"他从口袋里摸出一包"大前门"递给我一支，"唉，这

塘是我承包的，两年了，收成倒有，就是鱼苗不过劲……现在搞副业的多了，想买些好鱼苗也不容易，看人家一年打上万把斤，我急啊。"

他的话使我越发不安："我不是搞鱼苗的。"

"是啊，你不搞，你们厂里还能不搞吗？你代我托旁人想想法子，我拿钱买……我也不会亏待了你的。"他抬腕一看表："时间不早了，你先到我家吃口饭，下午我帮你来钓。"

他一口认定我在鱼苗场了！对他，我恐怕这辈子都难以解释清楚了。当他伸手来拉我时，我才想到了办法，指着他的表："我不在鱼苗场，我在仪表厂，表，仪表！"

他终于悟了过来，失望呈现在他的脸上，拽住我胳膊的手慢慢地滑了下去，两眼直直地看着手里的鱼篓……

我感到内疚，将鱼篓递向他。

他定了定神，推辞着："不，你钓吧。这里的鲫鱼是我去年从河里摸来放的。没花钱。"说完，转过身迈着大步走了。

我怔怔地望着他远去的背影，久久地望着。蹲下身去，将篓里的鱼一条一条地放进鱼塘里……

著名作家刘心武在评价这篇小说时说的一段话，对我们分析、借鉴和模仿是很有启发的。他说：

"'误会法'应当是小说技巧中最古老的，因而也就时常派生出陈腐之弊的一种技巧。但这篇小说使用'误会法'却并不使人生厌，因为你会相信其中人物间的误会是从生活中撷取来的。从生活花瓣上撷取的露珠总是晶莹可爱、充满朝气的。将'仪表厂'误听为'鱼苗场'的细节，是这篇小说的胚芽，其余的种种场景、心情，都是从这胚芽中生长出来的。作者当时对原始生活素材加以适当的剪裁，那位养鱼专业户的心理状态，经他一写，有跌宕，有层次，有转阖。把一位新型农民的追求、向往与大度表现得相当细致、充分。也许生活中的那次误会的发生与消除远比他写的简单，或者比他写的还要复杂些，但作者把握住了最关键的一个真实的细节，胚芽一活，则全株可生。"

是的，误会构思法作为一种艺术手法，它往往隐藏着必然性的因素。因而，设置、组织误会性情节构思创作，铺陈、叙述、渲染时需要周密地考虑构成误会的种种因素是否在意料之外、情理之中。再请阅读一篇范例作品：

开演之前

江海涛　王哲伟

　　戏还没有开演，我坐在第一排的位置上，心里好不惬意：要不是清早起来排队，此刻哪得这般甲等座。我的旁边是一位解放军战士，早上买票时便已经相识，这会儿他正聚精会神地看着一本书。

　　预告将要开演的第一遍铃声响起来了。这时，一位胖头胖脑的小红领巾扶着一位老奶奶来到了我们的座位边。他一边看着手里的票，一边瞅着座位后面的排号，还不时翻着一双机灵的大眼睛盯着我。这使我不由得把手中的票又使劲往紧攥了攥，生怕发生什么意外。

　　小胖子的目光最后落到了那位解放军战士的身上。他操着声调极高的童音嚷道："哎，解放军叔叔，您怎么把老奶奶的位置给占了？"

　　解放军战士一愣，他赶忙站了起来，想弄清是怎么回事。

　　"不会吧，清早排队时我们是在一块儿的。"我沉不住气，冲小胖子来了一句。"怎么不会？"小胖子翻了我个白眼，他手中舞起那张票，冲我嚷道："看，一排六号，正是这位置，那还会错呀！"

　　我被噎了回来。那位解放军同志也有点迷惑不解，他连忙掏出自己的票，又拿过小胖子的票，认真地看了几遍。我看到，他的眉峰耸动了一下。"噢——"解放军战士含笑望了望站在身边的老奶奶，然后十分抱歉地对小胖子说："真对不起，我坐错了，快请老奶奶坐下。"他把小胖子那张票递还了过去，夹起那本书向后边走去。

　　小胖子这下高兴了，他扶着老奶奶坐了下来，道一声"再见！"便向后边跑去。

　　事情这般突如其来，我被弄得真像个丈二和尚。我向旁边的老奶奶望着，突然，我看到了她手中的票："天哪！那不是楼上的吗？"

　　"咳，这个粗心的小胖子！"我一边抱怨着，一边向后边扫着，想把那位解放军战士追回来。

　　"对对，是个好心的小胖子！"老奶奶显然听混了我的话，还以为我在

夸他，便絮叨开来："刚才在剧场外面认识，他非要扶着我进来。""怎么，他不是你的孙子？"我睁大了眼睛。"不是，可看那孩子的热乎劲儿，跟孙子差不离！"老奶奶乐呵呵地称赞说。

我全明白了，禁不住一阵脸红。我记起刚才自己把票攥得紧紧的那个劲头，和那位解放军战士，以及那个戴红领巾的小胖子相比，有多么差劲！

突然，我萌生了个新的想法，待到散场后，我要送老奶奶回家。

读了这篇"误会法"构思的作品，我们可以体会出，构成误会的因素主要应该有以下三个方面。

一是人物特点的因素。事情是由人来做的，出乎意料的情节离不开人物特点的制约。《开演之前》中，"红领巾"的性格特点是热情而粗心，只看了排号，却没有注意楼层；解放军战士为什么要让座呢？他具有"助人为乐"的雷锋精神。他会想到老奶奶眼睛不好，应该让一个好的座位给她；他也会想到应该成全"红领巾"对老奶奶的一片热忱之心。"我"具有用平常的眼光来看待问题的特点，因而看到"红领巾"搀扶老奶奶进剧场，就以为只有孙子才会对老奶奶有那股"热乎劲儿"。由此他们受到各自性格特点的制约，他们之间构成了"误会"："红领巾"对解放军战士的误会，"我"对"红领巾"的误会。

二是时间因素。构成误会的情形往往离不开特定的时间。读完《开演之前》，我们可以想象得到：当老奶奶走进剧场，她肯定在寻找座位；"红领巾"帮助老奶奶寻找座位，错把楼上的当作楼下的，除了他具有"粗心"的一面外，还因为"预告将要开演的第一遍铃声响起来了"，剧场内的灯光顿时暗了下来。这就成为看错座次的重要因素。所以，作者写"红领巾"在"预告将要开演的第一遍铃声响起来了"的时候帮助老奶奶寻找座位，这便是考虑时间因素的合理性。

三是时机因素。这里的时机是指构成误会的逻辑条件。《开演之前》中当"红领巾"扶着老奶奶坐在楼下的甲等座位后，"我"像个丈二和尚摸不着头脑，因为"我"和解放军战士清早排队买票是在一块儿的，所以，"红领巾"扶着老奶奶坐在"我"的边上时，"我"自然要关注旁边的老奶奶，这样就自然而然地看到了老奶奶手中的票："天哪！那不是楼上的吗？"这样设计和安排误会的情节，就抓住了时机因素。

　　总之，无论从哪个角度看，艺术上真正的"误会"，都不是作者故弄玄虚、随意制造、满足猎奇心理的，而是从偶然中引出必然，从误会中表现生活的真实和真实的生活，达到警醒、教育人的作用。

　　不少外国作家也有这方面的成功之作。请欣赏日本小说家、剧作家藤森成吉的小说《不鼓掌的人》：

不鼓掌的人

　　我突然发现这家伙很不正常，唯独他一个人不鼓掌，真不可思议。

　　演讲者慷慨激昂，台下掌声阵阵。大伙儿把手都快拍烂了，还是一个劲儿地向着讲坛报以雷鸣般的掌声，不，简直是在一齐鸣枪射击。有人嫌鼓掌还不过瘾，竟情不自禁喊叫起来："一点不错！""对！我们都挨了打！""警察是我们的敌人！"

　　警察犹如街道两旁的树木，布满会场四周。每当群众鼓掌、喊叫时，他们眼睛里就闪烁白光。佩剑仿佛是套在家犬脖子上的锁链，发出"咔嚓、咔嚓"的恫吓声，不用说，这种举动纯属徒劳。演讲者的谴责句句在理，具有法庭和陪审员的权威。何况，警察现在又是被告。

　　警察要是胆敢在这种场合动手打人，大概到会者谁也不会袖手旁观吧！这一点群众清楚，被告们心里也明白，正因为如此，他们至多只能白白眼，拨弄拨弄佩剑而已。

　　"谴责警察五一暴行大会"笼罩着法庭式的庄严、激昂的气氛。演讲的工人大声怒斥，听众的心里也在大声疾呼。台上台下，同仇敌忾。然而这究竟是怎么一回事呢？唯独这家伙阴沉沉的，一声不吭，显得无动于衷。

　　他一动不动端坐在我的邻座，仿佛波涛中的一块岩石。面孔浅黑，身体似乎有点虚弱，鼻子向旁歪斜，目光锐利，身穿土黄色工作服，看上去像个中年工人，他嘴唇紧抿，正出神地望着台上的演讲者。

　　"混蛋！"我暗暗骂道。居然巧妙地混了进来，你在拼命地看什么呢？是把反抗者的面孔——记入脑海中的手册，还是像蜻蜓那样转动眼睛环视四周呢？……于是我对他严加监视起来，但这家伙依旧纹丝不动。过了好大一会儿，他都没拍过一下手，也没喊过一声。也许他压根儿没这种念头。

我不免纳闷起来，恐怕是个新特务吧！不，说不定是个狡猾的老狐狸也未可知。我把注意力全集中在这家伙身上了，至于台上的演讲，早丢到一边。我决定和他打个招呼。就在我正要把脸凑过去喊声"喂"时，突然发现他的双瞳像电光一样的闪亮。啊呀！这条狗真怪，在哭哩，是不是有所触动了呢？……就在这当儿，雷鸣般的掌声又一次震撼了整个会场。他失神地举起迄今一直垂着的那双手，可是刚举到胸前又垂落在膝盖上。

于是，我看到了一样东西。可以说这是一个伟大的发现，其意义远比哥伦布发现新大陆要大得多，我的热血一下子沸腾起来，四周一片昏暗。我极力眯眼凝视，确实没错，搁在膝盖上微微颤动着的东西是一双没有手掌的手，不！是研磨棒！

我的眼前闪电般地掠过一个幻觉：传送带宛如几十条耀眼的白练，奔腾不息。马达隆隆鸣响，机器令人目眩地飞速旋转。突然，五根手指和手掌碰到磨得光亮的钩形加工品，顿时在一片浅红色的烟雾中飞舞……

我全明白了，泪水不禁夺眶而出。

"你！"

我失声抽泣，眼前一片模糊，还是伸出双手，紧握住那山芋般的，无声地颤动着的物体。

这篇小说在构思上最大的特点是综合运用误会、联想、想象与对照等手法。因那人没鼓掌而误以为是特务，到最后"才明白"他根本没有手掌，却是一位倾其全力鼓掌的人。整体上采用了先抑后扬布局行文，显得曲折起伏，深深地吸引了读者。

【训练设计】

1.【材料】一连几天，继母没日没夜地缝制新衣服。唉，又是给考上高中的妹妹准备的。想起亲妈，"我"不由得暗地里淌着泪哼着《小白菜》……孰料，在"我"去师范上学的头天晚上，继母却把一套崭新的衣服给我打包上了。

请你以"继母"为题，用"误会法"写一篇不少于600字的文章。

2. 以"新来的＿＿"为题，按"误会法"布局行文，写一篇不少于600字的文章。

【提示】假设新来的×××最初给你一个对人冷冰冰、办事不紧凑、衣着邋遢等印象，经过一段时间的交往，原来他是一个……

3. 请你完成2010年广西桂林中考作文题目：误会。

要求：① 请以"误会"为题写一篇记叙文或议论文，不少于600字；② 中心突出，主题明确，有真情实感；③ 正文中如需出现人名、地名、校名，请用××或虚拟名称替代。

4. 用文字记录、整理一个含有假意误会情节的故事，并讲给你的朋友听。

5. 你听到过含有悲剧性误会的事情吗？请记录、整理出来，并讲给朋友听。

三角构思法

三角构思法，是文学创作中经常运用的一种机智性强的思维方法。这种方法要求作者在构思中最好从三个不同的角度来选择和安排三个典型的事例记述人、事或物，从而反映某一主题或说明某种道理。

有选择材料经验的人都知道：若从两方面选材来写人记事难免会单薄，人物塑造不能丰满，事件描述不会充分；如果从四五个方面选材、布局，作品又会给人冗繁臃肿的感觉；但从三个侧面来选择材料安排作品结构，就会产生"三棱镜"式的折光，使作品跌宕生姿，增强其"立体感"，全方位全景式地再现生活、表现人物。因而，我们在创作构思中，要自觉地、有意识地运用多向性思维，开拓作品的思想空间，让作品的主题从平面走向立体，从单向转为多向，从单一的思考转变为多层次的寓意。

三角构思法通常是从选择与组织材料两方面着手的，因而它既属于选材范围，又有组织作品结构的技巧性成分。根据其选材角度与结构安排的方法不同，我们又把它分为下列五种类型。

并列法

所谓并列法构思行文，就是围绕一个人物，或者一个主题，从几个侧

面横向一字排开来写。具体说来，就是"大小三段式"。

第一部分：开头。要求短小精美，引出主题。

第二部分：主体。要求其中的三部分可以前后颠倒，互不承接、重叠。

第三部分：结尾。一般议论、抒情，以深化主题，呼应开头。

并列式记叙文结构			
开头部分	采用比兴、描写等手法，引出主题		短小精美
主体部分	第一段	第二段	第三段	说明
	标志语（1）	标志语（2）	标志语（3）	句式统一
	叙事（1）	叙事（2）	叙事（3）	简略
	核心点（1）	核心点（2）	核心点（3）	描写
	议论或抒情（1）	议论或抒情（2）	议论或抒情（3）	就事论事
结尾部分	议论或抒情，呼应主题		短小有力，回味无穷

注意各段之间的内部结构变化，切忌结构重复

采用并列结构的思维模式来布局行文，就是选择三个事例互相联系、彼此平行地安排于作品中的一种构思方法。所选择的三个事例都是为阐明或表现同一主题思想而服务的。

我国古代诗歌中有不少运用这种方法构思创作的诗篇，如《诗经》中的《伐檀》和《硕鼠》。

《伐檀》是魏国的民歌，出自《诗经·国风·魏风》，是一首嘲骂剥削者不劳而食的诗。全诗强烈地反映出当时劳动人民对统治者的怨恨，是《诗经》中反剥削、反压迫最有代表性的诗篇之一。

伐 檀

坎坎伐檀兮，置之河之干兮，河水清且涟猗。不稼不穑（涩），胡取禾三百廛（缠）兮？不狩不猎，胡瞻尔庭有县（悬）貆兮？彼君子兮，不素餐兮！

坎坎伐辐兮，置之河之侧兮，河水清且直猗。不稼不穑，胡取禾三百亿兮？不狩不猎，胡瞻尔庭有县（悬）特兮？彼君子兮，不素食兮！

坎坎伐轮兮，置之河之漘（纯）兮，河水清且沦猗。不稼不穑，胡取禾三百囷兮？不狩不猎，胡瞻尔庭有县（悬）鹑兮？彼君子兮，不素飧（孙）兮！

这是一首伐木者之歌。一群伐木者砍伐檀树造车时，联想到剥削者不种庄稼、不打猎，却占有这些劳动果实，非常愤怒，你一言我一语发出了责问的呼声。三章重叠，意思相同；三章复沓，反复咏叹，除了能更有力地表达伐木者的反抗情绪外，还能在内容上起到补充的作用。如第二、三章"伐辐""伐轮"，便点明了伐檀是为造车用，同时也暗示他们的劳动是无休止的。各章猎物名称的变换，则说明剥削者对所猎获物无论是兽是禽、是大是小，一概毫不客气地据为己有，表现了他们的贪婪本性。全诗直抒胸臆，叙事中饱含愤怒情感，不加任何渲染，增强了真实感，增加了揭露力量。另外，诗的句式灵活多变，从四言、五言、六言、七言乃至八言都有，纵横错落，或直陈，或反讽，也使感情得到了自由而充分的抒发，称得上是杂言诗最早的典型。

《硕鼠》是魏国的民歌，出自《诗经·国风·魏风》。人民用硕鼠讽刺当政者，表达了奴隶的反抗和对理想国度的向往。

硕　鼠

硕鼠硕鼠，无食我黍！三岁贯女（汝），莫我肯顾。逝将去女（汝），适彼乐土。乐土乐土，爰得我所。

硕鼠硕鼠，无食我麦！三岁贯女（汝），莫我肯德。逝将去女（汝），适彼乐国。乐国乐国，爰得我直？

硕鼠硕鼠，无食我苗！三岁贯女（汝），莫我肯劳。逝将去女（汝），适彼乐郊。乐郊乐郊，谁之永号？

《硕鼠》全诗三章，意思相同。三章都以"硕鼠硕鼠"开头，直呼奴隶主剥削阶级如贪婪可憎的大老鼠、肥老鼠，并以命令的语气发出警告："无食我黍（麦、苗）！"老鼠形象丑陋又狡黠，性喜窃食，借来比拟贪婪的剥削者十分恰当，也表现诗人对其愤恨之情。三、四句进一步揭露剥削者贪得无厌又寡恩："三岁贯女（汝），莫我肯顾（德、劳）。"诗中以"汝""我"对照："我"多年养活"汝"，"汝"却不肯给"我"照顾，给予恩惠，

甚至连一点安慰也没有，从中揭示了"汝""我"关系的对立。这里所说的"汝""我"，都不是单个的人，应扩大为"你们""我们"，所代表的是一个群体或一个阶层，提出的是谁养活谁的大问题。后四句更以雷霆万钧之力喊出了劳动者的心声："逝将去女（汝），适彼乐土。乐土乐土，爰得我所。"诗人既已认识到"汝""我"关系的对立，便公开宣布"逝将去女（汝）"，决计采取反抗，不再养活"汝"。一个"逝"字表现了诗人决断的态度和坚定的决心。尽管劳动者要寻找的安居乐业、不受剥削的人间乐土，只是一种幻想，现实社会中是不存在的，但却代表着他们美好的生活憧憬，也是他们在长期生活和斗争中所产生的社会理想，更标志着他们新的觉醒。正是这一美好的生活理想，启发和鼓舞着后世劳动人民为挣脱压迫和剥削而不断斗争。

当代文学作品中，也有不少用此法构思成文的典范之作。

魏巍的《谁是最可爱的人》（最早刊登于 1951 年 4 月 11 日《人民日报》，后收入通讯集《谁是最可爱的人》）描述了三个典型事例：一例是写松骨峰战斗，表现志愿军战士英勇无畏、顽强不屈的革命英雄主义气概；二例是写青年战士马玉祥抢救朝鲜儿童的英雄事迹，表现志愿军战士崇高的国际主义精神；三例是作者与战士的谈话，表现志愿军战士崇高的爱国主义精神及革命的乐观主义精神。这三个事例，有集体、有个人；有行动、有思想；有激烈的战斗，有战地的艰苦生活。作者正是从不同的角度选取和安排材料；通过三个既各自独立又珠联璧合的形象，层层深入地展示了志愿军战士的性格、胸怀和品质。

肖复兴的《心中的花》，用回忆的方式，选择了三个不同时间、不同地点遇到的小孩在周总理逝世后，对周总理的悼念和崇敬的言行，表现了亿万人民对敬爱的周总理无限缅怀的深情，文章真挚感人。

请欣赏全文：

心中的花

肖复兴

在纪念周总理八十周年诞辰的日子里，谁不荡漾着无限缅怀的情思？一想到敬爱的周总理，我的脑海里总要浮雕般地出现那几件难忘的往事——

前年，在周总理逝世的时候，天安门广场是一片悼念的海洋。人民英雄纪念碑被无数肃穆的花圈、花环托上蓝天……

忽然，寒风吹走了松树围屏上的一朵小白花。小白花飘呵，飘呵，正巧飘到一个小姑娘跟前。小姑娘也就五六岁的样子，正依偎在妈妈的怀里。她立刻跑过来，捡起这朵小白花，用小嘴轻轻吹了吹，又用小手小心地擦了擦，然后跑到松树围屏前，踮起脚尖，把小白花扎在松树上。当小姑娘回到妈妈的怀抱里时，我看见这位年轻的母亲眼睛里一颗泪珠正落在了小姑娘的脸上。两代人，眼睛望着眼睛……那里面，该有多少难以言状的感情呵！很久很久，这个小姑娘连同这朵深情依依的小白花总是摇曳在我的面前……

去年1月，那是胜利的1月。党中央粉碎了万恶的"四人帮"，笼罩在人们心头的乌云，早被1月的长风吹散了。

一天清晨，新华书店前排起了一条长龙般的队伍。那是人们在敬购伟大领袖毛主席和敬爱的周总理、朱委员长在一起的彩色相片。周总理的胸前捧着烂漫的鲜花，笑得是那么爽朗……我仿佛看到，敬爱的周总理，我们的好总理，抖擞精神劲舒长眉，手捧鲜花，又回到了我们中间，和我们一起迎接这抓纲治国的第一个年头！

我的心激动了，翻卷起层层浪花。我眼巴巴地排到柜台前，伸手要买五张，售货员只递给我两张。这是最后两张了。我装好相片刚要走，只听见背后有人轻轻地叫着："叔叔……"我回头一看，是一个不到10岁的小姑娘，胸前系着一条鲜艳的红领巾，映得小脸绯红，眼睛里闪着渴望的神情。原来她是紧紧排在我后面的。不用问，小姑娘在为没能买到这样一张珍贵的相片着急呢。谁不想有这样一张珍贵的相片呵，把它悬挂在家里的镜框中，那会给人们带来多少回忆，多少思念，多少向往与憧憬呵！我俯身掏出那两张相片，把其中一张递给了小姑娘。像花开一般，小姑娘脸上立刻露出两个深深的小酒窝。她珍重地把相片装进书包里，跑远了。她那颈上的红

领巾被风吹起，一摆一摆的，像跳跃着一朵红色的花。好长时间，这朵红花总在我的眼前晃动……

一年又过去了，我经常想起那两个可爱的小姑娘，想起那朵小白花和那朵小红花。

前些天，我参观一个美术展览。展览大厅那几百幅琳琅满目的美术作品把我吸引住了。这里云集着各路人马，在一起向周总理倾吐着钢铁的誓言，描绘着未来的蓝图。我真得感谢画家们，他们用鲜艳的色彩表达了我们用语言无法表达的心愿。

大厅中央，一尊周总理塑像的周围站满了人群。我挤进去，看见塑像前临摹的人真不少。最引人注意的是一个小姑娘。她画得那样认真，那样的熟练。一会儿，她抬起头，长睫毛一眨一眨的，望着那高大的塑像；一会儿，她低下头，小心地勾勒着。不长时间，周总理那高耸的浓眉，炯炯的眼睛，微笑的嘴唇，都清晰地浮现在画夹上。我和旁边的人都不住地啧啧赞叹着……在这一瞬间，我又想起去年和前年遇见的那两个小姑娘。我甚至希望她就是那两个小姑娘中的一个！然而，不是。她比她们俩要高出一头，两只朝天辫扎着两朵凌空欲飞的蝴蝶结，虽然稚气，但要老成得多。她起码要有十二三岁的样子。

当我看完画展，在休息厅休息时，又碰见了这个姑娘。她坐在我的身旁，翻弄着她的画夹子。我笑着对她说："给我看看行吗？"她很爽快地把画夹子递给了我。我翻看着：第一页是盛开的马蹄莲，第二页是鲜艳的映山红，第三页是烂漫的仙客来，第四页是满纸金灿灿的迎春花……一直翻到刚才看见的那幅临摹周总理塑像的画之前，几乎全是花。当我翻过这一页刚要往下看时，她从我手中夺过画夹子，笑着说："我没画好呢，画好了再给您看！"我笑了笑，说："画这么多花，成公园了！"小姑娘不以为然地摇了摇头："这还不够呢！"接着她指指画夹子告诉我：她要把世界上最好看的花画在一起，让周总理站在花海中间微笑。这是一幅多么美好的画呀！我禁不住一把握住小姑娘的画夹子，对她说："快画，早点画出来！"小姑娘一摇脑袋说："当然要快了！"然后对我眨眨眼睛问："你知道这每一朵花的含义吗？"她不容我答话，自己一口气接着说："我和伙伴们早商量好了，每画上一朵花，就得有我们为实现四个现代化而努力的一个行动。那每一朵花就是向周总理献上的一个丰硕的成果呢！"小姑娘越说越激动，连辫梢上的蝴蝶结都激动得翩翩起舞……

望着小姑娘那扑闪扑闪的大眼睛，我真想对她说：好，太好了，让我们一起来画这幅画吧！因为这不仅代表你自己，同时也代表着我，代表着我以前遇见的那两个小姑娘，代表着亿万人民的共同心愿！向敬爱的周总理献上这最鲜艳的花朵，献上我们海洋般无限缅怀的深情，更献上我们为实现周总理遗愿而奋发图强的行动与那累累的硕果。这是深情的花，胜利的花，深深扎根于人民心中的卓然盛开、永不凋落的花……

递进法

递进法就是指选取的事例存在有机联系，在意义上逐层加深；这些事例的总体结构主要是顺承和因果等。它的主体部分是按照一定的逻辑关系排列的，前后的顺序是不能颠倒的。

《堂吉诃德》（西班牙作家塞万提斯于1605年和1615年分两部分出版的长篇反骑士小说，孙家孟译，北京十月文艺出版社2001年版）提出了一个人生中永远解决不了的难题：理想和现实之间的矛盾。故事发生时，骑士早已绝迹一个多世纪，但主角阿隆索·吉哈诺（堂吉诃德原名）却因为沉迷于骑士小说，时常幻想自己是个中世纪骑士，进而自封为"堂吉诃德·德·拉曼恰"（德·拉曼恰地区的守护者），拉着邻居桑丘·潘沙做自己的仆人，"行侠仗义"、游走天下，做出了种种与时代相悖、令人匪夷所思的行径，结果四处碰壁。小说描写堂吉诃德的三次冒险侠游：第一次，他单枪匹马出游，被商人打伤而归；第二次，他仍执迷不悟，找了一个农民桑丘·潘沙做侍从，继续外出漫游；第三次出征，最终从瘦马上摔下来，在弥留之际才醒悟过来，立下遗嘱，要亲人与骑士决裂，并在微笑中可怜地死去。这三次冒险侠游，是层层推进步步加深的，直到堂吉诃德遭到惨败，落得悲剧的结局为止。

2004 年甘肃高考作文题目是：

阅读下面的文字，根据要求作文。

一个富人去请教一位哲学家，为什么自己有钱以后很多人不喜欢他了。哲学家将他带到窗前，说："向外看，你看到了什么？"富人说："我看到很多人。"哲学家又将他带到镜子前，问他："你又看到了什么？"富人回答："我自己。"哲学家一笑，说："窗子和镜子都是玻璃做的，区别只在于镜子多了一层白银。但就是这一点银子，便叫你只看到自己而看不到别人了。"

请以"看到自己与看到别人"为话题，自定立意，自选文体，自拟标题，写一篇不少于 800 字的文章。所写内容必须在话题范围之内。

请欣赏当年该命题的一篇满分作文：

父亲的布底鞋

在我的心目中，父亲一直都是顶天立地的英雄，他的胸怀宽阔如大海。

父亲一直都穿着一双布底鞋，白底黑帮，宽宽大大，在大街上来来往往的人群中显得格外刺眼，格外落伍。我曾经笑着问父亲："你现在已经是响当当的大人物了，怎么还穿这么土的鞋子？"父亲微笑了许久，没有说一句话。

父亲曾经对我说："孩子，你别以为现在咱们有钱了，可咱的血管里流的是农村人的血，咱的骨子里要有农村人的那份质朴和忠厚。"我听着父亲的话，若有所思地点点头。

父亲小的时候，家里很穷，父亲没有好衣服穿，还吃不饱肚子，但是父亲学习很刻苦，肯下功夫，老在班里拿第一名。

在贫困的威胁下，许多孩子都辍学回家去放羊，但父亲的父亲，我的爷爷，一个老实却又坚毅的庄稼人，咬着牙说："再苦再穷，也要让娃儿把学上出来。"就这样，爷爷用他宽阔的肩膀和晶莹的汗滴硬是供父亲上完了初中，而家里也因此穷得一无所有了。父亲，以他农村孩子的吃苦耐劳和憨厚聪明，以全县第一名的好成绩考入了县重点，但却也在爷爷的心头升起了一片愁云："娃儿这么争气，可到这县城中学上学的学费从哪里来？"爷爷在炕头辗转反侧愁了一晚上都没愁出个结果。第二天早上，爷爷沉着脸对父亲说："今天早晨你跟我去割麦。"懂事的父亲眨了眨眼睛，像明白了什么，二话没说拎起镰刀就跟在爷爷身后迈出了院门。

可当爷爷迈出门槛后，不由愣住了，父亲也愣住了——全村老小男男女女都站在门外，有的手里拎着半截米袋，有的提着一只瘦鸡，有的捏着几张破损了的沾满汗渍的钞票，有的托着几件陈旧却干净的衣服……村长四爷爷微微笑着说："咱村祖上风水好，出秀才，小三子（父亲的小名）替咱村争了一回脸，咱村人脸上光彩……大家来送送娃儿……"眼泪顺着爷爷脸上的皱纹滑了下来，爷爷对父亲大吼一声："给大伙跪下……"父亲"嗵"的一声，双膝落在泥土地上……

父亲后来对我说："你知道我为什么一直都穿着布底鞋吗？那天我走的时候，村里四奶奶塞给我一双布鞋说：'小三子啊，这年头大伙儿都困难是实情，可人活一辈子，不能老想着自己，还要多替别人着想着想，谁家没有个难处啊？你四奶奶我活到这把老骨头，就盼着子孙后辈能出个人才，将来做个大官，让咱村子所有人都能吃饱饭，孩子们都能念上书。'后来我上了大学，见了世面，可每当我面对城里灯红酒绿的世界时，我就想到当年全村人送我的情景，人得活良心，人不能只图自己过得好，还要多替别人想想！"看着父亲眼角闪光的泪珠，我忽然明白了父亲当年大学毕业后毅然放弃优厚待遇回到村里带领大伙儿开办企业的原因——人不能光为自己活。

运用递进法构思写作，就是要求创作者以典型的事件、人物或事物贯穿全篇，并以此串联相关材料，从而反映主题。"父亲的布底鞋"，乍一看题目，以为和话题内容风马牛不相及。然而读完全篇后，你就会觉得，这位考生写了一个寓意深刻的小故事。这个故事的题旨恰恰和话题内容"看到自己与看到别人"相吻合。

"父亲当年大学毕业后毅然放弃优厚的待遇回到村里，带领大伙儿开办企业"，致富以后，成了"响当当的大人物"，但他"一直都穿着一双布底鞋"，其目的就是不忘根本，"不能只图自己过得好，还要多替别人想想"。本文构思新颖，语言流畅。卒章显志——"人不能光活自己"，奏响了全文的最强音。

文章的最后一段实际上不仅仅回扣了前文中的"要多替别人着想"，更进一步通过父亲的身体力行，将"人不能光为自己活"的主题再次深化，

使得文章的立意整体得到提升。这种三段式的层层递进，揭开了"布底鞋"的层层内涵，作者这种抽丝剥茧的行文用心良苦，撼人心魄。

链锁法

链锁法是指构思过程中选择安排的事例紧密相连、环环相扣，从事件内在的必然的逻辑关系中揭示主题。

故事性强的作品中经常有这种构思法的思维痕迹。法国作家莫泊桑的短篇小说《项链》（创作于1884年），小说以"项链"为线索展开故事情节：

玛蒂尔德向女友借来的钻石项链，本来是假的，可借的时候女友弗莱思节夫人并不说明，归还时她也不打开看。人物的这种罩在拥尊持贵光环下的满不在乎的态度，无疑为后来点明项链是赝品埋下伏笔。事实上，由整个过程看，从项链的借用—遗失—归还，直到还清债务，整整十年时间，玛蒂尔德一直不知道借来的项链是假的，而弗莱思节夫人也"可能"一直不知道还回来的是真的，双方都"蒙"在鼓里，直到最后，事情的真相才被揭出。这个"十年后相遇"的艺术构思是极具匠心的。小说就是要让玛蒂尔德用十年的辛酸苦痛为自己的虚荣心惹下的祸，偿付代价，得到教训。小说之所以不急于把谜底点破，而放到十年以后，就是要让当事人和读者同时为之一惊，增强出人意料的戏剧性，从而使作品结束时产生强烈的震撼人们心灵的悲情艺术效果。

在《项链》中，莫泊桑在情节组织上是采用链锁式结构，以一条项链为线索展开故事。这种结构能够直观地表现事情发展的过程，使读者轻松自然地了解到整个故事的发展脉络。《项链》的女主人公是一位小资产阶级职员的妻子，她面庞好，丰韵也好，她觉得自己生来就是为享受各种豪华生活的。由此可见，她必然会不甘于现在平淡的生活，会热切向往上流社会的奢华享受。于是，莫泊桑安排了教育部部长夫人的晚会，用于满足玛蒂尔德的虚荣心，也由此引发出一系列的故事。

读者一旦进入小说中，心思便会随着玛蒂尔德的感情而跌宕起伏，这种变化同时会引导读者的思维判断，既对主人公的遭遇感到深切的同情，又觉得那样的结局是理所当然。这都是链锁法布局行文的妙处。

下面这篇《义诊》是 2013 年新课标全国卷 II 一考生写出的优秀记叙文。请欣赏：

义　诊

那年，爷爷随本市文卫系统送医、送药、送科技三下乡活动，来到一个偏僻的山寨。在众多患者当中，发现了一个由村民搀扶而来的老头，他因白内障造成双目失明。

医生说，按照现在的医疗条件，是可以恢复视力的，可是，听说这个老头孤身一人，穷困潦倒，根本没有条件医治。

等轮到他时，医生问他的姓名，他报名王洪志。听到这个熟悉的名字，爷爷大吃一惊，那形容枯槁、须发斑白的老头不正是当年叱咤风云的造反派头头，高中同班同学王洪志吗？

王洪志不是来看眼睛的，他跟医生讲，只是要几颗治哮喘的药。拿到药之后，王洪志又由村民搀扶着慢慢远去，消失在山色朦胧之中。

回来之后，爷爷总是闷闷不乐，寝食难安。听不见他那洪钟一般的笑声，只听到他不断念叨"怎么会是这样，怎么会是这样……怎么……"，有时，他又在客厅踱来踱去，好像有什么事情瞒着家里人。

几天以后，省红十字会打来电话，说有一个医疗队要到一个什么山寨，问爷爷有什么指示。爷爷吩咐把手术要用的所有器材药品全带上，并说他也要亲自去那个山寨。

从山寨回来，爷爷又恢复了往常那洪钟一般的笑声。他对我们说，没想到失明二十多年的白内障患者，居然在手术之后恢复了视力。

原来，爷爷那几天闷闷不乐、寝食难安，是在筹划着怎样让他的高中同学恢复视力。他想过，如果以自己现在的身份，接那高中老同学到城里治疗，他肯定不乐意。再说，如果他的老同学知道是他的帮助，说不定将会给他带来心灵上的伤害。所以，爷爷想出一个两全其美的办法，求助于省红十字会，让他的老同学又重见光明。

据说当年王洪志同爷爷是高中时要好的朋友。因为"文革"中一次不愉快的辩论，王洪志在红卫兵万人大会上丢了面子，心胸狭窄的王洪志后来给我爷爷扣上反党的罪名，并大打出手，高呼要把我爷爷打下十八层地狱。

后来，我爷爷因为反党事实不成立，未受到什么处分。但因家庭成分问题，被遣送至农村劳动改造。用爷爷的话来说，倒要感谢这位仁兄，让他还在学生时代，就懂得了什么是人心险恶，让他在人生的道路上更加谨慎，更加成熟。

我曾问过爷爷："他那么对你，你为什么还要帮助他？"爷爷教导我说："记住，以德报怨，善待他人，是做人的根本。对同学、对他人都要这样。"

这是一篇满分记叙文。作者别开生面，以自己的所见所闻，记叙了爷爷不计前嫌，暗中救助高中时代的老同学，让他重见光明的故事。细节描写，表现了爷爷关爱他人、尊重他人、豁达开朗的高贵品质，并且记叙曲折生动，采用巧合法、悬念法让故事一波三折，层层推进。

写好记叙性文章，首先要有足够分量的材料。但是，从生活中精选出来的材料，再多再好，没有组织也不成其为文章。只有将纷繁散乱的材料用一条主线链接起来才能做到言之有序，才能清楚明白地表现文章的主旨。这条主线就是我们在上编中所讲的文章的线索，它是作者组织材料的一种思路，是连缀文章全部材料的脉络。线索能把文章中的所有内容组合起来，使文章形成一个有机的整体。这是运用链锁法构思布局中必须把握的一个要点。

对比法

对比法构思是指在作品中组织能够两相对照的事例，在对比中塑造人物的形象、表达主题思想的构思方法。

巴尔扎克在《欧也妮·葛朗台》（见《人间喜剧》，世界图书出版公司 2009 年版）中成功地塑造了世界文学史上四大吝啬鬼中最生动、最逼真，可以说是吝啬鬼中的极品——葛朗台这个人物形象。小说叙述了一个金钱毁灭人性和造成家庭悲剧的故事，围绕欧也妮的爱情悲剧这一中心事件，以葛朗台家庭内专制所掀起的阵阵波澜、家庭外银行家和公证人两户之间的明争暗斗和欧也妮对夏尔·葛朗台（查理）倾心相爱而查理背信弃义的痛苦的人世遭遇三条相互交织的情节线索连串小说。

作品结构紧凑、步步深入，一气呵成，各线索之间相互联系，跌宕有致。行文如滚滚洪流，直泻而下，笔势酣畅，具有浓烈的抒情意味。这部小说以一部批判现实主义的杰作震撼着每一位读者，在法兰西文学史上具有独特魅力。

作者主要采用了对比等手法，精心设计了三个对比点，使人物形象之间形成了强烈的对照。在对照中，反衬出主要人物葛朗台的性格特征。

第一个对照点是葛朗台与欧也妮在葛朗台太太抱病期间所持的态度不同。葛朗台太太病重而卧床不起，葛朗台和欧也妮都"热切盼望"她早日康复，但父女二人的动机却完全不同。葛朗台之所以一反常态"一心讨好"太太，对她"百依百顺"，是因为"她一死就得办遗产登记，而这样就要了他的命"；欧也妮把葛朗台太太当作自己在世上唯一的依傍，对她温柔体贴，竭力侍奉，完全是出于女儿对母亲最真挚的爱。

第二个对照点是葛朗台与欧也妮对待遗产态度的对照。葛朗台太太死后，欧也妮伤心落泪，沉浸在悲痛之中，葛朗台却把自己的太太忘得一干二净。在办理放弃遗产继承权手续的过程中，欧也妮毫不考虑遗产的得失，只图早些办妥了事；葛朗台恰恰相反，他初是急得直冒汗，得到遗产后，又欣喜若狂。

第三个对照点是葛朗台太太与葛朗台"死心"的对比。葛朗台太太死的时候"没有一句怨言"，她唯一放心不下的是自己的独生女儿，给女儿的遗言是"幸福只有在天上"，这是一个向往"天国"的基督徒的死念；葛朗台死时念念不忘的是黄金，咽气前还挣扎着动手抢"黄金"，给女儿的遗言是"把一切照顾得好好的！到那边来向我交账！"这是一个锱铢必较、贪婪成性的守财奴的死。

通过以上三点对比，冷酷无情、爱财如命的守财奴葛朗台与重情薄利、心地单纯的葛朗台母女的性格差异便泾渭分明。这种构思法收到了"一石三鸟"的艺术效果。

对比法构思作文，又可分为横向对比和纵向对比两种思维模式。横向对比，就是让各种人物都在同一事件中"亮相"，以显示各自的性格；纵向对比，就是人物前后性格变化。

2009 年高考广东卷作文题目是：

我们生活在常识中，常识与我们同行。有时，常识虽易知而难行，有时，

常识须推陈而出新……

请写一篇文章，谈谈你生活中与"常识"有关的经历或你对"常识"的看法。自拟题目，自定文体，不少于800字。

广东一考生采取横向对比构思法谋篇布局，获得了满分。请欣赏：

如此常识

一大早，厂长刚来到办公室，小李便窜了进来，手里捧着一杯热气腾腾的铁观音，谄媚地递给厂长，神秘兮兮地小声说道："厂长啊，跟您商量个事儿，带我的那个师傅，能不能换成徐科长？"厂长大惑不解："怎么？张师傅对你太严厉？""没有的事，张师傅经验老到，技术纯熟，这样好的师傅应该留给小王。""行，没问题。"

原来，小王和小李是新来的学徒，厂里分配了两个师傅，各自带领他们。原先厂里安排小李的是最优秀的张师傅，不知为什么，他竟要求更换。培训很快开始了。张师傅不愧是老手，他待小王严厉苛刻，做不好要求重做，哪怕只是一个小齿轮不光滑也要求从头再来；犯了错误严厉惩罚，不让吃饭是常有的事；除此之外，还要求小王看一堆理论书籍，理解吃透要点。小王每天累得满身大汗，一沾枕头便睡。相反，小李倒清闲自在，每天跟着徐科长进进出出，应酬交际，技术没学着多少，油水倒是捞了很多。小王看在眼里，纳闷不已。

一天，小王终于有机会找到小李，劈头便问："你我都是学徒，为什么你学得那么轻松？"小李嘿嘿一笑，凑近他耳朵小声说："兄弟，这你就不懂了。现在这个社会上，看重的是关系，不是技术。徐科长有亲戚是高官，我这几天跟着他见识了不少大人物，他还说等他做了厂长，就提拔我做副厂长，有人脉，有好的人际关系才是前途，这是常识，懂吗？"小李拍了拍小王的肩膀，晃悠悠地走了。

小王回去跟张师傅一说，张师傅怒不可遏："常识？狗屁常识！现在社会就是人人讲关系，人人攀关系，才滋生了一大堆不学无术的蛀虫，才导致真正的人才被埋没！不要听他胡说，国家需要的是技术，是人才，有过硬的技术才有前途，这才是常识。好好学吧。"小王点点头，继续每天起早贪黑的苦学生活。

一年后，培训结束，适逢国家需要高技术人才之际，优秀的张师傅做了厂长，在厂里掀起"学扎实技术，为国家效力"的热潮，小王以优异的理论成绩和过硬的技术操作顺利毕业，升任高级技师，月薪过万。至于徐科长，由于亲戚受贿被捕，自己也因为没有实际才干而下岗了。小李的如意算盘打错了，他只得重新从学徒做起。

厂里又分配了一个师傅给小李，培训开始当天，小李惊讶地看见迎面走来的竟是小王。莫非？"没错，我就是你的师傅，"小王凑近他耳边小声说："还要告诉你，有真才实学才有前途，这是常识，懂吗？"小王拍了拍小李的肩膀，看着小李愣住的样子，开心地笑了。

《如此常识》是当年广东高考作文中少有的一篇记叙文佳作。文章通过两位刚进厂的年轻人拜师学艺不同态度的故事，讽刺和批判了把拉关系、托人情视为谋求个人发展"常识"的人，揭示了按照这种"常识"行事的所谓"聪明人"终究没有前途的道理。考题要求考生谈与常识有关的经历和看法，本文这样写就切合题意，主题鲜明，且立意深刻，具有较强的社会批判性。

这篇文章的形式和写作技巧也值得称道，首先，标题写得很有水平，用了一个"如此"就点明了全文批判讽刺的态度。其次，文章构思巧妙，以小见大；结构紧凑、严谨，前后呼应；作者对故事的起因、发生、发展、结局叙述清楚、精要，故事的结局出人意料又在情理之中，具有强烈的讽刺效果。最后，文章对人物的语言、动作、神态的描写也颇生动、准确、传神。

循环法

循环法构思行文是要求在作品中选用相互关联、首尾照应的事例进行布局，组成一个"循环型圈式"结构，在巧妙的穿插铺叙中，完成塑造人物形象、表现主题思想的任务。

请阅读曾荣获新闻奖的一篇通讯：

他、她、她——一个买书让书的故事

（一）

时间：3月20日。

地点：安陆市新华书店门市部。

营业员刘宪群接待一位想买全套数理化自学丛书的顾客。不巧，存书已不成套，小刘听说对方是孝感到随县高压线路的巡线工，工作岗位随时流动，就立即找在百货商店工作的老同学王小莉，动员她把刚买到的一套丛书转让出来。助人为乐的小王二话没说，就把丛书交由小刘转让给那位巡线工。

（二）

时间：当晚。

地点：巡线工驻地。

捧着自学丛书如获至宝的巡线工，如饥似渴地翻阅着。忽然，书中掉下一张"书签"，捡起一看，却是一张190元的存款折。第二天一早，他赶紧花了2.18元邮费，用保价信函寄回了书店。

（三）

时间：两天后。

地点：同（一）。

营业员小刘接到保价信函，立即将存款折交还到转让书的老同学王小莉手里。但发信人是谁呢？信封上只写着"巡线工"三个字。经过打听，才知道他是孝感市电力局电力工李润德。

这篇不足300字的短通讯，由三个小故事组合交织在一起构成一个"圈式循环"的短小"电视剧"，给读者吹来一股精神文明的新风。三个故事揭示三个人的高尚情操和美好心灵。他们都是急他人之所急、想他人之所想、助人为乐的践行者。营业员小刘的行动前后出现两次，自始至终完成了一个"循环周期"，使文章呈"圈式"结构，其间穿插了小王转让丛书和巡线工邮寄保价信函两件事。整篇通讯故事情节典型而有意义，同时波澜起伏、曲折有致地组织材料使文章深刻感人。

以上是三角构思法中的几种思维模式，运用得当都能收到很好的表达效果，为获得较高的评价打下坚实的基础。

前面我们介绍了九类构思布局的技巧性方法。在创作过程中，方法远不止这些。但对于初学写作的人来说，技巧性方法的掌握不在于多寡，关键是能触类旁通、举一反三、"悟"出新意、"悟"出新路。在平时练笔中要有意识地运用，熟能生巧。倘若这些技巧都变成你的写作基本技能的话，那就会有所创新，创新才是我们的目的。

再者，不同类型的构思技法之间没有绝对的区分界限，许多作品是多种技巧糅合、交错运用，只是有所侧重罢了。究竟用哪一种技法构思行文最合适，要根据材料选择和作者技巧积累以及熟练程度而定。

还有一个问题值得提出：不论采取哪一种技法构思布局，都涉及如何选择材料。我主张要从大处着眼、小处着手。一滴水可以反映太阳的光辉，一根弦可以弹奏优美的乐曲；见瓶水之冰而知天下之寒，尝一脔肉而知全镬之味，就是这个道理。事情不在大小，关键看你能否挖掘出小事所蕴含的大的时代意义。比如，我们每年春节都燃放鞭炮，好多同学爱用燃放鞭炮作文章素材，烘托逢年过节的兴高采烈、婚庆礼仪的喜气洋洋等，很少有人从鞭炮里"放"出新意。下面这篇作品则因能别开生面，独具特色而技高一筹。

千鞭爆竹响了
傅明霞

奶奶什么都好，可就是思想有点那个……怎么说呢？还是引用妈妈讲过的几句话吧："霞霞，你要争气啊！奶奶在你出生的时候，见我生了个女娃，把备好的一挂千鞭爆竹剪做两段，只打一半呢。"说心里话，为这事儿我对奶奶真有点"感冒"。

记得小学四年级的时候，奶奶让我替她穿一个针眼，我竟气鼓鼓地跑开，心想要她找男娃穿去吧。随着年龄的增大，当然对自己的报复心理感到了好笑，但对奶奶的老思想总存有戒心，几次想找机会点拨点拨她。

机会终于来了。有一晚看电视，荧屏上正转播中国女排与古巴队激战的实况，结果我国女排以 3：1 获得了第十届世界女子排球锦标赛冠军，一举夺得"五连冠"。奶奶高兴得合不拢嘴。我趁势说："女排大姐姐们真棒，但不知她们出生时，她们的奶奶是高兴地打长长的爆竹呢，还是把长爆竹掐短呢？"不知奶奶听懂了还是没有听懂我的话，她并没有马上回答，只是嘿嘿地笑了几声。

又是一个明月清辉的夜晚，我正想邀奶奶看电视，谁知她一边说"莫

忙莫忙"，一边却一本正经地对妈妈说："今天是霞霞的生日，我下午买了一挂千鞭爆竹，要为霞儿……"话没说完，就点燃了鞭炮的引线。

千鞭爆竹响了。火星儿四溅，噼里啪啦，响声传遍了整个村庄，传到了很远很远的地方……

这篇作品，作者以一串千鞭爆竹为线索，围绕着两次看电视展开情节，表达了一个严肃而有现实针对性的主题：对重男轻女传统观念的反感，同时反映随着社会的进步，人们的旧观念正逐步改变这一社会现实。读者透过放鞭炮的震响，听到了时代前进的脚步声。

这篇作品虽说不上独具匠心，但多少给我们一点启示：创作应该平中显奇，小中见大，以少胜多，知微显著；应该像拉家常一样，不紧不慢娓娓道来，叙述平常的生活故事，描写普通人的生活命运。撷取生活海洋中的一朵浪花，用一帧速写、一幅剪影、一个镜头、一件道具，甚至一支烟斗、一根教鞭来反映丰富多彩的社会生活，表现文章的主题。只有这样，才能在一定技法的驾驭下，写出优秀的作品来。

【训练设计】

1. 有位同学在写"假若我……"作文时，拟了三个小标题：

①假若我是爸爸，我将……；

②假若我是妈妈，我将……；

③假若我是老师，我将……。

请你按此标题，运用"并列法"构思写一篇 800 字的文章。

2. 银行把钱贷给农民支援农业生产；农民购买工业产品以及生产原料、工具，促进工业的发展；秋天收获后，农民又把宽裕的钱存入银行……形成了一个良性循环。请你组织设计三个事件片段，用"循环法"写一篇 600 字以上的文章。题目为："钱的旅行"。

3. 以"我家三口人"为题，用"对比法"写一篇 600 字以上的文章。

4. 以"_____事一件接一件"为题，用"链锁法"构思写一篇 600 字以上的文章。

5. 题目："在拥挤的车厢里"。要求：请你运用不同的构思技巧布局安排材料，写几篇同题材的文章。

【材料】空气像个无形的巨大的蒸笼，喘气都有点儿费劲。一辆客车塞着满满一车男男女女、老老少少。同座的两个怀抱小孩的少妇因拥挤吵得面红耳赤、剑拔弩张。此时，两个小孩却友好地交谈，正准备互相拥抱"亲吻"呢⋯⋯

6. 下面这个素材该如何立意？请你按照"抑扬法"思路布局行文，题目自拟。

【材料】老师叫小海上黑板默写"风声鹤唳"等词语，小海把后边两个字写错了。"谁会写？会写的同学请举手。"大多数同学都不好意思，没举手。我会写，怕什么呢。我举手了，可上去也写错了⋯⋯

7. 请你根据下面提供的材料，合理想象，设计几种可能可信的结局，运用"误会法""意外法"构思布局，写两篇不同结局的文章。自拟题目，字数不超过 800 字。

【材料】午夜，弯月已挂到西山顶。小磊拉肚子上厕所。猛地，一个人影一闪躲到教学区南侧。"贼！"这几天接连有同学丢了课本等物品，今天一定要看清这个"贼"的"庐山真面目"。于是，她躲在暗处，屏气观望。可一直到起床铃响了，那个"贼"仍未行动。"是不是已经跑了？"小磊蹑手蹑脚过去一看：啊——原来是⋯⋯

8. 请你根据下面的材料按照"画面组合法""三角构思法"布局行文，写两篇褒、贬各异的文章。题目自拟。

【材料】上面来了通知，说今天下午市精神文明办、创卫办、防疫站、教育局联合检查组来我校检查卫生工作。顿时，整个校园"热气腾腾"⋯⋯

9. 下面材料里事情会怎样发展呢？请你展开合理想象，组织设计波澜，依照"设悬法"构思成文。自拟题目。不少于 800 字。

【材料】盛夏七月，烈日当头。卖西瓜的青年扯着嗓门吆喝："最新品种，含糖量高，水分足。清甜爽口，保沙保甜，您吃了一个还想买第二个！""朋友，你敢保证这瓜个个都熟、又沙又甜？"一个"吞云吐雾"穿牛仔裤的青年以挑衅的神态说道。

"敢啊！"卖瓜青年跳下凳子，从容说道："不熟不要钱！"

"好！来十个。都给我切开！丑话说前头：如果有一个不熟或不沙不甜，全部退掉！怎么样啊？嘿嘿……"

10. 阅读下面材料，按要求作文。

【材料】①4月13日，白石乡孔家庄孔宁和李军两位村民各跑丢了一匹红色的马。他俩寻了3天都没有着落。正焦急万分时，看到白石乡街道墙壁上张贴着一张写于当天的招领启事。于是，他俩便按启事上的地址到白石乡居民吴永兵家去了。

②老吴听了他俩的叙述，诙谐地说："可惜，我的马棚里只多了一匹马。"然后，带他们走进了马棚，让孔宁牵走了他的枣红马，并断然谢绝了老孔拿出的30元酬金。

③10月10日，白石乡逢集会。在牲畜交易集市上，吴永兵掏700元买下了孔宁的马。老孔想换一头老黄犍，转悠了半天没合心的就回家了。第二天拂晓，他准备一早赶会买牲口，突然听到院外一阵响动，马声嘶鸣，出门一看：自己卖掉的大枣红马挣断缰绳跑"回家了"。

④黎明，在通往白石乡的公路上，孔宁策马飞奔。此刻，田野里人欢马叫，人们正忙着秋耕。他见此情景，浮想联翩，不由得快马加鞭，迎着阵阵秋风，恨不得立刻飞到白石乡，把马交给老吴同志……

要求：（1）从孔宁、李军两人着眼，以"寻马"为题，依据材料①和②，合理想象，写一篇800字的文章。

（2）以材料③和④为主，参照材料①和②的有关内容，站在孔宁的角度上，以"送马"为题，写一篇顺叙、插叙等富有变化的文章。

（3）以材料③和④为主，参照材料①和②的有关内容，写一篇通讯故事，要求：自拟题目；情节曲折有故事性，并能突出主要事情；笔法带点文艺色彩；要把时空人事交代清楚；400字以内。

（4）运用"三角构思法"，写一篇700字以内的文章。

下编

谋篇
布局

谋篇布局综合示例

题目：20 年后回母校

要求：写一篇 700 字的记叙性文章，要有抒情和议论，并能合理想象。

审题分析：①使用记叙、议论、抒情三种表达方式；②展开合理想象，设计再过 20 年重回母校时的所见、所闻、所思、所感；③按照复杂记叙文的写作要求，设计比较曲折的情节、空间转换确定人物行踪、记叙顺序；④第一人称；⑤地点范围是在校园内；⑥时间为 2037 年后的某一天；⑦选材数量三件；⑧主题立意要反映祖国建设的日新月异、社会道德水平的不断提高。

材料筛选：可以把储存于大脑中的与该题目有关的信息点不分巨细、不管有无用场都罗列出来，以供最终选择确定。最简单而实用的办法是运用坐标系分轴分点标注提示，如下图：

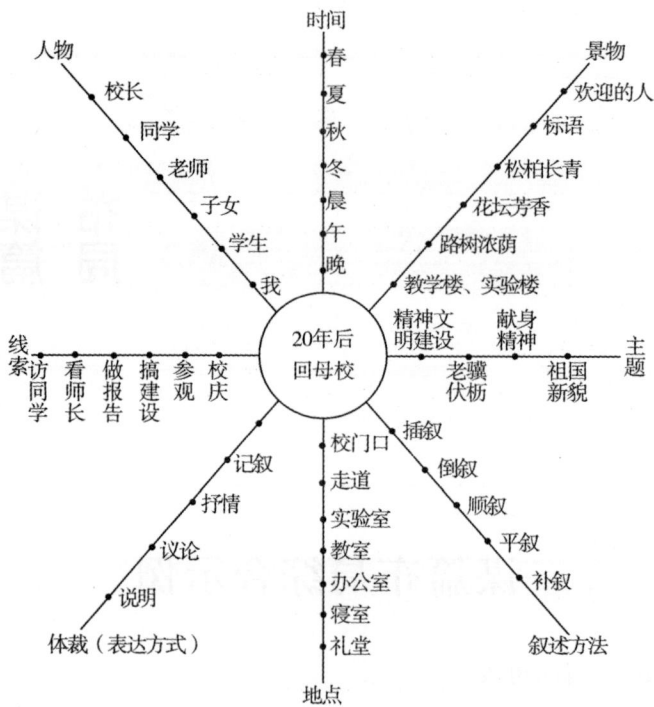

如此罗列，可以有多种材料组合法，写成多篇文章。假若选择"我"以"全国道德模范"的身份回母校做报告来充当行文线索，则可选取与做"社会道德建设"报告有关的情节和场面。主题、线索、时间、地点这些写作要素都确定了，就可以根据叙述与表达的方法来确定段落层次（框架）。假如用顺叙与插叙、抒情、议论相结合的表达方式来组织文章结构、设计情节，就可以安排这样一些段落层次：

①顺叙：师生在校门口欢迎"我"（场面描写、环境气氛烘托开头）。

②顺叙、插叙：进校园后看到母校巨大的变化，插入自己当年就读时校园的情景，形成对比，凸显国家实力的提升（目的是通过场面变换，前后对比，便于抒情和议论）。

③顺叙、插叙：进实验楼参观现代化的设备，看到朝气蓬勃的学生。这里可以插入对自己在母校就读时做实验的一些情节的追忆（目的同上，改抒情为议论，并同第二层次一样用有迹过渡法承接转换）。

④顺叙：在去报告厅的路上，老校长介绍母校的远景规划（目的是使情节富于变化，增强曲折性，可用对话）。

⑤顺叙：进入大厅做报告（可用开拓延伸法结尾，点明主题）。

将上述思路整理为下表，则整个构思会更加明晰。

第一层	时间：20年后某天上午		在校门口受欢迎	顺、略烘托法开头
	人物：我			
	事件：（线索）回母校做学术报告			

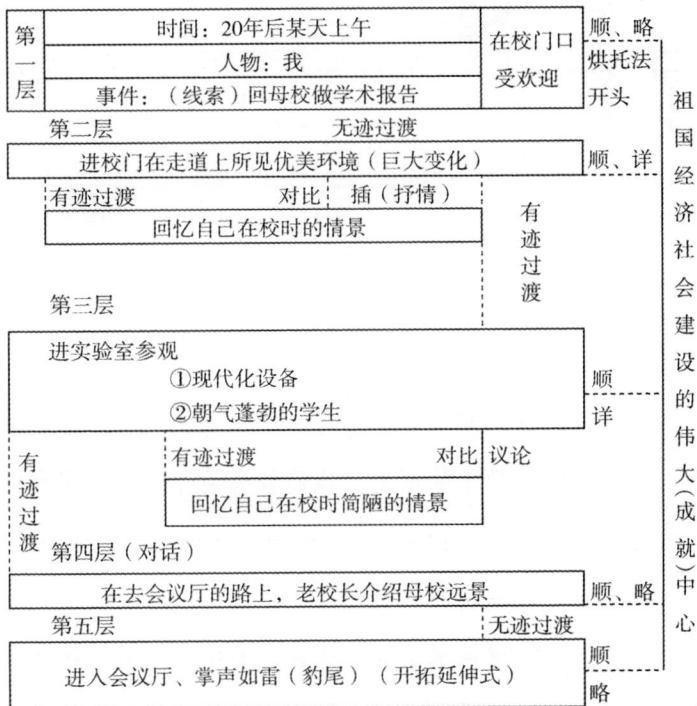

这种方法看上去繁复一些，但只要在作文过程中有意地练习运用，临场时就自然不必这样工整且烦琐了。

请你按照上述构思提纲，完成这篇作文。

全国卷Ⅰ：老外眼中的中国关键词

阅读下面的材料，根据要求写作。

据近期一项对来华留学生的调查，他们较为关注的"中国关键词"有：一带一路、大熊猫、广场舞、中华美食、长城、共享单车、京剧、空气污染、美丽乡村、食品安全、高铁、移动支付。

请从中选择两三个关键词来呈现你所认识的中国，写一篇文章帮助外国青年读懂中国。要求选好关键词，使之形成有机的关联；选好角度，明确文体，自拟标题；不要套作，不得抄袭；不少于800字。

【满分作文】

丝路驼铃，驶向和平

漠北之雪带来朔方的问候，江南的风吹来南方的祝福，这是我站立的黄土，这是我自信的中国。此刻，这个高速发展加速快进的中国，在驼铃的轻响中，在高铁的轰鸣中，载着无数国人的荣光和梦想，驶向和平远方。依我所认识的中国，让我为她赋上21世纪的关键词——一带一路、高铁奔驰！

这是一个风云变幻的时代，英国"脱欧"昭示着全球旧秩序的岌岌可危，特朗普的新政则拉开了新时代不确定性的帷幕。而就在此时，远古的丝绸之路上再次响起清脆的驼铃。中国携手沿线伙伴，为干旱的大漠汇入一缕缕甘泉，各国积水成渊，汇聚成一条和平与发展之河，为热浪侵蚀的沙漠送去清凉。一带一路，是中国 21 世纪战略中的重要一步，我们背负着"复兴中华"这一沉重却坚定的理想，在国家棋局上走出"新丝路"这至关重要的一子，这体现了中国作为有责任有担当大国的和平崛起，更是对"永不扩张"诺言的庄严履行。一带一路，惠及的不仅仅是中国，更多发展中国家从中获益。发展本国，兼顾他国。这是我所认识的中国。

一带一路是中国战略，而高铁则是承载一带一路计划的载体。中国高铁，是"中国创造"技术"走出去"的世界名片。极高的速度、可靠的安全性、尖端的高新技术，都彰显了中国不再受困于"国际流水线"的决心，以及为国攀登"微笑曲线"上游的斗志。一带一路的基本办法是通过扶持周边及沿线国家，大力兴办基础设施来促进各发展中国家的发展，而高铁正是兴办基础设施的不二之选！于是，一条条钢铁巨龙在非洲、亚洲的版图中飞驰，在"新丝路"上行驶……这一条条高铁，带动的不仅是各国经济的飞跃，更是各国文化的交流、政治的互信。一支支铁轨，让远在天边的人们握手拥抱，一个个"子弹头"列车，划过黎明的曙光，为沿线的人们带来新的机遇。"新丝路"上飞驰的高铁、华夏版图内交错的高铁，是我所认识的中国。

我所认识的中国，是拥有千年文明的华夏古国，而这个古老的国家，正躬逢着属于她的大时代。这是她艰难转型的困难时期，却也是她高速发展的飞跃时期。我所认识的中国，由每一个国民个体所构成，我们为高铁经过的每一段路程而骄傲，为"新丝路"上每一次中国担当而倍感荣光。这是自信的中国，这是我所认识的中国。

和平高铁，驶向发展未来；丝路驼铃，摇响自信中国。

全国卷Ⅲ：我与高考或我看高考

阅读下面的材料，根据要求写作。

今年是我国恢复高考 40 周年。40 年来，高考为国选材，推动了教育改

革与社会进步，取得了举世瞩目的成就。40年来，高考激扬梦想，凝聚着几代青年的集体记忆与个人情感，饱含着无数家庭的泪珠汗水与笑语欢声。想当年，1977的高考标志着一个时代的拐点；看今天，你正与全国千万考生一起，奋战在2017的高考考场上……

请以"我看高考"或"我的高考"为副标题，写一篇文章。要求选好角度，确定立意；明确文体，自拟标题；不要套作，不得抄袭；不少于800字。

【满分作文】

我的高考梦

第一次迈进一中的大门，我踌躇满志地告诉妈妈："我要考港大！"一脸的得意，满怀的自信。直到现在我都不知道当初那种勇气从何而来，也许是"初生牛犊不怕虎"吧，那种面对未知的无知的勇气总是那么让人怀念。

后来，伴随一次次打击，一次次失败，我的梦从港大到北大再到川大，一路滑下。我不明白为什么自己要一次次地接受失败的洗礼，不明白为什么要全盘接受它送来的伤和痛，却始终不以回礼。

"因为你从来不把梦想当成目标，因为它对你一直都只是虚无缥缈的梦境而已！"心底的声音在歇斯底里地怒吼着！是啊，如果梦都是飘的，我又该如何才能定心呢？

鲁迅曾说过，人最痛苦的就是梦醒了却无路可走。我很清楚地知道梦境支离破碎的痛是我无法承受的泪的咸！终于，我立下了上海财经的目标，不再飘浮，不再彷徨，而是坚定地一步步前进！

步入高三以来，我们每个人都变得沉默起来，开始把原来的欢笑声变成讨论声，开始把走变成跑，开始早起晚归，开始狼吞虎咽……开始明白高三的意义，变得踏实、认真。

有人说，高三是人生中最累的日子！但对于拼搏的我们来说，高三是最充实、饱满的日子！每天都有新的知识、新的问题，每天都在发现并改正着无数的错误，时间就在我们"哦""是这样啊"的恍然大悟中一点点溜走，我无法形容这种恍然大悟的欣喜，大概比中彩票更让人开心吧！没有人会理解这种每天都在进步的兴奋，在外人看来沉重并痛苦的高三，对我们着实也是种快乐与满足！

我的高三，我的拼搏变得不单单是为了高考的拼搏，也不纯粹是为人生的拼搏，而成了一种享受，享受这美好的青春年华，享受痛并快乐的高三生活！

人生几十度春秋，这样的高三却只有一个！每天都有老师激情澎湃地讲课，有同学一起斗志昂扬地拼搏，有朋友偶尔的细语长谈，有父母通过电话线传来的殷切关怀，有不变的规律作息，有幼稚甚至白痴的小玩笑，偶尔来个恶作剧，偶尔上演小插曲……这些都是其他年华体验不到的快乐与幸福！我徜徉在这种充实与欢乐中，期待着一个又一个明天！

高考，固然重要，高三，却显得更为珍贵！我将怀着这个梦走过拼搏而充实的一年！

高考梦，我的梦，我将为之风雨兼程！

天津卷：重读长辈这部书

请根据下面的材料，写一篇文章。

我们在长辈的环绕下成长，自以为了解他们，其实每一位长辈都是一部厚书，一旦重新打开，就会读到人生的事理，读到传统的积淀，读到时代的印记，还可以读出我们自己，读出我们成长时他们的成长与成熟，读出我们和他们之间认知上的共识或分歧……

十八岁的我们已经长大，今天的重读，是成年个体之间平等的心灵对话、灵魂触摸，是通往理性认知的幽径。请结合自己的生活阅历深入思考，围绕"重读长辈这部书"写一篇作文。

要求：①自选角度，自拟标题；②文体不限（诗歌除外），文体特征鲜明；③不少于800字；④不得抄袭，不得套作。

【满分作文】

父亲，我读你

十月份的最后一周，十一月份的第一、二周，我从电话里读您，读您的声音，读您的语气。

您的声音，低弱，到后来软而无力，模糊不清。您的语气，伤感，到后来悲而无声，充满凄凉。

这是以往我不曾感受到的。

每一次同您通话，您总是说您自己，很少提到您以往总是先提的母亲。每一次同您通话，您总是说您很累，便秘、胃痛、腹胀，上吐下泻，吃不下饭。每一次同您通话，您总是说人老如机器，久了就散架。每一次同您通话，您总是说您爱看的电视也不想看了。

可最后一次通话，您竟然清晰完整地告诉我，让我不要回来看望您，您的病弟弟能有把握治好。

父亲，您一向是坚强的，再大的人生磨难也没能把您击垮；父亲，您护理母亲很长一段时间，总不言累。可到病痛关头，您变得那么脆弱，您禁不住感叹"累"。在我看来，除了护理累，还有身体累，还有心累。

父亲，您确实太累了。在您最需要我的时候，您依然考虑的是我们远途而来，开车不安全，工作受影响。父亲，您确实太累了。您在照顾母亲饮食起居的同时，还勤俭节约，完成您的人生的最后计划，存钱安排您和母亲的后事，不让子女掏一分钱。父亲，您确实太累了。病痛让您输液，一连就是九天，从早上八点，到晚上九点，还伴有难喝的中药。可是病情还是不见大的好转。接着还是输液。

十一月份的第二周星期五11点，我和妻子夜以继日地赶到了古蔺中医院。

病床前，我含泪读您。读您的面容，读您的话语，读您的脉搏，读您的呼吸。

两月不见，您竟瘦成了如此模样：双眼落眶，颧骨凸出，两颊无肉。

您还能说出我与妻子的名字，声音微弱，不甚清晰（没戴假牙，让您说话更显艰难），脸上流露出平静而满足的神情。

您还能知道让我关门关窗（因为不时有人探望，进进出出）。您还能说出喝水，喝蜂糖水。您还能同最疼爱的孙女视频通话。

这与早上无法说话的情况相比，显然是好了许多。或许是我们的到来，让您心里稍感安慰，有了说话的欲望。

监测仪显示您的脉搏、心率和血压。我握着您的左手，感觉到您的脉动。

您吸着氧，嘴始终张着。吸氧管插入鼻孔，有些不舒服，您不时要用手挪一挪；您嘴唇青紫，我们只好随时用棉签蘸水润润。

您不时地掀衣掀被盖。不知是热，还是心里烦躁？

就在输第二组液体时，您突然咬住双唇，三次发出挣扎的声音。随后便没有呼吸。

弟弟让我叫医生，按胸、起搏……无用，您最后没有了气息。

我知道，先没呼吸，再断气，这是最痛苦的。

父亲啊，您想熬过最后一关，您想等来所有儿孙，或许您还想对我们交代什么，但最终没能挺住。

父亲啊，您太累了，您的生命已经到了无比衰竭的状态。

父亲，您没有合上眼，大概还焦虑着右股骨颈碎裂瘫倒在床的母亲。尽管我们向您说明了母亲安稳的情况，可是您还是不放心；尽管我们向您保证要好好服侍母亲，可是您还是不放心。是啊，儿女再好，哪有您随时在母亲身边贴心照料好呢？

此时，我的心好痛。我和弟弟含泪合上您的眼，在心里默默发誓：父亲，您安心走吧，我们四姊妹一定会照顾好母亲！灵堂前，夜深人静。我默默读您，一遍又一遍。读您的遗像，读遗像中的您。

遗像是您的身份照，可我读出了多样的您：

充满苦楚的您——

小时父母早亡，妹被日本兵挑刺而死。可怜的您，只好随叔婶生活，初中尚未毕业，便当了兵，过起了提心吊胆的日子。

"文革"时期，被造反派批斗，下生产队劳改。

细雨中上山打柴，风雪中上摩尼背猪卖。

垒土造屋，每月都步行几十里山路下马蹄背米油。

艰难的岁月，一个人的工资，苦苦撑起了一个多子多女（连同夭折的，我们共六姊妹）的家。

退休后，又照料孙辈一个又一个。

充满笑意的您——

两个大学生，三姊妹有工作（大姐靠您而代课，后因小孩拖累而放弃），儿孙满堂。

您曾育三代人，桃李满天下。学生们惦记您，常来拜望您；领导肯定您，家长夸赞您。

有些生气的您——

病人住进您的家，您气；病人死在您的家，您气；母亲因他人考虑不周而跌倒骨折，您更气。

您已经枯瘦无力，可为了拉起母亲，您拼尽全力，耗尽元气……这一切让您气上加气。

父亲，我梦中读您，瑞气之中，您步入了天堂。我听不到您的言语，但能看懂您的表情：您似乎说，可以轻松一下，回故地南昌一趟了。您表示：安葬在白沙好，与学校永存！您的眼光看着人间，我知道其中用意：要我们照顾好母亲！！

江苏卷：车辆与时代变迁

根据以下材料，选取角度，自拟题目，写一篇不少于800字的文章；文体不限，诗歌除外。

生活中离不开车。车，种类繁多，形态各异。车来车往，见证着时代的发展，承载了世间的真情；车来车往，折射出观念的变迁，蕴含着人生的哲理。

【满分作文】

岁月悠悠，车载几多情

在记忆中，我家有车大概是二十年以前，一辆上海凤凰牌自行车。从那至今，有过轻骑、电瓶车，还有现在的福克斯轿车。这些车，不单是生活所需，还承载着世间的真情。

自行车，凝聚着亲情与友情

我家的自行车，两个轮子特别大，承载力好，上坡轻松。

这辆车，辗转两地——泸州古蔺、德阳绵竹，一直从女儿上幼儿园用到上高中，尽管换过无数轮胎，但其他部位均完好无损。修车的师傅直夸钢材扎实，要我不用时处理给他。我最终没这样做，而是送给我的一个好朋友，交给他父亲用于乡下赶路。

这辆车，女儿享受的时候最多。她从幼儿园到高中都没学骑自行车，自然坐的时候最多。后座没设置坐垫，而是一个方形钢架，上面还有个夹子。母亲见状，就用软软的棉花缝制了一块厚垫，和钢架一般大小，捆在它的上面。这样她的孙女就不会被扎受夹。还有一个好处，冬天不冰屁股。这块软垫，送人前一直没取下来过。

这辆车，让我载着女儿，穿街走巷，由学校到家，又由家到学校，除了下大雨，一直没停用过。无论是炎炎盛夏，还是凛冽寒冬，就这样过了无数个春秋。

这辆车，有些时候还载着妻子去买菜，极尽其浪漫情调。

这辆车，为全家立下了汗马功劳，我们一辈子都感激它。

电瓶车，与我们共度艰难

2008年，绵竹遭遇特大地震，随后得到了江苏的援建。作为灾区学校，

我们只能被安置在板房学校和板房居住区。

妻子考虑到我在板房学校上班，经常早出晚归，而板房学校距离板房区的家约两里路。一下大雨，骑自行车便全身湿透；板房区的路到处是泥泞，只要下雨，是无法保证鞋不湿透的。所以，妻子坚持要买一辆摩托车。

从计划到购买，经历了较长时间。大地震之后，作为教师，我们不知道未来的日子是怎样的，仅有的一点钱不敢用。房子成了 C 级危房，还不知加固要花多少钱，而绵竹的经济在震后较长一段时间都处于停滞状态。我兄弟都答应借钱给我们了，可我们还是不敢下手。一直到我们教师的工资正常化，加固房有了明确政策，我和妻子才开始选购。用加油的摩托车会添一笔费用，所以我们最终选定了"玫瑰之约"F4 电瓶车，相对来说，充电花的钱要少一些。

有了这辆电瓶车，我们的生活方便了许多。从板房区到城里的家，只需20 多分钟，不用走一个多小时的路。有了它，哪怕下雨，满地泥泞，也总算能保住鞋裤的清洁和上身的干爽，因为配了雨衣。接妻子也方便了，她电话一"嘀"，电瓶车钥匙一拧，一阵疾驰，很快就把她接回家了。特别方便的是，从板房的家到城里的家，就用不着等"土（小）8 路"（无正当营运手续的车辆）或"大 8 路"（公交汽车），且可免去两头行路之苦——因为"土（小）8 路"虽能进板房区，但只由回澜大道到中心广场，而"大 8 路"基本上不进板房区，也由回澜大道到中心广场，不会走旁门岔道。

有了这辆电瓶车，我们进城就自由方便多了，想到哪里，就到哪里，而且不受时间限制。挤紧点，全家三口人可一齐乘坐。有时想进城取点东西，时间已是晚上 11 点，不要紧，只要愿意，就可去取；有时想在城里的家多待一段时间，也不要紧，什么时候走，都行。

有了这辆电瓶车，我们可在郊外防震板房"别墅"和城里 C 级房里轮换住，城里缺水，或觉得不安全就到郊外防震板房"别墅"；在郊外防震板房"别墅"闷热，或要换洗大件衣服，就可到城里家中。

这辆电瓶车，成了抗震时期患难与共的朋友。

福克斯，将我们与故乡相连

我们工作的地点在川西"小成都"——绵竹，老家却在川滇黔交界的古蔺。以往回老家，需老早地请人在成都预定车票，特别是寒冬腊月，一家人劳碌奔波，十分辛苦。而回学校，同样要先预定车票。只能早走，想在家里多玩一天都不行。

一直坚持到 2009 年，我们决定买一辆汽车。三厢，1.8T，这样的话回老家带东西方便，而且行驶山区，动力充足。

可是，钱不够，只好向大姐、二姐，还有朋友借。好不容易筹齐钱，在 10 月份买回了家。

我和妻子都特别注意这辆车的保养，8 年时间，有的老师已经换了新车，而我们还开着旧车。虽是旧车，内外整洁，几乎没出过大问题，所以我们仍把这辆福克斯当新车对待。

有了这辆车，我们每一学期都回家看父母，与亲朋好友相聚。无论是我的父母，还是岳父岳母，都坐过我们的车。

如今，我的父母和岳母都已不在，但他们在我的车上留下的欢笑声，还能让人清晰地记起。

如今，家乡通了高速，我的车也不再受难路的折腾。

有了福克斯，与故乡虽远犹近，一天时间我们便能从绵竹赶回古蔺。这对于渐渐变老的我们而言，是一种精神的抚慰。

从自行车到电瓶车，再到福克斯汽车，显示着社会的发展，时代的变化，还承载着世间无比美好的真情！

山东卷：24 小时共享书店

阅读下面的材料，根据自己的感悟和联想，写一篇不少于 800 字的文章。

某书店开启 24 小时经营模式。两年来，每到深夜，当大部分顾客离去，有一些人却走进书店。他们中有喜欢夜读的市民，有自习的大学生，有外来务工人员，也有流浪者和拾荒者。书店从来不驱赶任何人，工作人员说："有

些人经常看着看着就睡着了，但他们只要来看书，哪怕只看一页、只看一行，都是我们的读者；甚至有的人只是进来休息，我们也觉得自己的工作是有意义的。"

要求：①选准角度，自定立意；②自拟题目；③除诗歌外，文体不限；④文体特征鲜明。

【满分作文】

那些人推倒了巨人花园的藩篱

今年春节，特意两次去过新闻里说的那个 24 小时营业的书店。

第一次是白天去的，书店外面与一般书店没什么不同，就是一间普通的书店，与我们在各个城市、各条街道上看到的书店几乎是一模一样的，包括店员的工作服、书架、架上的书……一切都平平淡淡。

第二次，我和朋友晚上过去，时间大概是晚上十点钟。刚拐过街角，看见那书店，一下子眼前就亮了，整颗心就"暖"了。那个时间段，所有店铺都已经关门，屋里黑着灯，有些还拉下了卷帘门。只有那书店亮着灯，暖光从门窗的玻璃里透射出来，照亮了一大片人行道。冬夜的街道很冷，但因为有书店的存在，仿佛半条街都变得暖融融的。

那一刻，在我眼中，这书店就是一艘巨大伟岸却又慈祥仁爱的"夜航船"，微笑着接纳每一个走进来的人，让他们都能在这里度过温馨平安的一夜。

它经过了夜的魔术棒点拨，变得跟白天完全不同，让我连连赞叹："如果有天堂，这'夜航船'就是天堂的模样了。"

在我印象中，书店都是干净整洁、井井有条的，工作人员不停地巡视着，将被读者翻乱了的书插回到规定位置去。书店里很少有供读者休息的长椅，有些读者实在站累了，就坐在台阶上、靠在书架上、倚在栏杆边。那些书店明白无误地向读者传达了这样一个讯息：这是一个"贩卖知识"的地方，最好匆匆翻阅，不要无限制地细读。

这已经成了我脑子里的固定模式，在这种情况下，去书店买书成了一件苦乐夹杂的事。后来随着网络书店的兴起，逛书店的兴趣就渐渐淡了，改为网上购书。

"如果我居住的城市里有这样一家书店，我肯定常常光顾。"我对朋友说。

看得出，所有人都像我一样，爱上了这家书店里的气氛。

这里不像是"贩卖知识"的地方，更像是学校的阅览室甚至是家里的书房。每个人的脸色都祥和而平静，每个人拿书放书都轻手轻脚，每个人身上向外散发出来的都是温情和善意。在这里，每一个人都是完全平等的，即使他们来自不同的工作和生活环境，衣着打扮也各不相同。当他们深深地沉浸在某一本书里的时候，就成了这艘"夜航船"的一分子，安静、和谐而美好。

"他们付出了太多太多。"朋友是本城媒体人，对这家书店的经营情况了解甚多。

我当然理解，在商业社会中，如果某个项目违背了商业规则，必定会弄得自己举步维艰。

"我来此采访过，他们有更高的追求，达则兼济天下，穷则独善其身。"朋友补充。

那两句话是自古至今仁人君子们的最高追求，正因为有这样的追求，才会遭遇白眼、嘲笑、讥讽、怀疑、不理解等各种阻力和困境。

朋友是性情中人，年轻时曾经发誓要"先天下之忧而忧，后天下之乐而乐"，至今仍然为了这样的目标努力着。

我忽然记起了童话中那个拥有大花园的巨人，当他最后推倒花园的藩篱之后，阳光照进来了，孩子们跑进来了，小鸟飞进来了，笑声充满了大花园，他也永远抛开了烦恼忧愁。童话的最关键点，就是要"推倒藩篱"，破除一切顽固保守的旧规则，让所有人看到新的阳光与希望。

"就是那些人推倒了巨人的藩篱。"我悄悄指向柜台后面的夜班工作人员。

朋友笑了，频频点头。

　　书店有无数旧规则，我们的生活也是一样。墨守成规的人就像高墙内自闭的巨人，根本体会不到任何快乐。我相信，就像工作人员说的，在接纳与奉献中忙碌着，他们每天都充实而快乐，觉得很有意义。

　　感谢这家书店，让所有的"巨人"都看到了光明与希望。我祈愿有更多书店追随他们真、善、美的步伐，让这样仁慈祥和的"夜航船"停靠在每一个城市的每一条街道……

1996 年

仔细观察《给六指做整形手术》和《截错了》两幅漫画，完成两道作文题。

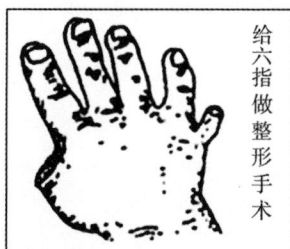

1. 用说明文字介绍两幅漫画的画面内容。

注意：①两幅漫画分别说明，文字不必平均分配；②说明画面内容时，不要编故事；③要求内容完整准确，条理清楚，语言简明；④ 200 字左右。

2. 以"我更喜欢漫画《　　　》"为题，写一篇议论文。

注意：①把你喜欢的那幅漫画的标题填写在作文题目的空白处；②议论时要有比较，要充分说出自己的感受和理由；③不少于 600 字。

1997 年

阅读下面三个材料，完成两道作文题。

【材料1】小新背双腿瘫痪的小牧到一公里外的学校上学，从小学五年级到现在高中一年级，一背就是六年，一千多个日子。

【材料2】某杂志社做调查："你对同学最赞赏的品质是什么？"调查结果，排在第一位的是"乐于助人"。

【材料3】某单位在一些青少年中作不记名问卷调查："你如果遇到别人碰上麻烦事时会怎样对待？"回答"悄悄走开"的人不少。

1. 根据"材料1"，描写小新背同学上学的情景。

注意：①体会人物的思想品质和"材料1"所提供的条件，设想小新背同学上学的情景，想象要合理；②重点写小新，用什么人称都可以；③重点在行动描写，也可适当运用其他表达方式；④200 字左右。

2. 根据"材料2"和"材料3"，自选角度，自拟题目，联系实际，写一篇议论文。

注意：①把"材料2"和"材料3"结合起来思考，是否结合"材料1"，自由决定；②不少于600 字。

1998 年

补写《妈妈只洗了一只鞋》。

1999 年

材料命题，请以"假如记忆可以移植"为作文内容的范围，写一篇文章，除诗歌外，文体不限。

2000 年

请以"答案是丰富多彩的"为话题写一篇文章，只要与这个话题引发的思想感受有关都符合要求。文体不限，题目自拟。

2001 年

"诚信"被抛弃了，它引发你想些什么呢？请以"诚信"为话题写一篇文章，可以写你的经历、体验、感受、看法和信念，也可以编写故事、寓言，等等。所写内容必须在"诚信"的范围之内。注意：①立意自定；②文体自选；

③题目自拟；④不少于 800 字。

2002 年

阅读下面的材料，根据要求作文。

有一位登山者，在途中遇上暴风雪。他深知不尽快找到避风处，非冻死不可。他走啊走啊，腿已经迈不开了。就在这时，脚碰到一个硬硬的东西，扒开雪一看，竟然是个快冻僵的人。登山者犯难了：是继续向前，还是停下来援救这个陌生人？心灵深处翻江倒海之后，他毅然做出决定，脱下手套，给那人做按摩。经过一番按摩，陌生人可以活动了，而登山者也因此暖和了自己的身心。最后，两个人互相搀扶着走出了困境。

也许不是人人都会碰上这种生死的抉择，但是每个人却常常遇到、见到、听到一些触动心灵需要做出选择的事情。那时，我们大家是怎样选择的呢？又应该如何选择呢？请以"心灵的选择"为话题写一篇作文，所写内容必须在这个话题范围之内。

注意：立意自定；文体自选；题目自拟；不少于 800 字；不得抄袭。

2003 年

阅读下面的文字，根据要求作文。

宋国有个富人，一天大雨把他家的墙淋坏了。他儿子说："不修好，一定会有人来偷窃。"邻居家的一位老人也这样说。晚上富人家里果然丢失了很多东西。富人觉得他儿子很聪明，而怀疑是邻居家老人偷的。

以上是《韩非子》中的一个寓言。直到今天，我们仍然可以在现实生活中听到类似的故事，但是，也常见到许多不同的甚至相反的情况。我们在认识事物和处理问题的时候，感情上的亲疏远近和对事物认知的正误深浅有没有关系呢？是什么样的关系呢？请就"感情亲疏和对事物的认知"这个话题写一篇文章。

注意：①所写内容必须在话题范围之内，试题引用的寓言材料，考生在文章中可用也可不用；②立意自定；③文体自选；④题目自拟；⑤不少于 800 字；⑥不得抄袭。

2004 年

全国卷Ⅰ：阅读下面的文字，根据要求作文。

①走你自己的路，让别人去说吧！（但丁）

②常问路的人不会迷失方向。（波兰谚语）

③应当耐心地听取他人的意见，认真考虑指责你的人是否有理。（达·芬奇）

④相信一切人和怀疑一切人，其错误是一样的。（塞纳克）

面对各种说法，有人想：我该相信谁的话呢？也有人想：还是相信自己最重要。请以"相信自己与听取别人的意见"为话题，自定立意，自选文体，自拟标题，写一篇不少于 800 字的文章。所写内容必须在话题范围之内。

全国卷Ⅱ（老课程卷）：阅读下面的文字，根据要求作文。

某网站"4220 聊天室"有这样一段谈话。

A：我给大家讲个故事。一个老太太有两个女儿，大女儿嫁给洗染店老板，小女儿嫁给雨伞店老板。老太太天天为女儿忧虑：雨天，担心洗染店的衣服晾不干；晴天，生怕雨伞店的雨伞卖不出去。后来，有一个聪明人开导她："老太太好福气啊，雨天，小女儿生意兴隆；晴天，大女儿顾客盈门。您哪一天不快活啊！"

B：妙极了！改变思维的角度和方式，我们就会有新的感受和发现。

C：快乐幸福是这样得来的么？

D：阿 Q！

请以"快乐幸福与我们的思维方式"为话题，自定立意，自选文体，自拟标题，写一篇不少于 800 字的文章。所写内容必须在话题范围之内。

全国卷Ⅲ：阅读下面的文字，根据要求作文。

某网站"4220 聊天室"有这样一段谈话。

A：快乐的人生，也会有痛苦。有的人能直面挫折，化解痛苦；有的人却常常夸大挫折，放大痛苦。

B：是呀，有的人能把不小心打破一个鸡蛋，放大成失去一个养鸡场的痛苦。

C：考试失手，竞争失利，恋爱失败，亲友失和，面子失落，哪怕是其中的一点点，都是无法排解的痛苦啊！

请以"遭遇挫折和放大痛苦"为话题，自定立意，自选文体，自拟标题，写一篇不少于800字的文章。所写内容必须在话题范围之内。

全国卷Ⅳ：阅读下面的文字，根据要求作文。

一个富人去请教一位哲学家，为什么他有钱以后很多人不喜欢他了。哲学家将他带到窗前，说："向外看，你看到了什么？"富人说："我看到外面有很多人。"哲学家又将他带到镜子前，问："现在你又看到了什么？"富人回答："我自己。"哲学家一笑，说："窗子和镜子都是玻璃做的，区别只在于镜子多了一层薄薄的白银。但就是因为这一点银子，便叫你只看到自己而看不到别人了。"

请以"看到自己与看到别人"为话题，自定立意，自选文体，自拟标题，写一篇不少于800字的文章。所写内容必须在话题范围之内。

上海卷：以"忙"为话题写一篇文章。要求：①题目自拟；②1000字左右；③不要写成诗歌。

北京卷：以"包容"为题，写一篇文章。

江苏卷：请以"水的灵动，山的沉稳"为话题，写一篇不少于800字的文章。

注意：①话题包括两个方面，可以只写一个方面，也可以兼写两个方面；②立意自定；③文体自选；④题目自拟；⑤不得抄袭。

湖南卷：家庭教育对青少年的成长无疑具有举足轻重的作用。你对家庭教育一定有自己的感受和思考，请以"家庭教育"为话题，自选角度，自拟题目，写一篇不少于800字的文章。

注意：①所写内容必须在规定的话题之内；②除诗歌外，其他文体不限；③不得抄袭。

浙江卷：请以"人文素养与发展"为话题写一篇文章。可以记叙经历、见闻，谈谈体验、感受，讲述故事，发表议论，展开想象，抒发感情，等等。

注意：①所写内容必须在话题范围之内，试题引用的材料，考生在文章中可用可不用；②立意自定，角度自选，题目自拟；③除诗歌外，文体不限；④不少于800字；⑤不得抄袭。

天津卷：请你结合生活实际，以"材与非材"为话题，写一篇文章。

注意：①所写内容必须在这个话题范围之内，试题引用的材料，考生在文章中可用也可不用；②立意自定；③文体自选；④题目自拟；⑤不少于800字；⑥不得抄袭。

福建卷：选择下面所列的一个人物或文学形象作为话题，自选角度，写一篇不少于800字的作文。

人物：孔子　苏轼　曾国藩　鲁迅　史蒂芬·霍金

文学形象：曹操　宋江　薛宝钗　冬妮娅　桑提亚哥

注意：①题目自拟；②立意自定；③文体自选；④不得抄袭。

辽宁卷：请结合自己的经历和感受，就"平凡与自豪"这个话题写一篇文章。

注意：①所写内容必须在话题范围之内，试题引用的材料，考生在文章中可用也可不用；②立意自定；③文体自选；④题目自拟；⑤不少于800字；⑥不得抄袭。

重庆卷：请就"自我认识与他人期望"这个话题，写一篇文章。

注意：①试题引用材料，考生在文章中可用也可不用；②立意自定；③文体自选；④题目自拟；⑤不少于800字；⑥不得抄袭。

湖北卷：阅读下面的文字，根据要求作文。

唐朝的刘禹锡写过一首《昏镜词》诗。诗的小引说：一位制镜的工匠在店铺里摆了十面铜镜求售，其中只有一面磨制得清晰光亮，其余九面都昏暗模糊。有人不解地问：为什么镜的昏明如此悬殊？工匠解释说：并不是不能把所有的镜子都磨制得一样光亮，问题是买镜子的人十中有九喜欢昏镜而不喜欢明镜，因为清晰光亮的镜子能照见无论多么细小的瑕疵，绝大多数人用这样的镜子会感到不自在。

刘禹锡所说的镜似乎不是单指用来照脸面、照身影的日常用具。小自单个的人，一个家庭，大则一个民族，一个国家，乃至整个人类，都离不开"镜"；"镜"也无处不在，有明镜，也有昏镜。

制镜、售镜自有目的；买镜、用镜大有讲究。请就"买镜"这个话题写一篇文章。

注意：①所写内容必须在话题范围之内，试题引用的材料，考生在文章中可用也可不用；②立意自定；③文体自选；④题目自拟；⑤不少于800字；⑥不得抄袭。

广东卷：阅读下面的寓言，根据要求作文。

古时东瓯（今浙江南部沿海一带）人住的是茅屋，经常发生火灾，为此痛苦不已。有个东瓯商人到晋国去，听说晋国有个叫冯妇的人善于搏虎，凡是他出现之处，就无虎。东瓯商人回去后把这个消息告诉了国君。由于东瓯话"火"和"虎"的读音毫无区别，国君误以为冯妇善于"扑火"，便以隆重的礼节从晋国请来了冯妇。第二天市场上失火了，大家跑去告诉冯妇，冯妇将起袖子跟着众人跑出去，却找不到虎。大火烧到王宫，大家推着冯妇往火里冲，冯妇被活活烧死。那个商人也因此而获罪。（据《郁离子·冯妇》改编）

上述寓言中的人物由于语言沟通的问题，彼此一再产生误解，以致冯妇葬身火海。由此可见，语言上的沟通成功与否，有时影响巨大。请以"语言与沟通"为话题写一篇文章，可结合个人见闻、感受或学习语言的体会。

注意：①所写内容必须在话题范围之内，试题引用的寓言材料，考生在文章中可用也可不用；②立意自定；③文体自选（诗歌除外）；④题目自拟；⑤不少于800字；⑥不得抄袭。

2005 年

全国卷 I：出乎意料和情理之中。

全国卷Ⅱ：位置和价值。

山东卷：双赢的智慧。

辽宁卷：今年花胜去年红（要求：除诗歌外，文体自选）。

天津卷：留给明天（要求：除诗歌外，文体不限）。

江苏卷：以"作文，凤头、猪肚、豹尾"为话题作文。

北京卷：以"说'安'"为题写议论文。

上海卷：文化生活三个镜头的影响。

广东卷：以"纪念"为话题作文。

浙江卷：话题作文"一叶一枝一世界"。

福建卷：以两个圆圈给你的联想作文。

湖南卷：以"跑的体验"为话题作文。

重庆卷：以"筷子"为题写一篇说明文；以"自嘲"为题作文，除诗歌外文体不限。

湖北卷：谈谈对人生事物的看法。

四川卷：忘记和铭记。

江西卷：以"脸"为话题作文。

2006 年

全国卷Ⅰ：一只鹰抓了一只羊，被一只乌鸦看到了，乌鸦想学鹰抓羊，由于能力不够，结果被牧羊人抓到了。根据对材料的理解，写一篇作文。

全国卷Ⅱ：目前中国读书的人越来越少。1999 年是 60%，2001 年是 52%。造成这个现状的原因是多方面的。现在的人为什么不读书？中年人说没时间，青年人说不习惯，还有的人说买不起书。相反，网上阅读的人越来越多。1999 年是 3.7%，2003 年是 18.3%。要求：全面了解材料，沿着一个侧面和一个角度，自己确定题目和问题，字数为 800 字。

全国卷Ⅲ：阅读材料，以"书"为主题，体裁不限，诗歌除外。

北京卷：北京的符号（除诗歌外，文体不限）。

上海卷：我想握着你的手。

要求：不少于 800 字，不要写成诗歌，不要在文章中透露个人信息。

天津卷：新华字典里有一个新词，叫"愿景"。请以"愿景"为题，写一篇 800 字的议论文。

重庆卷：小作文：以"车站一瞥"为题，请写一篇描述性的文章，200 字。

大作文：走与停是生活中常见的现象，会引发我们对自然、社会、历史、人生的思考和联想。请以"走与停"为题，写一篇 600 字的作文，文体不限，诗歌除外。

辽宁卷：以"肩膀"为题作文。

江苏卷：鲁迅说，世界上本没有路，走的人多了，就成了路。也有人说，世界上本来有路，走的人多了，反而没路了……请以"人与路"为话题，写一篇 800 字的文章。

浙江卷：以"生有所息／生无所息"为话题作文。

安徽卷：以"读"为话题作文，文体不限，不少于 800 字。

福建卷：创新思维课堂上，同学们各抒己见，挑出 3 个比较有意思的话题：①诸葛亮借箭未满十万支；②戈多来了；③留下一点空白。请同学们任意选择一个作为话题，题目自拟，体裁自选，不少于 800 字。

江西卷：请以"雨燕减肥"为话题作文。

山东卷：人们在地上看月亮的时候是晶莹明亮的，当人们踏上月球的时候才发现，月亮和我们的地球一样是凹凸不平的。这则寓言中你感悟到了什么呢？请以此为话题，写一篇除散文以外文体的作文。

湖北卷：三思而后行，三人行必有我师焉，举一反三……以上带"三"字的成语，能给你什么感悟？

湖南卷：以"谈意气"为题，写一篇议论文。

广东卷：一个雕刻家，正在一刀一刀地雕刻一块尚未成形的大理石，渐渐地，脑袋、肩膀都露出来了，雕出了一个美丽的天使。一个小女孩看到了，问：你怎么知道天使藏在石头里？雕刻家说：石头里本没有天使，但我是用心在雕刻。请以"雕刻心中的天使"为题，写一篇 800 字的作文。

四川卷：生活中，有许多疑问，有人好问，有人不好问，以"问"为话题，写一篇不少于800字的文章。

陕西卷：一只老鹰俯冲抓羊。乌鸦看到学习老鹰的样子俯冲抓羊，结果爪子挂在羊毛上，被放牧人抓到。放羊人的儿子说："爸爸，这是什么鸟？"爸爸说："一只忘记自己是什么的鸟。"根据对材料的理解，写一篇800字的作文。

2007年

山东卷：请以"时间不会使记忆风化"为话题，写一篇不少于800字的文章，自拟题目，自定立意，自选文体，文体特征鲜明。

海南卷：话题作文"论科学家的创新与创造"。

重庆卷：以"酸甜苦辣说高考"为话题，写一篇高考体会的文章。

全国卷Ⅱ：关于"帮助"，给了两个材料，一个是反面例子，丛飞帮助别人，别人没帮他；另一个是正面例子，白血病小学生帮助别人，别人也帮助了他。根据材料自命题作文。

江西卷：以下两个题目任选其一作文："语文，心中的一泓清泉"；"语文，想说爱你不容易"。

四川卷：以"一步与一生"为题作文，文体自选，不少于800字。

宁夏卷：材料作文，机遇与坚持不懈的精神。

陕西卷：看图作文。

场景：一个小孩跌倒了，周围有三个大人，分别代表了社会、家庭和学校，这三个人异口同声地说："出事了吧。"文体自定，自命标题，800字以上。

辽宁卷：以"我能"为题写一篇作文。

浙江卷：以"行走在消逝中"为话题作文，除诗歌外文体不限。

湖北卷：母语是一个人最初学会的一种语言，人人都有自己的母语。母语是民族文化的载体，是民族生存发展之根。在当今世界多元文化竞争与交汇的时代，母语越来越受到普遍关注。我们交流思想感情，欣赏文学作品，掌握科学文化知识等，都离不开母语。可以说，我们每天都在感受母语，学习母语，运用母语。针对以上材料进行理解和体会，写一篇作文。

江苏卷：怀想天空。

安徽卷：提篮春光看妈妈。

湖南卷：结合自己的生活实际，以"诗意的生活"为题写一篇不少于800字的文章。

广东卷：话题作文，"传递"。

上海卷：必须跨过这道坎。

北京卷：根据对春夜喜雨的不同评论写作文，题目自拟，体裁不限，800字以上。

天津卷：有句话常挂在嘴边。

2008 年

北京卷：学生根据材料，自选角度，自拟题目，写一篇不少于800字的文章，除诗歌外体裁不限。

在课堂上，老师拿了一个玻璃杯，里面放了一个大石头，差不多和杯子一样大，老师问大家：杯子满了吗？

一个学生回答：没满，还可以放沙子。

待学生放完沙子，老师又问：满了吗？

全班同学回答满了，有一个男孩却回答：没有满，还可以放水。

老师笑了，接着把沙子和石头倒出来，杯子是空的。

这回老师是往杯子里放沙子和水，然后问大家：杯子满了吗？如果要放石头进去，该怎么放？

男孩就把杯子里的沙子和水倒出来，先把石头放进去……

天津卷：人之常情。

辽宁卷：给一段材料，关于青少年价值观的调查报告，道德方面的内容。自主立意，自由命题，不少于800字。

上海卷：平时我们关注更多的是我们自己，请以"他们"为题写一篇

作文。除了诗歌外，文体不限，字数 800 字左右。

江苏卷： 有些人只是在童年有过好奇心，有些人一生都能保持好奇心。请以"好奇心"为题写 800 字作文，角度自选，立意自定。除诗歌外，体裁不限。

浙江卷： 以"触摸城市"或"感受乡村"为题写作（除诗歌外，文体不限，不少于 800 字）。

安徽卷： 请以"带着感动出发"为题，写一篇不少于 800 字的文章。

注意：①立意自定；②文体自选；③不得抄袭，不得套作；④不得透露个人相关信息；⑤书写规范，正确使用标点符号。

福建卷： 三个人走进商店，一个人说我喜欢喝甜的，另一个说我喜欢喝又苦又甜的，最后一个说我喜欢喝淡淡的。以此立意为题作文。

江西卷： 以 2007 年洞庭湖鼠灾为背景，以田鼠或者田鼠天敌的口吻给人类写一封信。800 字以上。

山东卷： 以"春来草自青"为话题，完成一篇自命题作文，题目自拟，除诗歌外，文体不限，不少于 800 字。

湖北卷： 阅读下面的文字，根据要求作文。

你走过一棵树，树枝低垂，你是随手把树枝折断丢弃，还是弯身而过？一只长了癣的流浪狗走近你，你是怜悯地避开，还是一脚踢过去？电梯门打开，你是谦抑地让人，还是霸道地推人？一个盲人和你并肩路口，绿灯亮了，你会搀那盲者一把吗？你与别人如何擦身而过？你怎么从小贩手中接过找来的零钱？你如何低头系上自己松了的鞋带？你，独处时如何与自己相处？

请根据对这段文字的理解，展开联想，思考如何对待自然，如何对待他人，如何对待自己。自选角度，以"举手投足之间"为题写一篇文章。

要求：自定立意，自定文体，不少于 800 字。

湖南卷： "天街小雨润如酥，草色遥看近却无。"根据自己阅读诗句所体会到的意境和哲理，联系现实生活，写一篇议论文或记叙文。

广东卷： 不要轻易说"不"。文体不限，不少于 800 字。

海南卷、宁夏卷： 阅读材料，写一篇不少于 800 字的作文。

小兰和妈妈都喜欢看小鸟飞翔，听小鸟唱歌，她们第一次养鸟，妈妈忙女儿贪玩，没几天小鸟就饿死了；第二次养鸟，母女俩好好地养小鸟，养了一个月，小鸟长得很好，可朋友说你们残忍地剥夺了小鸟自由唱歌、自由飞翔的权利，母女很不舍地将小鸟放飞了；第三次亲密接触小鸟，是因为收到一封放生活动的邀请函，信函说放生活动既环保又慈善，母女俩买了两对小鸟兴高采烈地去参加放生活动。爬上山头，看见参加放生活动的有好几百人，一鸣炮响起，千鸟齐飞，有人笑脸灿烂，有人虔诚合十。母女俩下山后，听到花鸟市场老板兴奋地说："自从有了放生活动，小鸟的需求量大增，每天都要起早贪黑捉小鸟。"

请以此为话题作文，题目自拟，文体不限。

重庆卷： 在自然中生活。

给了现代汉语词典中关于"自然"的三种解释，根据提供的内容写作，除了诗歌外，文体不限，不少于 800 字。

陕西卷： 与"抗震救灾"有关的材料作文。

提供了包括汶川发生地震、政府反应、民众捐款、救援队救援等六条与抗震救灾有关的素材，要求考生完成 800 字作文，不限文体。

2009 年

全国卷 I： 材料作文。

兔子是历届小动物运动会的短跑冠军，可是不会游泳。一次兔子被狼追到河边，差点被抓住。动物管理局为了小动物的全面发展，将小兔子送进游泳培训班，同班的还有小狗、小龟和小松鼠等。小狗、小龟学会游泳，又多了一种本领，心里很高兴；小兔子和小松鼠花了好长时间都没学会，很苦恼。培训班教练野鸭说："我两条腿都能游，你们四条腿还不能游？成功的 90% 来自于汗水。加油！呷呷！"

评论家青蛙大发感慨："兔子擅长的是奔跑！为什么只是针对弱点训练

而不发展特长呢？"思想家仙鹤说："生存需要的本领不止一种呀！兔子学不了游泳就学打洞，松鼠学不了游泳就学爬树嘛。"

要求：选准角度，明确立意，自选文体，自拟标题，不要脱离材料内容及含意的范围作文，不要套作，不得抄袭。

全国卷Ⅱ：材料作文。

英国科学家道尔顿送给妈妈一双袜子，妈妈说："我这个年纪怎么能穿红袜子呢？"大家都说是红色而道尔顿看到的却是蓝色，他感到自己色觉有问题。他研究了两年，1794 年发表论文《视觉之异常》，将这种疾病称为色盲症，填补了医学理论上的一项空白。

日本商人安藤百福看到拉面摊前常排着长队，已经破产的他感到这是一个创业机会。他买了面粉和食油，在小屋里每天干 20 个小时，试验了一年，1958 年发明了世界上第一包方便面。这一新产品的开发带动了一个新产业。

法国年轻的家务杂工乔利，不小心将灯油滴在熨烫的衣服上，他只好白干一年来赔偿。后来他发现被煤油滴染的地方，不仅没脏反而把陈年污渍也清除了。这个发现，促使他研制出干洗剂，改革了传统的洗衣技术。

要求：选准角度，明确立意，自选文体，自拟标题；不要脱离材料内容及含意的范围作文，不要套作，不得抄袭。

北京卷：命题作文。

一首歌中唱道：我有一双隐形的翅膀，带我飞，给我希望。我有一双隐形的翅膀，带我飞，飞向远方。请以"我有一双隐形的翅膀"为题，写一篇作文，不少于 800 字，体裁不限。

上海卷：郑板桥相关材料作文。

重庆卷：命题作文，题目是"我与故事"，体裁不限。

陕西卷：材料作文。

题目中讲到一群小动物学游泳的故事：一群小动物有一次被大灰狼追赶到河边，于是萌生了学习游泳的想法，但是大家都学不好，后来仙鹤说，既然兔子跑得快就不用学游泳，既然松鼠会上树，也就不用学游泳……

要求：根据这段材料，自拟题目，完成 800 字的作文。

天津卷：以"我说 90 后"为话题，文体不限（诗歌除外），不少于 800 字。

安徽卷：阅读下面的文字，根据要求写一篇不少于 800 字的文章。

"弯道超越"本是赛车中的专用语，指的是在过弯道的时候超越其他人。弯道是每个车手都要面对的。相对于直道，弯道的困难大。在过弯道的时候，本来落后的可能超越，本来领先的可能被超越。现在，"弯道超越"有了新的意义，它被广泛地适用于金融、政治等领域。弯道也有了特殊的意义，指充满困难却又蕴含机遇和挑战的时刻。只要把握好了这一时刻，就能超越对手，超越自己。

要求：选择一个角度构思作文，自主确定立意，确定文体，确定标题；不要脱离材料内容及含意的范围作文，不要套作，不得抄袭。

湖南卷：踮起脚尖。

四川卷：熟悉。

广东卷：我们生活在常识中，常识与我们同行。有时，常识虽易知而难行，有时常识须推陈而出新……请写一篇文章，谈谈你生活中与"常识"有关的经历或你对"常识"的看法。自拟题目，自定写法，不少于 800 字。

江西卷：以圆明园兽首海外拍卖事件为议题，写一篇议论文，题目自拟。

江苏卷：品味时尚。

湖北卷：站在 ＿＿＿ 的门口。

浙江卷：根据歌曲《绿叶对根的情谊》表达的主旨，以歌写文，题目自拟。

山东卷：见证。

辽宁卷：名人代言。讨论明星代言虚假广告的现象，有五种观点。

甲：47% 的人在同类商品购买中，会选择明星代言产品。

乙：明星很无辜，他们可能不知道产品是虚假的。

丙：略。

丁：明星拿大量代言费。

戊：监管不力。

根据以上材料构思，写一篇议论文，题目自拟。

福建卷： 这也是一种 _____。

海南卷： 材料作文，自拟标题，主题是诚实善良。

宁夏卷： 以"诚信和善良"为主题写一篇作文。

2010 年

全国卷 I： 阅读下面的图画材料,根据要求写一篇不少于 800 字的文章。

（据王铎作品改动）

要求：选准角度，明确立意，自选文体，自拟标题；不要脱离材料内容及含意的范围作文，不要套作，不得抄袭。

全国卷 II： 材料作文。世界读书日这天，网上开展了关于"浅阅读"的讨论。请以材料内容及含意作文，自拟标题。

北京卷： 仰望星空与脚踏实地。

湖南卷： 请以"早"为题，写一篇不少于 800 字的议论文或记叙文。

山东卷： 人生的一切变化，一切魅力，一切美都是由光明和阴影构成。请根据以上材料写文章。

安徽卷： "交流四水抱城斜，散作千溪遍万家。深处种菱浅种稻，不深不浅种荷花。"由此哲理诗引发的思考和联想写一篇文章，诗歌体除外。

江苏卷： 绿色生活。

重庆卷： 难题。

上海卷： 材料作文,以材料大意"生活中的钓鱼法则"选取一个角度，自拟题目。

江西卷： 找回童年。

为什么要找回童年？因为现在社会太功利了，小朋友们压力过大，童年早已离开。现在的社会需要纯真，需要找回童年。重点关注"找回"这个动词。记叙议论都可以，文体要明确。

辽宁卷： 幸福是 ____。

阅读下面的材料，根据要求写一篇不少于 800 字的文章。

幸福是一个永恒的话题，它真实地填充着我们的生活。

材料 1：2009 年 11 月 19 日《中国青年报》做的关于"幸福和屋子的关系"的在线调查显示，八成中国被调查者以为"幸福和屋子有关系"。不过对此调查，日本网友的回答大相径庭，约九成以上日本网友以为幸福和屋子没有关系。

材料 2：一位哲学家不小心掉进了水里，被救上岸后，他说出的第一句话是：呼吸是一件多么幸福的事。活着就是幸福，但为什么还有那么多的人为了"所谓的幸福"葬送了自己。

材料 3：有人认为：人生的幸福最浅层的是欲望、物质带来的，欲望和物质的人生是永不能满足的。

材料 4：有人认为：每个人都在追求幸福，但你不能为了追求自己的幸福而坑害了别人，甚至坑害了国家。

要求：选准角度，明确立意，自选文体，以"幸福是 _____"为题（空线处填上你选的词语或短语）；不要脱离材料内容及含意的范围作文，不要套作，不得抄袭。

福建卷： 根据材料《格林童话》诞生故事，选一个角度作文。

四川卷： 材料作文，请从人生的角度探讨点、线、面的关系，自拟题目。

天津卷： 我生活的世界。

陕西卷： 三则小故事启发学生谈成才环境。

给出三则材料，大意分别是：①把一条热带鱼放在一个小鱼缸里，它只能长到 3 寸大小；把它放进大鱼池里，它才有可能长得很大；②狼之所以勇猛矫健，是因为它长期生活在野外环境里；③一位心理学家挑选了 10 个人，并告知他们都是有天赋的人，后来这 10 个人都获得了成功，但心理学

家最后坦言，他们当初其实只是普通人。

要求：考生结合以上三段材料，自主命题，撰写 800 字作文。

2011 年

全国卷 I：期待成长。

全国卷 II：阅读下面材料，根据要求写一篇不少于 800 字的文章。

2010 年 9 月 12 日，北京一家体育彩票专卖店的业主为某彩民垫资购买了一张 1024 元的复式足球彩票。第二天他得知这张彩票中了 533 万元大奖后，在第一时间给购买者打电话，并把中奖彩票交给买主。他成为又一位彩票销售"最诚信的业主"。

有人据此在互联网上设计了一项调查："假如你垫资代买的中了 500 万元大奖的彩票在你手里，你怎么做？"调查引来 16 万人次的点击，结果显示，有 29.9% 的人选择"通过协商协议两家对半分"，有 28.1% 的人选择"把 500 万元留给自己"，有 22.1% 的人选择"把 500 万元给对方"，还有 19.9% 的人没做选择。

要求：选好角度，确定立意，明确文体，自拟标题；不要脱离材料内容及含意的范围作文，不要套作，不得抄袭。

新课标卷：材料作文，材料大意为中国崛起的特点。

选择一个恰当的角度，题目自拟，文体不限（除诗歌外）；不要脱离材料的含意，不要套作，不得抄袭。

北京卷：如何看待世乒赛中国队包揽全部金牌。请选择一个角度拟题作文。

福建卷：根据袁隆平的一段话作文。

根据以下文字，写一篇不少于 800 字的记叙文或议论文。

袁隆平说，我的工作让我常晒太阳、呼吸新鲜的空气，这使我有了个好身体……我梦见我种的水稻长得像高粱那么高，穗子像扫把那么长，颗粒像花生米那么大，我和我的朋友，就坐在稻穗下乘凉。

湖南卷：某歌手第一句话由"大家好，我来了"变为"谢谢大家，你们来了"，以此为意自拟题目写一篇作文。

辽宁卷: 材料作文"苹果",题目自拟。

天津卷: 关于镜子的话题作文。

四川卷: 总有一种期待。

湖北卷: 旧书。

重庆卷: 情有独钟。

江西卷: 材料:孟子三乐,以此为主题作文,自拟题目。

广东卷: 回到原点。

安徽卷: 时间在流逝。

山东卷: 这世界需要你。

江苏卷: 拒绝平庸。

浙江卷: 我的时间。

上海卷: "一切都会过去""与一切都不会过去"引起了你怎样的思考?自选角度,自拟题目,写一篇文章。

2012 年

大纲卷: 材料大意:放下顾虑。要求选好角度,自拟标题。

安徽卷: 材料大意:梯子不用时请横着放。要求选好角度,自拟标题。

新课标卷: 材料作文,船主让油漆工漆船。看到船上有个洞,油漆工顺手将洞补好,救了船主的孩子。根据材料自拟题目作文。

四川卷: 关于水的讨论,要求以"水"为话题作文。

福建卷: "运动中的赛跑与人生中的赛跑",以此材料作文。

辽宁卷: 材料作文。材料文眼"人,要隐于音乐背后"。自拟标题作文。

江西卷: 材料大意为:拥有什么与没有什么。自拟标题作文。

湖南卷: 一幅图片"摊开的手掌"加四句话。根据图文,自选角度,自拟题目。

湖北卷: 根据你对材料"科技的利与弊"的理解,自拟标题作文。

山东卷: 以孙中山箴言自拟题目。

浙江卷: 从网民对"坐在路边鼓掌的人"的看法中选取一种作文。

江苏卷: 忧与爱。

上海卷：根据对材料"曾被舍弃的微光"作文，自拟题目。

北京卷：火车巡逻员的故事。

阅读下面的材料，按要求作文。

老计一个人工作在大山深处，负责巡视铁路，防止落石、滑坡、倒树危及行车安全，每天要独自行走二十多公里，每当列车经过，老计都会庄重地向疾驰而过的列车举手致敬。此时，列车也鸣响汽笛，汽笛声在深山中久久回响……

大山深处的独自巡视，庄重的巡礼，久久回响的汽笛……这一个个场景带给你怎样的感受和思考？请在材料含意范围之内，自定角度，自拟题目，自选文体（诗歌除外），写一篇不少于800字的文章。

广东卷：生活时代的材料作文。

重庆卷：根据"冷库工人被救"的材料作文，自拟题目。

天津卷：根据材料"小鱼生活在水中，却不知水是什么"，自选角度，自拟题目作文。

2013 年

新课标全国卷Ⅰ：材料作文，"经验与勇气"，自拟题目。

新课标全国卷Ⅱ：材料作文，关于同学之间的关系，自拟题目。

北京卷：根据材料作文，不少于800字，题目自拟。

科学家：假如爱迪生来21世纪生活一星期，最让他感到新奇的是什么？

文学家：我想，手机会不会让他感到不可思议呢。

科学家：我同意，手机是信息时代的一个标志物，简直称得上是一部掌中电脑，其丰富强大的功能一定会让这个大发明家感到新奇。

文学家：手机的广泛应用深刻影响了人们的交往方式、思想情感和观念意识，这或许也是爱迪生意想不到的吧。

科学家和文学家关于手机的不同看法引发你怎样的想法和思考？

上海卷：以材料"更重要的事"作文，题目自拟。

四川卷：以"过一个平衡的生活"为话题，自拟题目。

江苏卷：根据材料"探险者与蝴蝶"作文，题目自拟。

福建卷：根据一首诗作文，立意自定，标题自拟。

湖南卷：根据材料"我愿意"作文，任选角度，自拟题目。

辽宁卷：根据材料"沙子和珍珠"作文，题目自拟。

广东卷：以"捐助"为话题作文。

山东卷：根据"为当代著名作家的作品挑错"材料作文，自拟标题。

江西卷：学生有三怕。

在中学时代学生对奥数、英文、周树人有三怕，请你对此阐述自己的看法。写一篇议论文。

安徽卷：为什么能或不能这样。

围绕一位哲人萧伯纳的一句话"为什么会这样，为什么不会这样"作文，体裁不限。

重庆卷：根据大豆写作文，自拟标题。

湖北卷：以方圆为话题，根据材料作文。

天津卷：在"＿＿＿而知之"中填入一个字（"学"字除外），作为题目，写一篇文章。

广西卷：根据材料"捡到手机之后"作文，自拟标题。

浙江卷：三句话看童心，根据材料作文，自拟题目。

2014 年

新课标全国卷 I：根据材料"两人过独木桥"作文，自拟标题。

新课标全国卷 II："喂食动物失去觅食能力"，根据该材料作文，自拟标题。

北京卷：老规矩。

北京过去有许多老规矩，如出门回家都要跟长辈打招呼、吃菜不许满盘子乱挑、不许管闲事、笑不露齿话不高声、站有站相坐有坐相、做客时不许随便动主人家的东西、忠厚传世勤俭持家等，这些从小就被要求遵守的准则，点点滴滴，影响了一辈辈北京人。

世易时移，这些老规矩渐渐被人们淡忘了。不久前，有网友陆续把一些老规矩重新整理出来贴到网上，引发了一片热议。

老规矩被重新提起并受到关注,这种现象引发了你哪些思考?请自选角度,自拟题目写一篇文章,文体不限,不少于 700 字。

上海卷: 根据材料"穿越沙漠和自由"作文,自拟题目。

四川卷: 人只有站起后世界才属于他,请根据该句话作文,标题自定。

江苏卷: 根据材料"不朽"作文,题目自拟。

福建卷: 提到空谷,有人想到的是悬崖,有人想到的是栈道桥梁,根据这句话写一篇话题作文。

湖南卷: "心在哪里风景就哪里",根据材料,自拟标题。

辽宁卷: 材料作文,科技改变生活?题目自拟。

广东卷: 胶片与数码时代。

山东卷: 通过窗口,不同的人看到的事物不同。根据材料,自拟题目。

江西卷: 对课内外的学习探究你有何体验、见闻或思考?自选角度,自拟题目作文。

安徽卷: 剧本修改谁说了算?请根据材料作文,自拟标题。

重庆卷: 结合材料"租房"的内容和含意作文。

湖北卷: 根据材料"爬山"作文,标题自拟。

天津卷: 根据材料"智慧芯片"作文。

广西卷: 根据材料"老王生病"作文,自拟标题。

浙江卷: 根据材料"门与路"作文,自拟标题。

2015 年

新课标全国卷 I: 写一封信(材料作文)。

一位父亲在高速公路开车打电话,旁边的孩子一再提醒父亲不要拨打电话,可是父亲不听劝阻,最终孩子选择报警。警察来后对父亲进行批评教育,此事引起社会争议。以此为内容,写一封 800 字的信,可选择给违章当事人、孩子、警察写。

新课标全国卷 II: 创新、技术、爱好(材料作文,自拟标题)。

材料一:老李带领公司走进了国际化的领域。

材料二:老王是普通焊接技工,通过自己努力变成了国际大牌工匠。

材料三：一个摄影师拍摄一组照片发到自己微博，受到广泛赞扬。

广东卷： 看天光云彩，能测阴晴雨雪，但难逾目力所及；打开电视，可知全球天气，却少了静观云卷云舒的乐趣。漫步林间，常看草长莺飞、枝叶枯荣，但未必能细说花鸟之名、树木之性；轻点鼠标，可知生物的纲目属种、迁徙演化，却无法嗅到花果清香、丛林气息。

从不同的途径去感知自然，自然似乎很"近"，又似乎很"远"。

要求：①自选角度，确定立意，自拟标题，文体不限；②不要脱离材料内容及含意的范围；③不少于800字；④不得套作，不得抄袭。

安徽卷： 蝴蝶翅膀到底有没有颜色？根据材料，自拟标题作文。

四川卷： 根据材料"老实与聪明"作文，标题自定。

北京卷： 从下面两个题目中任选一题，按照要求作答。不少于700字。

1. 在中华民族发展的历史长河中，从古至今有无数英雄人物：岳飞、林则徐、邓世昌、赵一曼、张自忠、黄继光、邓稼先……他们为了祖国，为了正义，不畏艰险，不怕牺牲；他们也不乏儿女情长，有普通人一样的对美好生活的眷恋。中华英雄令人钦敬，是一代又一代华夏儿女的榜样。

请以"假如我与心中的英雄生活一天"为题，写一篇记叙文。

要求：自选一位中华英雄，展开想象，叙述你和他（她）在一起的故事，写出英雄人物的风貌和你的情感。

2.《说起梅花》表达了作者对梅花"深入灵魂的热爱"。在你的生活中，哪一种物使你产生了"深入灵魂的热爱"，这样的热爱为什么能深入你的灵魂？

请以"深入灵魂的热爱"为题作文。

要求：自选一物（植物、动物或器物，梅花除外），可议论，可叙述，可抒情，文体不限。

重庆卷： 等待。

一个刚上车的小男孩让公交车等一下他妈妈，过了几分钟，妈妈还没到，车上乘客开始埋怨。这时残疾妈妈拖着腿上车了，所有人都沉默了。考生按照这个材料进行发挥。

湖南卷：有一棵大树。

材料大意为：有一棵大树，枝繁叶茂，浓荫匝地，是飞禽、走兽们喜爱的休息场所。飞禽、走兽们谈论着自己去各地旅行的经历。大树也想去旅行，于是请飞禽、走兽们帮忙。飞禽瞧不起大树没有翅膀，拒绝了。大树请走兽帮忙。走兽说，你没有腿，也拒绝了。于是，大树决定自己想办法。它结出甜美的果实，果实里包含着种子。果实被走兽们吃了后，大树的种子传播到了世界各地。根据此材料写一篇作文。

浙江卷：材料作文"文章和人品"。

古人说："言为心声，文如其人。"性情偏急则为文急促，品性澄淡则下笔悠远，这意味着作品的格调趣味与作者的人品应该是一致的。金代元好问《论诗绝句》却认为"心画心声总失真，文章宁复见为人"，艺术家笔下的文雅不能证明其为人的脱俗。根据此材料写一篇作文。

江苏卷：智慧是一种经验，也是一种能力，也是一种境界。智慧同大自然一样，也有它自己的样子。以此作文，题目自拟。

天津卷：根据社会流行词"范儿"，结合生活体验作文，自拟标题。

上海卷：人的心中总有一些坚硬的东西，也有一些柔软的东西，如何对待它们，将关系到能否造就和谐的自我。根据此材料写一篇作文。

湖北卷：根据材料"喷泉与泉水"作文，标题自拟。

山东卷：丝瓜藤和肉豆须。

给材料作文：丝瓜藤和豆子藤缠在一起，小孩非要拆开，孩子的爸爸说：不要强行改变，要顺其自然，长大了一样能吃。根据此材料写一篇作文。

福建卷：材料作文"路"。

世上本没有路，走的人多了，也就成了路。

有时，走错路也是有意思的。如果没有走错路，就不会发现新的路。

世上没有走不通的路，只有不敢走的人。

根据这三句话自选角度写作文。

2016 年

全国卷Ⅰ：奖惩之后。

阅读关于学生分数的漫画材料，根据要求写一篇不少于800字的文章。

要求：结合材料的内容和寓意，选好角度，确定立意，明确文体，自拟标题；不要套作，不得抄袭。

全国卷Ⅱ： 材料作文"语文素养提升大家谈"。

语文学习关系到一个人的终身发展，社会整体的语文素养关系到国家的软实力和文化自信。对于我们中学生来说，语文素养的提升主要有三条途径：课堂有效教学、课外大量阅读、社会生活实践。

要求：选好角度，确定立意，明确文体，自拟标题；不要套作，不得抄袭，不得泄露个人信息，不少于800字。

全国卷Ⅲ： 材料作文"小羽的创业故事"。

历经几年试验，小羽在传统工艺的基础上推陈出新，研发出一种新式花茶并获得专利。可是批量生产不久，大量假冒伪劣产品就充斥市场。小羽意识到，与其眼看着刚兴起的产业这么快就走向衰败，不如带领大家一起先把市场做规范。于是，她将工艺流程公之于众，还牵头拟定了地方标准，由当地政府有关部门发布推行。这些努力逐渐见效，新式花茶产业规模越来越大，小羽则集中精力率领团队不断创新，最终成为众望所归的致富带头人。

要求：综合材料内容及含意，选好角度，确定立意，明确文体，自拟标题；不要套作，不得抄袭，不少于800字。

天津卷： 谈谈"我的青春阅读"。

当代青年渴求新知，眼界开阔，个性鲜明，在阅读方式的选择上不拘一格。请围绕自己的阅读方式，结合个人的体验和思考，谈谈"我的青春阅读"。要求自选角度，自拟标题。

上海卷： 随着现代社会的发展，人们的生活更容易进入大众视野，评价他人生活变得越来越常见，这些评价对个人和社会的影响也越来越大。人们对"评价他人的生活"这种现象的看法不尽相同，请写一篇文章，谈谈你对这种现象的思考。

要求：①自拟题目；②不少于800字。

浙江卷： 网上购物、视频聊天等在我们生活中越来越普及。有人预言，以后只要装一个虚拟世界的设备，就可以足不出户感受虚拟世界的真实场景……

当虚拟世界里的"虚拟"，越来越成为现实世界里的"现实"，你是选择拥抱这个世界，还是可以远离他或者保持适当的距离？

要求：题目自拟，写一篇 800 字论述文。

北京卷： 大作文题二选一：

①"老腔"何以让人震撼；

②神奇的书签。

江苏卷： 根据以下材料，选取角度，自拟题目，写一篇不少于 800 字的文章；文体不限，诗歌除外。

俗话说，有话则长，无话则短。有人却说，有话则短，无话则长——别人已说的我不必再说，别人无话可说处我也许有话要说。有时这是个性的彰显，有时则是创新意识的闪现。

山东卷： 阅读下面的材料，根据自己的感悟和联想，写一篇不少于 800 字的文章。

行囊已经备好，开始一段新的旅程。路途漫漫，翻检行囊会发现，有的东西很快用到了，有的暂时用不上，有的想用而未曾准备，有的会一直伴随我们走向远方……

要求：①选准角度，自定立意；②自拟题目；③除诗歌外，文体不限；④文体特征鲜明。

后 记

  1983 年的盛夏，我怀揣榆林师范学校毕业证书到县教育局报到，被分配到了一所民办学校，2 个教师，32 名学生。一年后，我被调到农村中学任初中部语文教师。

  1992 年的盛夏，我怀揣厚厚一摞《记叙文写作技法序列指导与训练》抄誊稿，走进了陕西师范大学出版社总编室张世中老师的办公室。尔后，我始终辗转于长城墩台两侧、县城南门口外三个乡镇的中学、教办。眨眼间，34 年光阴就在脚下溜走了。

  这几年，每当夜深人静之时，脑海里总是闪回着自己 30 余年语文教学的一幕幕，闪现着走上不同岗位的学生们那一张张熟悉的面孔，对讲台的那份眷恋始终郁积心头。这期间，经常有人请我给他们的孩子（或孙子）辅导作文。我就结合自己 30 年的作文教学实践积累的资料与经验，以"满分作文成功之路"为题举办讲座，以此满足爷爷、奶奶、父亲、母亲们期盼子孙升学考试作文得满分的强烈愿望。

  作文得满分，不管是平时练笔还是升学考试，都是每个老师和学生的梦想。记得 1981 年 3 月，我的高中语文老师马伟荣先生要我们结合 3 月份学雷锋活动写一篇精神文明建设新风尚的文章。我当时就自拟了个"晨曦"作文题，

记述了我在晨读时遇到一位 70 多岁的老人每天坚持把学生们丢在巷道里的废纸一张张捡拾干净这样一件真人真事。因为事情是真实的，此事对我的思想触动也是真实的，所以作文写得比较成功——有小小说的味道。马老先生给我的作文打了 97 分，并在我们文科班作文讲评中大加赞赏，还拿到其他班级作为范文予以读讲评点。这个"97 分"鼓舞着我走进了高考考场，让我这个农村娃跨进了师范学校的大门，端上了教师这个"铁饭碗"，改变了我一生的命运轨迹……20 年后，全国高考作文命题才跟上了马老先生"命意不命题、体裁、题材、题目自选"的思路。马老先生独具慧眼、意识超前的训练方法，使我们当年文科两个班的同学终身受益。现在每当同学聚会回想当年参加高考的情景，都十分敬佩马老先生当年的作文教学方法。

我一直在思考：写作文是有一定技巧性的，但该不该给学生传授作文技巧性写作方法，会不会养成学生偷懒走捷径的坏习惯？事实证明：作文的写作技巧是很有必要给学生讲的，作为一项基本技能学生也必须掌握一些。尤其是现在高考作为我国选拔人才的重要途径的大趋势短时期内是不会改变的，这就更需要在作文过程中讲究技巧。只要作文在某一方面"技高一筹"，那就会吸引阅卷人的"眼球"，就会多给三五分，十来分。这三五分，也许就改变了一个人一生的命运，成就一个人的梦想。而这一点对其他科目、其他题型来说是绝对办不到的，唯有作文能有如此之神功。作文技巧，太实用也太重要了。

有实用价值就有存在的必要。存在的，就必须与时俱进，不断完善与发展。因此，我组织了几位专业教师，在我 25 年前出版的《记叙文写作技法序列指导与训练》（陕西师范大学出版社出版、陕西省新华书店发行）一书的基础上，结合近几年来不断出现的命题新形式、新材料，结合编写者的实践经验，编写了这本《记叙文写作技巧宝典》。

在这里特别声明：1992 年版《记叙文写作技法序列指导与训练》一书中引用的范例文章，时隔 20 多年，好多作者已经无法取得联系；《记叙文写作技巧宝典》中也引用了近几年中、高考的满分作文，这些作品的作者，大多没有联系方式，致使暂时无法依照《著作权法》的规定，取得原作者授权并兑付稿酬。在此郑重声明：凡是本书中涉及的被引用的文章，敬请各位原作者及时与我取得联系（联系电话 18609186738，刘老师），以便及时赠送样书并付稿酬，保障您的权益不受侵害。在此，我真诚地感谢您的大力支持与配合！

本书在试用、修订、出版过程中，得到了陕西省神木市教育局、教研室及相关中小学校长、教师的大力支持与帮助，我们在此深表谢意。对四川大学出版社以及河南天一文化传播股份有限公司的专家、编审老师们严谨认真的审阅态度，我们深表敬意！

书中不够完满之处在所难免，还望各位同仁、专家不吝赐教，再版时予以补正。

国槐 于 2017 年 11 月